ChatGPT 소스를 얻는

파이썬
레시피

ChatGPT 소스를 얹는 파이썬 레시피

초판 인쇄	2024년 3월 8일
초판 발행	2024년 3월 8일
지은이	오동열, 최유림, 이용준, 오해석
펴낸이	인스타북스(https://book.instapay.kr)
디자인 · 편집	유예원 · 구윤서 · 김예은 · 전하연
e-mail	books@instapay.kr
ISBN	979-11-977086-9-5(03500)

AI레시피: 파이썬

ChatGPT 소스를 얻는
파이썬 레시피

오동열, 최유림, 이용준, 오해석 지음

PYTHON

InstaBooks

차례

제 1장   ChatGPT로 파이썬 코딩하기

1.1   개발환경 설정하기 ... 20

1.2   ChatGPT를 이용한 코딩자동화 ... 26

1.3   애피타이저: 파이썬 코딩하기 ... 39

제 2장   ChatGPT와 함께하는 파이썬 기초

2.1   파이썬 문법과 표현식 ... 45

파이썬 2와 파이썬 3 ... 45

파이썬 문법 기초 ... 45

들여쓰기 ... 45

주석 ... 46

라인 연속 ... 46

2.2   변수와 대입문 ... 47

변수 할당 ... 47

변수 이름 ... 47

변수 다중 할당 ... 47

변수 타입	48
상수	48

2.3 숫자 타입 및 표현식   49

정수	49
부동 소수점 숫자	49
복소수	49
산술 연산자	50

2.4 문자열 타입 및 연산   51

문자열 생성	51
문자열 길이	51
문자열 인덱싱	52
스트링 슬라이싱	52
문자열 연산	53
문자열 메서드	53

2.5 부울 타입, 비교 및 논리 연산자   55

불리언 타입	55
비교 연산자	55
논리 연산자	56

2.6 파이썬 데이터 구조   57

리스트: 생성, 인덱싱, 슬라이싱, 메서드	57
리스트 생성	57
리스트 인덱싱	57
리스트 슬라이싱	58

리스트 메서드	58
튜플: 정의, 사용 시기, 패킹 및 언패킹	59

2.7 집합: 이점, 생성, 방법   61

세트의 이점	61
집합 생성	61
집합 메서드	62

2.8 딕셔너리: 키-값, 메서드   63

키-값 쌍	63
딕셔너리 값 액세스	63
딕셔너리 수정	64
딕셔너리 메서드	64

2.9 파이썬의 제어 흐름   66

조건문: If, Else, Elif	66
If 문	66
For 루프	67
While 루프	68

2.10 예외 처리: 시도, 제외, 최종   69

try 및 except 블록	69
finally 블록	70

2.11 파이썬의 함수   71

함수 정의	71
전달 인자가 있는 함수	71
반환 값이 있는 함수	72

　　　　변수의 범위　　　　　　　　　　　　　　　　　72

　　　　람다 함수　　　　　　　　　　　　　　　　　　73

2.12 모듈 및 패키지　　　　　　　　　　　　　　　**75**

　　　　모듈 가져오기　　　　　　　　　　　　　　　75

　　　　패키지 생성 및 사용　　　　　　　　　　　　75

제 3장　ChatGPT와 함께하는 객체 지향 프로그래밍

3.1 객체 지향 프로그래밍이란?　　　　　　　　　**81**

3.2 클래스의 설계 및 인스턴스 만들기　　　　　**83**

　　　　클래스 만들기와 인스턴스 생성　　　　　　83

　　　　클래스 생성자와 소멸자　　　　　　　　　　84

　　　　동일한 이름의 함수/메서드를 구분하여 호출　90

　　　　클래스 맴버와 인스턴스 맴버　　　　　　　　92

　　　　클래스 맴버 변수 고정하기　　　　　　　　　94

3.3 상속　　　　　　　　　　　　　　　　　　　　**96**

　　　　상속된 클래스 만들기　　　　　　　　　　　96

　　　　클래스 상속 관계 살펴보기　　　　　　　　　99

　　　　상속과 메서드　　　　　　　　　　　　　　102

　　　　다중 상속　　　　　　　　　　　　　　　　104

3.4 다형성　　　　　　　　　　　　　　　　　　**106**

3.5 캡슐화　　　　　　　　　　　　　　　　　　**111**

3.6 위임　　　　　　　　　　　　　　　　　　　114

제 4장　프로세스, 멀티스레드와 멀티프로세스 프로그래밍

4.1 프로세스(Process) 상태 체크와 실행하기　　　　　　　119

4.2 멀티 쓰레딩 프로그래밍　　　　　　　123
　　멀티스레드 프로그래밍　　　　　　　　　　　　125
　　Lock/RLock 객체를 이용한 경합 조건 문제 해결　　130
　　Condition 객체를 이용한 문제 해결　　　　　　　133
　　세마포어(Semaphore) 객체 활용하기　　　　　　135
　　Event 객체 이용하기　　　　　　　　　　　　　136
　　Queue를 이용한 스레드간 데이터 공유　　　　　139

4.3 멀티프로세싱(MultiProcessing)　　　　141
　　멀티 프로세싱 프로그램 구현하기　　　　　　　142
　　멀티프로세싱 동기화 문제　　　　　　　　　　143
　　프로세스간 통신　　　　　　　　　　　　　　143
　　Pipe를 이용한 프로세스간 통신　　　　　　　　144
　　Queue를 이용한 프로세스간 통신　　　　　　　145
　　공유메모리를 이용한 프로세스간 통신　　　　　147

제 5장　소켓 프로그래밍

5.1 소켓 프로그래밍을 위한 기초　　　　　　151

5.2 TCP/IP 소켓 프로그래밍   155

     서버 프로그램 예제 생성 및 절차 살펴보기   155

     클라이언트 프로그램 예제 생성 및 절차 살펴보기   161

5.3 다중 처리가 가능한 TCP 서버 프로그래밍   165

     멀티 스레드를 기반 네트워크 다중 서비스   165

     비동기 기반 네트워크 다중 서비스   168

5.4 UDP 소켓 프로그래밍   172

5.5 브로드 캐스팅과 멀티 캐스팅   177

     브로드캐스트(Broadcast) 구현   178

     멀티케스트 (Multicast) 구현   180

제 6장   웹 프로그래밍(Web Programming)

6.1 웹 프로그래밍 개요   185

6.2 웹프로그램 개발을 위한 환경 설정   190

     파이썬 웹 어플리케이션 연동 방식   190

     Django프레임워크 개요   192

     Django 설치 및 시작하기   194

6.3 Django 프레임워크 기반 웹 프로그래밍   199

     Django 앱 생성 환경 설정하기   200

     Django 앱 프로그래밍   202

제 7장 데이터 베이스 프로그래밍

- 7.1 DBMS의 종류와 RDBMS — 209
- 7.2 SQL(Structured Query Language) — 213
- 7.3 SQLite를 이용한 SQL문 실습 — 219
- 7.4 파이썬 기반 SQL 프로그래밍 — 229
    - 데이터베이스 연결하기 — 230
    - SQL문 실행하기(반환 값이 없는 경우) — 234
    - SQL문 실행하기(반환 값이 있는 경우) — 237

제 8장 GUI 프로그래밍

- 8.1 윈도우(Windows) 프로그래밍 개요 — 241
    - 윈도우 프로그래밍(Windows Programming) — 241
    - 파이썬 GUI(Graphics User Interface) 프로그래밍 — 243
- 8.2 Tkinter를 이용한 GUI 프로그램 개발 — 245
    - Tkinter 시작하기 — 245
    - Tkinter 구성요소 — 247
    - Tkinter 기반 이벤트 처리 — 249
    - Tkinter 위젯(Widget) — 249
    - Tkinter 위젯 배치하기 — 251
    - Tkinter 위젯 예제 샘플 생성하기 — 253
    - Tkinter 위젯별 사용 방법 살펴보기 — 256
    - 버튼 위젯(Button Widget) — 258

체크 버튼 위젯(Checkbutton Widget) 261

라디오 버튼 위젯(Radiobutton Widget) 264

엔트리 위젯(Entry Widget) 268

텍스트 위젯(Text Widget) 272

메시지 위젯(Message Widget) 274

메뉴 위젯과 메뉴 버튼 위젯
(Menu Widget과 Menu button Widget) 277

프레임 위젯(Frame Widget) 280

캔버스 위젯(Canvas Widget) 282

리스트 박스 위젯(Listbox Widget) 284

스크롤바 위젯(Scrollbar Widget) 287

스케일 위젯(Scale Widget) 290

탑레벨 위젯(Toplevel Widget) 293

스핀박스 위젯(Spinbox Widget) 296

라벨프레임 위젯(LabelFrame Widget) 298

팬드 윈도우 위젯(PanedWindow Widget) 301

메시지 박스(MessageBox) 303

제 9장 멀티미디어 프로그래밍과 AI

9.1 멀티미디어 데이터의 유형과 특징 309

9.2 이미지 데이터 처리하기 310

이미지 데이터의 이해 310

파이썬을 이용하여 OpenCV로 이미지 다루기 314

OCR 이미지 인식하기 322

9.3 오디오 데이터 처리하기   329

오디오의 이해   329

디지털 오디오의 이해   331

파이썬을 이용한 디지털 오디오 프로그래밍   333

제 10장   자동화 프로그래밍

10.1 파이썬으로 구현하는 자동화 개요   343

10.2 어플리케이션 자동화 구현하기   347

PyAutoGUI를 이용한 어플리케이션 자동화   348

pywinauto를 이용한 어플리케이션 자동화   353

10.3 웹 관련 자동화 구현하기   359

BeautifulSoup을 이용한 웹 스크래핑   362

Scrapy를 이용한 웹 크롤링   364

Selenium를 이용한 웹 자동화   366

10.4 오피스 자동화 구현하기   369

부록 1   ChatGPT의 출현과 인공지능 트랜스포메이션

1   거대 언어모델과 ChatGPT   381

거대 언어모델과 ChatGPT   381

ChatGPT를 구성하는 핵심 용어 10   385

2   인공지능 트랜스포메이션   397

인공지능 트랜스포메이션의 의미   397

	디지털 트랜스포메이션과 뭐가 다른가?	398
	인공지능 트랜스포메이션 추진 로드맵	400
	인공지능 교육	403

3 인공지능 시대 생존전략(生存戰略) 407

인공지능 리터러시 배양	408
인공지능 실전 활용	409
자기주도 학습과 평생 교육 실천	409
인공지능시대의 인재상과 리더십 확립	411

부록 2 소프트웨어, 프로그래밍, 코딩, 그리고 파이썬

1 소프트웨어 및 프로그래밍 415

소프트웨어 구성	416
프로그래밍의 동작 구조(웹)	429
소프트웨어 라이프사이클	431
프로그래밍과 코딩	433

2 프로그래밍 언어 435

발진 역사	435
프로그래밍 언어 2023 트렌드	437
용도별 언어의 특징	439

서문

생성형 AI의 등장은 AI 전문가가 아니더라도 프롬프트를 이용하여 손쉬운 방법으로 AI를 활용할 수 있는 방안을 제시하여 사회 및 산업 전반에 걸쳐 엄청난 파급효과를 불러일으키고 있다. 본 저서에서는 널리 활발하게 사용되고 있는 파이썬이라는 언어를 생성형 AI를 이용하여 소스코드를 생성하고, 필요한 컴퓨터 프로그래밍의 매혹적인 세계에 발을 디딘 여러분을 환영합니다. 이 교재는 파이썬을 기반으로 프로그래밍의 기초를 학습하고자 하는 모든 분들을 대상으로 만들어진 책입니다. 본 서는 ChatGPT를 활용하여 직관적이고 유익한 프로그래밍 경험을 제공합니다.

이 교재는 초보자부터 중급자까지 모두를 고려하여, 프로그래밍에 대한 사전 지식이 없는 분들도 쉽게 따라올 수 있도록 구성되었습니다. 책 전반에 걸쳐 프로그램 개발을 위한 컴퓨터 공학의 배경 지식을 설명하고, ChatGPT의 프롬프트를 활용하여 파이썬 소스코드를 생성하는 과정을 통해 실제 프로그래밍의 기초를 익힐 수 있습니다.

이 교재는 독자들이 자유롭게 실험하고 창의적으로 코드를 작성하며, 프로그래밍의 즐거움을 체험할 수 있는 것을 목표로 하고 있습니다. 컴퓨터 과학의 문턱을 넘기 위한 첫 걸음으로, 여러분과 함께 여정을 시작하고자 합니다.
책을 통해 여러분의 프로그래밍 여행이 지식의 새로운 지평을 열어주길 기대합니다. 함께 모험을 떠나볼까요? - Generated by ChatGPT

마지막까지 수고해주신 지은이 모두에게 감사드리며, 특히 불철주야 잠도 못자고 집필에 참여해준 ChatGPT에게 감사드립니다.

제 1장. ChatGPT로 파이썬 코딩하기

왜 파이썬인가?

스크립팅 언어

파이썬은 일상적인 작업을 자동화하는 데 사용되는 스크립팅 언어로 자주 사용된다. 스크립트는 본질적으로 단계별로 실행해야 하는 작업을 자동화하는 프로그램이며 파이썬은 간단한 구문과 사용 편의성으로 인해 이러한 유형의 작업에 특히 적합하다.

플랫폼 독립성

파이썬은 플랫폼 독립적인 언어이다. 즉, 한 시스템(예: Windows)에서 작성된 파이썬 프로그램을 변경하지 않거나 최소한으로 변경하여 다른 시스템(예: Linux 또는 Mac)에서 실행할 수 있다. 파이썬은 인터프리터 언어이고 파이썬 인터프리터는 코드를 다른 플랫폼과 호환되도록 만드는 프로세스를 처리하기 때문이다.

고급 언어

파이썬은 고급 언어이다. 즉, 일반적으로 저급 언어에서 프로그래머의 책임인 메모리 관리와 같은 컴퓨터 시스템의 많은 세부 사항을 추상화한다. 이를 통해 프로그래머는 시스템 세부 사항을 관리하는 대신 프로그램 논리에 집중할 수 있다.

동적 타이핑

파이썬은 동적으로 유형이 지정된다. 즉, 사전에가 아니라 런타임 중에 변수의 유형을 확인한다. 이렇게 하면 변수 유형을 명시적으로 선언할 필요가 없으므로 코드가 더 간단하고 직관적이다.

가독성

파이썬은 중요한 공백과 명확하고 표현적인 구문을 사용하여 코드 가독성을 강조한다. 다른 많은 언어와 달리 파이썬은 중괄호나 키워드 대신 들여쓰기를 사용하여 코드 블록을 정의한다.
그 결과 프로그래밍을 처음 접하는 사람도 이해하기 쉽고 깨끗하고 읽기 쉬운 코드가 생성된다.

간결하고 쉬운 문법

파이썬의 가장 눈에 띄는 장점 중 하나는 간결하고 이해하기 쉬운 문법이다. 이 특성은 초보자에게 이상적인 언어로서 파이썬의 명성에 크게 기여했다. 그러나 그 단순함이 힘이나 유연성의 부족을 의미하지는 않는다.
반대로 파이썬의 구문은 가독성이 높고 잘 구조화된 코드를 허용하므로 모든 경험 수준의 프로그래머에게 도움이 된다.

단순성

파이썬의 구문은 간단하고 쓰기 쉽게 설계되었다. 세미콜론 및 괄호와 같은 다른 언어에서 발견되는 많은 구문적 혼란을 제거한다.
파이썬코드는 의사 코드처럼 보이는 경우가 많기 때문에 초보자도 쉽게 배우고 전문가도 쉽게 읽을 수 있다.

파이썬은 1991년에 공식직으로 출시되었으며 그 이후로 여리 수정 및 업데이트를 기쳤다. 오늘날 전 세계적으로 가장 인기 있는 프로그래밍 언어 중 하나이며 열정적인 애호가와 전문가 커뮤니티의 지원을 받고 있다. 웹 개발, 데이터 과학, 기계 학습, AI, 과학 컴퓨팅 등과 같은 다양한 분야에서 널리 사용된다. 수년 동안 파이썬은 웹 개발, 데이터 분석, 인공 지능, 기계 학습 등을 포함하여 지원하는 단순성과 광범위한 애플리케이션 프로그램으로 인해 인기가 높아졌으며, 파이썬의 광범위한 표준 라이브러리와 수많은 추가 라이브러리 및 프레임워크를 제공하는 활성 오픈 소스 커뮤니티는 기능을 더욱 향상시키고 있다. 2023년 현재 파이썬은 세계에서 가장 인기 있는 프로그래밍 언어 중 하나이다. 산업계와 학계 모두에서 널리 사용되며 데이터 분석 및 기계 학습 전문 지식에 대한 수요가 증가함에 따라 그 사용이 증가할 것으로 예상된다.

다른 언어와 간단한 구문 예제 비교

파이썬 구문의 단순성과 가독성을 이해하는 것은 다른 대중적인 언어와의 비교를 통해 가장 잘 확인이 된다. 이 섹션에서는 C++, Java 및 파이썬으로 "Hello!"라는 문구를 출력하는 간단한 프로그램을 챗GPT 작성하여 비교해 본다. 아래는 챗GPT에 코드 작성을 요청한 예이다.

Q C++에서 "Hello!"를 출력하는 코드를 작성해 주세요.

C++에서 "Hello!"를 출력하는 코드의 예입니다.

```python
#include <iostream>
int main()
        {std::cout << "Hello!"<< std::endl;
        return 0;
}
```

C++ 예제

Q Java에서 "Hello!"를 출력하는 코드를 작성해 주세요.

Java에서 "Hello!"를 출력하는 코드의 예입니다.

```python
public class Main{
        public static void main(String[] args)
                {System.out.println("Hello!");
        }
}
```

자바 예제

Q 파이썬에서 "Hello!"를 출력하는 코드를 작성해 주세요.

파이썬에서 "Hello!"를 출력하는 코드의 예입니다.

```python
print("Hello!")
```

파이썬 예제

파이썬에서 "Hello!"를 인쇄하는 코드는 훨씬 간단하다.

이 세 가지 예를 비교하면 이 기본 작업에서 파이썬이 C++ 또는 Java보다 코드가 덜 필요하고 구문이 더 간단하다는 것을 알 수 있다. 이러한 단순성은 초보자가 파이썬을 더 쉽게 배울 수 있도록 하고 숙련된 프로그래머의 경우 개발 시간을 단축할 수 있다.

빠른 개발 속도

파이썬의 또 다른 중요한 이점은 빠른 개발 속도이다. 이것은 주로 파이썬의 높은 수준의 특성과 단순성 때문이다. 두 가지 모두 개발자가 낮은 수준의 세부 정보보다는 프로그램 논리에 더 집중할 수 있도록 한다. 이 섹션에서는 파이썬이 개발 속도를 향상시키는 방법을 살펴본다.

가독성 및 단순성

이미 논의한 바와 같이 파이썬의 읽기 쉬운 구문과 간단한 문법으로 빠르고 효율적으로 코딩가능하며 코드 줄이 적다는 것은 코드 작성, 디버깅 및 유지 관리에 소요되는 시간이 줄어든다는 것을 의미한다.

표준 라이브러리 및 타사 모듈

파이썬의 광범위한 표준 라이브러리와 수많은 타사 모듈의 가용성은 다양한 작업을 위해 미리 작성된 기능을 제공하여 개발 시간을 절약한다. 웹 요청, XML 구문 분석 또는 데이터베이스 연결이 필요한 경우 더 빠르고 쉽게 수행하는 데 도움이 되는 파이썬 라이브러리 또는 모듈이 있을 수 있다.

인터프리터 언어

파이썬은 인터프리터 언어이므로 별도의 컴파일 단계 없이 코드를 즉시 실행할 수 있다. 이를 통해 개발자는 코드를 테스트하고 결과를 즉시 확인할 수 있으므로 신속한 프로토타이핑 및 반복 개발이 가능하다.

1
개발 환경 설정하기

개발 환경 설치

파이썬 설치하기

공식 웹사이트 접속 : 파이썬 공식 웹사이트에 접속한다. 파이썬 최신의 설치 파일을 내려 받는다. (https://www.python.org/downloads/)

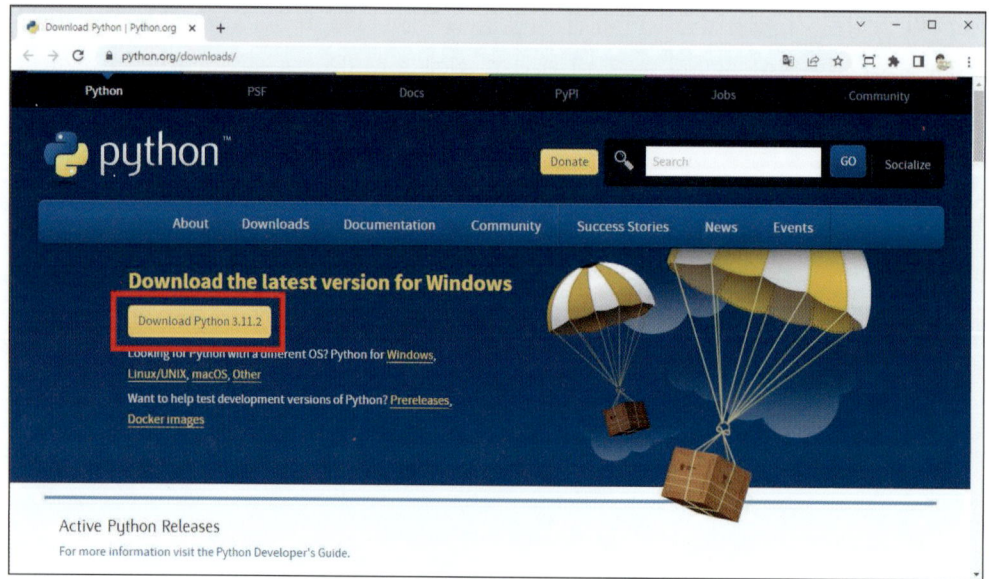

파이썬 다운로드 페이지

다운로드한 파일을 실행하고, 설치 과정을 따라 진행한다.

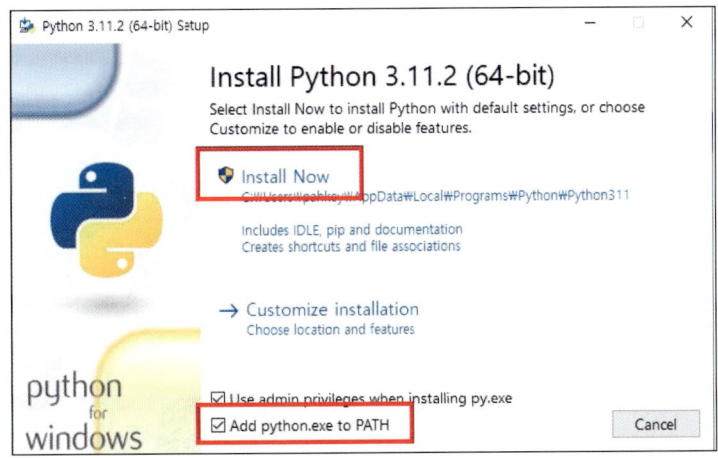

파이썬 설치

설치 중 'Add Python to PATH' 옵션을 체크한다. 설치가 완료되면 [close]를 클릭하여 종료한다. 파이썬이 정상적으로 설치되었다면 [시작] 메뉴의 검색 창에서 python을 검색하여 파이썬 실행 프로그램을 찾을 수 있다.

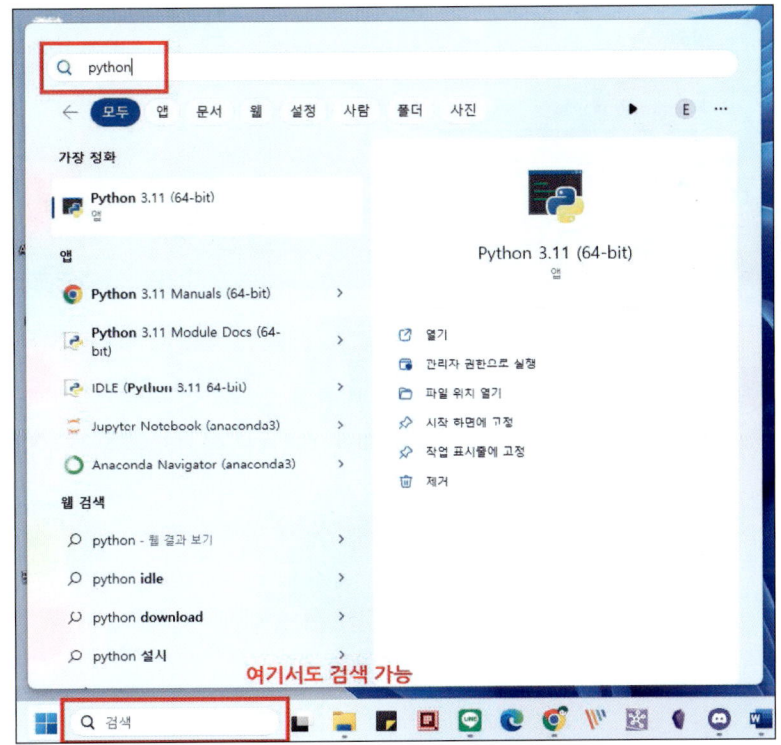

파이썬 설치 확인

Visual Studio Code란?

Visual Studio Code(VS Code)는 Microsoft에서 개발한 무료 코드 편집기이다. 가볍고 빠르며, 다양한 확장 기능을 지원하여 여러 프로그래밍 언어와 호환된다.

Visual Studio Code 설치 및 설정

공식 웹사이트 접속: VS Code 공식 웹사이트에 접속한다. (https://code.visualstudio.com/)

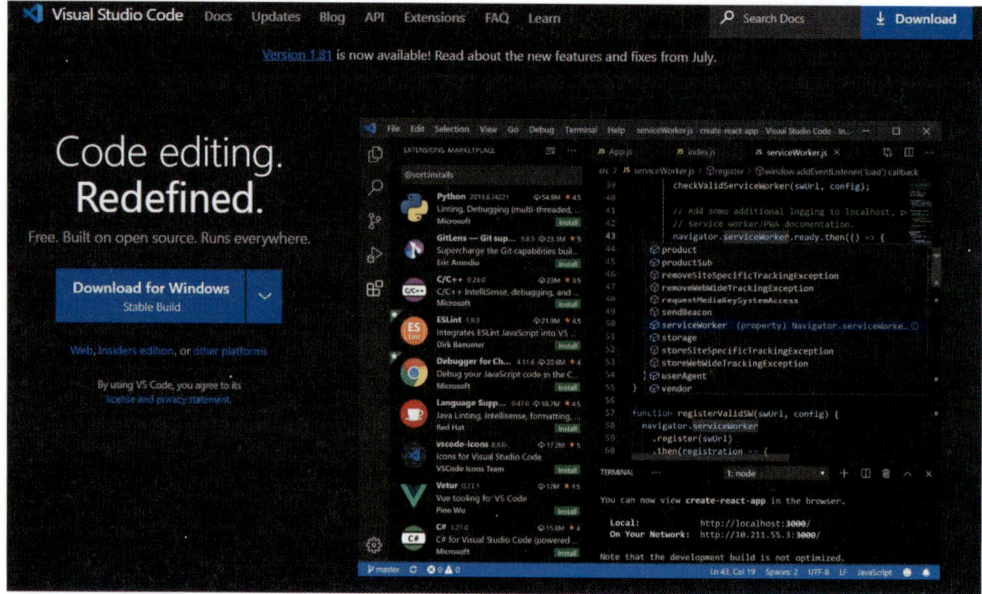

Visual Studio code

홈페이지 중앙의 'Download for [운영체제]' 버튼을 클릭하여 다운로드한다. 다운로드한 파일을 실행하고, 설치 과정을 따라 진행한다. 여기서는 윈도우의 예이다.

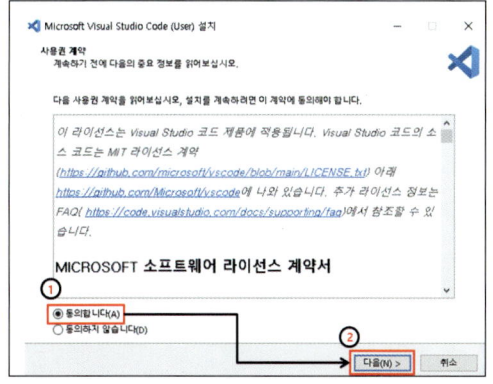
라이센스 동의

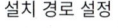
설치 경로 설정

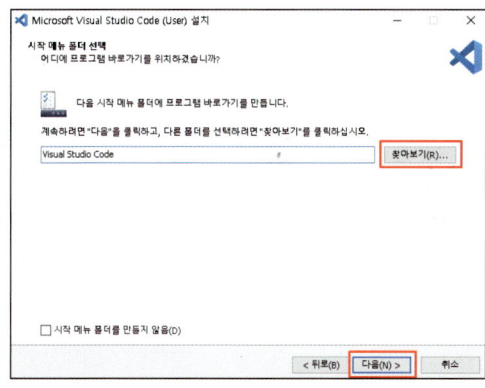
바로가기 만들기

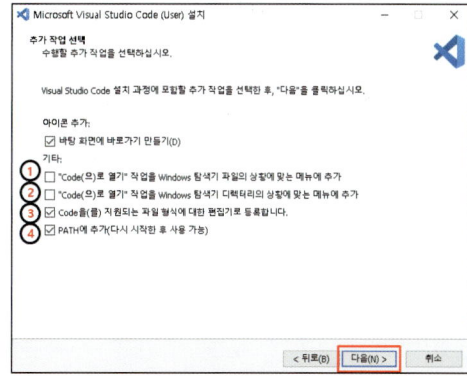
수행 작업 선택

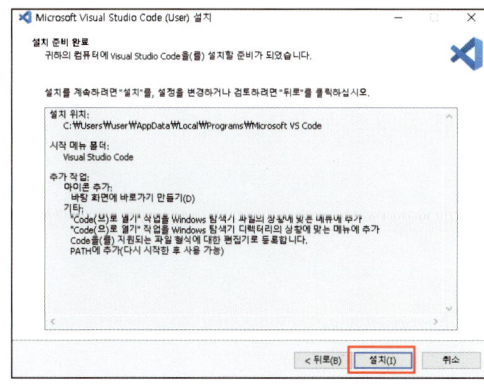
설치 내역 확인

설치 완료

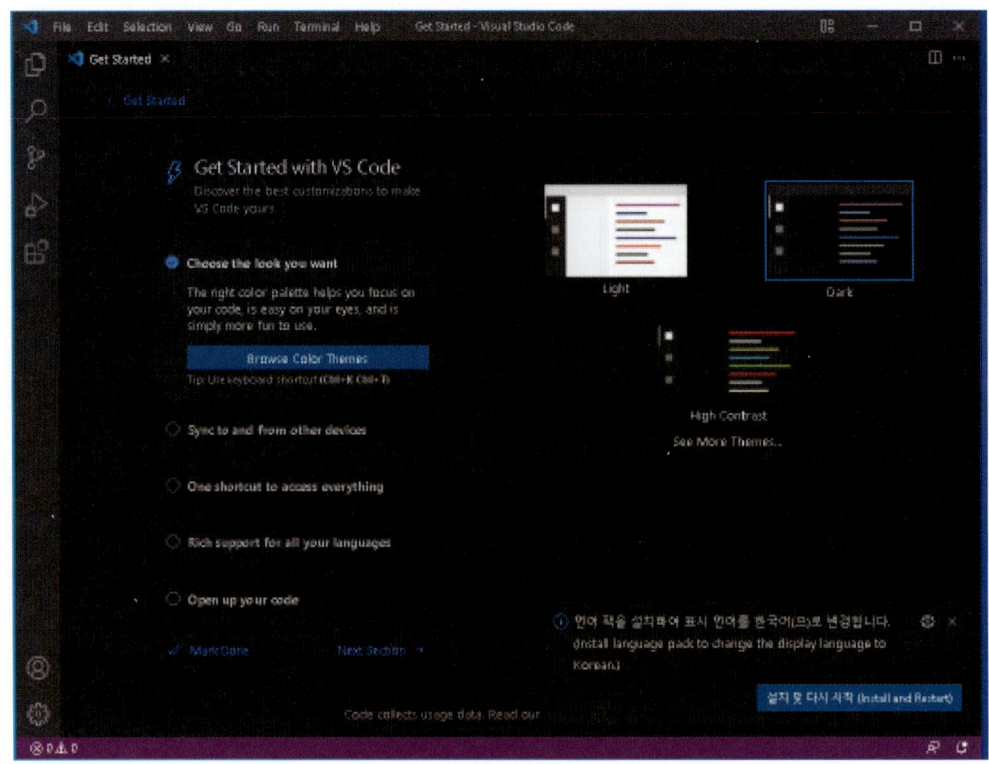

VS Code 실행 화면

파이썬 확장 기능 설치

VS Code를 실행한 후, 왼쪽 사이드바의 확장 아이콘을 클릭한다. 검색창에 'Python'을 입력하고, Microsoft에서 제공하는 파이썬 확장 기능을 설치한다.
이 확장 기능은 파이썬 코드 작성, 디버깅, 테스팅 등의 기능을 제공한다.

첫 파이썬 프로젝트 시작하기

새 프로젝트 폴더 생성: 원하는 위치에 새 폴더를 생성한다.

VS Code에서 폴더 열기: VS Code를 실행하고, 'File' 〉 'Open Folder'를 선택하여 방금 생성한 폴더를 연다.

새 파이썬 파일 생성: 폴더 내에서 우클릭하여 'New File'을 선택하고, 파일 이름을 'hello.py'로 지정한다.

코드 작성: 'hello.py' 파일을 열고, print("Hello, World!")를 입력한다.

```
Python Book > 🐍 Hello.py
  1
  2    print("Hello, World!")
  3
```

파이썬 print 문

코드 실행: 파일을 저장한 후, 터미널에서 python hello.py 명령을 입력하여 코드를 실행한다. 'Hello, World!'라는 메시지가 출력되면 성공이다.

```
(myenv_39) E:\Test Project\32 Work Efficiency\Python Book>C:/Users/User/anaconda3/envs/myenv_39/python.exe "e:/Test Project/32 Work Efficiency/Python Book/Hello.py"
Hello, World!
```

Hello, World!

2
ChatGPT를 이용한 코딩자동화

OpenAI의 ChatGPT는 인공 지능이 코딩을 어떻게 지원할 수 있는지를 보여주는 주요 사례 중 하나이다. 이 AI는 GPT-4, 즉 고급 언어 모델을 기반으로 하며, 인터넷 상에서 다양한 텍스트 소스로부터 학습을 진행하였다. 이를 통해 ChatGPT는 사용자의 입력에 기반하여 자연스러운 텍스트 응답을 생성할 수 있다. 코딩 지원 측면에서, ChatGPT는 몇 가지 방식으로 활용된다. 예를 들어, 사용자의 프로그래밍 관련 질문에 답하거나, 코드 스니펫을 제공하고, 디버깅을 돕는 등의 기능을 수행한다.
또한 코드 작성에 대한 가이드라인과 제안을 제공하는 데 주로 사용된다. 이는 개발자가 코딩 작업을 수행하는 과정에서 유용한 참고 자료나 가이드를 얻을 수 있다.

코드 제안

ChatGPT는 코드 줄이나 블록을 완성하기 위한 제안을 제공할 수 있다. 이는 구문, 라이브러리 또는 모범 사례에 아직 익숙하지 않은 초보 프로그래머에게 특히 유용할 수 있다. 또한 코딩 프로세스의 속도를 높이려는 숙련된 프로그래머에게도 유용하다.

디버깅 도움말

ChatGPT는 코드의 문제를 식별하고 가능한 수정 사항을 제안할 수 있다. 문제가 있는 코드를 입력하고 문제를 설명함으로써 개발자는 잘못된 부분과 수정 방법에 대한 제안을 얻을 수 있다.

코드 검토

코드 구문 및 의미 체계에 대한 이해를 바탕으로 ChatGPT를 사용하여 코드를 검토할 수 있다. 리팩토링이 필요할 수 있는 영역을 강조 표시하고 개선 사항을 제안하며 잠재적인 버그를 감지할 수 있다.

학습 및 교육 지원

ChatGPT는 새로운 프로그래밍 언어 또는 프레임워크를 학습하는 데 유용한 도구가 될 수 있다. 사용자는 특정 개념에 대해 질문하거나 특정 기능을 사용하는 방법에 대한 예를 요청할 수 있으며 ChatGPT는 자세한 답변을 제공한다.

자연어를 코드로 번역

코딩에서의 ChatGPT가 가장 흥미로운 애플리케이션 프로그램 중 하나는 자연어 설명을 코드로 번역하는 기능일 것이다.

일상적인 작업 자동화

ChatGPT는 반복적이거나 일상적인 코딩 작업을 자동화하여 개발자가 소프트웨어 개발의 보다 복잡하고 창의적인 측면에 집중할 수 있도록 한다.

ChatGPT와 같은 AI 도구는 프로그래머를 대체할 수 없지만 생산성을 크게 향상시키고 더 많은 사람이 코딩에 더 쉽게 접근할 수 있도록 할 수 있다. ChatGPT가 귀중한 지원을 제공할 수 있지만 개발자가 AI 생성 코드를 철저히 검토하고 테스트하여 필요한 요구 사항과 표준을 충족하는지 확인하는 것이 여전히 중요하다는 점에 유의해야 한다.

PlugIn 설치

플러그인은 기본적인 기능을 확장하거나 새로운 기능을 추가하기 위해 소프트웨어에 설치되는 추가 모듈이다.

Visual Studio Code(VS Code)는 다양한 플러그인을 지원하여 개발 환경을 사용자 맞춤으로 구성할 수 있다. 이번 장에서는 ChatGPT와 관련된 플러그인인 'Ask ChatGPT'와 'Genie'의 설치 및 기본 사용 방법에 대해 알아보자.

Code(Ask) GPT 플러그인 설치

Code GPT는 GPT와의 상호작용을 도와주는 확장 프로그램이다.

VS Code 실행: Visual Studio Code를 실행한다.
확장 탭 이동: 왼쪽 사이드바의 확장 아이콘(네모 모양의 상자 아이콘)을 클릭한다.
플러그인 검색: 검색창에 'Code GPT'를 입력한다.
플러그인 설치: 검색 결과에서 'Code GPT' 플러그인을 찾아 'Install' 버튼을 클릭한다.

Visual Studio Code(VS Code)는 다양한 플러그인을 지원하여 개발 환경을 사용자 맞춤으로 구성할 수 있다. 이번 장에서는 ChatGPT와 관련된 플러그인인 'Ask ChatGPT'와 'Genie'의 설치 및 기본 사용 방법에 대해 알아보자.

Code(Ask) GPT 플러그인 설치

Code GPT는 GPT와의 상호작용을 도와주는 확장 프로그램이다.

VS Code 실행: Visual Studio Code를 실행한다.

확장 탭 이동: 왼쪽 사이드바의 확장 아이콘(네모 모양의 상자 아이콘)을 클릭한다.

플러그인 검색: 검색창에 'Code GPT'를 입력한다.

플러그인 설치: 검색 결과에서 'Code GPT' 플러그인을 찾아 'Install' 버튼을 클릭한다.

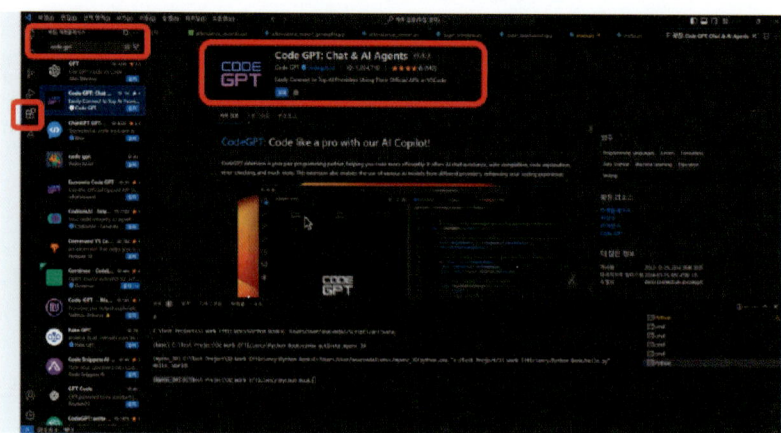

VS Code 설치 화면

플러그인 사용 방법

Ask ChatGPT 사용하기

사용방법은 단순하다. 원하는 질문을 주석으로 단 후, ctrl + shift + i를 눌러주면 된다.

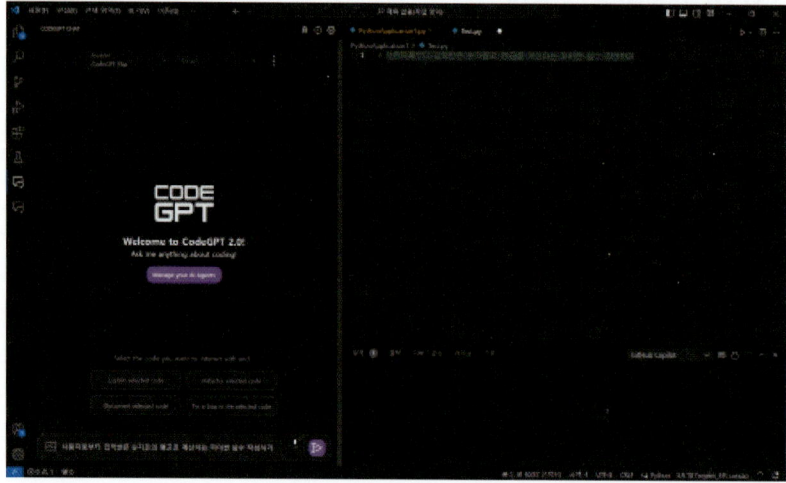

Code GPT 확장 프로그램 화면

ChatGPT의 응답을 확인하고, 필요한 코드나 정보를 프로젝트에 활용한다.

code 자동 생성

의미: 코드 자동 생성은 개발자의 요구 사항이나 설계에 따라 자동으로 코드를 생성하는 프로세스를 의미한다. 이는 반복적인 작업을 줄이고 효율적인 코드 작성을 도와준다. ChatGPT와 같은 도구들은 사용자의 질문이나 요구에 따라 적절한 코드를 제안할 수 있다.

파이썬 예제: 여기서는 "사용자로부터 입력받은 숫자들의 평균을 계산하는 함수 작성하기"를 예를 들어 본다.

VS Code 실행: 시작 메뉴나 애플리케이션 목록에서 Visual Studio Code를 찾아 실행한다.

Ask ChatGPT 사용: VS Code에서 원하는 주석을 작성하고, 마우스 우클릭 후 'Ask ChatGPT'를 클릭한다. 여기서는 질문 입력창에 "사용자로부터 입력받은 숫자들의 평균을 계산하는 파이썬 함수 작성하기"라는 질문을 입력한다. ChatGPT의 응답을 확인한다.

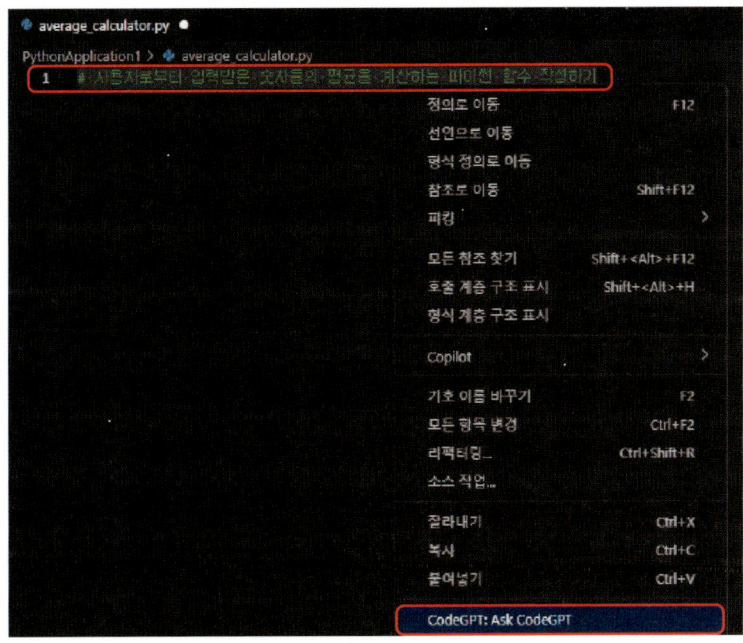

Code GPT로 Code 생성하기

Q 사용자로부터 입력받은 숫자들의 평균을 계산하는 파이썬 함수 작성하기

```python
def calculate_average():
    numbers = list(map(int, input("숫자들을 공백으로 구분하여 입력하세요: ").split()))
    return sum(numbers) / len(numbers)
```

코드 활용: VS Code에서 새로운 파이썬 파일을 생성한다. 예를 들어, "average_calculator.py"라는 이름으로 저장한다. ChatGPT의 응답으로 제공된 코드를 복사하여 "average_calculator.py" 파일에 붙여넣는다. 터미널을 열어 해당 파일을 실행한다.

```bash
python average_calculator.py
```

프로그램이 사용자로부터 숫자들을 입력받으라는 메시지를 출력할 것이다. 숫자들을 공백으로 구분하여 입력한 후, 평균값이 출력되는 것을 확인할 수 있다.

```
숫자들을 공백으로 구분하여 입력하세요: 1 2 3 4 5 6 7 8 9 10
평균: 5.5
```

Code 문서화

의미: 코드 문서화는 개발자와 사용자에게 컨텍스트와 이해를 제공하기 위해 소스 코드 내에 설명을 포함시키는 중요한 프로세스이다. 코드의 작동 방식, 목적 및 사용 방법을 설명하는 가이드 역할을 한다. 이는 다른 개발자나 미래의 자신이 코드를 이해하고 수정하는 데 도움을 준다.

코드 문서화의 중요성

- 코드 가독성: 적절한 문서화는 코드를 더 이해하기 쉽게 만들어 개발자가 논리와 흐름을 빠르게 파악할 수 있도록 한다.
- 유지 관리: 원래 개발자를 포함할 수 있는 미래의 개발자는 필요한 경우 코드를 쉽게 이해하고 수정할 수 있다.
- 새 팀 구성원 온보딩: 코드베이스가 잘 문서화되어 있으면 새 팀 구성원이 더 빨리 적응할 수 있다.
- 종속성 감소: 팀은 코드베이스를 이해하기 위해 원래 개발자에게만 의존하지 않는다.

코드 문서의 종류

- 인라인 주석: 특정 줄이나 코드 블록을 설명하기 위한 코드 내의 짧은 설명이다.
- 블록 주석: 더 자세한 설명을 제공하며 일반적으로 함수 또는 모듈의 시작 부분에 배치된다.
- API 설명서: 이것은 특히 라이브러리 또는 프레임워크, 세부 기능, 클래스 및 메서드에 대한 보다 공식적인 유형의 설명서이다.
- 사용자 가이드: 높은 수준의 개요, 설정 지침 및 사용 예를 제공하는 외부 문서이다.

코드 문서의 종류

- 인라인 주석: 특정 줄이나 코드 블록을 설명하기 위한 코드 내의 짧은 설명이다.
- 블록 주석: 더 자세한 설명을 제공하며 일반적으로 함수 또는 모듈의 시작 부분에 배치된다.
- API 설명서: 이것은 특히 라이브러리 또는 프레임워크, 세부 기능, 클래스 및 메서드에 대한 보다 공식적인 유형의 설명서이다.

– 사용자 가이드: 높은 수준의 개요, 설정 지침 및 사용 예를 제공하는 외부 문서이다.

코드 문서화 모범 사례

– 업데이트 유지: 문서는 코드와 함께 발전해야 한다. 오래된 문서는 문서가 없는 것보다 더 해로울 수 있다.

– 명확하고 간결하게 작성: 불필요한 전문 용어를 사용하지 않는다. 목표는 혼동이 아니라 명확히 하는 것이다.

– 결정 문서화: '방법'뿐 아니라 '이유'(특정 접근 방식을 취한 이유 또는 결정이 내려진 이유)도 문서화한다.

– 중복 방지: 명백한 것은 언급 금지. 예를 들어 "int age; // variable for age" 중복된다. 대신 주석을 사용하여 즉시 명확하지 않은 복잡한 논리나 결정을 설명한다.

파이썬 예제

요구 사항: calculate_average 함수에 대한 문서화 주석 추가

VS Code 실행

시작 메뉴나 애플리케이션 목록에서 Visual Studio Code를 찾아 실행한다.

Ask ChatGPT 사용

VS Code의 오른쪽 상단에 위치한 'Ask ChatGPT' 아이콘을 클릭한다. 질문 입력창에 "calculate_average 함수에 대한 문서화 주석 작성하기"라는 질문을 입력한다.
ChatGPT의 응답을 확인한다.

Q 평균을 계산하는 파이썬 함수 주석 추가하기

```python
def calculate_average():
    """
    사용자로부터 입력받은 숫자들의 평균을 계산하여 반환하는 함수.

    Returns:
        float: 입력받은 숫자들의 평균값
    """
    numbers = list(map(int, input("숫자들을 공백으로 구분하여 입력하세요: ").split()))
    return sum(numbers) / len(numbers)
```

VS Code 실행

시작 메뉴나 애플리케이션 목록에서 Visual Studio Code를 찾아 실행한다.

Ask ChatGPT 사용

VS Code의 오른쪽 상단에 위치한 'Ask ChatGPT' 아이콘을 클릭한다. 질문 입력창에 "calculate_average 함수에 대한 문서화 주석 작성하기"라는 질문을 입력한다. ChatGPT의 응답을 확인한다.

평균을 계산하는 파이썬 함수 주석 추가하기

```python
def calculate_average():
    """
    사용자로부터 입력받은 숫자들의 평균을 계산하여 반환하는 함수.

    Returns:
        float: 입력받은 숫자들의 평균값
    """
    numbers = list(map(int, input("숫자들을 공백으로 구분하여 입력하세요: ").split()))
    return sum(numbers) / len(numbers)
```

코드 활용

VS Code에서 average_calculator.py 파일을 열고, ChatGPT의 응답으로 제공된 문서화 주석을 복사하여 함수 위에 붙여넣는다.

Code 디버깅

의미: 디버깅은 프로그램의 오류나 문제점을 찾아 수정하는 과정을 의미한다. 오류는 실행 시 오류 메시지를 통해 발견될 수 있으며, 디버깅 도구를 사용하여 오류의 원인을 찾을 수 있다.

파이썬 예제

문제: calculate_average 함수가 문자열 리스트에서 오류 발생

VS Code 실행

시작 메뉴나 애플리케이션 목록에서 Visual Studio Code를 찾아 실행한다.

Ask ChatGPT 사용

VS Code의 오른쪽 상단에 위치한 'Ask ChatGPT' 아이콘을 클릭한다. 질문 입력창에 "calculate_average 함수에서 문자열 리스트 입력 시 오류 해결 방법"이라는 질문을 입력한다.

```bash
def calculate_average():
    try:
```

코드 수정

VS Code에서 average_calculator.py 파일을 열고, 함수를 다음과 같이 수정한다.

```python
def calculate_average():
    try:
        numbers = list(map(int, input("숫자들을 공백으로 구분하여 입력하세요: ").split()))
        return sum(numbers) / len(numbers)
    except ValueError:
        print("오류: 숫자만 입력해주세요.")
        return None
```

Code 리펙토링

의미: 코드 리팩토링은 외부 동작을 변경하지 않고 기존 컴퓨터 코드를 재구성하는 프로세스이다. 주요 목적은 소프트웨어의 비기능적 특성을 개선하는 것이다. 코드의 기능은 그대로 유지하면서 내부 구조를 개선하는 과정을 의한다. 이는 코드의 가독성을 향상시키고, 유지 보수를 용이하게 한다.

코드 리팩토링의 중요성

- 향상된 코드 품질: 리팩토링은 코드의 구조와 디자인을 개선하여 더 높은 품질과 더 유지 관리하기 쉬운 소프트웨어로 이어진다.

- 기능 추가 촉진: 더 깔끔한 코드베이스를 사용하면 새 기능을 추가하는 것이 더 간단해진다.

- 더 쉬운 버그 감지: 잘 구성된 코드를 사용하면 버그를 더 쉽게 찾고 수정할 수 있다.

- 향상된 성능: 일부 리팩토링 기술은 코드를 최적화하여 실행 시간을 단축할 수 있다.

- 장기적 이점: 리팩토링은 초기에 시간이 많이 들어가는 것처럼 보일 수 있지만, 장기적으로 보면 기술 부채를 줄이는 것을 통해 큰 이점을 얻게 된다.

코드 리팩토링 기법

- 메서드/변수 이름 바꾸기: 용도를 더 잘 반영하도록 이름을 변경한다.

- 메서드 추출: 함께 그룹화할 수 있는 코드 조각을 가져와서 메서드로 변환한다.

- 인라인 방식: 추출 방식의 반대, 메서드의 본문이 이름만큼 명확할 때 사용된다.

- 메서드 이동: 메서드를 더 잘 맞는 클래스로 이동한다.

- 임시를 쿼리로 바꾸기: 임시 변수를 사용하는 대신 메서드를 사용하여 필요한 정보를 쿼리한다.

- Decompose Conditional: 복잡한 조건 논리를 별도의 메서드로 분해한다.

파이썬 예제

요구 사항: calculate_average 함수를 더 간결하게 리펙토링하기

- 임시를 쿼리로 바꾸기: 임시 변수를 사용하는 대신 메서드를 사용하여 필요한 정보를 쿼리한다.

- Decompose Conditional: 복잡한 조건 논리를 별도의 메서드로 분해한다.

파이썬 예제

요구 사항: calculate_average 함수를 더 간결하게 리펙토링하기

VS Code 실행

시작 메뉴나 애플리케이션 목록에서 Visual Studio Code를 찾아 실행한다.

Ask ChatGPT 사용

VS Code의 오른쪽 상단에 위치한 'Ask ChatGPT' 아이콘을 클릭한다. 질문 입력창에 "calculate_average 함수 리펙토링 방법"이라는 질문을 입력한다.

 calculate_average 함수 리펙토링 방법

```python
def calculate_average():
    numbers = input("숫자들을 공백으로 구분하여 입력하세요: ").split()
    try:
        return sum(map(int, numbers)) / len(numbers)
    except ValueError:
        print("오류: 숫자만 입력해주세요.")
        return None
```

코드 활용

VS Code에서 average_calculator.py 파일을 열고, 함수를 ChatGPT의 응답으로 제공된 코드로 수정한다.

Code 최적화

의미: 코드 최적화는 코드의 성능을 향상시키기 위해 수행하는 과정을 의미한다. 이는 실행시간을 줄이거나 메모리 사용량을 최소화하는 등의 방법으로 이루어진다.

파이썬 예제

요구 사항: 리스트 내의 중복된 숫자 찾기

 리스트 내의 중복된 숫자 찾기 함수 작성하기

```python
def find_duplicates(lst):
    duplicates = []
    for i in lst:
        if lst.count(i) > 1 and i not in duplicates:
            duplicates.append(i)
    return duplicates
```

기존 코드

리스트 내의 중복된 숫자 찾기 함수 작성하기

```python
def find_duplicates(lst):
    return list(set([i for i in lst if lst.count(i) > 1]))
```
최적화 후

Code 리뷰

의미: 코드 리뷰는 다른 개발자가 작성한 코드의 품질을 검토하고 피드백을 제공하는 과정을 의미한다.

파이썬 예제

피드백: find_duplicates 함수에서 list.count() 메서드 사용 시 시간 복잡도가 높아짐

개선 방안: 딕셔너리를 사용하여 요소의 빈도를 계산

단위 테스트 Code 생성

의미: 단위 테스트는 소프트웨어의 개별 단위 또는 구성 요소를 나머지 응용 프로그램과 분리하여 테스트하는 소프트웨어 테스트 기술이다. 단위 테스트의 주요 목표는 소프트웨어의 각 단위가 설계된 대로 작동하는지 확인하는 것이다.

중요성

코드 품질 보장: 소프트웨어가 작동하기 전에 버그를 식별하고 수정할 수 있다.

변경 촉진: 우수한 단위 테스트 세트를 사용하면 개발자가 기존 기능을 손상시킬 수 있다는 두려움 없이 코드를 변경할 수 있다.

통합 단순화: 각 장치를 개별적으로 테스트하면 각 장치가 올바르게 작동하는 것으로 알려지기 때문에 통합이 용이하다.

문서화: 단위 테스트는 각 구성 요소가 어떻게 작동해야 하는지 보여주는 예제 문시의 역할을 한다.

Isolation (격리)

여기서 '격리'는 단위 테스트에서 해당 기능이 다른 외부 요인들로부터 독립적으로 테스트되어야 한다는 것을 의미한다. 예를 들어, calculate_average 함수를 테스트할 때, 다른 함수나 외부 데이터베이스, 사용자 입력 등에 영향을 받지 않고 오직 calculate_average 함수 자체만 테스트 해야한다.

Assertion (어설션)

어설션은 테스트 중 함수의 결과가 우리의 예상과 일치하는지를 확인하는 과정이다.
예를 들어, calculate_average 함수에 몇 개의 숫자를 입력했을 때, 이 함수가 계산한 평균값이 우리가 기대한 값과 같은지 확인하는 것이다.

단위 테스트 코드 예제: calculate_average

테스트 프레임워크 선택

파이썬에 내장된 unittest 프레임워크를 사용한다. 이것은 파이썬과 함께 제공되는 표준 테스트 도구로, 별도의 설치 없이 사용할 수 있다.

테스트 파일 만들기

만약 calculate_average 함수가 math_operations.py 파일 안에 있다면, 이 함수를 테스트하기 위한 별도의 파일을 만든다. 이 파일의 이름은 test_math_operations.py로 지정할 수 있다. 이렇게 하면 원본 코드 파일과 관련된 테스트 파일임을 쉽게 알 수 있다.

테스트 작성 (test_math_operations.py)

test_math_operations.py 파일 안에서 calculate_average 함수에 대한 여러 테스트 케이스를 작성한다. 이때 unittest 프레임워크를 사용하여 다양한 숫자 조합을 함수에 입력하고, 함수가 올바른 평균값을 반환하는지 확인한다. 이렇게 단위 테스트를 작성하면 calculate_average 함수가 다양한 상황에서도 정확하게 작동하는지 검증할 수 있다.

파이썬 예제

```python
import unittest
from math_operations import calculate_average

class TestCalculateAverage(unittest.TestCase):

    def test_calculate_average_valid(self):
        self.assertEqual(calculate_average([1, 2, 3, 4]), 2.5) # Expected average is 2.5
        self.assertEqual(calculate_average([-1, 1, -2, 2]), 0) # Expected average is 0
        self.assertEqual(calculate_average([10, 20, 30]), 20) # Expected average is 20

    def test_calculate_average_empty_list(self):
        with self.assertRaises(ZeroDivisionError):
            calculate_average([]) # Dividing by zero should raise a ZeroDivisionError

    def test_calculate_average_invalid_input(self):
        with self.assertRaises(TypeError):
            calculate_average("This is not a list") # Should raise a TypeError

if __name__ == '__main__':
    unittest.main()
```

터미널 또는 명령 프롬프트에서:

```python
python -m unittest test_math_operations.py
```

그러면 테스트가 실행되고 결과가 표시된다. 함수가 예상대로 작동하면 calculate_average모든 테스트가 통과 된다. 그렇지 않은 경우 실패한 테스트는 불일치에 대한 피드백을 제공한다.

개발 언어 source Code 자동 전환

의미

개발 언어의 소스 코드 자동 전환은 한 프로그래밍 언어로 작성된 코드를 다른 프로그래밍 언어로 자동 변환하는 과정을 의미한다. 이는 다양한 플랫폼에서의 실행이나 특성 언어의 기능을 활용하기 위해 필요할 수 있다.

실습: Python Code를 Java와 C#으로 전환

요구 사항: Python으로 작성된 간단한 코드를 Java와 C#으로 변환하기

아래 예제는 Python으로 작성된 간단한 코드이다. 이 코드는 'greet'라는 함수를 정의하고, 사용자의 이름을 받아 "Hello, [이름]!" 이라는 인사말을 반환한다. 이 코드를 Java와 C#으로 변환하는 연습을 할 수 있다.

Python 코드 예제

```python
def greet(name):
    return f"Hello, {name}!"
```

Java 코드 변환

> **Q** Python으로 작성된 간단한 코드를 Java로 변환하기

```python
public class Greeting {
    public static String greet(String name) {
        return "Hello, " + name + "!";
    }
}
```

C# 코드 변환

> **Q** Python으로 작성된 간단한 코드를 C#으로 변환하기

```python
public class Greeting {
    public static string Greet(String name) {
        return "Hello, " + name + "!";
    }
}
```

이 챕터는 소프트웨어와 '프로그래밍'에 대한 이해를 제공하였다. 시작으로, 웹 프로그래밍의 다양한 요소들을 탐구하면서 프론트엔드와 백엔드의 중요성, 그리고 이들을 지원하는 도구와 기술들을 학습했다. 특히, 파이썬이 왜 널리 사용되는 프로그래밍 언어인지를 심층적으로 분석하면서 그 단순성, 가독성, 그리고 플랫폼 독립성과 같은 핵심 특징들을 강조하였다.

3
애피타이저: 파이썬 코딩하기

예제 1

 파이썬으로 2단부터 9단까지 구구단을 출력하는 프로그램을 만들어 보자.(gugudan.py)

```python
def print_gugudan():
    for i in range(2, 10):
        print(f"{i} 단")
        for j in range(1, 10):
            print(f"{i} x {j} = {i*j}")
        print()

print_gugudan()
```

예제 2

 사용자에게 값을 키보드로 입력받고 해당 숫자를 구구단 출력해주는 파이선 프로그램을 만들어줘.
단 숫자가 아닌 문자가 들어온 경우에는 "숫자만 입력하세요"라고 출력하고 입력을 다시 받아줘.
(gugudan2.py)

```python
def print_gugudan(number):
    print(f"{number} 단")
    for i in range(1, 10):
        print(f"{number} x {i} = {number*i}")

def main():
    while True:
        user_input = input("구구단을 출력할 숫자를 입력하세요: ")
        if user_input.isdigit():
            number = int(user_input)
            print_gugudan(number)
            break
        else:
            print("숫자만 입력하세요.")

if __name__ == "__main__":
    main()
```

예제 3

 1부터 10까지 숫자 중에 생각하고 있는 숫자를 파이썬이 질문을 통해서 맞추는 프로그램을 만들어보자. 최초에 프로그램은 생각하는 값이 5인지 물어보고, 맞으면 "y"를 입력하게 해. 만일 생각하는 값이 크면 "b"를 입력받고 값을 1을 증가시킨 후 그 수를 다시 물어봐. 만일 생각하는 값이 작으면 "s"를 입력받고 값을 1을 감소시킨 후 다시 물어봐. 이런 형태로 값을 맞추는 프로그램을 만들어 볼래?(guess.py)

```python
def guess_number():
    print("1부터 10까지의 숫자 중 하나를 생각해주세요.")
    input("생각하셨으면 엔터 키를 눌러주세요...")

    low = 1
    high = 10
    guess = 0

    guess = (low + high) // 2

    while True:

        print(f"당신이 생각한 숫자는 {guess}입니까?")
        feedback = input(f"맞으면 'y', {guess} 작으면 's', {guess} 크면 'b'를 입력해주세요: ").lower()
        if feedback == "y":
            print("정답을 맞췄어요!")
            break
        elif feedback == "s":
            guess = guess - 1
        elif feedback == "b":
            guess = guess + 1
        else:
            print("잘못된 입력입니다. 'y', 's', 'b' 중 하나를 입력해주세요.")

guess_number()
```

예제 4

 이번에는 컴퓨터가 생각하고 있는 1부터 100사이의 숫자를 사람이 맞춰보자. 처음에는 "추측한 숫자를 입력하세요: ."를 출력하고 사람이 입력한 값을 체크해. 만약 컴퓨터가 생각하고 있는 것보다 크면 "너무 큽니다. 다시 시도해보세요."를 출력하고, 작으면 "너무 작습니다. 다시 시도해보세요."를 출력한 후 다시 입력 받도록 해. 만약 입력한 값이 맞으면 "축하합니다! 숫자를 맞췄습니다. 정답은 XX입니다."로 XX에 컴퓨터가 생각한 값을 출력해. 단 사람이 몇 번만에 컴퓨터가 생각한 값을 맞추었는지 횟수를 저장하여 같이 출력해 봐.(guess2.py)

```python
import random

def guess_number_game():
    secret_number = random.randint(1, 100)
    attempts = 0

    print("1부터 100 사이의 숫자를 맞춰보세요.")

    while True:
        user_guess = int(input("추측한 숫자를 입력하세요: "))
        attempts += 1

        if user_guess < secret_number:
            print("너무 작습니다. 다시 시도해보세요.")
        elif user_guess > secret_number:
            print("너무 큽니다. 다시 시도해보세요.")
        else:
            print(f"축하합니다! 숫자를 맞췄습니다. 정답은 {secret_number}입니다.")
            print(f"시도한 횟수: {attempts}")
            break

guess_number_game()
```

예제 5

 Turtle 패키지를 이용하여 사각형을 그리는 간단한 파이썬 프로그램을 만들어 보자.

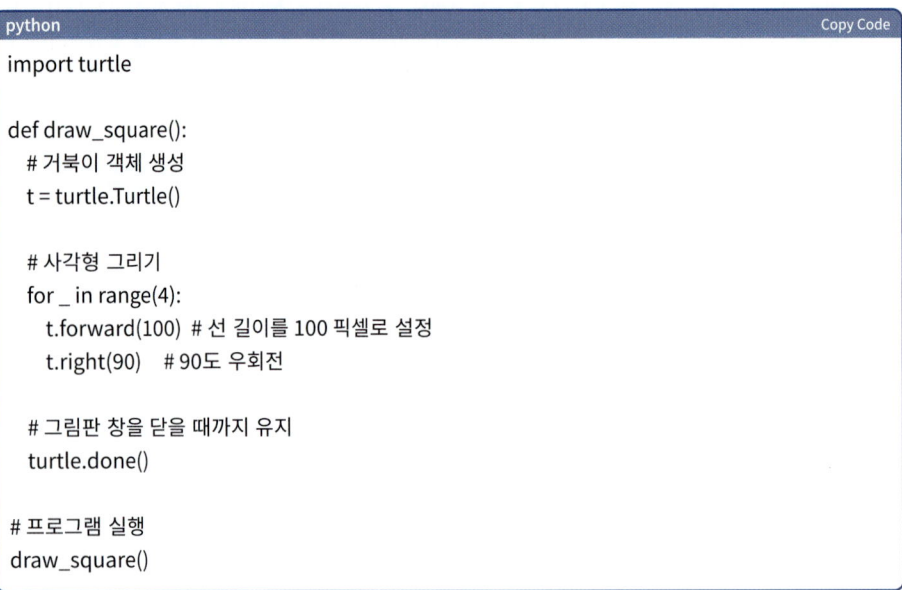

```python
import turtle

def draw_square():
    # 거북이 객체 생성
    t = turtle.Turtle()

    # 사각형 그리기
    for _ in range(4):
        t.forward(100)  # 선 길이를 100 픽셀로 설정
        t.right(90)     # 90도 우회전

    # 그림판 창을 닫을 때까지 유지
    turtle.done()

# 프로그램 실행
draw_square()
```

제 2장. ChatGPT와 함께하는 파이썬 기초

1
파이썬 문법과 표현식

파이썬 2와 파이썬 3

파이썬 2는 더 이상 유지 관리되지 않지만 특히 레거시(기존) 코드로 작업할 때 파이썬 2와 3의 차이점을 이해하면 도움이 될 수 있다. 파이썬 3의 변경 사항은 언어의 복잡성을 줄이고 일관성을 높이는 것을 목표로 한다. 파이썬 2의 print 문은 파이썬 3의 print() 함수로 대체되었으며, 정수 나눗셈은 정수가 아닌 부동 소수점 결과를 가져오고, 구문 및 문자열 처리가 변경되어 몇 가지 차이점이 있다.

파이썬 문법 기초

파이썬은 그 직관적이고 읽기 쉬운 문법으로 유명하다. 이 언어는 간결함과 명확함을 중시하며, 이는 파이썬 코드를 거의 의사 코드(pseudocode)처럼 보이게 한다. 이러한 특성 덕분에 파이썬은 초보자들에게 매우 적합한 언어이며, 숙련된 개발자들 사이에서도 널리 쓰이고 있다. 파이썬의 주요 문법적 특성은 다음과 같다. 아래의 예시는 GPT를 활용한 예시이다.

들여쓰기

파이썬의 가장 독특한 기능 중 하나는 들여쓰기를 사용하여 코드 블록을 표시하는 것이다. 많은 프로그래밍 언어가 중괄호 {}나 키워드를 사용하여 코드 블록을 정의하지만 파이썬은 들여쓰기를 사용한다. 이것은 줄 시작 부분의 공백이나 탭이 파이썬 인터프리터가 코드를 블록으로 인식한다.

print() 문은 조건 5 〉 2가 참인 경우에만 실행되며, print() 문 앞의 들여쓰기는 if 문의 일부임을 나타낸다.

```python
if 5 > 2:
    print("Five is greater than two!")
```

주석

주석은 프로그래머에게 유용한 기능이다. 파이썬의 주석은 문자 #로 시작하여 실제 줄 끝까지 확장된다. 파이썬의 인터프리터는 주석을 무시하며, 주석은 프로그래머를 위한 메모 또는 알림으로 사용된다.

Q 파이썬에서 주석의 예를 보여주세요.

파이썬에서 주석의 예는 다음과 같습니다.

```python
# This is a comment
print("Hello, World!") # This is also a comment
```

라인 연속

파이썬을 사용하면 몇 가지 방법으로 한 줄을 다음 줄로 이어갈 수 있다. 첫 번째는 여러 줄에 걸쳐 사용할 수 있는 괄호 (), 대괄호 []및 중괄호 이며, 두 번째는 행 끝에 \ 백슬래시가 있는 것이다.

Q 라인 연속을 하는 예를 보여주세요.

여기 몇가지 예입니다.

```python
# Using parentheses
num_sum = (1 +2
          +3 +4
          +5)
# Using backslash
s ='Hello, ' \
    'World!'
```

2
변수와 대입문

변수는 숫자, 문자열, 리스트 등과 같은 다양한 타입의 데이터를 저장하는 데 사용된다. 변수에 저장된 값은 나중에 액세스하거나 업데이트할 수 있다. 다른 많은 프로그래밍 언어와 차별화되는 파이썬에는 선언이 필요하지 않다.

변수 할당

파이썬에서 할당 연산자는 =변수에 값을 할당하는 데 사용되며, 변수 이름은 연산자의 왼쪽에 있고 저장할 값은 오른쪽에 있다.

> **Q** 변수 할당 예를 설명 해주세요
>
> 여기 몇가지 예입니다.
>
> ```python
> x = 10
> message = "Hello, World!"
> ```
>
> 이 예에서 x는 정수 10을 포함하는 변수이고, message는 문자열 "Hello, World!"을 포함하는 변수입니다.

변수 이름

파이썬에서 변수 이름은 문자(az, AZ), 밑줄(_) 및 숫자(0-9)로 구성될 수 있지만 숫자로 시작할 수는 없다. Python은 대소문자를 구분하므로 Variable 와 variable두 개의 다른 변수가 된다.

> **Q** 변수 할당 예를 설명 해주세요
>
> 여기 몇가지 예입니다.
>
> ```python
> x = 10
> message = "Hello, World!"
> ```
>
> 이 예에서는 x정수를 포함하는 변수 10이고, message 문자열을 포함하는 변수입니다. "Hello, World!"

변수 다중 할당

파이썬을 사용하면 한 줄에 여러 변수에 값을 할당할 수 있으며, 이렇게 하면 코드가 더 깨끗하고 효율적으로 변수를 선언할 수 있다.

Q 변수 다중 할당 예를 보여주세요.

변수 다중 할당 예입니다.

```python
x, y, z = 1, 2, "Hello"
```

이 예에서는 x에 1 y에 2 z에 "Hello"가 할당 됩니다.

변수 타입

변수의 타입은 현재 보유하고 있는 값의 타입이며, 파이썬은 동적으로 타입이 지정된다. 즉, 변수의 타입은 정의된 후에 변경될 수 있다.

Q 파이썬에서 변수 타입의 예를 보여주세요.

유효한 변수 타입의 예는 다음과 같습니다.

```python
x = 10 # x is an integer
print(type(x))

x = "Hello"# Now x is a string
print(type(x))
```

이 예제에서 type()함수는 변수의 타입을 확인하는 데 사용됩니다.
처음에는 x 변수가 정수형이지만 문자열이 할당된 후에 "Hello"는 타입이 문자열로 변경됩니다.

상수

파이썬에서 상수는 일반적으로 모듈 수준에서 선언 및 할당되며 단어를 구분하는 밑줄과 함께 모두 대문자로 작성한다. 필요한 경우 쉽게 수정할 수 있도록 파일 맨 위에 배치하는 것이 효율적이다.

Q 파이썬에서 상수 타입의 예를 보여주세요.

유효한 변수 상수의 예는 다음과 같습니다.

```python
MAX_SIZE =100
```

이 예에서 MAX_SIZE는 100.값을 보유하는 상수입니다.

3
숫자 타입 및 표현식

파이썬은 정수, 부동 소수점 숫자 및 복소수를 포함한 다양한 숫자 타입을 지원한다.

정수

파이썬의 정수는 크기에 제한이 없으며, 파이썬은 정수에 대한 메모리 할당 및 할당 해제를 자동으로 처리한다.

Q 파이썬에서 정수 타입의 예를 보여주세요.

다음은 정수 타입의 예입니다.

```python
x = 10
print(type(x)) # <class 'int'>
```

부동 소수점 숫자

부동 소수점 숫자는 소수점이 있는 숫자이며, 또한 10의 거듭제곱을 나타내기도 한다. 예를 들면 다음과 같다.

Q 부동 소수점 타입의 예를 보여주세요.

부동 소수점 타입의 예입니다.

```python
y = 20.5
print(type(y)) # <class 'float'>

z = 3E2 # This means 3 * 10^2
print(z) # 300.0
```

이 예에서 MAX_SIZE는 100.값을 보유하는 상수입니다.

복소수

복소수는 다음 형식으로 작성된다. x + yj. 여기서 x는 실수 부분이고 y는 허수 부분이다.

파이썬에서 복소수 타입의 예를 보여주세요.

다음은 복소수 타입의 예입니다.

```python
c = 4+3j
print(type(c)) # <class 'complex'>
```

산술 연산자

파이썬에는 수학 연산을 수행하는 여러 산술 연산자가 포함되어 있다.

- 더하기 (+)
- 빼기 (-)
- 곱셈 (*)
- 나누기 (/)
- 나머지 연산 (%)
- 거듭제곱 (**)

다음은 사용 중인 이러한 연산자의 예이다.

 산술 연산자의 예를 보여주세요.

다음은 산술 연산자의 예입니다.

```python
x = 10
y = 3
print(x + y) # 13
print(x - y) # 7
print(x * y) # 30
print(x / y) # 3.3333333333333335
print(x // y) # 3
print(x % y) # 1
print(x ** y) # 1000
```

4 문자열 타입 및 연산

문자열은 문자 데이터이다. 파이썬의 텍스트 데이터는 str 개체 또는 문자열로 처리되며, 문자열은 변경할 수 없는 문자 시퀀스이므로 생성된 후에는 변경할 수 없다.

문자열 생성

문자열은 작은따옴표('), 큰따옴표(") 또는 삼중따옴표(''' 또는 """)를 사용하여 일련의 문자들을 묶어 만들 수 있다.

Q 문자열 예를 보여주세요.

다음은 문자열의 예입니다.

```python
s1 = 'Hello, World!'
s2 = "Hello, World!"
s3 = '''Hello,
World!'''
```

세 번째 예에서는 삼중 따옴표를 사용하여 여러 줄 문자열을 만듭니다.

문자열 길이

이 len()함수는 문자열에서 문자 수를 찾는 데 사용된다.

Q len()함수 예를 보여 주세요.

다음은 len()함수의 예입니다.

```python
s = "Hello, World!"
print(len(s)) # 13
```

문자열 인덱싱

인덱싱을 사용하여 문자열의 개별 문자에 액세스할 수 있으며, 인덱싱은 0부터 시작한다.

Q 문자열 인덱싱의 예를 보여주세요.

다음은 문자열 인덱싱의 예입니다.

```python
s = "Hello, World!"
print(s[0]) # H
print(s[7]) # W
```

네거티브 인덱싱을 사용하여 문자열 끝에서 문자에 액세스할 수 있다.

Q 네거티브 문자열 인덱싱의 예를 보여주세요.

다음은 네거티브 문자열 인덱싱의 예입니다.

```python
s = "Hello, World!"
print(s[-1]) # !
print(s[-2]) # d
```

스트링 슬라이싱

슬라이싱은 문자열의 문자 범위에 액세스하는 데 사용되며,
슬라이싱 구문은 string[start:end] 이다. 여기서 start는 포함되고 end 제외된다.

Q 스트링 슬라이싱의 예를 보여주세요.

다음은 스트링 슬라이싱의 예입니다.

```python
s = "Hello, World!"
print(s[0:5]) # Hello
```

색인을 생략하면 start기본값은 0입니다. 색인을 생략하면 end기본값은 문자열의 길이입니다.

문자열 연산

파이썬은 다음과 같은 문자열에 대한 다양한 작업을 지원한다.

더하기 (+): 두 개의 문자열을 하나로 결합한다.

반복 (*): 문자열을 지정된 횟수만큼 반복한다.

Membership (in, not in): 문자열 내에 문자 또는 하위 문자열이 존재하는지 확인한다. 다음은 몇 가지 예이다.

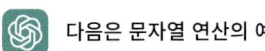 문자열 연산의 예를 보여주세요.

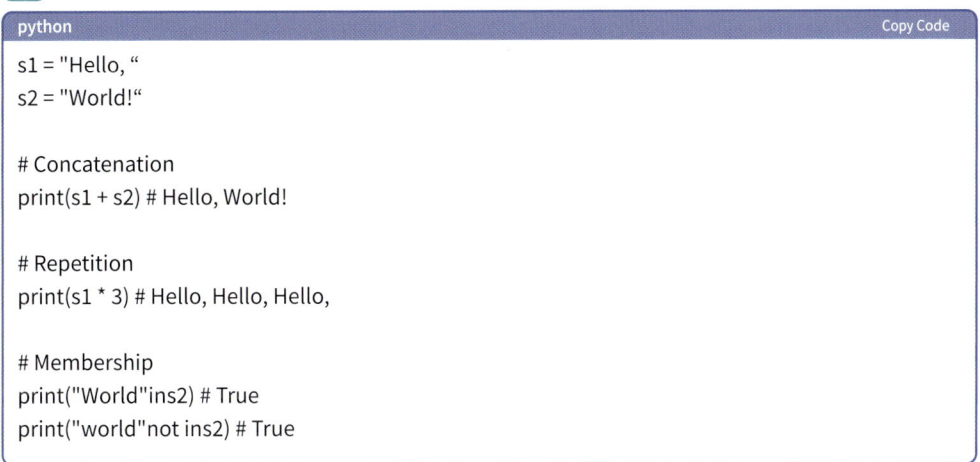

```python
s1 = "Hello, "
s2 = "World!"

# Concatenation
print(s1 + s2) # Hello, World!

# Repetition
print(s1 * 3) # Hello, Hello, Hello,

# Membership
print("World" in s2) # True
print("world" not in s2) # True
```

문자열 메서드

파이썬은 문자열에 사용할 수 있는 내장 메서드 세트를 제공한다. 아래는 몇 가지 예이다.

lower(): 분사열의 모든 문자를 소문자로 변환힌디.

upper(): 문자열의 모든 문자를 대문자로 변환한다.

strip(): 문자열의 시작과 끝에서 공백을 제거한다.

replace(): 문자열의 하위 문자열을 다른 하위 문자열로 바꾼다.

split(): 문자열을 하위 문자열 리스트로 분할한다.

Q 문자열 메서드의 예를 보여주세요.

 다음은 문자열 메서드의 예 입니다.

```python
s = "Hello, World!"

print(s.lower()) # hello, world!
print(s.upper()) # HELLO, WORLD!
print(s.strip("!")) # Hello, World
print(s.replace("World", "Python")) # Hello,Oops! Sorry for the cut-off there. Let me complete that section:

---
```python
print(s.replace("World", "Python")) # Hello, Python!
print(s.split(",")) # ['Hello', ' World!']
```

마지막 예에서 split()각 쉼표에서 문자열을 리스트로 분할하는 데 사용됩니다.

문자열 타입 및 작업을 이해하는 것은 파이썬에서 필수적이며, 텍스트 데이터를 저장하고 조작하는 데 자주 사용된다.
```

5
부울 타입, 비교 및 논리 연산자

파이썬의 모든 식을 평가하고 True 또는 False의 두 가지 대답 중 하나를 얻을 수 있다.

불리언 타입

파이썬에서 Boolean은 두 가지 가능한 값 중 하나를 가질 수 있는 데이터 타입이다. (True, False)

Q 불리언 타입의 예를 보여주세요.

 다음은 불리언 타입의 예입니다.

```python
x =True
y =False
print(type(x)) # <class 'bool'>
```

비교 연산자

파이썬은 다음 비교 연산자를 지원한다.

같음 (==): 두 피연산자가 동일한 값을 갖는지를 평가하는 연산자

같지않음 (!=): 두 피연산자가 서로 다른 값을 갖는지를 평가하는 연산자

미만 (<): 첫 번째 피연산자가 두 번째 피연산자보다 작은 값을 갖는지를 평가하는 연산자

이하 (<=): 첫 번째 피연산자가 두 번째 피연산자보다 작거나 같은 값을 갖는지를 평가하는 연산자

초과 (>): 첫 번째 피연산자가 두 번째 피연산자보다 큰 값을 갖는지를 평가하는 연산자

이상 (>=): 첫 번째 피연산자가 두 번째 피연산자보다 크거나 같은 값을 갖는지를 평가하는 연산자

다음은 사용 중인 이러한 연산자의 몇 가지 예이다.

Q 비교 연산자의 예를 보여주세요.

다음은 비교 연산자의 예입니다.

```python
x = 10
y = 20

print(x == y) # False
print(x != y) # True
print(x < y) # True
print(x <= y) # True
print(x > y) # False
print(x >= y) # False
```

논리 연산자

파이썬은 다음 논리 연산자를 지원하며 아래는 예이다.

논리 AND(and): 피연산자(왼쪽과 오른쪽)가 모두 True이면 True를 반환한다.

논리 OR(or): 피연산자(왼쪽 또는 오른쪽) 중 하나가 True이면 True를 반환한다.

논리적 NOT(not): 피연산자가 False이면 True를 반환한다.

Q 논리 연산자의 예를 보여주세요.

다음은 논리 연산자의 예입니다.

```python
x = True
y = False

print(x and y) # False
print(x or y) # True
print(not x) # False
```

첫 번째 예에서는 and피연산자(y) 중 하나가 False이므로 False를 반환합니다.
두 번째 예에서는 or피연산자(x) 중 하나가 True이므로 True를 반환합니다.
세 번째 예에서는 (x)가 True이므로 False를 반환합니다.

6
파이썬 데이터 구조

데이터 구조는 효율적으로 액세스하고 작업할 수 있도록 데이터를 구성하고 저장하는 방법이다. 데이터 간의 관계와 데이터에서 수행할 수 있는 작업을 정의하고, 파이썬은 리스트, 튜플, 세트 및 딕셔너리를 포함한 내장 데이터 구조를 제공한다.

리스트: 생성, 인덱싱, 슬라이싱, 메서드

리스트는 파이썬에서 가장 다재다능한 데이터 타입이다. 리스트는 대괄호 사이에 쉼표로 구분된 값(항목) 리스트로 작성할 수 있으며, 리스트는 변경 가능하다. 즉, 문자열이나 튜플과 달리 요소를 변경할 수 있다.

리스트 생성

리스트를 만드는 것은 대괄호 사이에 쉼표로 구분하여 다른 값을 넣으면 된다. 리스트의 항목이 동일한 타입일 필요는 없다.

> **Q** 리스트 타입의 예를 보여주세요.
>
> 다음은 리스트 타입의 예입니다.

```python
my_list = ['apple', 'banana', 'cherry', 1, 2, 3]
print(my_list) # ['apple', 'banana', 'cherry', 1, 2, 3]
```

리스트 인덱싱

문자열과 유사하게 리스트는 인덱싱 및 슬라이싱 할 수 있으며 파이썬에서 인덱싱은 0부터 시작한다.

리스트 인덱싱의 예를 보여주세요.

다음은 리스트 인덱싱의 예입니다.

```python
my_list = ['apple', 'banana', 'cherry', 1, 2, 3]
print(my_list[0]) # 'apple'
print(my_list[2]) # 'cherry'
```

네거티브 인덱싱을 사용하여 리스트의 끝에서 요소에 액세스할 수 있습니다.

```python
1my_list = ['apple', 'banana', 'cherry', 1, 2, 3]
print(my_list[-1]) # 3
print(my_list[-2]) # 2
```

리스트 슬라이싱

슬라이싱 연산자를 사용하여 리스트의 항목 범위에 액세스할 수 있다. 슬라이싱 구문은 list[start:end] 이다. 여기서 start는 포함되고 end는 제외된다.

 리스트 슬라이싱의 예를 보여주세요.

다음은 리스트 슬라이싱의 예입니다.

```python
my_list = ['apple', 'banana', 'cherry', 1, 2, 3]
print(my_list[0:3]) # ['apple', 'banana', 'cherry']
```

색인을 생략하면 start기본값은 0입니다. 색인을 생략하면 end기본값은 리스트의 길이입니다.

리스트 메서드

파이썬은 리스트에서 사용할 수 있는 내장 메서드 집합을 제공한다.니다. 가장 일반적인 것 중 일부는 다음과 같다.

append(item): 리스트 끝에 항목을 추가한다.

insert(index, item): 리스트의 특정 위치에 항목을 삽입한다.

remove(item): 리스트에서 항목의 첫 번째 항목을 제거한다.

sort(): 리스트를 오름차순으로 정렬한다.

reverse(): 리스트의 순서를 반대로 바꾼다.

아래는 몇 가지 예이다.

> **Q** 리스트 메서드의 예를 보여주세요.
>
> 🤖 다음은 리스트 메서드의 예입니다.

```python
my_list = ['apple', 'banana', 'cherry']

my_list.append('date')
print(my_list) # ['apple', 'banana', 'cherry', 'date']

my_list.insert(1, 'apricot')
print(my_list) # ['apple', 'apricot', 'banana', 'cherry', 'date']

my_list.remove('banana')
print(my_list) # ['apple', 'apricot', 'cherry', 'Sorry for the abrupt cut-off. Let me continue the examples:
---
```python
my_list.remove('banana')
print(my_list) # ['apple', 'apricot', 'cherry', 'date']

my_list.sort()
print(my_list) # ['apple', 'apricot', 'cherry', 'date']

my_list.reverse()
print(my_list) # ['date', 'cherry', 'apricot', 'apple']
```

위의 예에서 다양한 리스트 메서드가 리스트를 수정하는 방법을 볼 수 있습니다.
이러한 메서드는 리스트를 제자리에서 수정한다는 점, 즉 원래 리스트를 변경한다는 점을 기억하는 것이 중요합니다. 원본 리스트를 변경하지 않고 유지하려면 이 방법을 적용하기 전에 복사본을 만들어야 합니다.

튜플: 정의, 사용 시기, 패킹 및 언패킹

튜플은 리스트와 유사한 또 다른 데이터 타입이며, 튜플은 쉼표로 구분된 여러 값으로 구성된다. 그러나 리스트와 달리 튜플은 괄호로 묶여 있고 변경할 수 없다. 즉, 일단 정의된 값을 변경할 수 없다.
```

Q 파이썬에서 타입의 예를 보여주세요.

유효한 타입의 예는 다음과 같습니다.

```python
my_tuple = ('apple', 'banana', 'cherry')
print(my_tuple) # ('apple', 'banana', 'cherry')
```

튜플은 명령문이나 사용자 정의 함수가 값의 컬렉션(예: 사용된 값의 튜플)이 변경되지 않을 것이라고 안전하게 가정할 수 있는 경우에 자주 사용된다.

튜플 패킹 및 언패킹
패킹은 튜플에 값을 함께 묶는 용어이다.

Q 튜플의 패킹 사용 예를 보여주세요.

다음은 튜플의 패킹 사용 예입니다.

```python
fruits = 'apple', 'banana', 'cherry'
print(fruits) # ('apple', 'banana', 'cherry')
```

튜플의 언 패킹은 값을 변수에 할당하는 용어이다.

Q 튜플의 언 패킹 사용 예를 보여주세요.

다음은 튜플의 언 패킹 사용 예입니다.

```python
fruits = ('apple', 'banana', 'cherry')
a, b, c = fruits
print(a) # 'apple'
print(b) # 'banana'
print(c) # 'cherry'
```

첫 번째 예에서는 값을 튜플로 패킹합니다
두 번째 예에서는 튜플을 변수 a,b 및 c로 풀고 있습니다.

튜플은 약간의 논리적이고 정렬된 값 묶음을 전달하는 편리한 방법이다. 여러 값을 반환해야 하는 함수는 값의 튜플만 반환하면 된다. 예를 들어, 3차원 좌표 리스트를 갖고 싶다면 자연스러운 파이썬 표현은 튜플 리스트가 될 것이다.
여기서 각 튜플은 하나의 (x, y, z) 그룹을 포함하는 크기 3이다.

7
집합: 이점, 생성, 방법

파이썬에서 Set은 반복 가능하고 변경 가능하며 중복 요소가 없는 정렬되지 않은 컬렉션 데이터 타입이다. 파이썬의 집합 클래스는 집합의 수학적 개념을 나타낸다. 리스트와 달리 집합을 사용하는 주요 이점은 특정 요소가 집합에 포함되어 있는지 여부를 확인하는 데 고도로 최적화된 방법이 있다는 것이다.

세트의 이점

다음은 파이썬에서 집합을 사용할 때의 몇 가지 이점이다.

세트는 순서가 없으므로 항목이 나타나는 순서는 중요하지 않다.

세트는 인덱싱되지 않으므로 인덱스를 참조하여 세트의 항목에 액세스할 수 없다.

세트는 자동으로 중복 값을 제거한다.

리스트나 튜플에 비해 세트에 항목이 있는지 여부를 확인하는 것이 쉽고 효율적이다.

집합 생성

집합은 모든 항목(요소)을 중괄호 안에 넣거나 {}쉼표로 구분하거나 내장 set()함수를 사용하여 만든다.

Q 집합의 사용 예를 보여주세요.

다음은 집합의 사용 예입니다.

```python
my_set = {1, 2, 3, 4, 5}
print(my_set) # {1, 2, 3, 4, 5}

my_set = set([1, 2, 2, 3, 4, 4, 5, 5])
print(my_set) # {1, 2, 3, 4, 5}
```

첫 번째 예에서는 중괄호로 직접 집합을 만듭니다. 두 번째 예에서는 set()함수를 사용하여 리스트를 집합으로 변환하고 중복 값을 자동으로 제거합니다.

집합 메서드

파이썬은 집합에서 사용할 수 있는 내장 메서드 집합을 제공한다. 가장 일반적인 것 중 일부는 다음과 같다.

add(item): 집합에 요소를 추가한다.

remove(item): 집합에서 요소를 제거한다.

discard(item): 요소가 있는 경우 세트에서 요소를 제거다.

union(set2): 세트 및 기타 모든 요소의 요소가 포함된 새 세트를 반환한다.

intersection(set2): 집합과 다른 모든 집합에 공통적인 요소가 있는 새 집합을 반환한다.

difference(set2): 다른 세트에는 없는 세트의 요소가 포함된 새 세트를 반환한다.

Q 집합 메서드의 예를 보여주세요.

 다음은 집합 메서드의 예입니다.

```python
my_set = {1, 2, 3, 4, 5}

my_set.add(6)
print(my_set) # {1, 2, 3, 4, 5, 6}

my_set.remove(1)
print(my_set) # {2, 3, 4, 5, 6}

my_set.discard(2)
print(my_set) # {3, 4, 5, 6}

other_set = {5, 6, 7, 8, 9}
print(my_set.union(other_set)) # {3, 4, 5, 6, 7, 8, 9}
print(my_set.intersection(other_set)) # {5, 6}
print(my_set.difference(other_set)) # {3, 4}
```

다양한 집합 메서드를 사용하여 집합을 결합하는 작업을 추가, 제거 및 수행하는 방법을 보여줍니다.
세트로 작업하는 방법을 이해하는 것은 대규모 데이터 세트를 처리하고 고유한 항목 찾기(중복 제거)와 같은 작업을 수행해야 유용할 수 있습니다.

# 8
딕셔너리:
키-값, 메서드

파이썬에서 딕셔너리(또는 "dict")은 키-값 쌍으로 알려진 항목 쌍을 저장할 수 있는 강력한 데이터 구조이다. 키-값 쌍 구조는 많은 프로그래밍 작업에 유용하며 많은 프로그래밍 언어의 기본 부분이다. 파이썬에서 딕셔너리는 변경 가능하며, 즉, ID를 변경하지 않고도 내용을 변경할 수 있다.

키-값 쌍

파이썬의 딕셔너리는 키-값 쌍의 모음이다. 각 키-값 쌍은 키를 연결된 값에 매핑한다. 쉼표로 구분된 키-값 쌍 리스트를 중괄호로 묶어 딕셔너리를 정의할 수 있다. 콜론은 :각 키를 관련 값과 구분한다.

Q 딕셔너리의 예를 보여주세요.

다음은 딕셔너리의 예입니다.

```python
my_dict = {'name': 'John', 'age': 30, 'city': 'New York'}
print(my_dict) # {'name': 'John', 'age': 30, 'city': 'New York'}
```

이 딕셔너리에서 'name', 'age', 'city'는 키이고 'John', 30, 'New York'은 각각의 값입니다.

딕셔너리 값 액세스

기 이름을 참조하여 딕셔너리의 값에 액세스할 수 있다 대괄호 []또는 get()메서드를 사용하여 값에 액세스할 수 있다.

Q 딕셔너리의 값 액세스 예를 보여주세요.

다음은 딕셔너리의 값 액세스 예입니다.

```python
my_dict = {'name': 'John', 'age': 30, 'city': 'New York'}

print(my_dict['name']) # 'John'
print(my_dict.get('age')) # 30
```

딕셔너리 수정

딕셔너리는 변경 가능하며, 키 이름을 참조하여 특정 항목의 값을 변경할 수 있다.

 딕셔너리 수정 예를 보여주세요.

다음은 딕셔너리 수정 예입니다.

```python
my_dict = {'name': 'John', 'age': 30, 'city': 'New York'}

my_dict['name'] = 'Jane'
print(my_dict) # {'name': 'Jane', 'age': 30, 'city': 'New York'}
```

새 키-값 쌍을 딕셔너리에 추가할 수도 있습니다.

```python
my_dict = {'name': 'John', 'age': 30, 'city': 'New York'}

my_dict['job'] = 'Engineer'
print(my_dict) # {'name': 'John', 'age': 30, 'city': 'New York', 'job': 'Engineer'}
```

딕셔너리 메서드

파이썬은 딕셔너리에서 사용할 수 있는 내장 메서드를 제공한다. 가장 일반적인 것 중 일부는 다음과 같다.

keys(): 딕셔너리의 모든 키 리스트를 표시하는 새 객체를 반환한다.

values(): 딕셔너리의 모든 값 리스트를 표시하는 새 개체를 반환한다.

items(): 딕셔너리의 items(): 키-값 튜플 쌍 리스트를 표시하는 새 객체를 반환한다.

update(other_dict): other_dict딕셔너리에 키-값 쌍을 추가한다. 딕셔너리에 키가 이미 있으면 해당 값이 새 값으로 업데이트된다.

pop(key): 지정된 키 이름을 가진 항목을 제거한다.

Q 딕셔너리 메서드의 예를 보여주세요.

 다음은 딕셔너리 메서드의 예입니다.

```python
my_dict = {'name': 'John', 'age': 30, 'city': 'New York'}

print(my_dict.keys()) # dict_keys(['name', 'age', 'city'])
print(my_dict.values()) # dict_values(['John', 30, 'New York'])
print(my_dict.items()) # dict_items([('name', 'John'), ('age', 30), ('Sorry for the abrupt cut-off. Let me continue the examples:
---
```python
print(my_dict.items()) # dict_items([('name', 'John'), ('age', 30), ('city', 'New York')])

other_dict = {'job': 'Engineer', 'city': 'San Francisco'}
my_dict.update(other_dict)
print(my_dict) # {'name': 'John', 'age': 30, 'city': 'San Francisco', 'job': 'Engineer'}

my_dict.pop('job')
print(my_dict) # {'name': 'John', 'age': 30, 'city': 'San Francisco'}
```

이 예제에서는 다양한 딕셔너리 메서드를 사용하여 항목에 액세스, 업데이트 및 제거하는 방법을 보여줍니다. 딕셔너리를 사용하여 작업하는 방법을 이해하는 것은 더 복잡한 데이터 구조를 만들 수 있으므로 Python에 능숙해지는 데 중요한 부분입니다.
```

9
파이썬의 제어 흐름

제어 흐름은 파이썬 인터프리터가 지정된 조건에 따라 특정 코드 블록을 실행할 수 있도록 하는 개념이다. 이러한 코드 블록은 제어 흐름 문을 사용하여 구조화한다. 파이썬은 if, for, while을 비롯한 다양한 제어 흐름 문을 제공한다. 이 장에서는 이러한 제어 흐름 도구를 살펴보겠다.

조건문: If, Else, Elif

if-then 문이라고 하는 조건문을 통해 프로그래머는 부울 조건에 따라 특정 코드를 실행할수 있다. Python 조건문의 기본 예는 if 문이다.

If 문

이 if문은 특정 조건을 테스트하는 데 사용된다. 조건이 참이면 명령문 아래의 코드 블록이 실행된다.

Q if else 문의 예를 보여주세요.

다음은 if 문의 예입니다.

```python
x = 10
if x > 0:
    print("x is positive")
```

이 예에서 는 x > 0테스트 조건입니다. 문 아래의 코드는 if조건이 참이기 때문에 실행됩니다.

```python
x = -10
if x > 0:
        print("x is positive")
else:
        print("x is not positive")
```

이 예에서는 x가 0보다 크지 않기 때문에 명령문의 조건이 if거짓이므로 else명령문 아래의 코드가 실행됩니다.

```python
x = 0
if x > 0:
        print("x is positive")
elif x == 0:
        print("x is zero")
else:
        print("x is negative")
```

이 예제에서, elif 문은 원래의 if 문이 False일 때만 실행됩니다. x가 0이므로 'X is Zero'를 출력합니다.

이러한 조건문은 파이썬 프로그래밍의 기본 부분이며 프로그래머가 프로그램의 흐름을 제어할 수 있도록 한다. 다음 섹션에서는 파이썬에서 제어 흐름의 또 다른 중요한 측면인 루프 구조를 다룰 것이다.

For 루프

프로그래밍에서 반복은 코드 블록을 여러 번 반복하는 방법이다. 파이썬은 이 목적을 위해 for, while 제공한다.

파이썬의 for제어문은 시퀀스(예: 리스트, 튜플, 딕셔너리, 집합 또는 문자열) 또는 기타 반복 가능한 개체를 반복하는 데 사용된다.

Q for 문의 예를 보여주세요.

 다음은 for 문의 예입니다.

```python
fruits = ["apple", "banana", "cherry"]
forfruit infruits:
        print(fruit)
```

이 예에서 는 각 반복에 대해 리스트 fruit내의 항목 값을 취하는 변수입니다 .
fruits루프 for는 리스트를 반복하고 각 반복마다 현재 과일을 인쇄합니다.

While 루프

파이썬의 루프 while는 주어진 조건이 참인 한 명령문 블록을 반복적으로 실행하는 데 사용된다.

Q while문의 예를 보여주세요.

다음은 while문의 예입니다.

```python
count = 0
while count < 5:
    print(count)
    count += 1
```

이 예제에서 while루프는 계속 카운터를 출력하고 5 미만인 한 count반복할 때마다 1씩 증가시킵니다.

```python
for num in range(10):
    if num == 5:
        break # exit the loop completely
    print(num)
```

이 예에서 루프는 num5가 되면 break 문을 만나므로 0에서 4까지의 숫자만 출력합니다.

```python
for num in range(10):
    if num == 5:
        continue # skip this iteration and continue with the next one
    print(num)
```

이 예에서 루프는 5와 같은 반복을 건너뛰므로 5를 제외한 0에서 9까지의 모든 숫자를 출력합니다.

10
예외 처리:
시도, 제외, 최종

파이썬에서 예외는 프로그램 실행 중 정상적인 명령 흐름을 방해하는 이벤트로, 발생하면 프로그램이 중지되고 오류 메시지가 생성된다. 파이썬은 try와 except 키워드를 제공하여 이러한 예외를 처리하고 프로그램이 갑작스럽게 충돌하는 것을 방지한다.

try 및 except 블록

블록 try에는 잠재적으로 예외를 일으킬 수 있는 코드 세그먼트가 포함되어 있다. 블록 except에는 블록 실행 중에 예외가 발생하면 실행되는 코드가 포함된다.

Q try 및 except 블록의 예를 보여주세요.

다음은 try 및 except 블록의 예입니다.

이 예에서 0으로 나누면 ZeroDivisionError예외가 발생합니다. 이 예외는 블록에서 포착되며 except프로그램이 갑자기 종료되는 대신 "오류가 발생했습니다."라는 오류 메시지가 인쇄됩니다.

특정 예외를 포착할 수도 있습니다.

이 예에서는 ZeroDivisionError 포착됩니다.
다른 타입의 예외가 발생하면 이 블록에서 포착되지 않습니다.

finally 블록

블록 finally에는 예외가 발생했는지 여부에 관계없이 항상 실행되는 코드 세그먼트가 포함되어 있다.

Q. finally 블록의 예를 보여주세요.

다음은 finally 블록의 예입니다.

```python
try:
    print(5/0)
except ZeroDivisionError:
    print("Cannot divide by zero")
finally:
    print("This will always be printed")
```

이 예에서 "This will always be printed"라는 줄은 ZeroDivisionError 발생 여부에 관계없이 출력됩니다.

예외 처리는 강력하고 오류 방지 코드를 작성하는 데 중요한 부분이다. 이를 통해 프로그램 흐름을 제어하고 잠재적인 오류를 효과적으로 처리할 수 있다.

11
파이썬의 함수

함수는 프로그램의 다른 부분에서 호출하고 재사용할 수 있도록 코드 조각을 기능화하는 방법이다. 함수는 또한 입력을 받고 출력을 반환할 수 있으므로 데이터를 처리하고 복잡한 알고리즘을 구현하는 도구이다. 이 장에서는 파이썬에서 함수를 정의하고 사용하는 방법을 살펴본다.

함수 정의

파이썬의 함수는 def키워드, 함수 이름, 일부 변수 이름을 묶을 수 있는 한 쌍의 괄호 및 콜론(":")을 사용하여 정의된다. 모든 함수 내의 코드 블록은 콜론(":")으로 시작하고 들여쓰기해야 된다.

Q 함수의 예를 보여주세요.

다음은 함수의 예입니다.

```python
def greet():
    print("Hello, world!")
```

이 함수는 호출될 때 "Hello, world!"라는 문자열을 인쇄합니다.

전달 인자가 있는 함수

함수는 호출될 때 함수에 전달되는 값인 인수를 사용할 수도 있다. 예를 들면 다음과 같다.

Q 전달 인자가 있는 함수의 예를 보여주세요.

다음은 전달 인자가 있는 함수의 예입니다.

```python
def greet(name):
    print(f"Hello, {name}!")
```

이 함수는 하나의 인수를 사용 name하고 개인화된 인사말을 인쇄합니다.

반환 값이 있는 함수

함수는 return 명령문을 사용하여 값을 반환할 수도 있다. 예를 들면 다음과 같다.

Q 리턴 인자가 있는 함수의 예를 보여주세요.

다음은 리턴 인자가 있는 함수의 예입니다.

```python
def add(x, y):
        returnx + y
```

이 함수는 두 개의 인수 x 및 y를 사용 하고 그 합계를 반환합니다. 이 함수를 호출하고 반환 값을 저장하는 방법은 다음과 같습니다.

변수의 범위

변수의 범위는 변수에 액세스할 수 있는 코드 부분을 결정한다. 파이썬에서 변수의 범위는 변수가 정의되거나 할당된 위치로 정의된다.

변수 범위에는 두 가지 타입이 있다.

로컬 범위: 함수 내부에 정의된 변수에는 로컬 범위가 있습니다. 해당 기능 내에서만 액세스할 수 있습니다.

Q 로컬 변수의 예를 보여주세요.

다음은 로컬 변수의 예입니다.

```python
def my_function():
        local_var = "I'm local!"
        print(local_var)

my_function() # Output: I'm local!
print(local_var) # Raises a NameError
```

이 예에서는 local_var 변수는 내부에 정의되어 있으므로 my_function내부에서만 액세스할 수 있습니다. my_function. local_var함수 외부에서 인쇄를 시도하면 전역 범위에 정의되지 않았기 때문에 NameError가 발생합니다.

전역 범위: 파이썬 스크립트의 본문에 정의된 변수는 전역 변수이며 전역 범위에 속한다. 전역 변수는 전역 및 지역의 모든 범위 내에서 사용할 수 있다.

Q 전역 변수의 예를 보여주세요.

 다음은 전역 변수의 예입니다.

```python
global_var = "I'm global!"

def my_function():
          print(global_var)

my_function() # Output: I'm global!
print(global_var) # Output: I'm global!
```

이 예에서는 global_var 변수가 스크립트 본문에 정의되어 있으므로 전역 변수입니다.
my_function스크립트의 본문 내에서 액세스할 수 있습니다.

변수 범위의 개념은 깨끗하고 오류 없는 코드를 작성하는데 중요하다. 이는 변수가 필요한 경우에만 사용할 수 있도록 하고 변수 이름 충돌을 방지하는 데 도움이 된다.

람다 함수

파이썬에서 람다 함수는 이름 없이 선언된 함수를 의미하는 익명 함수이다. 일반 함수는 def 키워드를 사용하여 선언하지만 람다 함수는 lambda 키워드를 사용하여 선언한다. Lambda 함수는 간단한 함수가 코드에서 한 번만 또는 짧은 기간동안만 사용될 때 사용된다. 다른 함수를 인수로 취하는 함수의 인수로 가장 자주 사용된다.

람다 함수의 기본 구문은 다음과 같다.

Q 람다 함수 기본 구문의 예를 보여주세요.

 다음은 람다 함수의 기본 구문의 예입니다.

```python
lambda arguments: expressionpression
```

이 예에서 MAX_SIZE는 100.값을 보유하는 상수입니다.

Q 람다 함수의 사용 예를 보여주세요.

 다음은 람다 함수의 사용 예입니다.

```python
multiply = lambda x, y: x * y

result = multiply(3, 4)
print(result) # Output: 12
```

이 예제에서 람다 함수는 두 개의 인수를 사용하고 인수의 곱을 반환합니다.

고차 함수와 람다 함수

고차 함수(Higher-order function): 다른 함수를 인수로 받거나 함수를 결과로 반환하는 함수이다. 예시: map() 함수의 사용

Q 파이썬에서 람다함수의 고차함수 예를 보여주세요.

 다음은 람다함수의 고차함수 예입니다.

```python
numbers = [1, 2, 3, 4, 5]
squares = map(lambda x: x ** 2, numbers)
print(list(squares)) # Output: [1, 4, 9, 16, 25]
```

Lambda 함수는 간결한 방식으로 작은 일회성 함수를 생성하는 방법을 제공한다. 그러나 과도하게 사용하면 가독성이 떨어지는 코드가 될 수 있으므로 필요한 경우에만 아껴서 사용해야 한다.

Lambda 함수는 간결한 방식으로 작은 일회성 함수를 생성하는 방법을 제공한다. 그러나 과도하게 사용하면 가독성이 떨어지는 코드가 될 수 있으므로 필요한 경우에만 아껴서 사용해야 한다.

12
모듈 및 패키지

코드를 별도의 파일과 패키지로 모듈화하는 파이썬의 기능은 크고 복잡한 응용 프로그램을 구축하는 데 있어 핵심 요소이다. 이 장에서는 모듈과 패키지를 사용하는 방법을 살펴본다.

모듈 가져오기

Python의 모듈은 단순히 함수, 전역 변수 또는 기타 파이썬 코드 모음을 포함하는 파이썬 파일이다. 모듈에 포함된 코드를 사용하려면 먼저 모듈을 가져와야 한다.

모듈을 가져오는 방법에는 여러 가지가 있다.

전체 모듈 가져오기: 이 방법은 전체 모듈을 가져오므로 점 표기법을 사용하여 모듈의 함수 및 변수에 액세스할 수 있다.

> 모듈 가져오기의 예를 보여주세요.

> 다음은 모듈 가져오기의 예입니다.

```python
import math
print(math.sqrt(16)) # Output: 4.0
```

이 예에서는 math모듈을 가져오고 해당 sqrt함수에 액세스하여 16의 제곱근을 계산할 수 있습니다.

모듈 가져오기 및 별칭 지정: 이 방법은 모듈을 가져오고 별칭을 할당합니다. 이것은 긴 이름을 가진 모듈로 작업할 때 특히 유용하다.

Q as를 이용하여 모듈 가져오기 예를 보여주세요.

다음은 as를 이용하여 모듈 가져오기 예입니다.

```python
import numpy as np

array = np.array([1, 2, 3, 4, 5])

print(array) # Output: array([1, 2, 3, 4, 5])
```

여기에서 numpy 모듈을 별칭으로 가져온 다음 np로 모듈을 참조하는 데 사용됩니다.

특정 함수 또는 변수 가져오기: 이 방법은 모듈에서 특정 함수 또는 변수만 가져온다. 이것은 이름 충돌을 피하고 코드의 효율성을 높이는 데 유용할 수 있다.

Q import를 사용하여 모듈 가져오기 예를 보여주세요.

다음은 import를 사용하여 모듈 가져오기 예입니다.

```python
from math import sqrt

print(sqrt(16)) # Output: 4.0
```

이 예에서는 모듈 math에서 sqrt의 함수만 가져옵니다.

모든 함수 및 변수 가져오기: 이 방법은 모듈에서 모든 함수 및 변수를 가져온다. 기존 함수 및 변수와 이름 충돌이 발생할 수 있으므로 드물게 사용해야 한다.

Q import*를 사용하여 모듈 가져오기 예를 보여주세요,

다음은 import*를 사용하여 모듈 가져오기 예입니다.

```python
from math import*

print(sqrt(16)) # Output: 4.0
```

여기에서 math모듈의 모든 함수와 변수를 가져옵니다.

패키지 생성 및 사용

파이썬에서는 관련된 모듈들을 패키지라는 구조로 그룹화하여 관리할 수 있다. 패키지는 파이썬 모듈 파일들을 포함하는 디렉토리로, 이 디렉토리에는 __init__.py라는 특별한 파일이 반드시 존재해야 한다. __init__.py 파일은 해당 디렉토리가 패키지의 일부임을 파이썬에 알리는 역할을 하며, 비어 있을 수도 있다.

이 파일의 존재로 인해 파이썬은 디렉토리를 패키지로 인식하고, 패키지 내의 모듈들을 적절히 불러올 수 있게 된다.

8.4.1 패키지 생성

패키지를 만드는 단계이다.

새 디렉터리를 만든다. 이 디렉토리의 이름은 패키지 이름이 된다.

__init__.py디렉터리에 파일을 만든다. 이 파일은 디렉터리를 파이썬 패키지로 표시하는 데 필요하며 비어 있을 수 있다.

디렉터리에 파이썬 파일을 추가한다. 패키지의 모듈이 된다.

mypackage 예를 들어 단일 모듈로 명명된 패키지를 생성한다고 가정해 보면, mymodule. 디렉토리 구조는 다음과 같다.

 패키지에 대해서 설명해 주세요.

다음은 패키지에 대한 설명입니다.

```python
mypackage/
    __init__.py
    mymodule.py
```

mymodule.py 아래와 같이 가질 수 있습니다.

```python
# mymodule.py
def hello():
    return "Hello, World!"
```

패키지가 생성되면 그 안에 있는 모듈을 가져와서 사용할 수 있습니다.

```python
from mypackage import mymodule

print(mymodule.hello())
```

함수를 직접 가져올 수 있습니다.

```python
from mypackage.mymodule import hello

print(hello())
```

이번 장에서는 파이썬의 기본 개념과 기능에 대해 탐구했다. 이 장은 파이썬 2와 3의 차이점을 포함하여 파이썬의 직관적인 문법, 들여쓰기, 주석 사용 등을 통해 코드의 가독성과 구조화를 강조했다. 변수와 데이터 타입을 상세히 다루면서 파이썬의 동적 타이핑 시스템을 설명했고, 숫자, 문자열, 부울 타입 및 관련 연산자에 대한 실질적인 예시를 제공했다. 리스트, 튜플, 세트, 딕셔너리 등 파이썬의 다양한 데이터 구조에 대해 깊이 있게 다루었다. 제어 흐름, 예외 처리, 함수, 람다 함수, 모듈, 패키지와 같은 파이썬의 고급 기능들도 상세히 논의했다.

이 장은 파이썬 프로그래밍의 기초를 단단히 다지는 데 초점을 맞추고 있으며, 독자들이 파이썬을 효과적으로 활용할 수 있는 기반을 마련해 준다.

제 3장. ChatGPT와 함께하는 객체 지향 프로그래밍

1
객체 지향 프로그래밍이란?

객체 지향 프로그래밍은 자바, C++, C#, 파이썬등 다양한 프로그래밍 언어가 지원하는 컴퓨터 프로그래밍의 패러다임으로 OOP(Object Oriented Programming)이라고 한다. 객체 지향 언어에서는 프로그램을 데이터(변수)와 그 데이터를 처리하기 위한 함수(메서드)를 하나의 클래스(Class)라는 틀을 만들고 클래스를 이용하여 실제 프로그래밍에 사용이 가능한 인스턴스(Instance)를 생성하여 이를 실제 프로그래밍한다. 기본적으로 파이썬은 다양한 클래스를 제공하고 있으며, 필요한 경우 프로그래머가 클래스를 만들고 그 클래스 인스턴스를 생성하여 코딩을 하게 된다.

우리가 실생활에 존재하는 객체인 개를 이용하여 객체 지향에 대해서 보다 자세하게 살펴보자. 개의 다리 수, 개의 이름, 점박이인지 아닌지 등으로 개의 상태를 나타낼 수 있고 개의 짖거나 혹은 음식을 먹거나 아니면 개가 달리던지 등으로 개의 행위를 나타낼 수 있다.

실생활에 존재하는 개의 상태와 행위

개의 상태는 클래스를 설계할 때 클래스 변수로 나타내고 개의 행위는 클래스의 함수인 메서드로 작성하게 된다.

ChatGPT를 이용하여 개를 표현하는 Dog이라는 클래스를 만들어 보자.

> **Q** 파이썬으로 '개'라는 클래스 만들어 주세요. 상태로는 다리의 수, 점박이 유무, 개의 이름을 나타내고 행위로는 짖는다, 먹는다, 달린다를 표현해 주세요

네, 파이썬으로 Dog 클래스를 만드는 예시는 다음과 같습니다.

```python
class Dog:
    def __init__(self, name, num_legs,has_spots):
        self.name = name
        self.num_legs = num_legs
        self.has_spots = has_spots

def bark(self):
    return f"{self.name} says, 'Woof!'"

def eat(self):
    return f"{self.name} is eating."

def run(self):
    return f"{self.name} is running."
```

위에서 __init__ 메서드는 클래스를 초기화하는 생성자입니다. 생성 시 이름(name), 다리의 수(number_of_legs), 점박이 유무(has_spots)를 받아 객체를 초기화합니다.
그리고 bark, eat, run 메서드들은 각각 개가 짖는 것, 먹는 것, 달리는 것을 표현합니다.

객체를 생성하려면 아래와 같이 하면 됩니다.

```python
my_dog = Dog("Fido", 4, True)
print(my_dog.bark()) # prints "Fido says: Woof!"
print(my_dog.eat()) # prints "Fido is eating."
print(my_dog.run()) # prints "Fido is running."
```

함수(function)와 메서드(method)는 특정 기능을 담당하는 부분을 별도로 작성했다는 의미는 같으나 메서드는 클래스내에 정의된 함수를 의미한다. 클래스에 정의된 함수의 경우, self라는 파라메타를 기본적으로 구현해야 한다. 단 호출하는 경우에는 위의 예와 같이 self에 파라메타의 값을 설정할 필요는 없다. 보다 자세한 내용은 다음 장에서 살펴보기로 하자.

2
클래스의 설계 및 인스턴스 만들기

클래스는 하나의 틀로서 데이터와 그 데이터와 관련된 함수를 정의해 놓은 원형 틀이라고 볼 수 있다. 이 틀을 이용하여 인스턴스를 생성하고 이를 실제 프로그래밍에서 사용하는데 Human이라는 클래스를 만들어서 John을 생성해 보자.

클래스 만들기와 인스턴스 생성

다음은 파이썬에게 Human이라는 사람을 나타내는 클래스를 만들고 그 클래스의 맴버 변수로 나이와 이름이라는 것을 추가하자. 그리고 사람의 상태(행위)를 나타내는 메서드로 잔다, 먹는다, 일한다라는 세가지 메서드를 추가해보자.

> **Q** Human이라는 클래스 파이썬으로 만들어줘.
> 나이, 이름이라는 변수를 갖고 잔다, 먹는다, 일한다라는 메서드를 추가해 주세요.

> 아래는 "Human"이라는 클래스를 파이썬으로 표현한 예입니다.

```python
class Human:
    def __init__(self, name, age):
        self.name = name
        self.age = age

def sleep(self):
    return f"{self.name} is sleeping."

def eat(self):
    return f"{self.name} is eating."

def work(self):
    return f"{self.name} is working."
```

이 클래스를 사용하는 방법은 아래와 같습니다.

```python
john = Human('John', 20)
print(john.sleep())
print(john.eat())
print(john.work())
```

위의 코드는 John이 잔다, 먹는다, 공부한다, 일한다는 문장을 출력합니다.

클래스를 만들기 위해서는 class라는 예약어(reserved word)를 이용하여 원형을 작성한다.

class Human: #'Human' 이라는 클래스 생성

클래스 내에 지정되어 사용하는 함수인 메서드(method)는 기존 함수와는 달리 class 자기 자신을 참조하는 self라는 키워드를 메서드의 인자 값에 첫 번째 인자 값으로 무조건 지정해야 한다.

def sleep(self): #'잔다'라는 메서드 정의

def eat(self): #'먹는다'라는 메서드 정의

def work(self): #"일한다"라는 메서드 정의

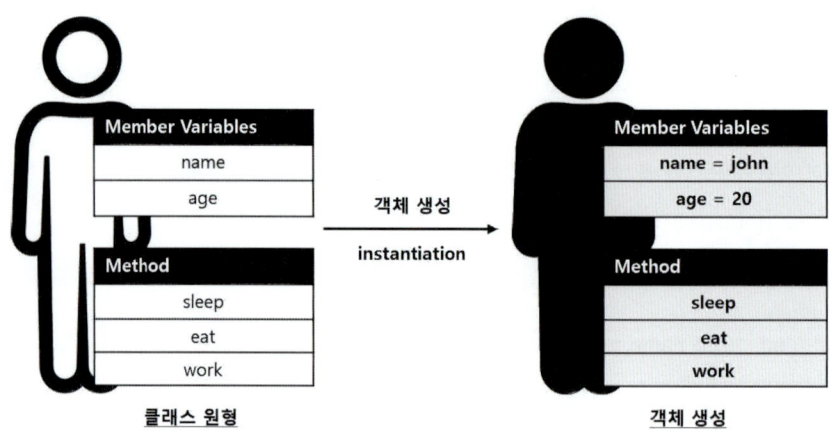

클래스 원형과 객체 생성

클래스 생성자와 소멸자

다른 객체 지향 언어에서는 대부분 클래스 이름과 동일한 이름의 메서드를 생성자로 이름을 사용하는데 비해서 파이썬에서 생성자 함수는 __init__이라는 이름의 메서드로 작성한다. 앞에 __로 시작하여 __ 로 끝나는 메서드나 변수의 경우에는 미리 예약이 되어 특별한 역할을 담당하는 메서드이다.

__init__ 메서드는 클래스의 인스턴스가 생성될 때 자동으로 호출되는 메서드로, 객체 초기화에 필요한 작업들을 수행하는데 사용된다.

def __init__(self, name, age):
    self.name = name
    self.age = age

이 Human 클래스의 인스턴스를 만들 때, 이름과 나이 값을 전달해 주면 해당 인스턴스가 생성될 때 이 값들로 초기화된다.

john = Human('John', 20)

위 코드에서 John이라는 인스턴스가 생성되는 순간, 별도로 __init__ 메서드르 호출하지 않아도 __init__ 메서드가 자동으로 호출되고, 이 때 'John'와 20이라는 값들이 각각 이름과 나이를 나타내는 변수인 name과 age에 저장된다.

위 코드에서 살펴봐야 할 중요한 점은 동일한 변수이름인 "name"과 "age"가 두 가지 방식으로 활용되고 있다. 먼저 생성자 메서드인 __init__의 두번째 및 세번째 인자값으로 사용되는 "name"과 "age"라는 변수가 있고, __init__ 메서드 내에 사용되는 "self.name"과 "self.age"가 있다.

실제 변수의 이름은 같으나 "self."라는 키워드가 변수의 이름 앞에 붙으므로 해서 동일한 이름이지만 서로 다른 메모리 공간을 갖는 서로 다른 두 개의 변수이다. 이를 다시 ChatGPT를 통해서 확인해 보자.

> **Q** Human이라는 클래스에서 self.name이라는 변수와 메서드의 인자값으로 사용되는 name이라는 변수는 같은 값인가? 아니면 어떠한 차이가 있을까요?

> 아래는 "Human"이라는 클래스를 파이썬으로 표현한 예입니다.

```
self.name과 메서드의 인자로 전달되는 name은 서로 다른 변수입니다.

self.name은 인스턴스 변수로, 특정 클래스의 인스턴스(객체)와 연결되어 있습니다.
이 변수는 해당 인스턴스 내에서 접근 가능하며, self 키워드를 통해 접근합니다.
인스턴스 변수는 객체가 생성될 때 생성되고, 객체가 소멸할 때 소멸합니다.
메서드의 인자로 전달되는 name은 일반적인 지역 변수입니다. 이 변수는 메서드가 호출될 때 생성되고,
메서드의 실행이 끝나면 소멸됩니다.

즉, self.name은 객체의 생명주기 동안 계속 존재하는 변수이고, 메서드 인자의 name은 그 메서드가 호출
되는 동안만 존재하는 변수입니다. 그렇기 때문에 동일한 메서드 내에서 self.name과 이름은 서로 다른 값을
가질 수 있습니다.

이런 차이점을 잘 이해하는 것은 객체 지향 프로그래밍에서 중요합니다.
```

생성자인 __init__메서드와는 반대로 인스턴스가 GC(Garbage Collector)라는 자동으로 메모리를 회수하는 기능에 의해 메모리로 해제될 때 소멸자인 __del__ 이라는 메서드를 재정의하여 인스턴스가 메모리에서 제거될 때 하고 싶은 것을 구현하면 자동으로 호출된다.

ChatGPT에게 기존에 생성한 인간이라는 클래스에 소멸자 메서드를 추가해 보자.

Q **Human이라는 클래스에 소멸자 추가해 주세요.**

 파이썬에서 소멸자는 __del__라는 특별한 메서드로 추가할 수 있습니다. 이 메서드는 객체가 소멸될 때 (즉, 메모리에서 제거될 때) 자동으로 호출됩니다. 아래는 "Human" 클래스에 소멸자를 추가한 예시입니다.

```python
class Human:
    def __init__(self, name, age):
        self.name = name
        self.age = age

    def __del__(self):
        print(f"The object with name {self.name} is being deleted from memory.")

    def sleep(self):
        return f"{self.name} is sleeping."

    def eat(self):
        return f"{self.name} is eating."

    def work(self):
        return f"{self.name} is working."
```

위의 __del__ 메서드는 인간 객체가 소멸될 때 해당 인스턴스의 이름과 함께 메시지를 출력합니다. 그러나 파이썬에서는 가비지 컬렉터가 객체를 언제 정확히 소멸시킬지 보장하지 않기 때문에, 소멸자는 필수적으로 사용되는 것은 아니며 일반적으로 리소스 해제 등의 목적으로 사용됩니다.

가비지 컬렉터라는 용어를 살펴보기 이전에 간단하게 Python 소스 코드를 컴파일하고 실행시키는 환경에 대해서 살펴보자. 그 전에 우리는 컴파일(complie)과 인터프리트(interpret)라는 용어의 차이점을 알아볼 필요가 있다.

Q python에서 compile과 interpret에 대해서 차이점을 중심으로 설명해 주세요.

 Python은 "인터프리터 언어"라는 용어로 일반적으로 묘사되지만, 사실 이것은 완전한 정확한 설명은 아닙니다. Python 코드는 인터프리트되기 전에 일종의 컴파일 단계를 거칩니다. 이 두 용어를 이해하려면 아래의 설명을 따라가 주세요.

```python
컴파일
컴파일은 고수준 소스코드를 저수준의 기계어 코드나 바이트코드로 변환하는 과정입니다. 이 변환은 전체 프로그램을 대상으로 한 번에 수행되며, 결과물은 바로 실행 파일(exe, elf 등)이거나 중간 코드 형태일 수 있습니다.
파이썬에서 컴파일 단계는 파이썬 소스 코드를 바이트코드로 변환하는 과정입니다.
이 바이트코드는 .pyc 파일에 저장되며, 이 파일은 Python 인터프리터에서 직접 실행할 수 있습니다.

인터프리트
인터프리터는 소스코드나 중간 코드를 한 번에 한 줄씩 읽어서 실행하는 방식입니다. 인터프리터는 코드를
사전에 컴파일하지 않고, 런타임에 코드를 읽고 평가합니다.
파이썬에서는 컴파일 단계를 거쳐 생성된 바이트코드를 인터프리터가 실행합니다.
이 단계에서 Python 인터프리터는 바이트코드를 읽어서 적절한 동작을 수행하며, 이러한 동작은 메모리 관리,
객체 생성, 함수 호출 등을 포함합니다.

차이점
컴파일러와 인터프리터의 가장 큰 차이점은 실행 시점입니다. 컴파일러는 코드를 사전에 전체를 컴파일합니다.
이렇게 하면 실행 시간이 빠르지만, 코드를 수정할 때마다 다시 컴파일해야 합니다.
반면에, 인터프리터는 런타임에 코드를 한 줄씩 읽고 실행합니다. 이는 코드의 유연성을 높이고
코드 수정 후 바로 실행 가능하게 만듭니다. 하지만, 전체 프로그램을 한 번에 컴파일하는 것보다 실행 속도가
느릴 수 있습니다.

결국, 파이썬은 컴파일과 인터프리트의 특징을 모두 가진 언어로 볼 수 있습니다.
파이썬 코드는 먼저 바이트코드로 컴파일되고, 이 바이트코드는 Python 인터프리터에서 실행됩니다.
이 두 단계는 파이썬의 런타임 시스템 내부에서 자동으로 수행되므로, 일반적으로 파이썬 개발자는 이 과정에
대해 신경 쓸 필요가 없습니다.
```

컴파일은 결국 사람이 읽고 쓰기 편한 언어(High-Level Language)를 기계가 읽고 실행하기 위한 언어로 (Low-Level Language) 변환하는 과정이며,

기계가 읽고 실행하기 편한 언어를 실제 메모리 상에 적재하여 CPU를 이용하여 연산하는 과정이 인터프리트(Interpret)라고 볼 수 있다. Python을 실행시키기 위한 파이썬 인터프리터의 구조는 아래와 같다.

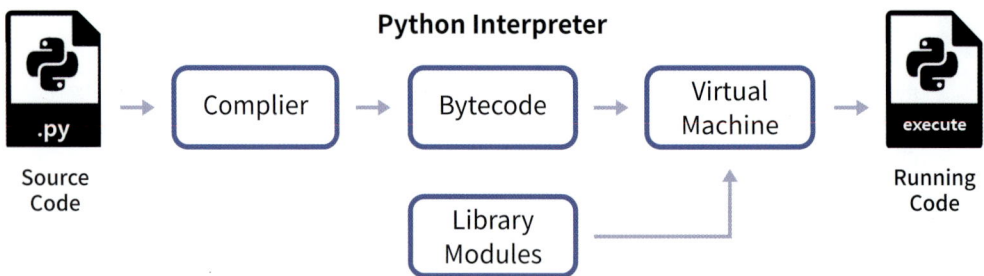

우리가 작성한 파이썬 코드(확장자 py)는 실제 위와 같이 컴파일러를 통해서 바이트코드라는 기계어로 변환되고, 바이트코드를 가상기계(Python Virtual Machine)에서 실행한다. 가비지 컬렉터는 가상기계 내에 Memory관리를 위한 부분에서 더 이상 생성된 객체가 사용되지 않는 경우, 이를 감지하여 할당된 메모리를 반환하는 역할을 담당한다.

ChatGPT가 이야기 한 바와 같이, 파이썬에서는 가비지 컬렉터가 언제 정확하게 할당된 인스턴스의 메모리를 반환할지 알 수가 없다는 답변이 있다. 그렇다면 파이썬의 가비지 컬렉터는 어느 시점에 작동하는지 ChatGPT에게 확인해 보자.

Q **파이썬의 GC는 어떻게 작동하는지 설명해 주세요.**

```
python                                                          Copy Code
```
파이썬의 가비지 컬렉션(GC) 메커니즘이란, 프로그램에서 더 이상 사용되지 않는 메모리를 자동으로 회수하는 시스템을 말합니다. 파이썬은 주로 두 가지 방법으로 가비지 컬렉션을 수행합니다.
참조 카운팅(reference counting) 및 순환 참조에 대한 가비지 컬렉션(cyclic garbage collection).

참조 카운팅: 파이썬의 기본 가비지 컬렉션 방식입니다. 파이썬 객체가 생성되면, 객체에 대한 참조 수가 기록됩니다. 즉, 다른 객체나 변수가 해당 객체를 참조할 때마다 카운트가 증가하고, 참조가 제거될 때마다 카운트가 감소합니다. 참조 카운트가 0이 되면, 즉시 메모리가 회수됩니다.

순환 참조에 대한 가비지 컬렉션: 참조 카운팅 방식은 대부분의 상황에서 잘 작동하지만, 순환 참조(circular reference) 상황에서는 문제가 발생합니다. 순환 참조란 서로 다른 객체들이 서로를 참조, 이로 인해 참조 카운트가 0이 되지 않는 상황을 말합니다. 이런 경우에 파이썬은 순환 참조에 대한 가비지 컬렉션을 수행하여 이 문제를 해결합니다.

```
python                                                          Copy Code
```
파이썬의 순환 참조에 대한 가비지 컬렉터는 'generational'이라는 방식을 사용합니다. 이는 가비지 컬렉션을 수행할 때 전체 객체 공간을 대상으로 하지 않고, 일부 '세대'를 대상으로 함으로써 효율성을 높입니다. 파이썬의 모든 객체는 생성될 때 어느 세대에 속하는지를 결정하며, 더 오래된 세대에 있는 객체는 덜 자주 검사됩니다. 이런 방식으로 가비지 컬렉션의 오버헤드를 줄이는 동시에, 여전히 순환 참조 문제를 효과적으로 해결할 수 있습니다.

ChatGPT는 파이썬에서의 가비지 컬렉터가 자동으로 메모리를 회수할 때 참조 카운팅 방식과 순환 참조에 대한 가비지 컬렉션 두 가지 방식으로 작동한다고 답변하였다. 실제 이 두가지 방식은 다양한 파이썬 인터프리터가 있는데 모두 같은 방식으로 가비지 컬렉터가 작동을 할까라는 생각이 들었다.

해당 답변 내용은 C로 작성된 CPython 기준의 답변인 것을 파이썬 개발자 공식 사이트 문서(https://devguide.python.org/internals/garbage-collector/#) 를 통해서 확인하였고 CPython이 아닌 다른 파이썬 인터프리터는 GC를 어떠한 방식으로 수행하는지 ChatGPT를 통해서 알아보자.

Q   CPython의 GC와 다른 python interpreter의 GC도 같은 방식인가요?

```
python                                                    Copy Code

파이썬의 공식 구현인 CPython은 참조 카운팅과 순환 참조 탐지를 기반으로 가비지 컬렉션을 수행합
니다. 하지만, 다른 파이썬 인터프리터들은 각각 다른 가비지 컬렉션 전략을 가질 수 있습니다.

예를 들어, Jython은 자바의 가비지 컬렉션 전략을 따르는데, 이는 참조 카운팅보다는 도달 가능성
(reachability)을 기반으로 작동합니다. 여기서 '도달 가능성'이란 어떤 객체가 루트 객체(직접적으로
접근 가능한 객체, 예를 들어 스택에 있는 객체나 전역 변수 등)로부터 참조 체인을 통해 도달할 수 있는
지 여부를 말합니다. 도달할 수 없는 객체는 가비지로 간주되어 회수됩니다.

IronPython은 .NET CLR(Common Language Runtime)의 가비지 컬렉터를 사용합니다. 이 가비지
컬렉터는 마찬가지로 도달 가능성을 기반으로 가비지를 판별하고 회수합니다.

PyPy는 다소 다른 접근 방식을 취하며, PyPy는 기본적으로 참조 카운팅을 사용하지 않습니다.
대신, PyPy는 훨씬 더 복잡한 인큐레이터(incubator) 및 젠레이셔널(generational) 가비지 컬렉션을
사용합니다. 이 방식은 특정 객체가 오래된 세대로 이동하도록 '포장'하거나, 신생 세대와 오래된 세대
사이를 분리함으로써 성능을 최적화합니다. 순환 참조도 이 방식을 통해 처리됩니다.

따라서, 각 파이썬 구현체에 따라 가비지 컬렉션 방식은 다르며, 각 구현체의 가비지 컬렉션 전략은 해당
구현체가 동작하는 플랫폼의 특성, 성능 고려 사항, 그리고 설계 목표 등에 따라 결정됩니다.
```

ChatGPT는 Python Interpreter마다 다른 방식으로 가비지 컬렉터가 작동한다고 답변하는 것을 볼 수 있다.

동일한 이름의 함수/메서드를 구분하여 호출

우리가 클래스를 작성하는 경우에는 클래스 내부의 메서드를 정의하여 이를 호출하게 되는데 만약 동일한 이름의 함수가 정의되어 있는 경우에는 파이썬에서 명시적으로 내부의 메서드를 호출하는 것인지 아니면 외부에 정의된 함수를 호출하는 것인지를 구분해야 한다. 이러한 경우에 클래스 내부에서 정의된 메서드를 다른 클래스내 메서드가 호출하는 경우에는 "self"라는 키워드를 이용하여 명시적으로 내부 메서드를 호출하는 형태로 지정해야 하며, 클래스 내부에서 외부 함수를 호출하는 경우에는 일반적인 방식으로 호출하면 된다. 이에 대한 자세한 설명을 ChatGPT를 통해서 알아보자.

Q Human에도 동일하게 greet라는 메서드를 만들고 외부 함수 greet와 내부 메서드 greet를 호출하는 방법의 차이점을 설명해 주세요

Human 클래스 내에 greet라는 메서드를 만들면, 그 메서드는 클래스의 인스턴스(즉, 객체)에 속하게 됩니다. 이 경우, 그 메서드를 호출하려면 인스턴스를 통해 호출해야 합니다. 반면에 외부 함수인 greet는 모듈 레벨에서 호출될 수 있습니다. 아래 코드는 이 두 가지 호출 방법을 모두 보여줍니다:

```python
def greet(name, age):
    return f"External function: Hello, I'm {name} and I'm {age} years old."

class Human:
    def __init__(self, name, age):
        self.name = name
        self.age = age

    def greet(self):  # Method of Human class
        return f"Method: Hello, I'm {self.name} and I'm {self.age} years old."

    def introduce(self):
        # Using the external function 'greet'
        message1 = greet(self.name, self.age)

        # Using the 'greet' method of the class
        message2 = self.greet()
```

```python
        return message1 + "\n" + message2

person = Human('Alice', 20)
print(person.introduce())
# prints
# "External function: Hello, I'm Alice and I'm 20 years old."
# "Method: Hello, I'm Alice and I'm 20 years old."
```

이 예제에서, introduce 메서드는 두 가지 greet 호출을 모두 사용하고 있습니다.

외부 함수 greet 호출: greet(self.name, self.age). 이 경우, self.name과 self.age 인스턴스 변수를 인수로 함수를 호출합니다.
클래스 메서드 greet 호출: self.greet(). 여기서 self 키워드를 사용하여 인스턴스 메서드를 호출합니다.

이렇게 이름이 같은 외부 함수와 클래스 메서드를 호출하는 방법은 다르기 때문에, 이름이 같더라도 그들이 속한 범위에 따라 다르게 동작합니다. 이 차이점을 이해하는 것은 파이썬의 객체 지향 프로그래밍을 이해하는 데 중요합니다.

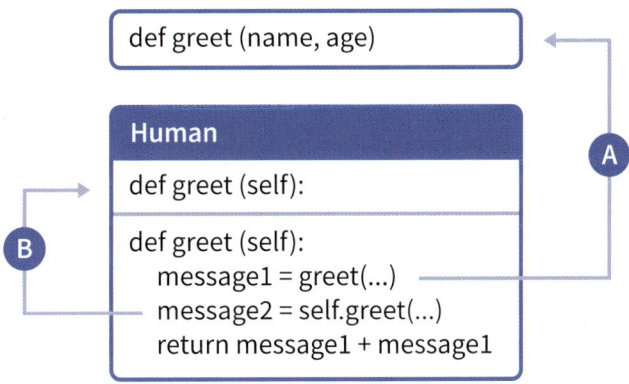

동일한 이름의 외부 함수 호출과 내부 메서드 호출

Human 클래스에 정의된 introduce에서는 동일한 이름의 메서드 greet를 호출하고 있다. greet 메서드는 클래스에 정의된 메서드와 외부에 정의된 메서드가 있고 클래스 내부에서는 외부에 있는 함수 greet와 클래스 내부의 메서드 greet를 구분하여 호출하기 위해서 외부의 함수의 경우에는 (A)와 같은 방식으로 호출하고 내부 greet의 경우에는 self. 키워드를 이용하여 (B)와 같은 방식으로 호출하여 구분한다.

클래스 맴버와 인스턴스 맴버

맴버 변수에는 클래스 맴버 변수와 인스턴스 맴버 변수 두 가지로 구분할 수 있다. 클래스 맴버 변수의 경우에는 클래스의 공간에 생성되어 모든 인스턴스 객체에 의해서 공유될 수 있고 인스턴스 맴버는 인스턴스 객체의 이름 공간에 생성되어 생성된 객체내에서만 사용이 가능하다. 기존에 만든 Human 클래스를 이용하여 해당 내용을 ChatGPT로 살펴보자.

Q 클래스 맴버와 인스턴스 맴버를 Human 클래스를 이용하여 설명해 주세요.

 클래스에서 정의한 변수와 메서드는 기본적으로 두 가지 종류가 있습니다.

클래스 맴버: 이들은 클래스 레벨에서 정의되며, 해당 클래스의 모든 인스턴스에서 동일하게 공유됩니다. 파이썬에서는 class 변수라는 용어를 사용하여 이를 나타냅니다. 클래스 변수는 클래스 내부 외부에서 클래스명.클래스 변수명으로 접근 가능하며, 모든 인스턴스에서 공유됩니다.

인스턴스 맴버: 이들은 각 클래스 인스턴스 또는 객체에서 별도로 가지는 변수 및 메서드입니다.
인스턴스 변수는 각각의 객체에 속하며, 각 인스턴스에서 독립적으로 관리됩니다. 인스턴스 변수는 self.변수명으로 정의하고 접근할 수 있습니다.
다음은 Human 클래스를 사용하여 이를 설명하는 예제입니다:

```python
class Human:
    species = "Homo Sapiens" # This is a class member, shared by all instances

    def __init__(self, name, age):
        self.name = name # These are instance members, they are specific to each instance
        self.age = age

# Create two Human instances
person1 = Human('Alice', 20)
person2 = Human('Bob', 25)

print(Human.species) # prints "Homo Sapiens"
print(person1.name, person1.age) # prints "Alice 20"
print(person2.name, person2.age) # prints "Bob 25"

# Let's change the class member
Human.species = "Homo Neanderthalensis"
```

```python
# Let's print the species again
print(person1.species) # prints "Homo Neanderthalensis"
print(person2.species) # prints "Homo Neanderthalensis"

# Let's change the instance member of person1
person1.age = 22

# Let's print the age again
print(person1.age) # prints "22"
print(person2.age) # prints "25"
```

위의 예제에서, species는 모든 Human 인스턴스에 대해 공유되는 클래스 멤버입니다. 반면에 name과 age는 각 Human 인스턴스에 대해 독립적인 인스턴스 멤버입니다. 클래스 멤버를 변경하면, 해당 클래스의 모든 인스턴스에 영향을 미치지만, 인스턴스 멤버를 변경하면 그 변경은 해당 인스턴스에만 영향을 미칩니다.

일반적으로 객체 지향 언어에서는 클래스에 정의되지 않은 멤버 변수를 추가하기 위해서 해당 클래스를 상속받고 상속된 클래스의 인스턴스를 만들어서 사용해야 하는데 비해서 파이썬은 다른 객체 지향 언어와는 다르게 생성된 객체에 클래스에 정의되지 않은 변수를 추가하여 사용할 수 있다. 위에서 생성한 person1 인스턴스에 주소를 나타내는 address라는 멤버 변수를 추가하여 사용 방법을 살펴보자.

> **Q** person1이라는 인스턴스에 주소라는 멤버 변수 추가하고 이를 사용하는 예제를 만들어 주세요.

> 파이썬에서는 클래스 외부에서 인스턴스 변수를 추가할 수 있습니다. 다음 코드에서 person1 인스턴스에 address라는 인스턴스 변수를 추가하는 예를 보여줍니다.

```python
class Human:
    def __init__(self, name, age):
        self.name = name
        self.age = age

# Create a Human instance
person1 = Human('Alice', 20)

# Add 'address' instance variable to 'person1'
person1.address = '123 Main St'

# Print 'address'
print(person1.address) # prints '123 Main St'
```

이 예제에서, person1 객체는 Human 클래스의 인스턴스이며, address라는 새로운 인스턴스 변수를 추가하였습니다. 이렇게 외부에서 인스턴스 변수를 추가하면, 해당 인스턴스에서만 사용할 수 있습니다.
이것은 파이썬의 동적 타이핑 특성과 관련이 있습니다. 이러한 특성은 유연성을 제공하지만, 예기치 않은 변수 추가를 방지하기 위해 주의가 필요합니다. 클래스 설계 시에는 __slots__ 등을 사용하여 인스턴스 변수를 제한할 수도 있습니다.

ChatGPT가 설명한 바와 같이 이러한 인스턴스 맴버 변수의 동적 추가는 클래스를 상속하지 않아도 클래스에 정의되지 않은 맴버 변수를 사용할 수 있는 장점이 있으나 이러한 부분은 객체지향의 일관성을 유지하는데 어려울 수 있다.
다음 장에서는 인스턴스의 맴버 변수 동적 추가를 제어할 수 있는 방법을 살펴보도록 하자.

클래스 맴버 변수 고정하기

다른 언어에서는 허용하지 않는데 비해서, 파이썬에서는 생성된 인스턴스에 맴버 변수를 동적으로 추가하여 함수 원형과 관계없이 손쉬운 확장 기능을 제공한다. 그러나, 여러 명이 같이 공동으로 프로젝트를 진행하면서 개발하는 경우에는 동적인 맴버 변수의 추가로 인해서 혼란을 야기하거나 향후 유지보수가 어려울 수도 있다. 이에 파이썬에는 클래스를 이용하여 인스턴스를 생성하는 경우, 클래스 원형의 일관된 유지를 위해서 지정된 속성 이외에는 추가로 인스턴스 맴버 변수를 허용하지 않도록 "__slots__"이라는 속성을 제공하고 있다. ChatGPT를 이용하여 이를 살펴보자.

> **Q** Human 클래스에 정의된 변수 나이와 이름 외에는 인스턴스 변수를 추가하지 못하도록 클래스 원형을 수정해주고 예제 샘플 코드를 들어서 설명해 주세요.

 파이썬에서 클래스의 인스턴스 변수를 제한하려면 __slots__ 속성을 사용할 수 있습니다. __slots__는 클래스에 허용된 인스턴스 변수의 목록을 지정합니다. 이를 통해 클래스의 인스턴스 변수를 제한하고, 기타 인스턴스 변수의 추가를 방지할 수 있습니다.
Human 클래스에 대해 __slots__를 사용하여 '이름'과 '나이' 변수 외에는 위에 설명과 같이 대규모 프로젝트와 유지보수의 일관성을 위해서는 __slots__ 속성을 이용하여 생성된 맴버 변수를 임의로 추가하는 것을 방지하여 일관성을 유지할 수 있습니다.
인스턴스 변수를 추가하지 못하도록 제한하는 코드를 작성해 보겠습니다.

```python
class Human:
    __slots__ = ('name', 'age') # Only 'name' and 'age' instance variables are allowed
```

```python
    def __init__(self, name, age):
        self.name = name
        self.age = age

# Creating an instance of Human
person = Human('Alice', 20)
print(person.name) # prints 'Alice'
print(person.age) # prints 20

# Trying to add another instance variable
try:
    person.address = '123 Main St'
except AttributeError as e:
    print(e) # prints "'Human' object has no attribute 'address'"
```

위 코드에서 Human 클래스는 __slots__를 이용하여 '이름'과 '나이'라는 두 가지 인스턴스 변수만을 허용하고 있습니다. 따라서, 이 외에 다른 인스턴스 변수를 추가하려고 하면 AttributeError가 발생합니다.

이처럼 __slots__는 클래스의 인스턴스 변수를 제한하고, 클래스의 정의를 따르지 않는 변수의 추가를 방지하는 데 도움이 됩니다. 이는 클래스의 설계 의도를 유지하고, 예상치 못한 데이터의 추가를 방지하는 데 유용합니다.

위에 설명과 같이 대규모 프로젝트와 유지보수의 일관성을 위해서는 __slots__ 속성을 이용하여 생성된 맴버 변수를 임의로 추가하는 것을 방지하여 일관성을 유지할 수 있다.

3
상속

상속은 클래스를 확장하여 (inheritance) 이를 이용하는 방법으로 이미 존재하는 하나의 클래스를 상속하여 새로운 클래스를 쉽게 정의하여 사용할 수 있고(단일 상속), 하나가 아닌 여러 개의 클래스를 상속하여 새로운 클래스를 만들 수도 있다(다중 상속). 상속은 객체 지향 언어가 제공하는 다양한 기능 중에 막강한 기능으로서 새로운 클래스를 만들기 전에 기존에 유사한 기능을 제공하는 클래스가 있다면 그 클래스를 상속하여 추가적으로 필요한 내용들만 추가해서 사용할 수 있으므로 객체 지향 언어가 제공하는 재사용성의 장점이라 볼 수 있다.

상속된 클래스 만들기

파이썬뿐만 아니라 객체 지향에서 상속에 관련하여 언급할 때에는 "is-a" 관계라는 두 대상의 사이로 설명하기도 한다. "Is-a" 관계를 이해하기 위해서 기존에 Human 클래스와 Student 클래스를 이용하여 ChatGPT에게 문의해 보자.

> **Q** python에서 is-a에 관련된 내용을 설명해주고 Human이라는 클래스를 상속하여 Student라는 클래스로 예를 들어줘. Student는 대학생이라는 클래스로 설명해주세요.

> "Is-a" 관계는 객체 지향 프로그래밍에서 한 클래스가 다른 클래스의 특정 종류임을 나타냅니다. 이는 상속을 통해 구현되며, "is-a" 관계에 있는 클래스들은 특성과 행동을 공유할 수 있습니다.
>
> 예를 들어, "Human" 클래스를 상속하여 "Student" 클래스를 만들 수 있습니다.
> "Student"는 "Human"의 특정 종류이므로 "Student" 클래스는 "Human" 클래스의 특성과 행동을 물려받게 됩니다.
>
> 아래에 "Human" 클래스를 상속하여 "Student" 클래스를 만드는 코드를 작성해 보겠습니다.

```python
class Student(Human):
    def __init__(self, name, age, school):
        super().__init__(name, age)
        self.school = school

    def study(self):
        return f"{self.name} is studying."
```

여기서 "Student" 클래스는 "Human" 클래스를 상속받았으므로, "Human" 클래스의 sleep, eat, work 메서드를 그대로 사용할 수 있습니다. 또한 "Student" 클래스는 study라는 자신만의 메서드를 추가하고, school이라는 추가적인 속성을 가지고 있습니다.
이 예시에서 "Student" 클래스는 "Human" 클래스의 특정 종류이므로, "Student"와 "Human" 사이에는 "is-a" 관계가 있습니다. 즉, 모든 "Student"는 "Human"이라는 것입니다.

여기서 "is-a" 관계라는 것을 "Human is a student" 문장과 "Student is a human" 이라는 두 문장을 가지고 살펴보자. 두 문장 모두 문법적으로는 문제가 없지만 Human과 Student 중에 어떤 단어가 더 포괄적일까? Human is a student는 모든 인간이 학생이라는 의미이기 때문에 문맥상은 올바르지 않다고 볼 수 있다. Student is a human이라는 문장의 경우, 학생은 인간이기 때문에 문맥상으로도 문제가 없다. 환언하면 is-a 관계라는 것은 뒤에 대상(Human)이 앞에 대상(Student)을 포괄할 때 성립될 수 있는 관계이다.

상속 관계를 살펴보기 위해서 Teacher라는 클래스를 추가해 보자. Teacher클래스도 Human 클래스를 상속받고 전공 과목이라는 속성과 학생을 가르친다는 클래스 메서를 추가하여 ChatGPT를 통해서 만들어 보자.

> **Q** 위에서 정의한 Human이라는 클래스를 상속받아서 Teacher라는 클래스를 만들어주세요. 단 Teacher는 가르치는 과목을 나타내는 속성과 가르친다는 메서드를 추가해 주세요.

> "Human" 클래스를 상속하여 "Teacher" 클래스를 만드는 예제를 보여드리겠습니다. 여기서 "Teacher" 클래스는 "Human" 클래스의 모든 속성과 메서드를 상속받고, 추가로 "subject"이라는 멤버 변수와 "teach"라는 메서드를 가집니다.

```python
class Teacher(Human):
    def __init__(self, name, age, subject):
        super().__init__(name, age)
        self.subject = subject

    def teach(self):
        return f"{self.name} is teaching {self.subject}."
```

위의 코드에서 "Teacher" 클래스는 "Human" 클래스를 상속받습니다. 그래서 "Teacher"는 "Human"이 가진 sleep, eat, work 메서드를 그대로 사용할 수 있습니다. 또한 "Teacher" 클래스는 teach라는 자신만의 메서드를 가지며, subject라는 추가적인 인스턴스 변수를 가질 수 있습니다.

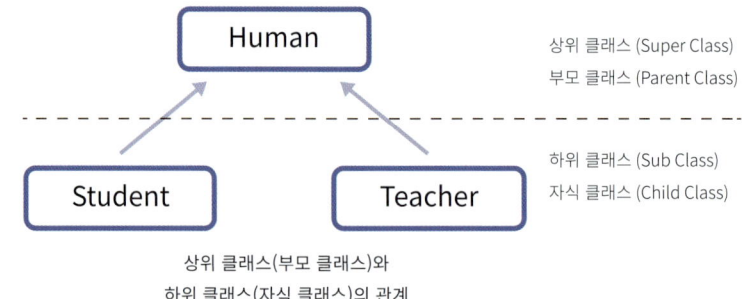

상위 클래스(부모 클래스)와
하위 클래스(자식 클래스)의 관계

Human이라는 클래스는 Student 클래스와 Teacher 클래스의 상위 클래스(Super Class) 혹은 부모 클래스(Parent Class)라고 하고 Student클래스와 Teacher 클래스는 Human 클래스의 하위 클래스(Sub Class) 혹은 자식 클래스(Child Class)라고도 한다.

하위 클래스는 상위 클래스의 모든 맴버 변수와 메서드를 모두 상속받는다. 환언하면 Student라는 클래스는 Human이라는 클래스를 상속받으므로 Human에서 정의된 name과 age같은 맴버 변수와 sleep(), eat(), work()와 같은 메서드를 별도로 정의하지 않아도 Human을 상속받았기 때문에 모두 사용할 수 있다. ChatGPT의 예제와 같이 상속을 위해서는 클래스를 정의할 때 상속받고자 하는 상위 클래스를 하기와 같이 클래스 정의 시 파라메터로 설정하면 된다.

class Student(Human): #'Student' 라는 클래스를 'Human'이라는 클래스를 상속받아서 정의

class Teacher(Human): #'Teacher' 라는 클래스를 'Human'이라는 클래스를 상속받아서 정의

class라는 키워드를 이용하여 Student 및 Teacher라는 클래스를 정의할 때, 상속받고자 하는 Human 클래스를 파라메터로 설정하여 간단하게 Student와 Teacher라는 클래스를 정의할 수 있다.

클래스 상속 관계 살펴보기

현재 클래스에서 클래스간에 상속 관계를 파이썬 코드 내에서 확인하기 위해서 파이썬에서는 다양한 함수와 속성들을 제공한다. 본 문에서 작성한 Student 클래스의 상위 클래스와 Human이라는 클래스의 상속 관계를 확인할 수 있는 파이썬 코드를 살펴보도록 하자.

> **Q** Human 클래스와 Student 클래스의 상위 클래스를 확인하는 python 예제를 작성해 주세요.

 Python에서는 내장함수 `issubclass`를 사용하여 한 클래스가 다른 클래스의 하위 클래스인지 확인할 수 있습니다. 또한 객체의 `__class__` 속성과 `__bases__` 속성을 이용하여 객체의 클래스와 그 클래스의 상위 클래스를 확인할 수 있습니다.
아래의 예제는 `Human` 클래스와 `Student` 클래스, 그리고 이들 클래스의 객체를 생성하고, 이들 클래스와 객체의 상위 클래스를 확인하는 방법을 보여줍니다.

```python
# issubclass 함수를 이용하여 Student 클래스가 Human 클래스의 하위 클래스인지 확인합니다.
print(issubclass(Student, Human)) # 출력: True

# 객체를 생성합니다.
human = Human("John", 30)
student = Student("Mike", 20, "MIT")

# 객체의 __class__ 속성을 이용하여 객체의 클래스를 확인하고, 클래스의 __bases__ 속성을 이용하여
상위 클래스를 확인합니다.
print(human.__class__.__bases__) # 출력: (<class 'object'>,)
print(student.__class__.__bases__) # 출력: (<class '__main__.Human'>,)
```

위의 코드에서 issubclass(Student, Human)는 Student 클래스가 Human 클래스의 하위 클래스인지를 확인하고, True를 반환합니다. 또한 객체의 __class__ 속성은 객체의 클래스를, 클래스의 __bases__ 속성은 클래스의 상위 클래스를 반환합니다. 따라서 human.__class__.__bases__는 Human 클래스의 상위 클래스인 object 클래스를, student.__class__.__bases__는 Student 클래스의 상위 클래스인 Human 클래스를 반환합니다.

파이썬에서는 라는 함수를 위와 issubclass() 같이 두 개의 클래스 간에 하위 클래스 여부를 알 수 있다. 이와 더불어 제공되는 __bases__ 라는 속성을 이용하여 자신의 클래스의 상위 클래스들을 가져올 수 있다. 앞 장에서 언급했지만 단일 상속과 다중 상속이라는 부분이 있는데 단일 상속을 지원하는 언어로는 Java와 C#이 이에 해당하며 C++과 파이썬은 다중 상속을 제공한다. 단일 상속의 경우 상위 클래스(부모 클래스)가 하나만 허용되며 다중 상속의 경우에는 상위 클래스(부모 클래스)가 여러 개가 허용이 가능한 경우이다.

파이썬은 다중 상속을 지원함으로 상위 클래스를 알 수 있는 속성의 이름이 복수를 나타내는 __bases__ 인 것을 알 수 있다. 이와는 반대로 상위 클래스에서 하위 클래스를 모두 찾아보기 위한 방법을 살펴보자.

> **Q** Human 클래스의 하위 클래스를 파이썬에서 알 수 있는 예제 코드 생성해주세요
>
> Python에서는 클래스의 __subclasses__() 메서드를 사용하여 해당 클래스의 직접적인 하위 클래스를 얻을 수 있습니다. __subclasses__() 메서드는 클래스의 직접적인 하위 클래스들을 리스트로 반환합니다. 다음은 Human 클래스와 이를 상속하는 Student 클래스와 Teacher 클래스를 사용하여 __subclasses__() 메서드를 사용하는 예제입니다.
>
> ```python
> # Human 클래스의 직접적인 하위 클래스를 출력합니다.
> print(Human.__subclasses__()) # 출력: [<class '__main__.Student'>, <class '__main__.Teacher'>]
> ```
>
> 위의 코드에서 Human.__subclasses__()는 Student 클래스와 Teacher 클래스를 포함하는 리스트를 반환합니다. 이는 Student 클래스와 Teacher 클래스가 Human 클래스를 상속받고 있음을 나타냅니다.

파이썬에서는 __subclasses__()라는 메서드를 이용하여 해당 클래스의 직접적인 하위 클래스를 살펴볼 수 있는 메커니즘을 제공하고 있다.

ChatGPT에게 최상의 클래스인 Human 클래스의 상위 클래스를 알아보기 위해서 다음과 같은 문을 실행하여 결과를 살펴보면 다음과 같다.

```python
print(human.__class__.__bases__)
# 출력: (<class 'object'>,)
```

실제로 Human이라는 클래스를 작성할 때 object라는 클래스를 상속받지 않아도 암묵적으로 모든 클래스는 object라는 클래스를 최상위 클래스로 상속받게 된다.

보다 자세한 이야기를 ChatGPT에게 확인해 보자.

Q object class는 어떻게 항상 상위 클래스가 되는걸까?

 파이썬에서 모든 클래스는 명시적으로 다른 클래스를 상속받지 않는 한 암묵적으로 object 클래스를 상속받습니다. 이는 파이썬의 내장 동작 방식입니다.

object 클래스는 파이썬의 모든 클래스 계층의 최상위에 위치하며, 가장 기본적인 메서드와 속성을 정의합니다. 예를 들어, __str__, __repr__ 같은 특수 메서드와 __class__, __dict__ 같은 속성은 object 클래스에서 정의되거나 상속받습니다.

파이썬 3.x부터는 object를 명시적으로 상속받지 않아도 모든 클래스가 암묵적으로 object를 상속받습니다. 즉, 아래 두 클래스 정의는 동일합니다.

```python
class MyClass(object):
    pass

class MyClass:
    pass
```

따라서 object는 모든 파이썬 클래스의 상위 클래스가 됩니다. 이는 파이썬의 모든 객체가 object에서 상속받은 메서드나 속성을 가지게 하여, 일관성을 유지하고 코드를 단순화하는 데 도움이 됩니다.

파이썬 3.0이상 부터는 클래스를 생성하게 되면 암묵적으로 object 클래스를 상속받기 때문에 환언하면 모든 클래스는 object 클래스가 제공하는 메서드를 사용할 수 있게 된다.

```python
print(human.__class__.__bases__)
# 출력: (<class 'object'>,)
```

상기 예에서 __class__라는 속성은 객체의 클래스를 참조하는 속성으로 human.__class__의 원형 클래스인 Human을 참조하고 Human 클래스의 __bases__ 속성을 통해서 상위 클래스에 대한 정보를 가져올 수 있던 이유가 바로 모든 클래스는 object 클래스를 암묵적으로 상속받기 때문에 가능한 일이다.
Student 클래스와 Teacher 클래스의 생성자인 __init()__ 메서드를 살펴보면 다음과 같이 super라는 키워드가 사용된 것을 볼 수 있다.

```python
class Student(Human):
    def __init__(self, name, age, school):
        super().__init__(name, age)
        self.school = school
```

super()라는 키워드는 하위 클래스에서 상위 클래스의 메서드를 호출할 때 사용되는 키워드로 Student라는 클래스에서는 본인의 생성자를 정의할 때, 상위 클래스의 생성자로 name과 age 변수를 전달하여 상위 클래스의 생성자를 호출하고 난 뒤, 마지막 변수인 school은 내부 맴버 변수인 self.school에 할당하게 된다.

상속과 메서드

상위 클래스를 상속받아 만든 하위 클래스에서는 상위 클래스에 정의된 메서드와 동일한 이름으로 메서드를 재정의(Override)하거나 메서드를 동일한 이름으로 작성하되 하위 클래스에서 필요한 메서드 파라메터를 추가하여 메서드를 확장(extend)하여 사용할 수 있다. 메서드를 재정의하여 사용하는 방법과 메서드를 확장하여 사용하는 경우를 ChatGPT를 통해서 살펴보자.

> **Q** 위에서 만든 Human 클래스와 Student 클래스를 예로 들어서 메서드 override와 extend에 대해서 예제 소스로 설명해 주세요.

 메서드 오버라이딩(Method Overriding)은 하위 클래스에서 상위 클래스의 메서드를 재정의하는 과정을 말합니다. 이는 상위 클래스의 기능을 하위 클래스에서 변경하거나 확장하고자 할 때 사용합니다.

메서드 확장(Method Extension)은 하위 클래스에서 상위 클래스의 메서드를 재정의하되, 상위 클래스의 기능을 유지하면서 추가적인 기능을 구현하는 것을 말합니다. 이는 주로 super() 함수를 사용하여 상위 클래스의 메서드를 호출하고, 추가적인 코드를 실행합니다.

아래는 메서드 오버라이딩과 확장을 보여주는 예제입니다:

```python
class Human:
    def __init__(self, name, age):
        self.name = name
        self.age = age

    def introduce(self):
        return f"My name is {self.name} and I am {self.age} years old."
```

```python
class Student(Human):
    def __init__(self, name, age, school):
        super().__init__(name, age)
        self.school = school

    # Method Overriding
    def introduce(self):
        return f"My name is {self.name}, I am {self.age} years old, and I go to {self.school}."

    # Method Extension
    def study(self):
        message = super().introduce() # Call the parent class method
        return message + f" And I study at {self.school}."

student = Student('John', 20, 'MIT')

print(student.introduce()) # Output: My name is John, I am 20 years old, and I go to MIT.
print(student.study()) # Output: My name is John and I am 20 years old. And I study at MIT.
```

위의 예에서 introduce 메서드는 Student 클래스에서 오버라이딩되었습니다.
즉, Student 클래스의 introduce 메서드는 Human 클래스의 introduce 메서드를 대체합니다.

반면, study 메서드는 Student 클래스에서 Human 클래스의 introduce 메서드를 확장합니다.
이 메서드는 super().introduce()를 호출하여 Human 클래스의 introduce 메서드를 실행하고, 추가적인 메시지를 반환합니다.

ChatGPT 4.0 버전(2023년 6월 버전)으로 질의한 결과 메서드 재정의와 메서드 확장에 대한 개념 및 예제프로그램이 올바르지 않은 것으로 보인다.

메서드의 재정의는 부모 클래스와 동일한 이름으로 메서드를 작성하여 이름은 같으나 서로 다르게 작동하는 메서드를 의미하고 메서드의 확장은 부모클래스에 정의된 메서드를 super() 키워드를 이용히여 상위 메서드를 호출하고 부가저으로 필요한 부분을 더하여 메서드를 작성하는 것을 의미한다. 위에 예제 코드를 아래와 같이 수정하여 설명한다.

```python
class Human:
    def __init__(self, name, age):
        self.name = name
        self.age = age
```

```python
    def introduce(self):
        return f"My name is {self.name} and I am {self.age} years old."

class Student(Human):
# Method Extendsion – 상위 생성자를 다시 재정의하면서 확장
    def __init__(self, name, age, school):
        super().__init__(name, age)
        self.school = school

# Method Extension
def introduce(self):
    return f"My name is {self.name} and I go to {self.school}."
student = Student('John', 20, 'MIT')

print(student.introduce()) # Output: My name is John and I am 20 years old.
```

마지막 문장은 introduce라고 하는 메서드의 이름은 동일하나 결과는 상위 클래스의 introduce라는 메서드와는 다르다. 이는 메서드를 재정의(Override)하는 경우에는 상위 클래스와 이름은 동일하다 하더라도 실제 인스턴스를 생성하고 해당 메서드를 호출하게 되면 해당 클래스에 정의된 메서드만 호출한다는 것을 의미한다.

다중 상속

다음으로는 파이썬이 제공하는 다중 생성에 대한 개념을 ChatGPT가 제공하는 예제 샘플을 통해서 살펴보자.

먼저 UnivesityStudent라는 클래스를 만들기 위해서 기존 Student라는 클래스를 상속하고 대학교라는 객체를 나타내는 University라는 클래스를 만들어 보자.

> **Q** 대학교라는 클래스를 만들어 주세요. 클래스에는 학과, 총취득학점, 담당 주임 교수라는 속성을 포함해 주세요.

> 요청하신대로 University 클래스를 만들어 보겠습니다. 이 클래스에는 department(학과), total_credits (총 취득 학점), 그리고 advisor (담당 주임 교수)라는 멤버 변수를 추가하겠습니다. 아래는 메서드 오버라이딩과 확장을 보여주는 예제입니다:

```python
class University:
    def __init__(self, department, total_credits, advisor):
        self.department = department
        self.total_credits = total_credits
        self.advisor = advisor
```

위의 코드에서 __init__ 메서드는 클래스의 생성자입니다. 이 메서드는 University 클래스의 객체가 생성될 때 자동으로 호출되며, 이때 전달받은 인자들 (학과, 총 취득 학점, 담당 주임 교수)을 객체의 멤버 변수로 설정합니다. 이제 위의 클래스를 이용하여 'University' 객체를 생성하고 사용할 수 있습니다.

```python
my_university = University('Computer Science', 130, 'Prof. Smith')
print(my_university.department) # Output: Computer Science
print(my_university.total_credits) # Output: 130
print(my_university.advisor) # Output: Prof. Smith
```

기존에 생성한 Student클래스와 새로 생성한 University 클래스를 다중 상속하여 UniversityStudent라는 클래스를 만들어 보자.

Q Student 클래스와 University 클래스를 모두 상속받는 UniversityStudent클래스를 만들어 주세요.

요청하신대로 University 클래스를 만들어 보겠습니다.

```python
class UniversityStudent(Student, University):
    def __init__(self, name, age, school, department, total_credits, advisor):
        Student.__init__(self, name, age, school)
        University.__init__(self, department, total_credits, advisor)
```

위의 UniversityStudent클래스는 Student와 University 클래스를 다중 상속받습니다. UniversityStudent 생성자인 __init__ 메서드에서는 Student와 University 클래스의 생성자를 각각 호출하여 초기화합니다.

이렇게 다중 상속을 사용하면 여러 클래스의 기능을 하나의 클래스에서 사용할 수 있습니다. 하지만 다중 상속은 클래스 간의 관계를 복잡하게 만들 수 있으므로 신중하게 사용해야 합니다. 일반적으로는 상속보다는 합성(composition) 또는 집합(aggregation)을 사용하여 클래스 간의 관계를 설계하는 것이 좋습니다.

대학생 John이라는 인스턴스를 만드는 방법은 다음과 같습니다.

```python
john = UniversityStudent('John', 20, 'MIT', 'Computer Science', 130, 'Prof. Smith')
```

```python
print(john.name) # Output: John
print(john.age) # Output: 20
print(john.school) # Output: MIT
print(john.department) # Output: Computer Science
print(john.total_credits) # Output: 130
print(john.advisor) # Output: Prof. Smith
```

ChatGPT는 객체지향에서 상속(inheritance)와 합성(composition) 또는 집합(aggregation)을 사용하여 클래스 간에 관계를 설계하는 것이 좋다는 의견을 제시했다.

Q 파이썬 객체지향에서 상속과 합성 또는 집합에 대한 예제를 대학교, 학생, 사람, 교수를 들어서 설명해 주세요.

 네, "사람", "학생", "교수", "대학교"라는 개념을 가지고 상속, 합성, 집합에 대해 설명해보겠습니다.

상속 (Inheritance):
"학생"과 "교수"는 "사람"이므로, "사람" 클래스에서 "학생"과 "교수" 클래스를 파생시킬 수 있습니다. 이렇게 하면 "사람"의 기본적인 특성(이름, 나이 등)을 "학생"과 "교수" 클래스가 재사용할 수 있습니다.

```python
class Person:
    def __init__(self, name, age):
        self.name = name
        self.age = age

class Student(Person):
    def __init__(self, name, age, major):
        super().__init__(name, age)
        self.major = major

class Professor(Person):
    def __init__(self, name, age, department):
        super().__init__(name, age)
        self.department = department
```

합성 (Composition): "학생"은 "대학교"의 일부입니다. 따라서 "대학교" 클래스는 "학생" 객체를 멤버로 가질 수 있습니다. 이것은 "대학교"가 "학생"을 소유하고 관리한다는 것을 의미합니다.

이렇게 다중 상속을 사용하면 여러 클래스의 기능을 하나의 클래스에서 사용할 수 있습니다. 하지만 다중 상속은 클래스 간의 관계를 복잡하게 만들 수 있으므로 신중하게 사용해야 합니다.

일반적으로는 상속보다는 합성(composition) 또는 집합(aggregation)을 사용하여 클래스 간의 관계를 설계하는 것이 좋습니다.

```python
class University:
    def __init__(self, name):
        self.name = name
        self.students = [] # 학생 객체들을 저장할 리스트

    def enroll(self, student):
        self.students.append(student) # 학생 객체를 리스트에 추가
```

집합 (Aggregation): "교수"는 "대학교"의 일부이지만, "대학교"가 없어져도 "교수"는 계속 존재할 수 있습니다. 이런 관계는 집합으로 표현됩니다.

```python
class University:
    def __init__(self, name, professor):
        self.name = name
        self.professor = professor # 교수 객체를 멤버로 가짐

prof_john = Professor("John", 50, "Computer Science")
mit = University("MIT", prof_john) # 교수 객체를 파라미터로 전달
```

위 예제에서 University 클래스는 Professor 클래스의 객체를 멤버로 가지지만, Professor 객체의 수명 주기는 University 객체와 독립적입니다. 즉, University 객체가 사라져도 Professor 객체는 계속 존재할 수 있습니다.

파이썬에서는 손쉽게 클래스를 상속하여 유연하게 재활용할 수 있으나 다중 상속을 허용함으로 인해서 클래스 구성 계층의 단계(Class Hierarchy)가 복잡해짐에 따라서 클래스 상위 클래스에 문제가 발생하는 경우, 상속받은 클래스 인스턴스 모두에게도 영향을 미칠 수 있기 때문에 상속은 잘 이용해야 한다. 다중 상속이 정적으로 문제를 야기시킬 수 있는 부분이 있기 때문에 Java나 C#과 같은 언어에서는 단일 상속만 지원한다. 클래스 간의 관계에서 "is-a" 관계가 명확한 경우에는 상속이 효과적이나 클래스와 클래스 간의 관계가 포함의 관계("has-a" 또는 "part-of")인 경우에는 위에 설명과 같이 합성(composition)이나 집합(aggregation)의 관계를 염두하여 클래스를 생성하는 것이 좋다.

합성은 "has- a" 관계로 하나의 클래스를 이루는 부분이기는 하나 종속적인 경우의 관계를 의미하며 집합은 "has-a"의 관계로서 하나의 클래스를 이루는 부분이기는 하나 독립적인 경우의 관계를 의미한다.

클래스의 올바른 설계가 전체 시스템의 유지보수 및 운영과 확장에 중요한 부분이므로 객체지향에 관련된 별도의 자료를 참고하는 것을 권한다.

4
다형성

다형성은 영어로 Polymorphism이라고 하며 여러 개를 의미하는 'poly'와 형태를 의미하는 "morphism"의 합성어로 동일한 형태의 코드가 실제 다른 동작을 하다는 것을 의미하며 간단한 일련의 예로는 키보드를 입력할 때 "키보드를 누른다"라는 동일한 코드에 대해서 실제 눌러진 키값에 따라서 서로 다른 동작을 한다는 것을 의미한다. 다시 환언하면 문자 "A" 키를 누른 경우와 "BackSpace"를 누른 경우, 키보드를 눌렀다는 행위(push)는 동일하지만 "A"키의 경우에는 "A"라는 문자가 출력되지만 "BackSpace"의 경우에는 선택된 현재 커서에서 이전 문자를 지우는 행위로 작동한다. 메서드 재정의(Method Override)의 경우에도 다형성의 한가지 예로 들 수 있다. 파이썬의 경우 연산자 '+'의 경우에는 피연산자가 숫자들인 경우에는 덧셈으로 처리하지만 피연산자가 문자열인 경우에는 문자열 결합으로 작동하게 되는데 이러한 경우에도 객체지향이 이야기하는 다형성이라고 볼 수 있다. 이를 다시 한번 ChatGPT로 살펴보자.

Q python에서 + 연산자로 숫자 연산 및 문자열 연산을 예로들어 다형성에 대해서 설명해주세요.

 파이썬에서 다형성은 여러 가지 형태의 데이터를 처리하는 능력을 말합니다. 이는 동일한 연산자나 함수가 다른 타입의 객체에 대해 다른 동작을 수행할 수 있음을 의미합니다.
+ 연산자는 이러한 다형성의 좋은 예입니다. + 연산자는 숫자와 문자열 모두에 적용할 수 있지만, 각각의 경우에 대해 서로 다른 동작을 수행합니다. 숫자의 경우, + 연산자는 덧셈을 수행합니다.

```python
print(3 + 4) # 출력: 7
```

문자열의 경우, + 연산자는 문자열을 연결합니다.

```python
print("Hello, " + "World!") # 출력: Hello, World!
```

이처럼 파이썬의 + 연산자는 입력 값의 타입에 따라 다르게 동작합니다. 이는 파이썬의 다형성의 한 예로, 같은 연산자나 함수가 다른 타입의 값에 대해 다른 동작을 수행할 수 있음을 보여줍니다.

다형성은 코드를 보다 유연하고 재사용 가능하게 만드는 중요한 객체 지향 프로그래밍 원칙입니다. 다형성을 활용하면 여러 타입의 객체를 처리하는 코드를 한 번만 작성해도 되므로, 코드의 중복을 줄이고 유지 보수성을 향상시킬 수 있습니다.

다음은 메서드 재정의(Method Override) 관점에서의 다형성에 관련된 부분을
ChatGPT가 제공하는 예를 통해서 살펴보자.

Q 사람, 학생, 대학생, 교수, 학교를 예로들어 다형성에 대해서 설명해주세요.

 다형성은 객체 지향 프로그래밍의 중요한 개념 중 하나로, 하나의 인터페이스나 메서드가 다양한 형태로
동작하는 것을 의미합니다. 즉, 다른 클래스를 상속받는 클래스들이 같은 이름의 메서드를 가질 때,
이 메서드가 다양한 방식으로 동작하도록 구현할 수 있습니다.

사람, 학생, 대학생, 교수, 학교를 가지고 이를 설명해보겠습니다. 아래는 간단한 파이썬 코드로 다형성을
표현한 예입니다.

```python
class Human:
    def __init__(self, name):
        self.name = name

    def introduce(self):
        return f"I am {self.name}."

class Student(Human):
    def introduce(self):
        return f"I am {self.name}, a student."

class CollegeStudent(Student):
    def introduce(self):
        return f"I am {self.name}, a college student."

class Professor(Human):
    def introduce(self):
        return f"I am {self.name}, a professor."

def print_introduce(human: Human):
    print(human.introduce())

alice = Human("Alice")
bob = Student("Bob")
charlie = CollegeStudent("Charlie")
david = Professor("David")
```

```python
print_introduce(alice) # 출력: I am Alice.
print_introduce(bob) # 출력: I am Bob, a student.
print_introduce(charlie) # 출력: I am Charlie, a college student.
print_introduce(david) # 출력: I am David, a professor.
```

위 코드에서 모든 클래스는 introduce 메서드를 가지고 있지만, 각 클래스마다 introduce 메서드의 구현 내용이 다릅니다. 이는 다형성의 한 예로, 하나의 메서드 이름인 introduce가 다양한 형태로 동작하고 있습니다. 특히 print_introduce 함수에서는 매개변수로 Human 타입을 받지만, 실제로는 Human 클래스를 상속받는 모든 클래스의 인스턴스를 매개변수로 받을 수 있습니다. 이는 다형성을 통해 가능하며, 이러한 특성 덕분에 코드의 유연성이 높아집니다. 이처럼 다형성은 동일한 인터페이스나 메서드에 대해 다양한 동작을 정의할 수 있도록 해주므로 코드의 재사용성과 유지 관리성을 높이는 데 도움이 됩니다.

5
캡슐화

캡슐화는 객체 지향 프로그래밍의 원칙으로 데이터와 데이터를 처리하는 함수를 객체의 데이터 맴버 변수와 객체의 함수(메서드)로 하나의 캡슐(class)로 묶어서 제공한다는 것을 의미한다.

기본적으로 객체지향에서는 클래스 내부의 데이터를 직접 접근하지 못하고 클래스의 메서드를 통해서만 해당 데이터를 접근하는 방식이다. 그러나 파이썬에서는 필요에 따라서 완전히 내부 정보가 은닉되는 방식으로 구현도 가능하며 외부에서 직접적으로 접근이 가능한 방식으로도 구현이 가능하다. 파이썬에서는 일반적으로 외부에서 직접 접근이 가능한 방식으로 구현하며 필요한 경우에는 변수나 메서드 앞에 두 개의 밑줄"(__)로 이름을 명명하게 되면 해당 변수나 메서드의 정보 은닉(Information Hiding)이 가능해진다.

Q   Human 클래스에서 나이를 음수로 설정하는 경우를 예를 들어서 정보 은닉에 대해서 설명해주세요.

 정보 은닉(Information Hiding)은 객체 지향 프로그래밍에서 중요한 원칙 중 하나로, 객체의 속성(데이터)을 외부에서 직접 접근할 수 없도록 하는 것을 말합니다. 이를 통해 객체의 상태를 잘못 변경하거나, 객체가 유지하려는 불변성을 외부에서 깨뜨리는 것을 막을 수 있습니다.

정보 은닉은 캡슐화의 일부로 볼 수 있으며, 클래스의 내부 데이터를 보호하고 안정성을 높이는 데 중요한 역할을 합니다.

예를 들어, Human 클래스에서 나이를 나타내는 속성이 있다고 가정해 봅시다. 이 경우, 나이는 음수가 될 수 없으므로, 이를 보상하기 위해 나이 속성을 private으로 설정하고, setter와 getter 메서드를 사용하여 외부에서의 접근을 제어할 수 있습니다. 아래에 파이썬 코드로 이를 구현한 예시를 제시하겠습니다:

```python
class Human:
    def __init__(self, name, age):
        self.name = name
        self.__age = age

    # Getter method for age
    def get_age(self):
        return self.__age
```

```python
# Setter method for age
def set_age(self, age):
    if age < 0:
        print("Age cannot be negative!")
        return
    self.__age = age

human = Human("Alice", 20)
print(human.get_age()) # prints 20
human.set_age(-5) # prints "Age cannot be negative!"
print(human.get_age()) # still prints 20
```

위 코드에서 set_age 메서드는 입력된 나이가 음수인지 확인하고, 음수라면 적절한 메시지를 출력하고 나이 변경을 거부합니다. 이를 통해 Human 객체의 나이 속성이 잘못된 값으로 설정되는 것을 방지합니다.
이렇게 정보 은닉을 통해 객체의 내부 상태를 안정적으로 유지하고, 클래스의 정확한 사용을 보장할 수 있습니다.

파이썬은 객체 지향에서 제공하는 캡슐화에서 정보 은닉(Information hiding)을 지원하기 위한 방법으로 연속된 밑줄("__")을 이용하여 직접적인 변수나 메서드의 접근이 불가하도록 지원은 하지만 상대적으로 다른 객체지향 언어가 제공하는 정보은닉의 지원은 크지 않다. 이와 더불어 __로 변수나 메서드 이름을 작명하는 경우, 해당 변수나 메서드의 직접적인 접근은 파이썬 인터프리터에 의해서 접근 자체가 불가능하다.

Q 이 소스에 __age에 직접 값을 설정하는 경우 에러가 나는 예제 보여줘

 파이썬에서는 속성 이름 앞에 두 개의 밑줄(__)을 붙여서 속성을 private으로 선언할 수 있습니다. 이는 외부에서 해당 속성에 직접 접근하는 것을 제한하며, 이를 우회해서 접근하려고 하면 예외가 발생합니다.

```python
class Human:
    def __init__(self, name, age):
        self.name = name
        self.__age = age

    # Getter method for age
    def get_age(self):
        return self.__age

    # Setter method for age
    def set_age(self, age):
```

```python
        if age < 0:
            print("Age cannot be negative!")
            return
        self.__age = age

human = Human("Alice", 20)
print(human.get_age()) # prints 20

# Attempt to access the private attribute directly
try:
    human.__age = -5 # this will raise an exception
except AttributeError:
    print("Cannot access private attribute directly!")
```

위 코드를 실행하면 AttributeError가 발생하고 "Cannot access private attribute directly!" 메시지가 출력됩니다. 이는 __age 속성이 private으로 선언되었기 때문에 외부에서 직접 접근할 수 없음을 보여줍니다. 이를 통해 객체의 내부 상태를 보호하고 데이터의 안정성을 유지할 수 있습니다.

6
위임

위임 이란 객체 지향 프로그래밍에서 (Delegation) 어느 하나의 객체가 일부 작업을 다른 객체에게 위임하는 설계 패턴을 일컫는다. 다시 말하면, 어느 하나의 객체가 수행해야 하는 일을 다른 객체에게 전달하면서 다른 객체가 그 요청을 위임 받아서 대신 처리하는 형태이다.

파이썬에서는 위임을 지원하기 위해서 "__getattr__" 메서드를 제공하여 위임을 구현할 수 있다. "__getattr__" 메서드를 이용하여 파이썬에서 위임을 구현하는 방법을 살펴보자.

> **Q** __getattr__ 을 예로들어 위임에 대해서 설명해줘

 파이썬에서는 속성 이름 앞에 두 개의 밑줄(__)을 붙여서 속성을 private으로 선언할 수 Python에서 __getattr__ 메서드는 클래스에 없는 속성에 접근하려 할 때 호출됩니다. 이를 이용하여 다른 객체에 메서드 호출을 위임하는 것이 가능합니다. 즉, 객체 A가 객체 B에 정의된 메서드를 호출하는 것이 가능합니다. 이러한 패턴은 특히 프록시 객체나 어댑터 패턴을 구현할 때 유용합니다.

아래 코드는 __getattr__을 사용하여 메서드 호출을 다른 객체에게 위임하는 예시입니다.

```python
class Printer:
    def print(self, message):
        return f"Printing message: {message}"

class Office:
    def __init__(self):
        self.printer = Printer() # Composition: Office has-a Printer

    def __getattr__(self, name):
        return getattr(self.printer, name)
office = Office()
print(office.print("Hello, world!")) # prints "Printing message: Hello, world!"
```

위의 코드에서, Office 클래스는 __getattr__ 메서드를 통해 Printer 클래스의 print 메서드를 호출하고 있습니다. Office 클래스 인스턴스에 print 메서드가 없지만, Office 클래스의 __getattr__ 메서드가 Printer 객체의 print 메서드를 찾아 호출합니다. 이를 통해 Office 클래스는 Printer 클래스에 print 메서드 호출을 위임하게 됩니다. 이처럼 __getattr__을 이용한 위임은 코드의 유연성을 증가시키고, 클래스 간의 결합도를 낮추는 데 도움이 됩니다.

객체 지향에서 위임은 객체 간에 정적 연결을 완화하고 합성(composition)이나 집합(aggregation)의 관계를 적용하여 활용하는 예로 전체 구성에 있어서 확장성과 높은 이식성을 제공하는 장점이 있다.

제 4장. 프로세스, 멀티스레드와 멀티프로세스 프로그래밍

우리가 일반적으로 이야기하는 프로그램(Program)이란 운영체제상에서 실행이 가능한 파일이 저장장치(HDD, SSD, USB Memory)에 저장되어 있는 형태를 의미한다. 실제 프로그램을 실행시켜서 메모리 공간을 할당 받아서 다른 자원을 이용하여 프로그램이 실행되는 상태를 프로세스라고 하고 "실행중인 프로그램(Program in Execution)"이라고 한다.

운영체제는 프로세스의 라이프 사이클을 담당하고 프로그램의 실행동안에 하드웨어의 자원을 손쉽게 사용하도록 하고 전체적인 프로세스들을 관리한다. 일반적으로 프로세스는 고중량 프로세스(Heavyweight Process)를 의미하며 이와는 반대의 의미의 경량 프로세스(Lightweight Process)라고 하는 스레드(Thread)가 있다. 이번 장에서는 프로세스와 멀티스레드를 파이썬에서 다루는 방법을 살펴보고 다중에 프로세스를 이용하여 프로그래밍하는 멀티프로세스 프로그래밍에 대해서 살펴보자.

1 프로세스(Process) 상태 체크와 실행하기

프로세스는 프로그램이 실행된 상태를 의미하며 프로그램이 실행되는 순간 해당 파일은 운영체제가 할당해준 메모리에 적재되며 운영체제로부터 시스템의 다양한 자원을 할당받게 된다. 이 때 운영체제는 각 프로세스의 독립된 영역을 Code, Data, Stack, Heap의 형식으로 할당해 준다.

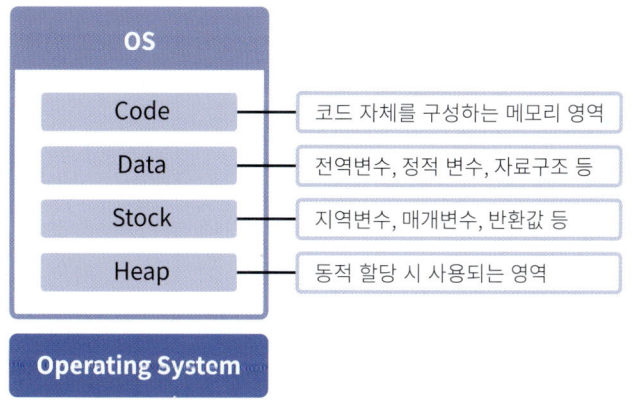

운영체제와 프로세스

프로세스는 최소 1개의 스레드(메인 스레드)를 가지고 있으며 각 프로세스는 별도의 주소 공간에서 실행되며 한 프로세스는 다른 프로세스의 데이터 영역에 접근할 수 없도록 되어 있다. 프로세스는 실행 중인 프로그램이며 운영체제에 의해서 다양한 상태(state)로 전이되고 관리된다 프로세스의 상태는 다음과 같이 7가지 상태로 구성되며 운영체제에 의해 다수의 프로세스가 관리된다.

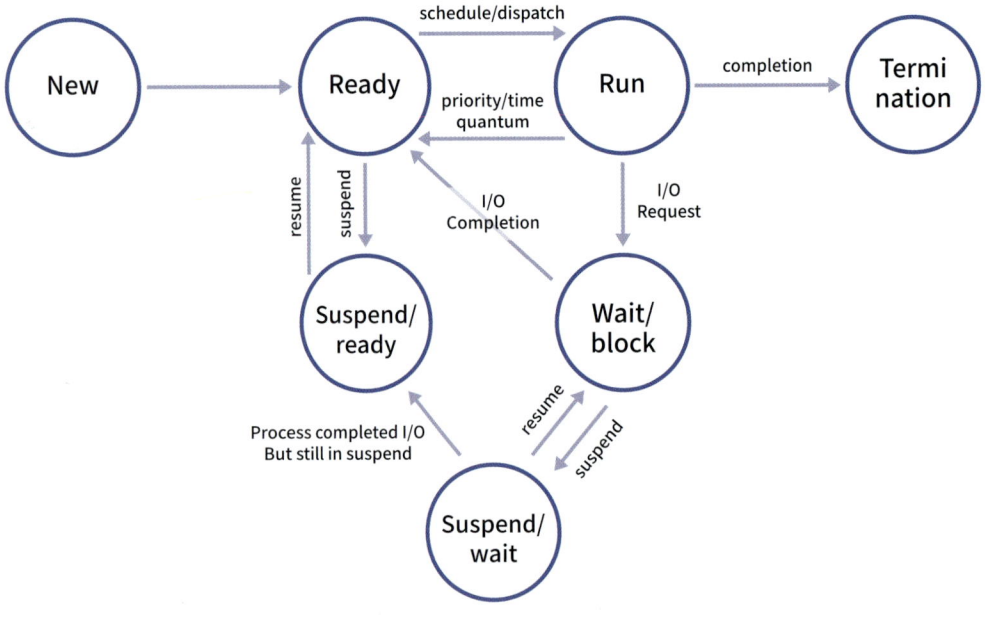

프로세스 상태 및 전이

프로세스는 프로그램이 실행된 상태를 의미하며 프로그램이 실행되는 순간 해당 파일은 운영체제가 할당해준 메모리에 적재되며 운영체제로부터 시스템의 다양한 자원을 할당받게 된다. 이 때 운영체제는 각 프로세스의 독립된 영역을 Code, Data, Stack, Heap의 형식으로 할당해 준다. 프로세스가 바로 생성된 되면 "New" 상태이며 프로세스가 CPU에서 실행되기 위해 대기하는 상태인 "Ready" 상태로 전이된다. "Run"상태는 프로세스의 명령어가 실행되고 있는 상태이며 정상적으로 완료되면 "Termination" 상태가 된다. 운영체제의 상태 관리에 따라서 특정 자원이나 이벤트를 기다리는 "Wait" 상태에서 대기 모드인 "suspend" 상태로 전이되는데 대기 상태에서 메모리상에 기록된 내용이 없는 경우를 "suspend/wait" 상태라 하며 프로세스가 기록된 내용이외에 다른 모든 필요한 자원을 보유한 상태를 "suspend/ready" 상태라 한다.

파이썬으로 기존 프로그램을 호출하여 프로세스를 실행할 수도 있으며 파이썬으로 작성된 스크립트를 파이썬 내에서도 호출할 수 있다. 간단한 예제를 통해서 윈도우의 계산기를 실행시켜 보자.

Q python으로 윈도우 계산기 프로그램을 띄우고 여러가지 정보를 콘솔에 출력한 후, 30초 후에 실행시킨 계산기 프로그램을 종료하는 프로그램을 코딩해 주세요.

Python에서 윈도우 계산기 프로그램을 실행하고 해당 프로세스의 속성을 출력하기 위해 subprocess와 psutil 라이브러리를 사용할 수 있습니다. 먼저, psutil을 설치해야 합니다.

```python
pip install psutil
```

다음은 윈도우 계산기 프로그램을 실행하고 관련된 여러 속성값을 출력하는 프로그램 예제입니다.

```python
import subprocess
import psutil
import time

# 윈도우 계산기 실행
proc = subprocess.Popen("calc.exe")

# psutil을 사용하여 프로세스 정보 가져오기
try:
    process = psutil.Process(proc.pid)

    # 다양한 프로세스 속성값 출력
    print("PID:", process.pid)
    print("Name:", process.name())
    print("Executable:", process.exe())
    print("Creation Time:", process.create_time())
    print("CPU Times:", process.cpu_times())
    print("Memory Info:", process.memory_info())
    print("Number of Threads:", process.num_threads())
    print("Status:", process.status())

except psutil.NoSuchProcess:
    print(f"Process with PID {proc.pid} not found.")
```

이 코드는 윈도우 계산기를 실행하고 해당 프로세스의 PID, 이름, 실행 파일 경로, 생성 시간, CPU 사용 시간, 메모리 정보, 스레드 수 및 상태와 같은 여러 가지 속성을 출력합니다.

참고로, 이 프로그램을 종료한 후에도 계산기는 계속 실행됩니다. 필요에 따라 process.terminate() 등의 메서드를 사용하여 프로세스를 종료할 수 있습니다.

Psutil 프로세스에 관련된 다양한 정보를 얻어올 수 있다.

```
PID: 17248
Name: calc.exe
Executable: C:\Windows\System32\calc.exe
```

```
CPU Times: pcputimes(user=0.0, system=0.0, children_user=0.0, children_system=0.0)
Memory Info: pmem(rss=2252800, vms=364544, num_page_faults=584, peak_wset=2256896,
wset=2252800, peak_paged_pool=10560, paged_pool=10560, peak_nonpaged_pool=2512,
nonpaged_pool=2512, pagefile=364544, peak_pagefile=450560, private=364544)
Number of Threads: 4
Status: running
Process with PID 17248 terminated.
```

Python으로 작성된 프로그램을 개발자나 콘솔이 아닌 python 소스 코드 자체에서도 호출이 가능하다. 다음은 위에서 작성된 ProcessHandling.py를 수행하는 CallProcessingHandling.py를 작성해 보자.

> **Q** ProcessHandling.py를 호출하고 그 결과를 output.txt로 저장하는 파이썬 프로그램 CallProcessHandling.py를 코딩해 주세요.

> ProcessHandling.py를 호출하고 그 결과를 output.txt 파일에 저장하려면 subprocess 모듈을 사용하면 됩니다. 아래는 요청한 작업을 수행하는 코드 예제입니다.

```python
import subprocess

# 'ProcessHandling.py' 파일 실행
result = subprocess.run(["python", "ProcessHandling.py"],
capture_output=True, text=True)

# 실행 결과를 'output.txt' 파일에 저장
with open("output.txt", "w") as file:
    file.write(result.stdout)
```

위 코드는 ProcessHandling.py 스크립트를 실행하고 그 결과를 capture_output=True를 통해 캡쳐합니다. 캡쳐된 출력은 result.stdout에 저장되며, 이를 output.txt 파일에 작성합니다.

작성된 프로그램을 실행하면 ProcessHadnling.py를 실행했을 때 print() 함수를 이용하여 콘솔에 출력되었던 모든 내용이 "output.txt"에 저장되어 있는 것을 확인할 수 있다.

2
멀티 쓰레딩 프로그래밍

프로세스(Process)에 비해서 쓰레드(Thread)는 경량급 프로세스(Lightweight Process)라고 하며 쓰레드는 기본적으로 프로세스 안에서 실행되는 하나의 최소 단위이다. 하나의 프로세스 내에 하나의 쓰레드만이 생성되어 사용될 수도 있고(Single Thread Process), 여러 개의 쓰레드가 생성되어 동작할 수도 있다(Multi Thread Process). 쓰레드는 기본적으로 stack 영역을 제외한 나머지 영역은 동일 프로세스내의 다른 쓰레드와 공유한다. 쓰레드의 실행은 독립적이며 어느 특정 시점에서는 중단되어 다른 쓰레드에 실행 제어권이 넘어갈 수도 있다. 프로세스와 쓰레드의 구성 내용은 아래와 같다.

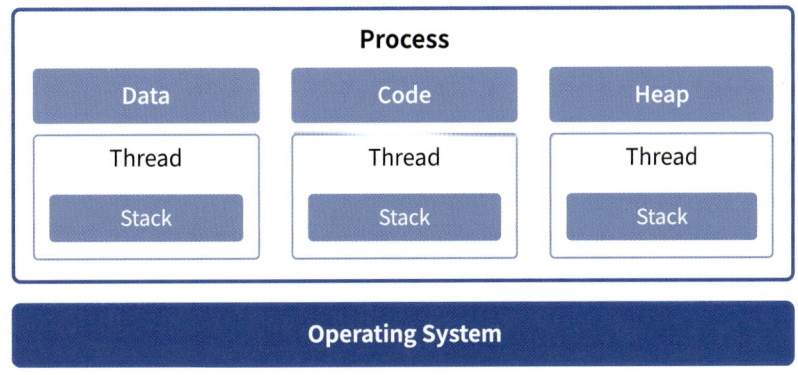

단일 프로세스내 멀티 쓰레드의 구조

파이썬은 CPython에서 전역 인터프리터 록(Global Interpreter Lock : GIL)을 사용한다. GIL에 대한 설명과 장단점 및 이를 위한 방법을 ChatGPT를 통해서 알아보자.

Q python의 global interpreter lock에 대해서 설명해주고 장단점 및 이를 해결하기 위한 다른 대안을 이야기해 주세요.

Global Interpreter Lock (GIL): GIL은 Python의 CPython 인터프리터에 존재하는 뮤텍스(mutex)입니다. 이것은 한 번에 하나의 스레드만 Python 객체에 액세스 할 수 있도록 합니다.

GIL의 장점
단순성: GIL 덕분에 CPython 구현이 간단해집니다. 이는 특히 가비지 컬렉션과 같은 복잡한 기능에서 중요합니다.
단일 스레드 성능: GIL이 없을 경우에 필요한 추가적인 락(lock) 또는 동기화 메커니즘이 없기 때문에 단일 스레드에서의 성능이 향상될 수 있습니다.
외부 라이브러리와의 통합: 많은 C 라이브러리는 스레드에 안전하지 않습니다. GIL은 이러한 라이브러리와 CPython을 쉽게 통합할 수 있도록 해줍니다.

GIL의 단점
멀티 코어 CPU의 이점을 제대로 활용할 수 없음: Python 프로그램이 여러 CPU 코어를 가진 시스템에서 병렬로 실행될 때, GIL 때문에 한 번에 하나의 스레드만 실행됩니다. 이로 인해 특히 CPU-bound 작업에서 성능이 제한됩니다.
복잡한 동시성: GIL의 존재로 인해 개발자들은 병렬성을 위해 다른 도구(예: 프로세스)를 사용해야 하며, 이로 인해 코드가 복잡해질 수 있습니다.

GIL 해결을 위한 대안
다른 Python 구현 사용: 예를 들어, PyPy는 GIL을 가지고 있지만 다른 최적화 기법들로 인해 일부 상황에서 CPython보다 빠르게 실행됩니다. Jython(Java 위에 구축된 Python)과 IronPython(.NET 위에 구축된 Python)은 GIL이 없습니다.
멀티프로세싱: Python의 multiprocessing 모듈은 프로세스 기반의 병렬 처리를 지원합니다. 각 프로세스는 독립적인 메모리 공간을 가지므로 GIL의 영향을 받지 않습니다.

외부 도구 사용
C, C++, Rust 등의 다른 언어로 작성된 확장을 사용하여 병렬 코드를 실행할 수 있습니다.

비동기 프로그래밍
asyncio와 같은 도구를 사용하여 I/O-bound 작업을 최적화할 수 있습니다. 이러한 접근 방식은 CPU-bound 작업에는 적합하지 않지만, I/O-bound 작업에서 GIL의 제한을 덜 느낄 수 있습니다.
결국, GIL은 CPython의 특징인 만큼, 병렬성이 중요한 애플리케이션의 경우 위의 대안들을 고려하는 것이 좋습니다.

GIL은 프로세서(Processor)내의 여러 개의 코어(Core)가 존재한다고 하더라도 하나의 코어만 사용하기 때문에 하드웨어 자원을 충분히 활용하지 못한다는 단점이 있으나 다른 인터프리터를 사용하거나 멀티프로세싱 프로그래밍을 통해서 그 한계를 극복할 수 있다. 실제 GIL을제거하고 여러 개의 코어에서 멀티 스레드를 지원하는 부분에 대해서 많은 논의가 있었으나 GIL을 제거하면 여러가지 추가적인 오버헤드(OverHead)가 발생하여 이를 존속하기로 했다는 이야기가 있다.
다음에서 간단한 예제를 통해서 스레드 프로그램을 작성하고 실행해보자.

멀티스레드 프로그래밍

ChatGPT를 이용하여 간단한 멀티스레드 예제 프로그램을 생성해 보자.

> **Q** 파이썬 멀티스레드의 간단한 예제를 생성해줘. 5개의 스레드를 생성하고 sleep은 1초 이내에 랜덤 함수를 이용하여 값을 설정하게 해주세요.

> 네, 여기 간단한 Python 멀티스레드 예제를 드리겠습니다. 이 예제에서는 threading 모듈을 사용하여 5개의 스레드를 생성하고, 각 스레드는 random 모듈을 사용하여 0초에서 1초 사이의 무작위 시간 동안 sleep합니다.

```python
import threading
import time
import random

def thread_function(thread_id):
    sleep_time = random.random() # 0.0 ~ 1.0 사이의 랜덤한 float 값을 반환합니다.
    print(f"Thread-{thread_id} 시작, {sleep_time:.2f}초 동안 sleep.")
    time.sleep(sleep_time)
    print(f"Thread-{thread_id} 완료.")

if __name__ == "__main__":
    threads = []

    # 5개의 스레드 생성
    for i in range(5):
        thread = threading.Thread(target=thread_function, args=(i,))
        threads.append(thread)
        thread.start()

    # 모든 스레드가 완료될 때까지 기다림
    for thread in threads:
        thread.join()

    print("모든 스레드가 완료되었습니다.")
```

위 코드를 SimpleThread.py 파일에 저장한 후 실행하면, 5개의 스레드가 순차적으로 시작되며 각각의 스레드는 0~1초 사이의 랜덤한 시간 동안 sleep 상태에 있게 됩니다. 모든 스레드가 종료된 후 마지막 메시지가 출력됩니다.

생성한 코드의 주요 부분을 살펴보도록 하자.

def thread_function(thread_id):

스레드로 호출하려는 대상 함수를 정의한 부분이다. 일반 함수를 작성하는 방법과 동일하고 이후에 Thread 클래스를 이용하여 해당 함수는 쓰레딩 방식으로 작동하게 된다.

for i in range(5):
　thread = threading.Thread(target=thread_function, args=(i,))
　threads.append(thread)
　thread.start()

상위에서 정의한 thread_function을 호출하고 인자 값으로 for 문장에서 사용한 로프 카운터 값인 0, 1, 2, 3, 4값을 전달한다. 상위에 정의한 threads 라는 스레드 배열에 생성한 각 객체를 할당하고 매번 start()메서드를 호출하여 각각의 스레드를 실행한다.

for thread in threads:
　thread.join()

배열로 참조되어 있는 각각의 스레드 인스턴스에 join() 메서드를 호출한다. join() 메서드를 호출함으로써 모든 스레드가 종료할 때까지 대기하고 난 후, 그 이후 스크립트를 실행한다.

파이썬에서 스레드 프로그래밍 방법은 위와 같이 호출 가능한 객체(함수 등)을 생성자에 직접 전달하는 방법과 thread의 하위 클래스(상속을 통해서 생성한)의 run() 메서드를 재정의하여 구현하는 방법이 있다. SimpleThread.py를 SimpleOverrideThread.py로 ChatGPT에게 요청해 보자.

> **Q** 파이썬 멀티스레드 예제를 만들어주세요. threading 모듈을 사용하여 5개의 스레드를 생성하고 무작위 시간 동안 sleep하는 내용이 포함되게 작성해 주세요.

> 네, 여기 간단한 Python 멀티스레드 예제를 드리겠습니다. 이 예제에서는 threading 모듈을 사용하여 5개의 스레드를 생성하고, 각 스레드는 random 모듈을 사용하여 0초에서 1초 사이의 무작위 시간 동안 sleep합니다.

```python
import threading
import time
import random
```

```python
class MyThread(threading.Thread):
    def __init__(self, thread_number):
        super().__init__()
        self.thread_number = thread_number

    def run(self):
        sleep_time = random.random()
        print(f"Thread {self.thread_number} is going to sleep for {sleep_time:.2f} seconds.")
        time.sleep(sleep_time)
        print(f"Thread {self.thread_number} has woken up!")

if __name__ == "__main__":
    threads = []

    for i in range(5):
        thread = MyThread(i)
        threads.append(thread)
        thread.start()

    for thread in threads:
        thread.join()

    print("All threads have finished.")
```

위 코드를 SimpleOverrideThread.py 파일에 저장한 후 실행하면, 이전 예제와 동일한 작업을 수행하지만, 이번에는 run 메서드를 오버라이드하는 방식으로 스레드의 작업을 정의하였습니다.

ChatGPT의 간단한 예제를 통해서 5개의 스레드를 생성하여 실행시키고 임의의 시간 동안 대기(sleep)하고 모든 스레드가 종료될 때가지 확인(join)하고 프로그램을 종료한다.

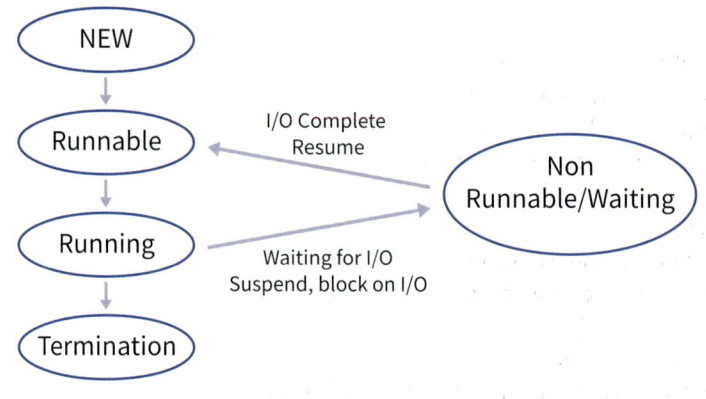

스레드의 상태와 전이

스레드도 프로세스와 마찬가지로 단계별로 상태를 가지고 있고 상태가 상황에 따라서 전이된다. 다음 그림은 스레드의 상태와 전이를 나타낸다.

처음 스레드에 메모리에 할당하게 되면 "New" 상태로 start 메서드가 호출되지 않은 상태를 의미한다. 둘째, "Runnable" 상태는 start 메서드가 호출되어 스레드가 실행될 준비가 단 상태를 의미한다. 스케쥴에 의해서 실제로 실행되거나 되기 할 수도 있다. 세번째는 "Running" 상태는 스레드가 CPU를 사용하여 코드를 실행하는 상태를 의미한다. 실행하던 스레드는 "Non Runnable/Waiting" 상태로 전이될 수 있는데 이러한 상태는 특정 이벤트나 조건에 의해서 기다리는 상태로 특정 조건이나 이벤트가 만족되는 상태에서 다시 "Runnable" 상태로 전이될 수 있다. 마지막으로 "Dead"는 스레드가 작업을 완료하거나 중단되어 더 이상 실행되지 않은 상태를 의미한다.

파이썬의 표준 "threading"라이브러리는 각각의 상태를 직접 조회하는 메서드를 제공하지는 않고 스레드의 실행 여부를 "is_alive" 메서드를 통해서 확인이 가능하다. 간단한 예제 샘플을 생성하고 이를 살펴보자.

Q is_alive() 메서드를 사용하여 스레드 상태를 단계별로 체크하는 예제 프로그램을 만들어주세요.

 네, 여기 간단한 Python 멀티스레드 예제를 드리겠습니다. 이 예제에서는 threading 모듈을 사용하여 5개의 스레드를 생성하고, 각 스레드는 random 모듈을 사용하여 0초에서 1초 사이의 무작위 시간 동안 sleep합니다.

```python
import threading
import time

def my_function():
    print("Thread started. Performing some tasks...")
    time.sleep(5)
    print("Thread has completed its tasks.")

if __name__ == "__main__":
    # 스레드 생성 (초기화 상태)
    thread = threading.Thread(target=my_function)
    print(f"Thread is alive? {thread.is_alive()}") # 출력: False (스레드가 아직 시작되지 않았으므로)

    # 스레드 시작 (실행 가능, 실행 중 또는 대기 상태로 전환)
    thread.start()
    print(f"Thread is alive? {thread.is_alive()}") # 출력: True (스레드가 시작되어 실행 중 또는 대기 중)

    # 중간 체크 (스레드가 아직 실행 중이거나 대기 중일 가능성이 있음)
    time.sleep(2)
    print(f"Thread is alive? {thread.is_alive()}") # 출력: True (스레드가 아직 실행 중이거나 대기 중)

    # 스레드가 종료될 때까지 대기
    thread.join()

    # 스레드 종료 확인 (종료 상태)
    print(f"Thread is alive? {thread.is_alive()}") # 출력: False (스레드가 작업을 완료하고 종료됨)
```

이 예제에서는 하나의 스레드를 생성하고, 그 스레드가 다양한 작업을 처리하는 동안 is_alive() 메서드를 사용하여 스레드의 상태를 체크합니다.

- 스레드가 생성되면 초기에는 is_alive()는 False를 반환합니다.
- start() 메서드가 호출되고 나면 is_alive()는 True를 반환합니다.
- 스레드가 작업을 마치고 종료되면 is_alive()는 다시 False를 반환합니다.

이렇게 is_alive() 메서드를 사용하면 스레드의 기본적인 상태를 간단히 확인할 수 있습니다.

Lock/RLock 객체를 이용한 경합 조건 문제 해결

스레드는 "경량급 프로세스"로 전역 변수를 다른 스레드 간에 공유하여 사용할 수 있으나 여러 스레드가 동시에 공유하는 변수에 접근하게 되면 경합 조건 문제(Race Condition Problem)가 발생하게 된다. 아래 그림을 통해서 이를 살펴보자.

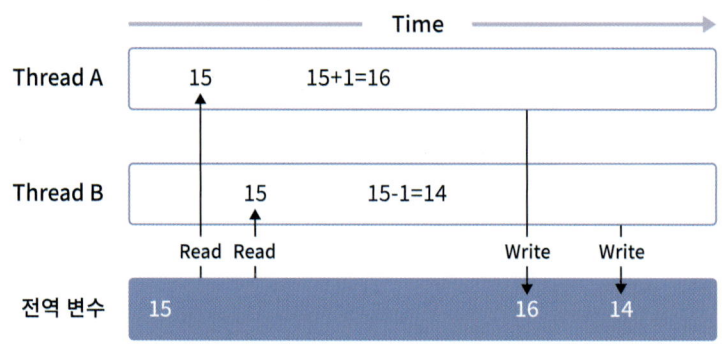

경합 조건 문제(Race Condition Problem)

전역 변수로 정수형 타입 15라는 값을 스레드 A와 스레드 B가 읽어온다고 하자. 스레드 A가 먼저 값 15를 읽고 스레드 B가 그 다음으로 값 15를 읽어온 상황에서 스레드 A는 값을 1을 증가 시키고 스레드 B는 값을 1을 감소시킨다.

이 경우 개발자는 15+1-1이거나 15-1+1 연산으로 전역 변수의 값은 스레드가 종료하고 15일 것으로 기대하고 프로그래밍했지만 위와 같이 14라는 값이 최종 전역 변수에 저장되어 있다.

이러한 상황을 경합 조건 문제(Race Condition Problem)라 하고, 이러한 문제를 해결하기 위해서 상호 배제(Mutual Exclusion)를 이용하여 여러 개의 스레드가 공유하는 변수에 대하여 올바르게 제어하여야 한다. 가장 일반적인 방법은 Lock/RLock 클래스를 이용하는 방식이 있다. ChatGPT를 이용하여 예를 들고 내용을 살펴보자.

Q 파이썬에서 100 개의 스레드를 생성하고 각각의 스레드가 0으로 최초에 초기화된 globalValue의 값을 기존 값에서 1씩 증가 시키는 예제 프로그램 "LockThreadTest.py"를 구현해주세요. 단 각 스레드는 1씩 증가하는 부분을 100회 반복해주세요.

 아래는 "LockThreadTest.py" 파일에 들어갈 코드 예시입니다. 이 예제에서는 100개의 스레드를 생성하고, 각 스레드가 글로벌 변수 globalValue의 값을 1씩 증가시킵니다. 각 스레드는 이 작업을 100회 반복합니다. 또한, 여러 스레드가 globalValue를 동시에 접근하지 못하도록 스레드 락을 사용합니다.

```python
import threading

# 글로벌 변수 초기화
globalValue = 0

# 스레드 락 초기화
valueLock = threading.Lock()

def increment_value():
    global globalValue
    for _ in range(100):
        # 락 획득
        with valueLock:
            current_value = globalValue
            new_value = current_value + 1
            print(f"Current Value: {current_value}, New Value: {new_value}")
            globalValue = new_value

# 스레드 100개 생성 및 시작
threads = []
for i in range(100):
    thread = threading.Thread(target=increment_value)
    thread.start()
    threads.append(thread)

# 모든 스레드가 종료될 때까지 대기
for thread in threads:
    thread.join()

# 최종 값 출력
print(f"Final global value: {globalValue}")
```

이 예제에서는 threading.Lock()을 사용하여 스레드 사이에서 globalValue 변수에 대한 접근을 동기화합니다. with valueLock: 문은 해당 스레드가 globalValue 변수를 안전하게 읽고 쓸 수 있도록 락을 획득하고 해제하는 과정을 자동화해 줍니다.

이렇게 하면, 각 스레드가 globalValue를 1씩 증가시키는 작업을 100회 수행한 뒤에, 최종적으로 globalValue는 10,000이 됩니다.

위 예제 샘플에서는 thread.Lock() 객체를 with 문을 사용하여 상호 배제를 구현하였다. 필요한 경우에는 Lock 객체가 제공하는 acquire 메서드와 release 메서드를 사용하여 상호 배제가 필요한 구간의 시작과 끝에 해당 메서드를 호출하여 상호 배제를 구현할 수 있다.

Q with valueLock이 아닌 lock.acpuire와 lock.release를 사용하는 형태로 소스 바꿔주세요.

 lock.acquire()와 lock.release() 메서드를 사용하여 락을 직접 획득하고 해제하는 방식으로 코드를 수정할 수 있습니다. 아래는 수정된 "LockThreadTest.py" 파일의 코드 예시입니다.

```python
import threading

# 글로벌 변수 초기화
globalValue = 0

# 스레드 락 초기화
valueLock = threading.Lock()

def increment_value():
    global globalValue
    for _ in range(100):
        # 락 획득
        valueLock.acquire()
        try:
            current_value = globalValue
            new_value = current_value + 1
            print(f"Current Value: {current_value}, New Value: {new_value}")
            globalValue = new_value
        finally:
            # 락 해제
            valueLock.release()

# 스레드 100개 생성 및 시작
threads = []
for i in range(100):
    thread = threading.Thread(target=increment_value)
    thread.start()
    threads.append(thread)

# 모든 스레드가 종료될 때까지 대기
for thread in threads:
    thread.join()
```

```python
# 최종 값 출력
print(f"Final global value: {globalValue}")
```

이 예제에서는 threading.Lock()을 사용하여 스레드 사이에서 globalValue 변수에 대한 접근을 동기화합니다. with valueLock: 문은 해당 스레드가 globalValue 변수를 안전하게 읽고 쓸 수 있도록 락을 획득하고 해제하는 과정을 자동화해 줍니다.
이렇게 하면, 각 스레드가 globalValue를 1씩 증가시키는 작업을 100회 수행한 뒤에, 최종적으로 globalValue는 10,000이 됩니다.

Condition 객체를 이용한 문제 해결

생성자(Producer)와 소비자(Consumer)문제는 조건 변수(Conditional Variable)에 관련된 문제를 해결하기 위한 자주 언급되는 예이다. 생산자를 제빵사라하고 소비자를 빵을 구매하는 손님이라고 할 때, 제빵사는 빵을 만들어서 진열대(메모리)에 보관하고, 소비자는 진열된 빵을 구매한다. 이 때 중요한 것은 진열대에 빵이 없으면 소비자는 기다려야 하고, 진열대에 빵을 진열할 때 마다, 소비자에게 이를 알려서 빵을 구매할 수 있다고 이야기해줘야 한다.

한 명이 제빵사가 빵을 만들고 두 명의 고객이 빵을 사는 상황으로 가정하여 이를 ChatGPT를 이용하여 예제 샘플을 만들고 해당 내용을 살펴보자.

> **Q** Condition 객체를 이용한 python 예제를 들어줘. 생산자는 제빵사로 소비자는 빵을 구매하는 사람으로 정의하고 해당 예제는 "ConditionThread.py"로 작성해 주세요. 단 while문을 이용하여 스레드를 계속 실행시켜주고 제빵사는 1초 이내에 랜덤 값으로 sleep을 주고 소비자는 2개의 스레드가 1.2초 이내에 랜덤 값으로 sleep을 설정해 주세요.

> 아래의 코드는 "ConditionThread.py" 파일에 들어갈 내용입니다. 이 예제에서는 Condition 객체를 사용하여 생산자 (제빵사) 스레드와 소비자 스레드간의 동기화를 수행합니다.

```python
import threading
import time
import random

# 빵 저장소
bread_list = []

# Condition 객체 생성
bread_condition = threading.Condition()

# 생산자 (제빵사)
```

```python
def baker():
    global bread_list
    while True:
        # 랜덤 시간 (0 ~ 1초) 동안 슬립
        time.sleep(random.uniform(0, 1))

        # 빵 생산
        bread = "bread"

        # 빵 추가와 소비자에게 알림
        with bread_condition:
            bread_list.append(bread)
            print(f"Baker: Made a bread. Total breads: {len(bread_list)}")
            bread_condition.notify()

# 소비자
def consumer(thread_id):
    global bread_list
    while True:
        # 랜덤 시간 (0 ~ 2초) 동안 슬립
        time.sleep(random.uniform(0, 2))

        # 빵 구매
        with bread_condition:
            # 빵이 없을 경우 대기
            while len(bread_list) == 0:
                print(f"Consumer-{thread_id}: Waiting for bread...")
                bread_condition.wait()

            # 빵 구매
            bought_bread = bread_list.pop(0)
            print(f"Consumer-{thread_id}: Bought a bread. Remaining breads: {len(bread_list)}")

# 스레드 생성 및 시작
baker_thread = threading.Thread(target=baker)
consumer_thread1 = threading.Thread(target=consumer, args=(1,))
consumer_thread2 = threading.Thread(target=consumer, args=(2,))

baker_thread.start()
consumer_thread1.start()
consumer_thread2.start()

# 스레드가 무한 실행되므로 join() 메서드는 호출하지 않습니다.
```

이 코드에서는 하나의 생산자 (제빵사) 스레드와 두 개의 소비자 스레드를 생성합니다. 생산자 스레드는 0 1초 사이의 랜덤한 시간을 대기한 후 빵을 하나 만들고, 소비자 스레드는 0 2초 사이의 랜덤한 시간을 대기한 후 빵을 하나 구매합니다.

Condition 객체를 사용하여 빵의 생산과 구매가 동기화되도록 하였습니다. 빵을 만들면 notify() 메서드를 호출하여 대기 중인 소비자 스레드에게 알립니다. 빵이 없을 경우 소비자 스레드는 wait() 메서드를 호출하여 빵이 생산될 때까지 대기합니다.
이 예제에서는 스레드들이 무한히 실행되므로, 프로그램을 종료하려면 키보드 인터럽트나 다른 방법을 사용해야 합니다.

세마포어(Semaphore) 객체 활용하기

세마포어(Semaphore)는 동시 제어의 문제를 해결하기 위한 여러가지 방법 중에 하나로 다중 스레드 환경에서 공유 자원이나 임계영역(Critical Section)의 실행에 대한 동시 접근을 제안하는 방법이다. 기본적으로 내부에 정수형 카운터 변수(_Semaphore_value)를 가지고 있으며 이 변수가 공유 자원이나 임계영역에 접근할 수 있는 스레드의 최대 개수를 의미한다.

세마포어의 작동 방식은 다음과 같다. 첫째, 세마포어는 객체 생성 시 초기 값으로 내부 카운터(_Semaphore_value)를 설정한다. 둘째, 'acquire()' 메서드를 호출하려 세마포어를 획득하려는 스레드는 내부 카운터 값을 1 감소시킨다. 만약 여기서 카운터 값이 0이 아니라면 스레드는 세마포어를 획득하고 계속 진행한다. 넷째, 카운터 값이 0이면 스레드는 세마포어가 'release()' 호출하고 내부 카운터 값이 증가될 때까지 대기한다. 다섯째, release() 메서드는 내부 카운터 값을 1증가시키고 다른 스레드가 세마포어를 획득할 수 있도록 허용한다.

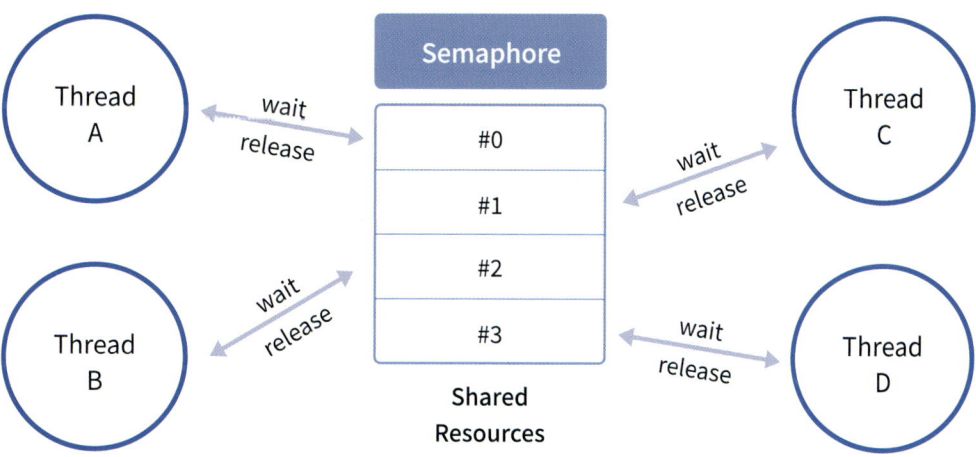

ChatGPT를 이용하여 파이썬 소스 코드를 생성하고 세마포어의 작동 방식을 확인해 보자.

Q 파이썬으로 semaphore를 사용하는 예제를 만들어줘. acquire()와 release() 메서드를 이용하여 예제 샘플을 작성하고 동시 가능한 스레드 수는 3개로 설정해주세요. 그리고 10개의 스레드를 만들어서 세마포어를 이용하는 형태로 "SemaphoreThread.py" 코드를 작성해 주세요.

아래의 코드는 "ConditionThread.py" 파일에 들어갈 내용입니다. 이 예제에서는 Condition 객체를 사용하여 생산자 (제빵사) 스레드와 소비자 스레드간의 동기화를 수행합니다.

```python
import threading
import time
import threading
import time

# 세마포어 초기화. 동시에 접근 가능한 스레드 수를 3으로 설정.
sem = threading.Semaphore(3)

def use_resource(tid):
    print(f"[{tid}] Trying to access resource...")
    sem.acquire() # 세마포어 획득
    print(f"[{tid}] Accessing resource")
    time.sleep(1)
    print(f"[{tid}] Done using resource")
    sem.release() # 세마포어 해제

threads = []

for i in range(10):
    t = threading.Thread(target=use_resource, args=(i,))
    threads.append(t)
    t.start()

for t in threads:
    t.join()
```

이 예제에서는 10개의 스레드가 생성되지만 세마포어를 통해 한 번에 최대 3개의 스레드만 공유 자원에 접근할 수 있게 됩니다. 따라서 동시에 3개의 스레드만 작업을 수행하고, 나머지 스레드들은 세마포어가 해제될 때까지 대기합니다.

Event 객체 이용하기

Python의 threading에서 제공하는 'Event' 객체는 스레드 간의 통신을 위한 동기화 방법을 제공한다. Event 클래스는 내부 플래그(flag)를 가지고 있으며,

스레드는 이 플래그의 상태에 따라 동작을 수행하거나 대기할 수 있다.

이벤트는 다른 스레드에게 특정 사건이 발생했음을 알리기 위해 사용하거나, 한 스레드가 다른 스레드가 준비되기 전까지 임의로 대기하도록 만들기 위해서 사용될 수 있다. Event 클래스는 4개의 메서드를 제공하고 있다. 각각의 메서드는 다음과 같다.

Event 관련 메서드

set(): 이벤트의 내부 플래그 설정

clear(): 이벤트의 내부 플래그 초기화

wait(): 이벤트의 내부 플래그가 설정되기까지 스레드 대기

is_set(): 이벤트 설정 여부 확인

ChatGPT를 이용하여 Event를 사용하는 예제 샘플을 작성하고 해당 내용을 확인해 보자.

> **Q** Python의 Event를 사용하는 Thread 예제 "EventThread.py"를 생성해주세요.
> Event의 메서드 4가지를 모드 사용하는 예제를 생성해주세요.

> 아래의 코드는 "ConditionThread.py" 파일에 들어갈 내용입니다. 이 예제에서는 Condition 객체를 사용하여 생산자 (제빵사) 스레드와 소비자 스레드간의 동기화를 수행합니다.

```python
import threading
import time

event = threading.Event()

def setter():
    print("Setter: Waiting for 5 seconds before setting the event.")
    time.sleep(2)
    print("Setter: Setting the event.")
    event.set()

def waiter():
    print("Waiter: Waiting for the event to be set.")
    event.wait()
    print("Waiter: The event has been set. Proceeding...")

    # 이벤트 상태 확인
    if event.is_set():
```

```python
        print("Waiter: Event is set indeed.")
    else:
        print("Waiter: Event is not set.")

    print("Waiter: Clearing the event after 5 seconds.")
    time.sleep(2)
    event.clear()
    print("Waiter: Event has been cleared.")

    # 다시 이벤트 상태 확인
    if event.is_set():
        print("Waiter: Event is set.")
    else:
        print("Waiter: Event is cleared.")

# 스레드 생성 및 실행
t1 = threading.Thread(target=setter)
t2 = threading.Thread(target=waiter)

t1.start()
t2.start()

t1.join()
t2.join()
```

이 예제에서는 두 개의 스레드를 사용하였습니다.
setter: 이벤트를 설정하는 스레드로, 실행 시작 후 5초 대기한 다음 이벤트를 설정합니다.
waiter: 이벤트가 설정될 때까지 대기하는 스레드로, 이벤트가 설정되면 해당 상태를 확인하고, 다시 5초 후에 이벤트를 초기화합니다. 그리고 다시 이벤트의 상태를 확인합니다. 이를 통해 Event 객체의 주요 메서드인 set(), wait(), is_set(), clear()를 모두 사용하는 예제를 확인할 수 있습니다.

위 예제에서는 두 개의 스레드를 생성한다. 하나는 Event를 설정하는 메서드인 set을 호출하는 setter 스레드와 wait 메서드를 이용하여 이벤트가 설정될 때까지 대기하는 getter 스레드를 생성한다.

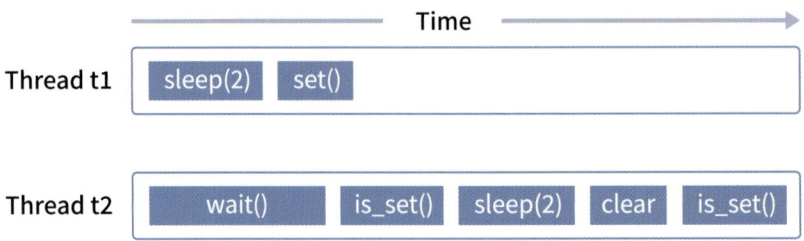

Queue를 이용한 스레드간 데이터 공유

파이썬에서는 멀티스레드 환경에서 큐(queue) 모듈을 이용하여 스레드간에 데이터 공유가 가능하다. 큐(Queue)는 FIFO(First In - First Out) 방식으로 가장 먼저 큐에 입력한(put 메서드 사용) 데이터가 가장 먼저 큐로부터 가지고 올 수 있는(get 메서드 사용) 형태의 자료구조이다. 큐 클래스는 스레드에 안전한(Thread - Safe) 자료 구조로 내부적으로 동기화 메커니즘을 사용하기 때문에 별도의 동기화에 대해서 고민하지 않아도 된다. ChatGPT를 이용하여 Queue를 이용한 스레드간의 데이터 공유 예제를 살펴보자.

Q 스레드 간에 Queue를 이용하여 데이터를 공유하는 예제 프로그램 'QueueThread.py'를 작성해주세요. 0부터 9까지 숫자를 순차적으로 1초 간격으로 하나의 스레드가 Queue에 숫자를 넣고 2개의 스레드가 해당 큐에서 숫자를 0.9초 간격으로 가져와 출력하는 프로그램을 작성해주세요.

Python의 queue 모듈은 스레드 간 안전한 방식으로 데이터를 공유하는 데 사용할 수 있는 몇 가지 큐 클래스를 제공합니다. Queue 클래스는 FIFO (First-In-First-Out) 방식의 큐입니다.
아래는 주어진 요구사항을 기반으로 "QueueThread.py" 코드를 작성한 것입니다.

```python
import threading
import queue
import time

# Queue 생성
data_queue = queue.Queue()

def producer():
    for i in range(10):
        print(f"Producing {i} and putting it to the queue")
        data_queue.put(i)
        time.sleep(1)

def consumer(cid):
while True:
    item = data_queue.get()
    if item is None: # 종료 조건
        break
    print(f"Consumer-{cid} consumed {item}")
    time.sleep(0.9)
```

```python
# Producer 스레드 생성 및 시작
producer_thread = threading.Thread(target=producer)
producer_thread.start()

# Consumer 스레드 2개 생성 및 시작
consumer_threads = []
for i in range(2):
    t = threading.Thread(target=consumer, args=(i,))
    t.start()
    consumer_threads.append(t)

# Producer 스레드가 작업을 마치면, Consumer 스레드에 종료 신호를 보냄
producer_thread.join()
for _ in consumer_threads:
    data_queue.put(None)

# Consumer 스레드들이 작업을 마치길 기다림
for t in consumer_threads:
    t.join()

print("All tasks are done!")
```

이 예제에서 함수는 producer 0부터 9까지의 숫자를 1초 간격으로 큐에 추가합니다. consumer 함수는 두 개의 스레드에서 실행되며, 각각 0.9초 간격으로 큐에서 데이터를 가져와 출력합니다.

data_queue.get() 메서드는 큐에서 데이터를 가져오되, 큐가 비어 있으면 데이터가 들어올 때까지 자동으로 대기합니다. 따라서 별도의 대기 코드를 작성할 필요가 없습니다.

또한 모든 작업이 완료된 후에 None 값을 큐에 추가하여 consumer 스레드에 종료 신호를 보냅니다.

3
멀티프로세싱
(MultiProcessing)

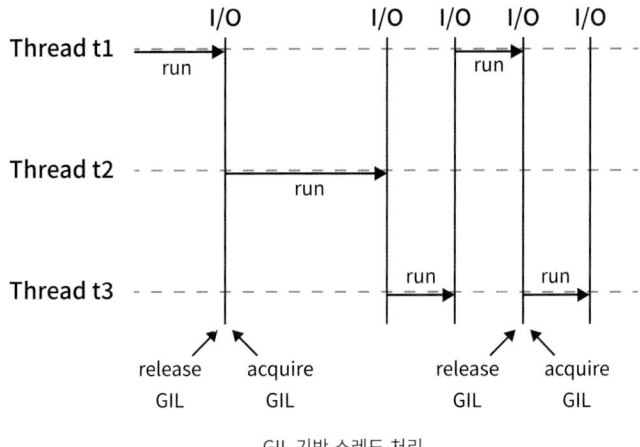

GIL 기반 스레드 처리

병렬 처리를 위해 사용하는 파이썬의 멀티스레드의 경우, 이 전에 설명한 바와 같이 GIL로 인하여 하나의 코어를 사용하여 처리함으로써 한 번에 하나의 스레드만 실행할 수 있도록 전역 인터프리터의 잠금(Lock)을 획득하게 된다. I/O 작업(디스크 읽기/쓰기) 또는 CPU 바인딩 작업(벡터/행렬 곱셈)을 기다리면 해당 프로세스의 다른 스레드가 실행될 수 있도록 잠금을 해제한다.

위에 그림처럼 처음에는 스레드 t1이 실행 중이고, 사용 중인 GIL을 해제(release)하고 스레드 t2가 GIL을 획득(acquire)하고 실행된다. 실제로 다양한 코어(Core)를 가지고 있는 CPU 기반의 호스트가 출시되는 상황에서 GIL 기반의 멀티 스레드 프로그래밍은 하드웨어 자원을 충분히 활용하지 못하는 상황을 위해서 파이썬에서는 멀티 프로세싱 프로그래밍을 지원한다. 멀티 프로세싱 프로그래밍과 멀티 스레드 프로그래밍의 차이점은 다음과 같다.

Python multithreading	Python multiprocessing
동시에 하나의 프로세스에 의해 여러 개의 스레드를 생성하는 기술	동시에 여러 개의 코어(core) 기반에서 여러 개의 프로세스를 실행시키는 기술
GIL이 동시에 다수개의 스레드 실행을 허용하지 않음	각각의 프로그램은 서로 다른 프로세스를 동시에 실행할 수 있는 자신만의 인터프리터를 소유함
스레드가 마치 동시에 실행되는 것처럼 느껴지지만 실제로는 한 시점에서는 하나의 스레드만 실행됨	동시에 모든 프로세스가 병렬로 실행됨
파이썬의 멀티스레드는 concurrency를 구현함	파이썬의 멀티프로세싱은 parallelism(병렬)을 구현함

멀티쓰레드와 멀티프로세스 차이

멀티 프로세싱 프로그램 구현하기

이제 를 이용하여 간단한 ChatGPT 멀티프로세싱 프로그래밍 코드를 작성하고 이를 확인해보자.

> **Q** 5개의 프로세스를 생성해서 0.5초 간격으로 각각의 프로세스가 1부터 100까지 콘솔에 출력하는 멀티프로세싱 프로그래밍 예제인 SimpleMultiprocessing.py를 파이썬으로 코딩 해주세요. 전체 실행 시간이 얼마나 걸리는지 체크하여 마지막에 콘솔에 출력하는 부분도 추가해주세요.

```python
import multiprocessing
import time

def print_numbers():
    """1부터 100까지 숫자를 출력하는 함수"""
    for i in range(1, 101):
        print(i)
        time.sleep(0.5)

if __name__ == "__main__":
    # 시작 시간 측정
    start_time = time.time()

    processes = []
```

```python
# 5개의 프로세스 생성 및 시작
for _ in range(5):
    process = multiprocessing.Process(target=print_numbers)
    processes.append(process)
    process.start()

# 모든 프로세스가 종료될 때까지 기다림
for process in processes:
    process.join()

# 종료 시간 측정 및 전체 실행 시간 출력
end_time = time.time()
print(f"Total execution time: {end_time - start_time:.2f} seconds")
```

위 프로그램은 5개의 프로세스를 동시에 실행하기 때문에 전체 실행 시간은 100개의 숫자를 0.5초 간격으로 출력하는 시간과 거의 비슷할 것입니다. 다만 프로세스 생성 및 종료, 그리고 문맥 교환의 오버헤드가 있기 때문에 정확한 시간은 약간 다를 수 있습니다.

실제 멀티프로세싱 프로그래밍의 방법은 스레드 프로그램과 유사하다. 멀티프로세싱으로 처리할 함수부를 Process라는 메서드를 이용하여 생성하고 해당 함수와 인자 값을 thread 메서드를 사용할 때와 동일한 방식으로 생성하고 start 메서드나 join 메서드와 같이 스레드에서 사용하는 메서드와 동일한 이름의 메서드를 사용함으로서 제어가 가능하다.

멀티프로세싱 동기화 문제

멀티 프로세싱에서의 동기화 문제는 스레드에서의 처리와 동일하다. 실제 멀티스레드에서 사용하는 뮤텍스, 세마포어, 이벤트 및 컨디션과 같은 동기화 메커니즘을 그대로 사용할 수 있다. 따라서 스레드에서 언급된 다양한 방식을 그대로 활용해 보길 바란다.

프로세스간 통신

프로세스는 스레드와 달리 메모리 공유가 불가능하다. 따라서 프로세스간 데이터를 공유하기 위한 방법이 필요하다. 프로세스간 통신을 위한 방법으로는 Queue 클래스를 이용하는 방법, Pipe를 이용하는 방법, 공유 메모리를 이용하는 방법과 네트워크 통신을 이용하는 방법 등이 있다.

Pipe를 이용한 프로세스간 통신

Pipe를 이용한 통신은 부모프로세스(Parent Process)와 자식 프로세스(Child Process)가 상호 데이터를 교환할 때 사용되는 방식이다. 파이프 객체를 생성하면 파이프의 양단에 통신에 사용되는 두개의 multiprocessing.connection.PipeConnection 객체를 획득하여 양방향으로 통신(Duplex)가 가능하며 필요한 경우 'duplex' 인자를 'False'로 설정하여 전송 혹은 수신만가능한 형태로도 구현할 수 있다.

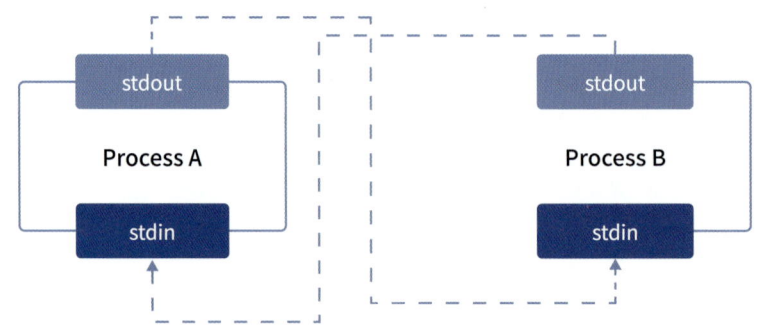

파이프를 이용한 프로세스간 통신

Pipe 객체는 send 메서드를 이용하여 송신과 recv 메서드를 이용하여 수신을 할 수 있으나 연속적으로 recv메서드를 호출하는 경우 송신 여부와 상관없이 데이터를 기다리게 되면서 데드락(DeadLock)이 발생할 수도 있다. 각 Pipe는 사용 이후에 close 메서드를 이용하여 명시적으로 닫아 주어야 한다. 만약 올바르게 연결 객체를 닫지 않으면 문제가 발생할 수 있다.

다음은 PipeConnection 객체를 이용한 프로세스간에 통신 예제이다.

Q 기존에 Queue를 사용하여 프로세스간에 통신했던 예제를 Pipe 객체를 이용한 형태로 수정해주세요.

물론입니다. multiprocessing 모듈의 Queue를 사용하여 프로세스 간에 데이터를 공유할 수 있습니다. 다음은 주어진 조건에 맞게 작성한 QueueProcess.py 예제입니다.

```python
import time
from multiprocessing import Process, Pipe

def producer(conn):
    for i in range(10):
```

```python
        print(f"Producing {i}")
        conn.send(i)
        time.sleep(1)
    conn.close()

def consumer(conn, id):
    while True:
        item = conn.recv()
        if item is None: # 종료 신호
            break
        print(f"Consumer {id} consumed {item}")
        time.sleep(0.9)
    conn.close()

if __name__ == "__main__":
    parent_conn1, child_conn1 = Pipe()
    parent_conn2, child_conn2 = Pipe()

    producer_process = Process(target=producer, args=(parent_conn1,))
    consumer_process1 = Process(target=consumer, args=(child_conn1, 1))
    consumer_process2 = Process(target=consumer, args=(child_conn2, 2))

    producer_process.start()
    consumer_process1.start()
    consumer_process2.start()

    producer_process.join()

    # Consumer들에게 종료 신호 전송
    parent_conn2.send(None)
    parent_conn1.send(None)

    consumer_process1.join()
    consumer_process2.join()
```

이 코드에서는 producer 프로세스가 Pipe의 한 끝을 통해 데이터를 전송하며, 두 consumer 프로세스는 각각 다른 Pipe의 끝을 통해 데이터를 수신합니다. 프로듀서가 모든 데이터를 전송한 후, 두 소비자 프로세스에게 종료 신호를 전송하기 위해 None을 각 연결에 전송합니다.

Queue를 이용한 프로세스간 통신

멀티스레드에서도 사용된 Queue 클래스는 스레드와 프로세스에 안전한(safe) 메커니즘을 제공하고 있어서 개발자는 동기화를 위한 별도의 방식을 고민하지 않아도 된다.

스레드와 거의 유사한 방식으로 사용이 되고 있으며 ChatGPT를 통한 간단한 예제를 통해서 살펴보자.

> **Q** 프로세스 간에 Queue를 이용하여 데이터를 공유하는 예제 프로그램 'QueueProcess.py'를 작성해주세요. 0부터 9까지 숫자를 순차적으로 1초 간격으로 하나의 프로세스가 Queue에 숫자를 넣고 2개의 프로세스가 해당 큐에서 숫자를 0.9초 간격으로 가져와 출력하는 프로그램을 작성해주세요.

물론입니다. multiprocessing 모듈의 Queue를 사용하여 프로세스 간에 데이터를 공유할 수 있습니다. 다음은 주어진 조건에 맞게 작성한 QueueProcess.py 예제입니다.

```python
import time
from multiprocessing import Process, Queue

def producer(queue):
    for i in range(10):
        print(f"Producing {i}")
        queue.put(i)
        time.sleep(1)

def consumer(queue, id):
    while True:
        item = queue.get()
        if item is None: # 종료 신호
            break
        print(f"Consumer {id} consumed {item}")
        time.sleep(0.9)

if __name__ == "__main__":
    q = Queue()
    producer_process = Process(target=producer, args=(q,))
    consumer_process1 = Process(target=consumer, args=(q, 1))
    consumer_process2 = Process(target=consumer, args=(q, 2))

    producer_process.start()
    consumer_process1.start()
    consumer_process2.start()

    producer_process.join()

    # Consumer들에게 종료 신호 전송
    q.put(None)
    q.put(None)

    consumer_process1.join()
    consumer_process2.join()
```

이 코드에서 producer 프로세스는 숫자를 Queue에 넣고, 두 consumer 프로세스는 Queue에서 숫자를 가져와 출력합니다. 프로듀서가 모든 항목을 생성하고 종료한 후, 두 소비자 프로세스에게 종료 신호를 전송하기 위해 None을 큐에 두 번 넣습니다.

스레드로 데이터를 공유하는 경우에는 queue.Queue 클래스를 사용하고 프로세스간 통신을 위해선 multiprocessing.Queue 클래스를 사용해야 한다.

공유메모리를 이용한 프로세스간 통신

파이썬에서는 프로세스 사이에 데이터를 공유할 수 있는 Value와 Array 객체를 제공한다. 하나의 값을 공유하는 경우에는 Value 객체를 사용하고 같은 자료형의 여러 개의 데이터를 공유하는 경우에는 Array 객체를 이용한다. ChatGPT를 이용하여 간단한 예제를 살펴보자.

> **Q** 공유 메모리를 사용하는 예제인 "SharedMemoryProcess.py"를 작성해 주세요.
> 프로세스 Changer가 공유된 메모리 값을 0부터 10까지 1초 간격으로 증가시켜주고 이 공유된 메모리를 Receiver가 1초 간격으로 읽어서 콘솔에 출력하는 예제를 만들어 주세요

> 공유 메모리를 사용하여 프로세스 간의 데이터를 공유하는 예제를 작성하겠습니다.
> 파일명: SharedMemoryProcess.py

```python
from multiprocessing import Process, Value
import time

def changer(shared_value):
    for i in range(11):  # 0 to 10 inclusive
        shared_value.value = i
        print(f"Changer set value to {i}")
        time.sleep(1)

def receiver(shared_value):
    prev_value = -1
    while True:
        if shared_value.value != prev_value:
            print(f"Receiver got value {shared_value.value}")
            prev_value = shared_value.value
        if prev_value == 10:  # Stop when the value is 10
            break
        time.sleep(1)
```

```python
if __name__ == "__main__":
    # Create a shared integer with an initial value of -1
    shared_value = Value('i', -1)

    # Create the changer and receiver processes
    changer_process = Process(target=changer, args=(shared_value,))
    receiver_process = Process(target=receiver, args=(shared_value,))

    # Start the processes
    changer_process.start()
    receiver_process.start()

    # Wait for processes to complete
    changer_process.join()
    receiver_process.join())
```

이 코드는 Value라는 공유 메모리 객체를 사용하여 changer 프로세스와 receiver 프로세스 간에 정수 값을 공유합니다. changer 프로세스는 값을 0부터 10까지 증가시키며, receiver 프로세스는 이 값을 받아 출력합니다.

Value와 Array 객체는 multiprocessing 패키지에서 제공하는 것으로 프로세스간 동기화에 대해서 안전하게 사용이 가능하다.

이와 별도로 동일 호스트 혹은 서로 다른 호스트의 프로세스 통신을 위한 네트워크 프로그래밍에 관련해서는 7장에서 자세하게 살펴본다.

제 5장. 소켓 프로그래밍

1
소켓 프로그래밍을 위한 기초

네트워크 프로그래밍을 위해서는 기본적으로 프로그래밍을 위한 용어에 대한 이해가 필요하다. 여러가지 용어 중에서 가장 기본이 되는 용어는 소켓(Socket)과 포트(Port) 번호이다. 소켓이란 TCP/IP 프로토콜의 프로그래밍 인터페이스로 서로 다른 프로세스 간에 데이터를 내보거나 받기 위한 실제적인 창구 역할을 한다. 서로 다른 프로세스라 함은 하나의 호스트에 동시에 실행되는 경우일 수도 있고, 네트워크로 연결된 상태에서도 데이터를 주고받기 위해서 각 호스트에서 실행중인 프로세스들을 의미할 수도 있다. 일반적으로 소켓을 기반으로 하는 네트워크 프로그래밍에서는 하나의 호스트가 서비스를 제공하는 서버(Server) 역할을 하고 다른 하나는 서버(Server)로부터 서비스를 제공받기 위한 클라이언트(Client)로 구성된다.

포트(Port)는 두 호스트 간에 물리적인 전송선은 하나이지만 물리적인 전송선을 여러 개의 응용 프로그램이 나누어서 사용이 가능하도록 하기 위해서 프로세스가 할당받아서 사용하는 고유하고 유일한 숫자 체계로 구성된 식별번호이다. 포트 번호로 16비트를 사용하며 하나의 호스트가 사용이 가능한 포트 번호의 범위는 0부터 65536로서 특정 서비스나 응용 프로그램에 할당된다. 포트는 일반적으로 잘 알려진 포트(Well Know Port)라고 하여 흔히 알려진 서비스와 프로토콜의 사용에 예약되어 있는 포트(0에서부터 1023까지)들이 있으며 해당 포트를 제외하여 포트 번호를 사용하게 된다. 일반적으로 사용되는 포트 번호에 대해서 ChatGPT를 통해서 살펴보자.

Q 표준 포트 번호에 대해서 나열해 주세요.

 일반적으로 사용되는 표준 포트 번호 중 일부를 나열해보겠습니다. 이 포트 번호들은 주로 네트워크 통신에서 특정 서비스나 프로토콜과 연관되어 있습니다.

```python
포트 80: HTTP (Hypertext Transfer Protocol)
웹 브라우징을 위한 기본 포트로, 웹 서버가 HTTP 요청을 수신하는 데 사용됩니다.

포트 443: HTTPS (Hypertext Transfer Protocol Secure)
보안된 웹 브라우징을 위한 포트로, 암호화된 데이터를 전송하는 HTTPS 프로토콜이 사용됩니다.

포트 25: SMTP (Simple Mail Transfer Protocol)
이메일 서버 간의 메일 전송을 위한 포트로, 전자 메일을 발송하는 데 사용됩니다.

포트 110: POP3 (Post Office Protocol version 3)
이메일 클라이언트가 이메일 서버로부터 메일을 수신하는 데 사용되는 포트입니다.

포트 143: IMAP (Internet Message Access Protocol)
이메일 서버와 클라이언트 간의 상호작용을 위한 포트로, 이메일을 수신하고 관리하는 데 사용됩니다.

포트 22: SSH (Secure Shell)
원격 로그인과 보안 데이터 전송을 위한 포트로, 안전한 원격 접속에 사용됩니다.

포트 53: DNS (Domain Name System)
도메인 이름을 IP 주소로 변환하는 DNS 서비스에 사용되는 포트입니다.

포트 3306: MySQL
MySQL 데이터베이스 서버와의 통신에 사용되는 포트로, 데이터베이스 관련 작업에 사용됩니다.

포트 5432: PostgreSQL
PostgreSQL 데이터베이스 서버와의 통신에 사용되는 포트로, 데이터베이스 관련 작업에 사용됩니다.

포트 8080: HTTP (Alternative)
보조적으로 사용되는 HTTP 포트로, 웹 서버의 대체 포트로 활용될 수 있습니다.

이외에도 다양한 서비스와 응용 프로그램이 다른 포트 번호를 사용하여 통신합니다. 이러한 포트 번호들은 네트워크 통신에서 중요한 역할을 하며, 응용 프로그램이나 서비스가 이 포트들을 이용하여 데이터를 주고받습니다.
```

서로 다른 호스트 와 A B에 존재하는 Process P1과 Process P2 사이에 서로 다른 포트가 할당(바인딩)되어 연결되어 있는 경우를 다음 그림을 통해서 살펴보자.

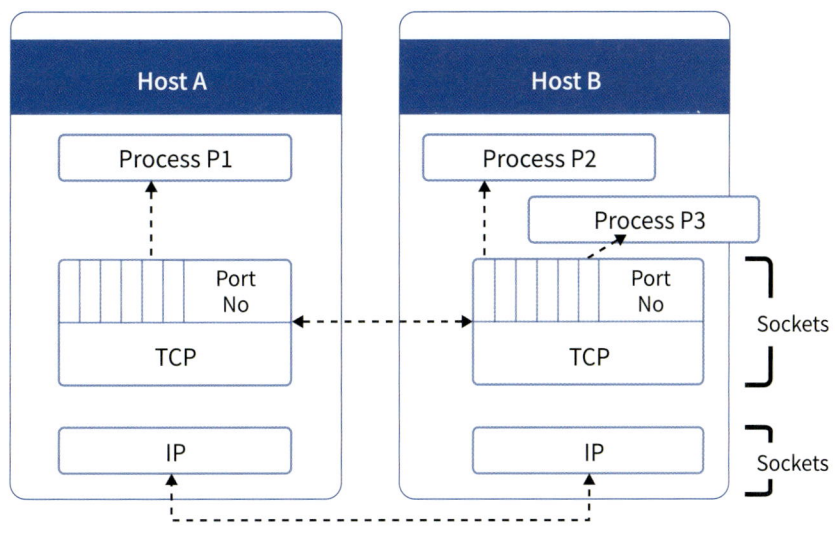

파이프를 이용한 프로세스간 통신

호스트 A가 클라이언트이고 호스트 B가 서버라고 가정하면 호스트 A에서는 Process P1이 내부 특정 포트 번호를 이용하여 호스트 B와 통신을 하고 호스트 B에서는 Process P2와 Process P3가 서로 다른 포트번호에 바인딩 되어 클라이언트의 요청을 처리하기 위해서 대기하고 있다.

호스트 B에서는 서비스를 제공하기 위한 Process P1과 Process P2는 동일한 포트 번호를 바인딩하여 소유할 수 없다. 서로 다른 프로세스는 중복되지 않은 포트 번호를 가지며 임의의 프로세스가 하나의 포트를 선점하여 사용할 때, 또 다른 프로세스가 이미 사용 중인 포트를 사용하려고 시도하는 경우에는 파이썬에서 에러를 발생시킨다.

자세한 내용을 ChatGPT를 통해서 살펴보자.

> **하나의 프로세스가 포트를 사용하는 경우 다른 프로세스가 포트를 이용하려 할 때 발생되는 python 에러는 무엇인지 설명해주세요.**

서로 다른 프로세스가 이미 사용 중인 포트를 바인딩하려고 할 때 발생하는 파이썬 오류는 주로 "Address Already in Use" 에러입니다. 이 에러는 이미 사용 중인 포트를 다른 프로세스가 바인딩하려고 할 때 발생합니다.

이 오류는 OSError 예외로 발생하며, 오류 코드는 EADDRINUSE입니다.
다음은 이 에러가 발생할 수 있는 상황과 대처 방법에 대한 간단한 예제입니다.

```python
import socket

# 이미 사용 중인 포트 번호로 바인딩을 시도하는 코드
try:
    server_socket = socket.socket(socket.AF_INET, socket.SOCK_STREAM)
    server_socket.bind(('127.0.0.1', 8080))
    server_socket.listen(5)
except OSError as e:
    if e.errno == socket.errno.EADDRINUSE:
        print("Port is already in use.")
    else:
        print("Error:", e)
```

이 예제에서는 8080 포트 번호로 서버 소켓을 바인딩하려고 할 때, 이미 다른 프로세스가 사용 중이면 "Port is already in use." 메시지가 출력됩니다.

해결책으로는 다른 포트 번호를 사용하거나, 이미 사용 중인 프로세스를 종료하거나 중지하여 해당 포트를 해제해야 합니다. 기존 프로세스를 종료할 수 없는 경우, 다른 사용 가능한 포트를 선택하거나 시간을 두고 다시 시도하는 등의 방법을 고려할 수 있습니다.

2
TCP/IP 소켓 프로그래밍

이번 장에서는 실제 ChatGPT를 이용하여 간단한 TCP 소켓 프로그래밍을 위한 클라이언트 및 서버 프로그램의 파이썬 예제를 생성하고 이를 살펴보자.

서버 프로그램 예제 생성 및 절차 살펴보기

Q 파이썬으로 간단한 소켓 서버 프로그램 만들어줘.

아래의 예시는 TCP 소켓을 사용하여 클라이언트의 접속을 받고, 클라이언트로부터 메시지를 수신하고 다시 보내는 간단한 서버 프로그램 입니다.

```python
import socket

def main():
    server_ip = '127.0.0.1' # 서버 IP 주소
    server_port = 12345 # 서버 포트 번호

    # 소켓 생성
    server_socket = socket.socket(socket.AF_INET, socket.SOCK_STREAM)

    # 소켓을 지정된 IP 주소와 포트 번호에 바인딩
    server_socket.bind((server_ip, server_port))

    # 클라이언트의 연결을 기다림
    server_socket.listen()

    print("서버가 시작되었습니다. 클라이언트의 연결을 기다립니다.")

    while True:
        # 클라이언트 연결 수락
        client_socket, client_addr = server_socket.accept()
        print("클라이언트가 연결되었습니다:", client_addr)
```

```python
    try:
        # 클라이언트로부터 데이터 수신
        data = client_socket.recv(1024)
        print("클라이언트로부터 받은 데이터:", data.decode())

        # 데이터를 클라이언트에게 전송
        response = "서버에서 보내는 응답 메시지입니다."
        client_socket.sendall(response.encode())
    except Exception as e:
        print("에러 발생:", e)
    finally:
    # 클라이언트 소켓 닫기
    client_socket.close()
    print("클라이언트 소켓이 닫혔습니다.")

if __name__ == "__main__":
    main()
```

이 예제에서는 8080 포트 번호로 서버 소켓을 바인딩하려고 할 때, 이미 다른 프로세스가 사용 중이면 "Port is already in use." 메시지가 출력됩니다.
해결책으로는 다른 포트 번호를 사용하거나, 이미 사용 중인 프로세스를 종료하거나 중지하여 해당 포트를 해제해야 합니다. 기존 프로세스를 종료할 수 없는 경우, 다른 사용 가능한 포트를 선택하거나 시간을 두고 다시 시도하는 등의 방법을 고려할 수 있습니다.

해당 소스 파일을 Server.py로 저장하고 VisualStudio Code나 도스 프롬프트에서 실행해 보자. 다음 화면은 VisualStudio Code에서 Server.py를 실행한 결과 화면이다. Server.py에서는 "서버가 시작되었습니다. 클라이언트의 연결을 기다립니다."는 메시지가 출력되고 클라이언트가 접속할 때까지 무한 대기를 한다.

```
PS C:\Users\javar> & "C:/Program Files/Python311/python.exe" e:/Javarian/ChatGPT/SampleCode/7.network/Server.py
서버가 시작되었습니다. 클라이언트의 연결을 기다립니다.
```

실제 ChatGPT가 생성한 Server.py라는 파이썬 스크립트가 실행되면서 클라이언트 프로그램에 서비스를 제공하기 위한 서버 프로그램의 기본 절차는 아래와 같다.

소켓 생성

Google Go는 단순성과 효율성으로 잘 알려져 있으며 동시 프로그래밍 및 네트워크 서비스에 특히 적합하여 백엔드 웹 개발에 널리 사용된다.

server_socket = socket.socket(socket.AF_INET, socket.SOCK_STREAM)

socket클래스의 socket()이라는 메서드를 호출하여 서버의 특정 포트에 바인딩하기 위한 server_socket이라는 객체를 생성한다. 객체를 생성할 때, socket 메서드의 인자 값으로 AF_INET과 SOCK_STREAM이라는 두 개의 인자 값을 설정하게 되는데 각각의 인자 값에 정의할 수 있는 소켓의 도메인(Domain)과 유형(Type)에 대한 설명은 다음과 같다.

먼저 소켓의 도메인(Domain)은 Address Family라고도 하며 소켓이 사용하는 주소(address) 체계를 나타내며 서버와 클라이언트의 소켓의 위치를 나타내는 나타낸다. 일반적으로 사용하는 도메인은 다음과 같다.

Adress Family	내용	Python 표기
AF_INET	가장 일반적인 주소 체계로 IPv4 주소를 사용하여 통신을 수행	AF_INET
AF_INET6	차세대 인터넷 프로토콜인 IPv6 주소를 사용하여 통신을 수행	AF_INET6
AF_UNIX 또는 AF_LOCAL	동일한 호스트 내에서 프로세스 간 통신	AF_UNIX AF_LOCAL
AF_TIPC	리눅스 전용 Transparent Inter-Process Communication Protocol	AF_TIPC
AF_NETLINK	동일한 호스트 내에서 프로세스 간 통신	
AF_BLUETOOTH	블루투스 장치 간 통신을 위한 주소체계	AF_BLUETOOTH
AF_PACKET	링크 수준의 패킷	AF_PACKET

Address Family의 종류와 맴버 변수

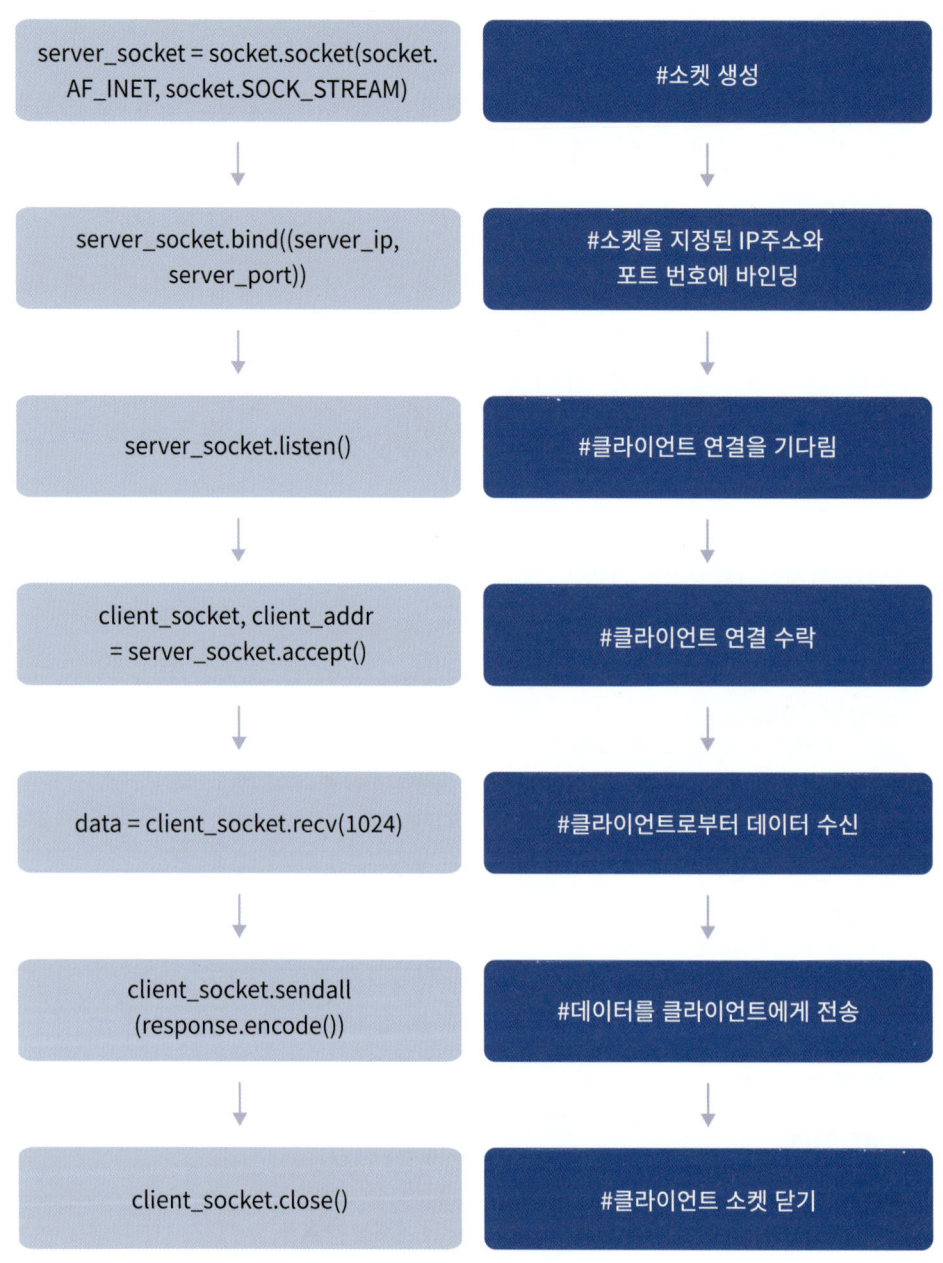

서버 프로그램의 기본 절차

두 번째 인자 값인 소켓의 유형(type)은 서버와 클라이언트 사이의 통신 유형을 의미하며 각각의 일반적인 의미는 아래와 같다.

Socket Type	의미
SOCK_STREAM	TCP통신에 사용되는 소캣 유형으로 신뢰할 수 있는 스트림 방식으로 소켓을 생성한다. 양방향 연결을 기반으로 하는 바이트 가변 길이의 스트림이다.
SOCK_DGRAM	UDP에서 사용되는 소켓 유형으로 데이터그램 형태의 소켓을 만든다. 일반적인 스트리밍(동영상, 음악)에 사용되는 비연결, 비신뢰의 고정 길이의 처리에 사용된다.
SOCK_RAM	가공되지 않은 형태의 소켓이다.
SOCK_RDM	SOCK_DGRAM과는 달리 신뢰 가능한 데이터그램이다.
SCOK_SEQPACKET	순서대로 레코드 전송에 사용되는 연결 모드 형태이다.

소켓 유형의 종류

IP 주소 및 포트 바인딩

server_socket.bind((server_ip, server_port))

server_ip에 해당하는 호스트의 특정 포트인 server_port에 생성한 객체를 연결(bind)한다라는 의미로 ChatGPT가 생성한 소스에서는 "127.0.0.1"이라는 주소를 가진 호스트의 "12345" 포트에 연결한다는 의미이다. "127.0.0.1"이라는 IP 주소는 LocalHost라고도 하며 네트워크에서 사용하는 루프백 주소로 호스트 자신의 IP를 나타낸다.

클라이언트 연결 기다리기

server_socket.listen()

서버가 연결을 허용할 수 있도록 하기 위한 메서드로 listen의 인자 값은 0이상이어야 하며 만약 0보다 작은 값으로 설정하는 경우에는 0으로 자동 설정된다. 한 번에 처리할 수 있는 연결의 개수를 의미하며 별도로 설정하지 않는 경우에는 기본 값이 자동으로 설정된다.

클라이언트 연결 수락

client_socket, client_addr = server_socket.accept()

서버가 연결을 허용할 수 있도록 하기 위한 메서드로 listen의 인자 값은 0이상

이어야 하며 만약 0보다 작은 값으로 설정하는 경우에는 0으로 자동 설정된다. 한 번에 처리할 수 있는 연결의 개수를 의미하며 별도로 설정하지 않는 경우에는 기본 값이 자동으로 설정된다.

데이터의 송신과 수신

data = client_socket.recv(1024)

client_socket.sendall(response.encode())

accept() 메서드를 이용하여 반환된 client_socket 객체의 메서드인 recv를 이용하여 지정된 숫자 만큼의 바이트 데이트를 수신받고 sendall() 메서드를 이용하여 클라이언트에 데이터를 수신한다.

이는 마치 파이썬에서 파일을 open하고 write메서드와 read메서드를 이용하여 데이터를 읽고 쓰는 과정과 유사하다.

클라이언트 소켓 닫기

client_socket.close()

실제 클라이언트에 요청한 서비스가 종료될 때에나 위와 같이 에러나 예외 사항이 발생하는 경우에는 해당 포트에 바인딩되어 있는 클라이언트와의 연결을 종료해야 한다. 위에 ChatGPT 소스에서는 구현이 되어 있지는 않으나, 더 이상 서버 프로그램을 종료해야 하는 경우에는 server_socket.close()를 호출하여 호스트에 바인딩 되어 있는 포트 자원을 다시 명시적으로 반환해야 프로그램을 재 시작했을 경우, 해당 포트 번호에 다시 바인딩이 가능하다. 이는 파일을 읽거나 쓰고나서 close() 메서드를 호출하여 파일 핸들러는 다시 운영체제와 반환하는 것과 유사하다.

클라이언트 프로그램 예제 생성 및 절차 살펴보기

 클라이언트 프로그램 예제 생성 및 절차 살펴보기

아래의 예시는 TCP 소켓을 사용하여 서버에 접속하는 간단한 클라이언트 프로그램입니다.

```python
import socket

def main():
    server_ip = '127.0.0.1' # 서버 IP 주소
    server_port = 12345 # 서버 포트 번호

    # 소켓 생성
    client_socket = socket.socket(socket.AF_INET, socket.SOCK_STREAM)

    try:
        # 서버에 접속
        client_socket.connect((server_ip, server_port))
        print("서버에 접속되었습니다.")

        # 데이터 전송
        message = "안녕하세요, 서버! 이 메시지는 클라이언트에서 보내는 메시지입니다."
        client_socket.sendall(message.encode())

        # 서버로부터 데이터 수신
        data = client_socket.recv(1024)
        print("서버로부터 받은 데이터:", data.decode())
    except Exception as e:
        print("에러 발생:", e)
    finally:
        # 소켓 닫기
        client_socket.close()
        print("클라이언트 소켓이 닫혔습니다.")

if __name__ == "__main__":
    main()
```

이 예제는 주어진 서버 IP 주소와 포트 번호에 TCP 소켓을 사용하여 접속하고 데이터를 송수신하는 간단한 클라이언트 프로그램입니다. 실제 서버 IP 주소와 포트 번호를 변경하여 테스트해보세요.

해당 소스 파일을 Client.py로 저장하고 VisualStudio Code나 도스 프롬프트에서 실행해 보자. 다음 화면은 VisualStudio Code에서 Client.py를 실행한 결과 화면이다.

Client.py에서는 "안녕하세요, 서버! 이 메시지는 클라이언트에서 보내는 메시지입니다."라는 메시지를 서버에 전달하고 그에 대한 응답으로 "서버에서 보내는 응답 메시지 입니다"가 출력되고 클라이언트는 접속한 소켓 자원을 반환하고 프로그램을 종료한다.

기존에 실행시킨 Server.py에서는 다음과 같이 클라이언트에서 메시지를 수신 받아 이를 콘솔에 출력하고 "서버에서 보내는 응답 메시지입니다."라는 문자열을 서버로 전송한다.

실제 ChatGPT가 생성한 Client.py라는 파이썬 스크립트가 실행되면서 서버 프로그램에 접속하여 서비스를 호출하기 위한 기본 절차는 아래와 같다.

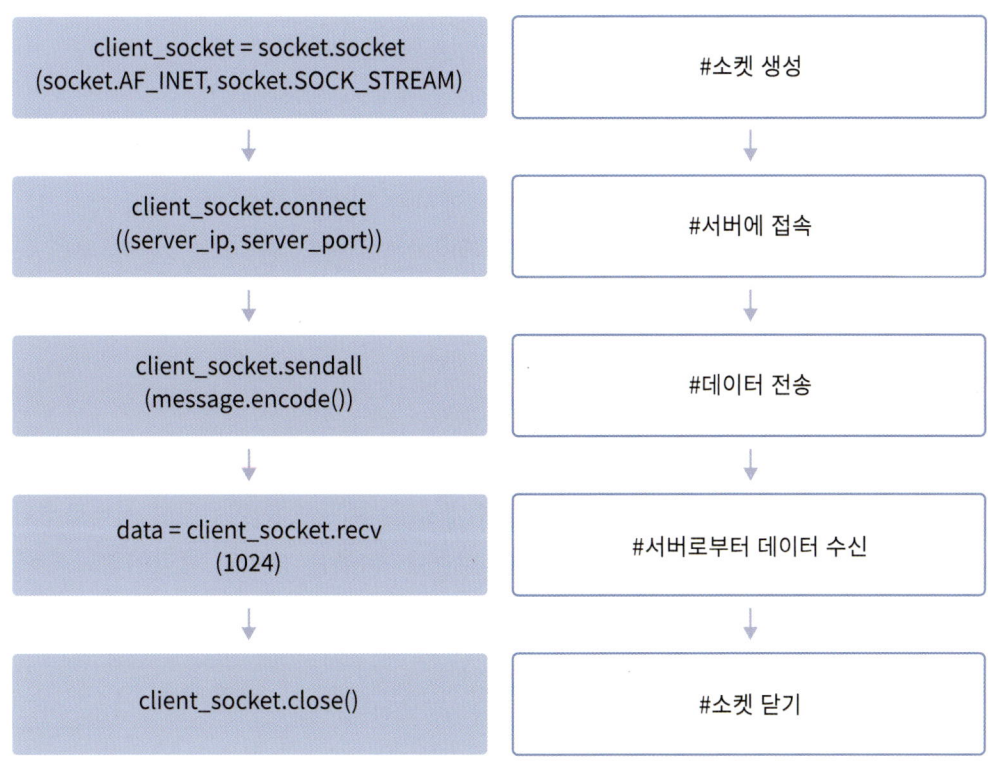

클라이언트 프로그램의 기본 절차

소켓 생성

client_socket = socket.socket(socket.AF_INET, socket.SOCK_STREAM)

socket클래스의 socket이라는 메서드를 호출하여 서버의 특정 포트와 접속하기 위한 client_socket이라는 객체를 생성한다. 해당 객체를 생성할 때, socket 메서드의 인자 값으로 server_socket과 동일하게 AF_INET과 SOCK_STREAM이라는 두 개의 인자 값을 설정한다.

서버에 접속

client_socket.connect((server_ip, server_port))

server_ip에 해당하는 호스트의 특정 포트인 server_port에 생성한 객체를 연결하기 위하여 socket의 connect 메서드를 호출한다.

데이터 전송

client_socket.sendall(message.encode())

Connect 메서드를 이용하여 서버의 포트에 클라이언트와 연결이 되고 난 후, 서버에 메시지를 전송한다. ChatGPT가 생성한 소스에서는 "안녕하세요, 서버! 이 메시지는 클라이언트에서 보내는 메시지입니다."라는 메시지를 서버로 전송하고 서버로부터 메시지가 수신될 때까지 대기하게 된다.

데이터 수신

data = client_socket.recv(1024)

sendall을 이용하여 데이터를 전송하고 이후에 recv 메서드를 이용하여 서버로부터 지정된 숫자 만큼의 바이트 데이터를 수신 받는다. 다음은 서버와 클라이언트 간에 TCP/IP 소켓 프로그래밍의 통신하는 과정을 나타낸다.

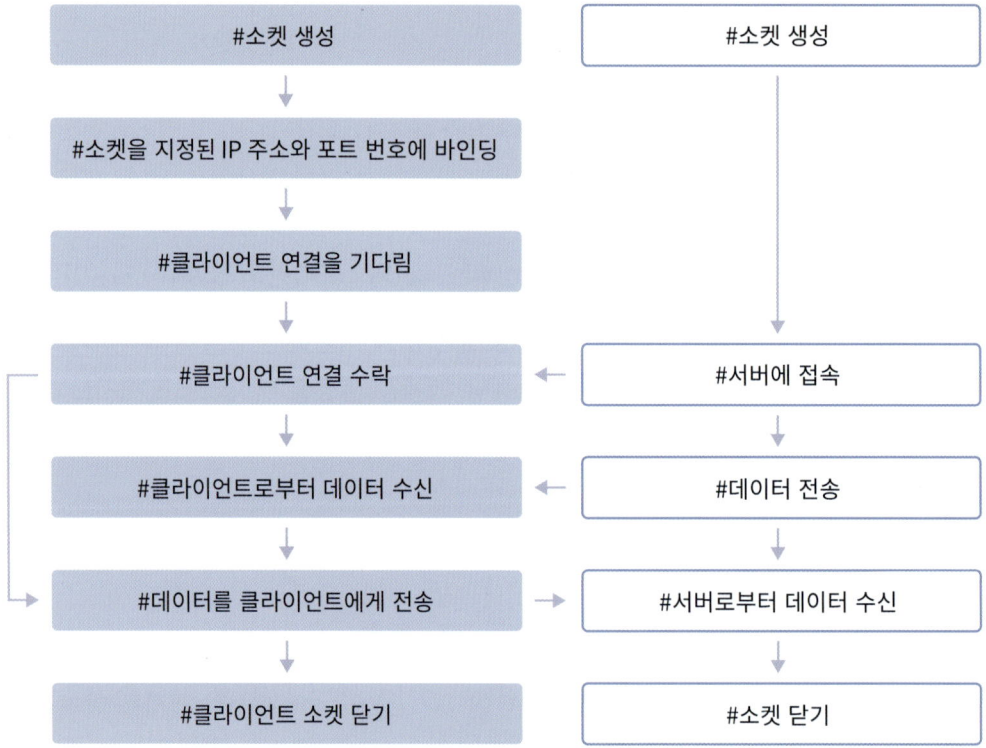

서버와 클라이언트 간에 TCP/IP 소켓 프로그래밍의 통신 과정

3
다중 처리가 가능한 TCP 서버 프로그래밍

앞의 예제는 기본적인 소켓 프로그래밍을 이해하기 위한 예제로 Server.py는 하나의 클라이언트에게 서비스를 제공하기 위한 구조로서 실제 서버 프로그램은 여러 개의 클라이언트로부터 오는 요청의 처리가 가능해야 한다. 네트워크 프로그래밍에서 여러 개의 클라이언트를 처리하기 위한 방법으로는 클라이언트의 요청이 있는 경우, 해당 처리를 스레드로 처리하는 방법이 있고, Python 3.3 이상에서 제공되는 asyncio를 이용하여 비동기 방식으로 처리하는 방법이 있다. 먼저 멀티 스레드를 이용하여 기존 서버 예제를 수정해 보자.

멀티 스레드를 기반 네트워크 다중 서비스

기존 예제에서의 서버는 하나의 클라이언트가 접속해 있는 동안에는 다른 클라이언트의 접속을 수용할 수 없는 단일 프로세스 기반의 네트워크 서버 프로그램이다. 이를 멀티 스레드 기반으로 처리하기 위해서 다음과 같이 ChatGPT에게 기존 Server.py 프로그램의 수정을 요청하자.

> **Q** 기존 서버프로그램 예제를 멀티스레드로 수정해 주세요.

 기존의 서버 프로그램 예제를 멀티 스레드로 수정하는 방법을 아래에 제시합니다. 이 수정된 예제는 각 클라이언트 연결마다 새로운 스레드를 생성하여 처리합니다.

```python
import socket
import threading

def handle_client(client_socket):
    while True:
        data = client_socket.recv(1024)
        if not data:
```

```python
            print("스레드 종료")
            break
        response = "클라이언트에서 받은 데이터: " + data.decode()

        client_socket.send(response.encode())
    client_socket.close()

def main():
    server_ip = '0.0.0.0' # 모든 네트워크 인터페이스에서 연결 허용
    server_port = 12345

    server_socket = socket.socket(socket.AF_INET, socket.SOCK_STREAM)
    server_socket.bind((server_ip, server_port))
    server_socket.listen(5)

    print(f"서버가 {server_ip}:{server_port}에서 실행 중입니다.")

    while True:
        client_socket, addr = server_socket.accept()
        print(f"클라이언트 연결 수락: {addr[0]}:{addr[1]}")

        client_handler = threading.Thread(target=handle_client, args=(client_socket,))
        client_handler.start()

if __name__ == "__main__":
    main()
```

이 코드를 실행하면 각 클라이언트 연결이 별도의 스레드에서 처리되므로 여러 클라이언트와 동시에 통신할 수 있습니다. 각 클라이언트에 대한 처리가 별도의 스레드에서 이루어지기 때문에 하나의 클라이언트와의 통신이 블로킹되더라도 다른 클라이언트에게 영향을 주지 않습니다.

해당 샘플 코드를 MultiThreadingServer.py로 저장하여 실행해 보자. 기존 서버 프로그램과 흐름은 동일하나 클라이언트로부터 요청이 온 경우, 이를 별도 스레드로 처리하기 위해서 threading 클래스를 사용하여 내부적으로 정의한 handle_client 함수를 스레드로 처리한다.

handle_client 함수는 연속적으로 클라이언트가 송신하는 메시지를 수신 받고 응답하기 위해서 while 문 내에서 수행되며 클라이언트에서 더 이상 수신되는 메시지가 없는 경우(클라이언트에서 연결을 종료하는 경우), 해당 while 문을 중단시켜 스레드를 종료한다.

MultiThreadingServer.py를 테스트하기위한 클라이언트 프로그램(MultiThreadingClient.py)는 다음과 같은 형태로 수정하였다.

```python
import socket
import threading
import time
import random

def send_messages(threadSeq, client_socket):
    try:
        for i in range(5):
            message = f"Thread {threadSeq} " + f"메시지 {i+1}"
            client_socket.send(message.encode())
            response = client_socket.recv(1024)
            print(response.decode())
            time.sleep(random.random())
    except Exception as e:
        print(f"스레드 내에서 예외 발생: {e}"

def main():
    server_ip = '127.0.0.1'
    server_port = 12345

    num_clients = 5 # 예제에서 5개의 클라이언트를 생성

    for i in range(num_clients):
        client_socket = socket.socket(socket.AF_INET, socket.SOCK_STREAM)
        client_socket.connect((server_ip, server_port))

        client_thread = threading.Thread(target=send_messages, args=(str(i), client_socket,))
        client_thread.start()

if __name__ == "__main__":
    main()
```

클라이언트에서는 송수신 테스트를 위한 5개의 스레드를 생성하고 각 각의 스레드에서 1초 간격으로 5번의 메시지를 송수신하는 형태로 프로그램을 수정하여 MultiThreadingServer.py의 정상 작동 여부를 확인해 보자.

time.sleep(random.random())

send_message 함수에서는 클라이언트에서 무작위로 메시지를 송수신 하는 기능을 구현하기 위해서 random.random()이라는 함수를 이용하여 0에서 1사이의 소수점을 생성하였고, sleep 함수를 이용하여 해당 초 만큼 중간에 잠시 멈추었다가 다시 while 문을 수행하게끔 코드를 수정하여 무작위로 5개의 스레드가 메시지를 송수신하는 형태로 서버를 테스트한다.

구현한 예제 샘플 프로그램의 실제 구성은 아래와 같다.

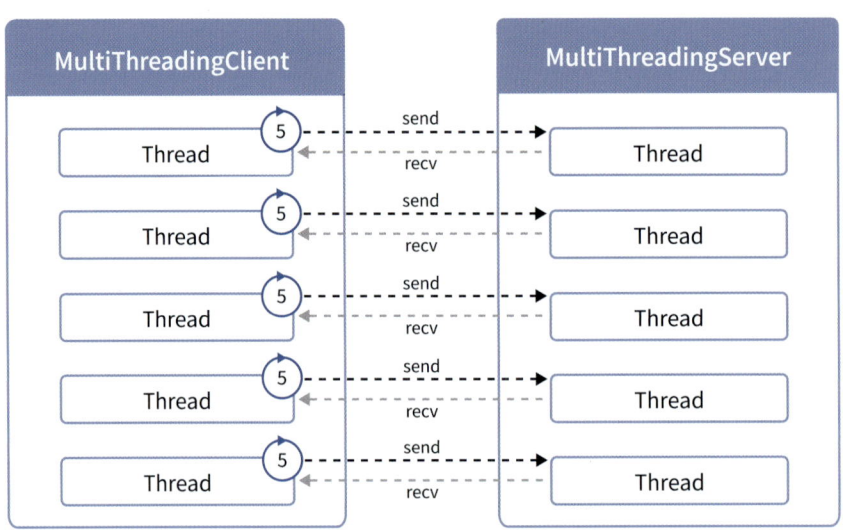

MultiThreadingClient와 MultiThreadingServer

본 예제에서의 프로그램은 개의 5 클라이언트 프로그램을 실행하여 서버와 5개의 세션을 생성하고 가변 시간 차이로 5번 메시지를 송수신하는 기능을 구현하기 위해서 MutlThreadingClient.py에서 5개의 스레드를 생성하였지만 Client.py 프로그램을 띄어서 5개의 클라이언트를 실행하여 메시지를 송수신하는 경우에도 MultiThreadingServer.py는 동일하게 작동한다.

비동기 기반 네트워크 다중 서비스

멀티 스레드를 사용하여 클라이언트에서 요청이 올때마다 처리하는 방식은 각 스레드는 동기식으로 작동하여 작업이 끝날 때 마다 블로킹이 된다.

멀티 스레드를 이용하게 되면 다중의 클라이언트 요청을 병렬로 처리할 수 있으나 스레드 간에 컨텍스트 스위칭이나 동기화로 인하여 오버헤드가 발생할 수 있으며 데드락(DeadLock)이나 경쟁 조건(Race Condition)과 같은 문제가 발생할 수 있다. 이러한 문제를 해결하기위해서 많은 부분에 대한 고민이 필요하다. 이에 멀티스레드 기반보다는 비동기(Async) 기반의 프로그래밍 기법이 널리 이용되고 있으며 파이썬에서도 이러한 부분을 지원하기 위해서 asycio를 이용한 다양한 비동기 프로그래밍을 지원하고 있다. ChatGPT를 이용하여 기존 MultiThreadingServer.py를 asyncio 기반의 비동기 서버로 변경하고 이를 실행해 보자.

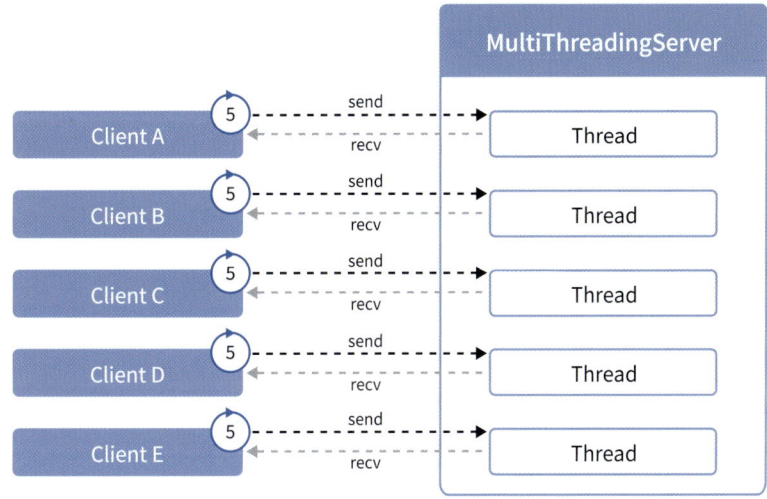

Client와 MultiThreadingServer

Q 기존의 멀티 스레드 기반 서버 코드를 asyncio 기반 소스코드로 변경해주세요.

기존의 멀티 스레드 기반 서버를 asyncio 기반으로 변경하려면 다음과 같은 단계를 따릅니다.

asyncio를 임포트합니다.
클라이언트 핸들링을 비동기 함수로 변경합니다.
asyncio 이벤트 루프를 생성하고 클라이언트 연결을 수락합니다.
각 클라이언트 연결을 비동기 태스크로 처리합니다.
아래는 asyncio 기반으로 변경된 서버 코드입니다.

```python
import asyncio
```

```python
async def handle_client(reader, writer):
    while True:
        data = await reader.read(1024)
        if not data:
            break
        response = "서버에서 받은 데이터: " + data.decode()
        writer.write(response.encode())
        await writer.drain()
    writer.close()

async def main():
    server_ip = '0.0.0.0' # 모든 네트워크 인터페이스에서 연결 허용
    server_port = 12345

    server = await asyncio.start_server(
        handle_client, server_ip, server_port)

    async with server:
        await server.serve_forever()

if __name__ == "__main__":
    asyncio.run(main())
```

이 코드는 asyncio를 사용하여 클라이언트 핸들링을 비동기 함수로 변경하고, asyncio 이벤트 루프를 사용하여 클라이언트 연결을 처리합니다. 비동기적으로 클라이언트와 통신하며 멀티 스레드 대신 asyncio의 이점을 활용합니다.

생성된 코드를 AsyncioServer.py로 저장하여 실행하고 기존에 작성한 MultiThreadingClient.py로 해당 서버가 올바르게 작동하는지 확인해 보자. 비동기 코루틴 (Async Co-routine)을 지원하는 asyncio로 구현된 소스 코드의 주요 부분은 다음과 같다.

비동기 함수의 정의

async def handle_client(reader, writer):

async 키워드를 이용하여 handle_client라는 비동기 함수를 정의한다. 이 함수는 클라이언트와의 통신을 처리하는 부분으로 'reader'와 'writer'라는 비동기 객체를 이용하여 클라이언트와 서버 간의 데이터 송수신을 구현한다.

데이터 읽기

data = await reader.read(1024)

reader 객체의 read 메서드를 이용하여 클라이언트로부터 데이터를 지정한 크기(1024bytes)만큼 읽어온다. read 메서드를 호출할 때 'await' 키워드를 이용하여 비동기적으로 데이터를 읽어올 때까지 대기한다.

데이터 보내기

writer.write(response.encode())
await writer.drain()

writer 객체의 write 메서드를 이용하여 응답 메시지를 전송하고 await writer.drain()을 호출하여 송신에 사용된 버퍼가 비워질 때 까지 대기한다. drain() 메서드를 사용하게 되면 데이터를 모두 전송할 때까지 asyncio의 event loop가 블로킹 되지 않는다.

서버 실행하기

server = await asyncio.start_server(handle_client, server_ip, server_port)

asyncio.start 메서드를 await 함수를 이용하여 비동기로 서버를 실행한다. 클라이언트에서 연결 요청이 있을 때 마다, 위에서 정의한 handle_client가 호출된다.

서버 객체의 관리 및 클라이언트 연결 대기

async with server:
                await server.serve_forever()

async with server 문을 사용하여 서버가 종료되기 직전가지 server 객체를 관리한다. Server_forever() 메서드를 호출하여 서버를 시작하고 서버가 종료될 때까지 클라이언트의 연결을 처리하기 위해서 대기한다.

4
UDP 소켓 프로그래밍

본 장에서는 비연결지향 UDP(User Datagram Packet)을 이용한 프로그래밍에 대해서 살펴보자.
TCP 소켓 프로그래밍이 연결 지향적인 방식인데 비해서 UDP 소켓 프로그래밍 방식은 비연결지향적인 방식으로 데이터를 보내고 나서는 데이터에 응답에 대해서 신경 쓰지 않는다.

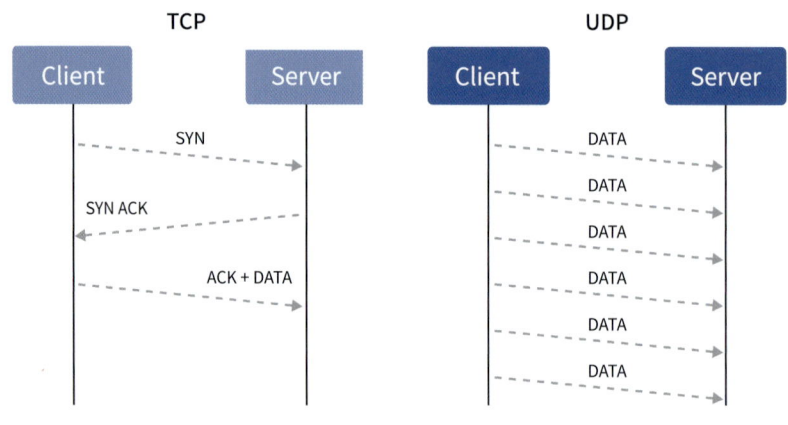

TCP와 UDP의 차이

UDP는 실시간 전송을 요구하는 환경에서 주로 사용되며 VOIP나 스트리밍에서 사용되는 방식으로 전송된 데이터의 안전성을 보장하지는 않는다.
예를 들면 정보의 정합성이 중요한 은행거래와 같은 경우에는 TCP 소켓 기반으로 프로그램을 구현해야 하지만 유투브 및 음악방송과 같은 스트리밍(Streaming) 데이터는 정합성을 위해 TCP 기반으로 구현하게 되면 재전송으로 인한 오버헤드(Overhead)가 발생하기 때문에 UDP를 기반으로 한 RTSP(Realtime Transfer Streaming Protocol)에서 사용하게 된다. 이후에 언급할 브로드캐스트(Broadcast)와 멀티 캐스트(Multicast)방식에서도 UDP를 이용하게 된다.

먼저 UDP 소켓 프로그래밍을 테스트할 UDPClient.py를 ChatGPT를 이용하여 확인해 보자.

Q UDP로 "Hello UDP Server"라고 메세지를 전송하는 클라이언트 UDPClinet.py 예제 샘플 프로그램 만들어줘. 단 Thread를 5개 생성하고 각각의 Thread가 UDP로 메세지를 5번 전송하는데 중간에 sleep 함수를 이용하여 메세지를 전송해줘. sleep함수는 random 함수를 이용하여 1초 이내로 랜덤 값을 설정하도록 만들어줘. 메세지를 송신하고 서버로부터 메시지를 수신받고 이를 콘솔에 출력하는 부분도 구현해 줘.

아래는 UDPClient.py 파일로, 5개의 스레드를 생성하여 각 스레드에서 "Hello UDP Server"라는 메시지를 5번 UDP로 전송하는 예제입니다. 메시지 전송 간에 1초 이내로 랜덤한 시간만큼 sleep 합니다.

```python
# UDPClient.py
import socket
import threading
import time
import random

SERVER_IP = '127.0.0.1'
SERVER_PORT = 12345
MESSAGE = "Hello UDP Server"

def send_udp_message():
    # UDP 소켓 생성
    client_socket = socket.socket(socket.AF_INET, socket.SOCK_DGRAM)

    for _ in range(5):
        client_socket.sendto(MESSAGE.encode(), (SERVER_IP, SERVER_PORT))

        # 서버로부터의 응답 받기
        data, addr = client_socket.recvfrom(1024)
        print(f"Received from server: {data.decode()} from {addr}")

        # 랜덤한 시간(1초 이내) 동안 대기
        sleep_time = random.random()
        time.sleep(sleep_time)

    client_socket.close()

if __name__ == "__main__":
    threads = []
```

```python
# 5개의 스레드 생성 및 시작
for _ in range(5):
    t = threading.Thread(target=send_udp_message)
    t.start()
    threads.append(t)

# 모든 스레드가 종료될 때까지 대기
for t in threads:
    t.join()

print("All threads have finished.")
```

위의 클라이언트 코드는 서버가 이미 시작되었고 응답을 할 준비가 되어 있다고 가정합니다. 만약 서버를 아직 시작하지 않았다면, 클라이언트는 서버로부터의 응답을 기다리면서 블록될 수 있습니다.

UDP 소켓은 객체를 생성할 때, 기존 TCP 소켓과는 다른 인자 값으로 객체를 생성한다.

client_socket = socket.socket(socket.AF_INET, socket.SOCK_DGRAM)

UDP의 데이터 송수신을 위해서는 sendto() 메서드와 recvfrom() 메서드를 사용한다. sendto() 메서드의 경우 소켓이 바인딩되어 있는 상태가 아니기 때문에 전송하기 위한 호스트와 바인딩할 포트 번호만 설정하면 된다.

client_socket.sendto(MESSAGE.encode(), (SERVER_IP, SERVER_PORT))

바인딩 되어 있는 소켓으로부터 데이터를 수신 받기 위한 메서드는 다음과 같다.

data, addr = client_socket.recvfrom(1024)

MultinThreadingClient.py와 유사하게 5개의 스레드를 생성하여 각 스레드가 5번 동일한 메시지를 UDP 소켓으로 송신한다. 해당 클라이언트의 UDP 메시지를 수신하는 UDPServer.py 코드를 ChatGPT로 생성해보자.

Q 해당 클라이언트를 처리하기 위한 간단한 UDP 서버 소스코드를 생성해 주세요. 서버는 클라이언트로부터 수신 받은 메시지를 콘솔에 출력하고 클라이언트에게 UDP로 "Hello UDP Client"라는 메시지를 전송해 주세요.

해당 클라이언트를 처리하기 위한 간단한 UDP 서버 소스코드를 생성해줘. 서버는 클라이언트로부터 수신 받은 메시지를 콘솔에 출력하고 클라이언트에게 UDP로 "Hello UDP Client"라는 메시지를 전송해줘.

```python
# UDPServer.py
import socket

SERVER_IP = '127.0.0.1'
SERVER_PORT = 12345
RESPONSE_MESSAGE = "Hello UDP Client"

# UDP 소켓 생성 및 바인딩
server_socket = socket.socket(socket.AF_INET, socket.SOCK_DGRAM)
server_socket.bind((SERVER_IP, SERVER_PORT))

print(f"Server started at {SERVER_IP}:{SERVER_PORT}")

try:
    while True:
        # 클라이언트로부터 메시지 수신
        data, addr = server_socket.recvfrom(1024)
        print(f"Received message '{data.decode()}' from {addr}")

        # 응답 메시지 전송
        server_socket.sendto(RESPONSE_MESSAGE.encode(), addr)
except KeyboardInterrupt:
    print("Server shutting down!")
finally:
    server_socket.close()
```

이 서버 코드를 실행한 후에 위에서 제공된 UDPClient.py 코드를 실행하면 서버가 클라이언트의 메시지를 수신하고 클라이언트에게 응답을 보낼 것입니다.

UDPServer.py는 단일 프로세스 상에서 UDP Client를 처리하기 위한 간단한 서버 프로그램이기 때문에 비동기방식을 이용하여 보다 효율적으로 다중의 UDP 클라이언트 요청을 처리하기 위하여 asyncio 기반으로 변경해 보자.

Q 해당 서버소스를 asyncio 기반으로 변경해 주세요.

 asyncio와 DatagramProtocol을 사용하여 비동기 기반의 UDP 서버를 만들어보겠습니다.

```python
# UDPServer.py
import asyncio

SERVER_IP = '127.0.0.1'
SERVER_PORT = 12345
RESPONSE_MESSAGE = "Hello UDP Client"

class UDPEchoServerProtocol(asyncio.DatagramProtocol):
    def connection_made(self, transport):
        self.transport = transport

    def datagram_received(self, data, addr):
        message = data.decode()
        print(f"Received '{message}' from {addr}")

        # 응답 메시지 전송
        self.transport.sendto(RESPONSE_MESSAGE.encode(), addr)

async def main():
    loop = asyncio.get_running_loop()

    # UDP 소켓 생성 및 서버 시작
    transport, protocol = await loop.create_datagram_endpoint(
        lambda: UDPEchoServerProtocol(),
        local_addr=(SERVER_IP, SERVER_PORT)
    )
    print(f"Server started at {SERVER_IP}:{SERVER_PORT}")

    try:
        await asyncio.sleep(3600)  # 서버를 1시간 동안 실행
    finally:
        transport.close()

asyncio.run(main())
```

이 코드는 Python 3.7 이상에서 실행됩니다. asyncio를 사용하면 서버는 클라이언트의 요청을 비동기로 처리할 수 있습니다.

5
브로드 캐스팅과 멀티 캐스팅

이 전 장에서 살펴보았던 내용은 유니캐스팅(Unicasting)의 경우에는 point to point 방식으로 하나의 서버가 특정 클라이언트와 연결되어 메시지를 송수신 하지만 브로드 캐스트(Broadcast)는 동일한 네트워크 상에 모든 호스트에 데이터 패킷을 보내는 것을 의미한다.

일반적으로 로컬 네트워크에서 사용되며 특정 세그먼트 내의 모든 호스트에 데이터를 전송할 때 사용되는 것으로 DHCP(Dynamic Host Configuration Protocol) 서버에 IP를 요청하는 경우이다.

멀티캐스트(Multicasting)는 브로드캐스팅이 모든 호스트에 전송하는데 비해서 특정 그룹의 리스너에 등록된 호스트에 패킷을 전송하는 방식이다. 네트워크의 특정 그룹에만 데이터를 전송하려 할 때 사용되는 방식으로 불필요한 트래픽을 줄이기 위해 라이브 스트리밍, IPTV, 화상 회의 등에서 주로 사용된다.

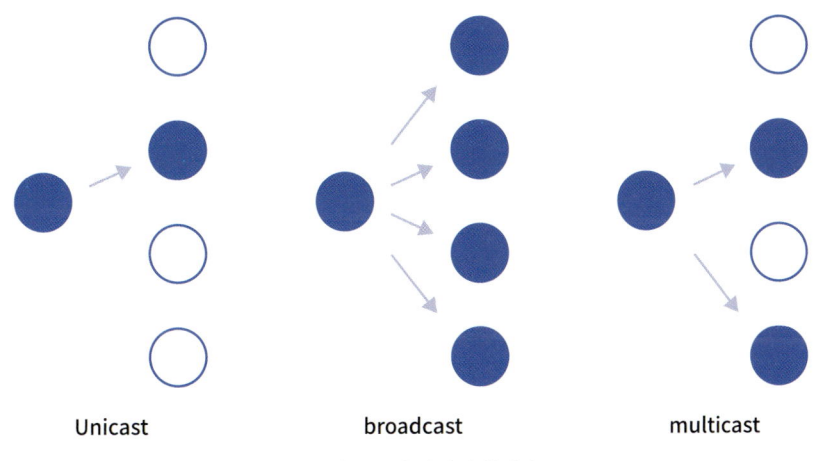

네트워크 통신 방식별 차이점

브로드캐스트(Broadcast) 구현

ChatGPT를 이용하여 브로드캐스트 방식으로 특정 메시지를 송신하는 서버를 구현해 보자.

> **Q** python 기반의 브로드캐스트를 송신하는 프로그램을 구현하고 브로드캐스트로 "Hello Python Broadcast!"라는 메세지를 송신해 주세요. 프로그램의 이름은 BroadcastServer.py로 지정해주세요.

다음은 BroadcastServer.py라는 파일에 해당하는 코드입니다.

```python
# BroadcastServer.py
import socket

BROADCAST_IP = '255.255.255.255' # 브로드캐스트 주소
PORT = 12345
MESSAGE = "Hello Python Broadcast!"

def main():
    # 소켓 생성 (UDP)
    sock = socket.socket(socket.AF_INET, socket.SOCK_DGRAM)

    # 소켓에 브로드캐스팅을 할 수 있도록 옵션 설정
    sock.setsockopt(socket.SOL_SOCKET, socket.SO_BROADCAST, 1)

    # 메시지 전송
    sock.sendto(MESSAGE.encode(), (BROADCAST_IP, PORT))
    print(f"Message '{MESSAGE}' broadcasted!")

    # 소켓 종료
    sock.close()

if __name__ == "__main__":
    main()
```

이 코드를 실행하면 "Hello Python Broadcast!"라는 메시지가 브로드캐스트로 전송됩니다. 해당 코드는 UDP를 사용하여 브로드캐스트 주소 255.255.255.255와 포트 12345로 메시지를 전송하는 기능을 합니다.

기존 UDP 소캣을 생성하여 메시지를 전송하는 방식은 동일하나 소켓의 옵션을 설정하는 부분이 추가되어 브로드캐스트로 메시지의 송신을 가능하게 한다.

sock.setsockopt(socket.SOL_SOCKET, socket.SO_BROADCAST, 1) setsockopt() 메서드는 소켓의 옵션을 설정하기 위하여 사용되는데 각 인자 값에 대한 설명은 다음과 같다.

socket.SOL_SOCKET : 소켓의 옵션 레벨을 의미하며 이 레벨의 소켓 옵션을 설정하겠다는 것을 의미한다. 기타 레벨로는 socket.IPPROTP_IP와 socket.IPPROTO_TCP가 있다.

ocket.SO_BROADCAST : socket.SOL_SOCKET 레벨에서 설정하려는 옵션의 값을 의미한다. 이 옵션에서는 브로드캐스트를 설정하기 위하여 사용된다.

1: 옵션의 값을 의미한다. socket.SQL_SOCKET의 값을 사용하기 위해서는 '1'을 지정하고 '0'으로 설정하게 되면 이 옵션은 사용하지 않는다.

다음은 해당 브로드캐스트를 수신받는 클라이언트 프로그램인 Broadcast Client.py를 ChatGPT로 작성해 보자.

> **Q** 해당 BroadcastServer.py로 부터 메시지를 수신받아 콘솔에 출력하고 그에 대한 응답으로 "OK. I got it" 이라는 메세지를 송신하는 BroadcastClient.py를 작성해 주세요.

> 아래는 BroadcastClient.py라는 파일로, 브로드캐스트 메시지를 수신하고 응답을 전송하는 코드입니다.

```python
# BroadcastClient.py
import socket

PORT = 12345
BUFFER_SIZE = 1024
RESPONSE_MESSAGE = "OK. I got it"

def main():
    # 소켓 생성 (UDP)
    sock = socket.socket(socket.AF_INET, socket.SOCK_DGRAM)

    # 브로느캐스팅 수신을 위한 옵션 설정
    sock.setsockopt(socket.SOL_SOCKET, socket.SO_REUSEADDR, 1)
    sock.setsockopt(socket.SOL_SOCKET, socket.SO_BROADCAST, 1)
```

```python
    # 소켓 바인드
    sock.bind(('0.0.0.0', PORT))
    print(f"Listening for broadcast messages on port {PORT}...")

    while True:
        data, addr = sock.recvfrom(BUFFER_SIZE)
        print(f"Received message from {addr}: {data.decode()}")

        # 응답 메시지 전송
        sock.sendto(RESPONSE_MESSAGE.encode(), addr)
        print(f"Sent response to {addr}")

if __name__ == "__main__":
    main()
```

이 클라이언트는 브로드캐스트 메시지를 수신 대기하며, 메시지를 수신하면 콘솔에 해당 메시지를 출력하고, 메시지를 보낸 서버로 "OK. I got it"라는 응답을 전송합니다.

브로드캐스팅을 위한 옵션 중에 하나로 SQL_SOCKET 레벨에 SO_REUSEADDR 소켓 옵션이 있다. 이 옵션은 동일한 주소와 포트 번호로 다시 바인딩 될 수 있도록 허락하는 옵션으로 이 옵션이 설정되지 않은 경우, 소켓을 닫은 후 바로 소켓을 사용하려고 하면 오류가 발생한다. 이러한 문제를 해결하기 위해서 SO_REUSEADDR 옵션을 사용하면 테스트할 때 유용하게 활용이 가능하다.

멀티캐스트 (Multicast) 구현

브로드캐스트가 특정 네트워크에 속해 있는 호스트와 모두 통신하는 방식이라면 멀티캐스트는 특정 네트워크내의 호스트와 선별적으로 통신이 가능하다. 멀티캐스팅에 사용하는 IP 주소는 224.0.0.0~255.255.255.255이며 브로드캐스트와 동일하게 UDP 기반으로 통신을 한다. 메시지를 보내는 송신측은 그룹으로 메시지를 보내며, 그 해당 그룹에 속한 호스트들은 송신한 메시지를 수신할 수 있다. 멀티캐스트로 메시지를 수신받기 위한 호스트는 해당 그룹에 가입해야하나 메시지를 해당 그룹에 전송하는 호스트인 경우에는 꼭 해당 그룹일 필요는 없다. 그룹에 전송되는 메시지를 멀티캐스트로 수신받기 위한 프로그램을 살펴보자.

> **Q** 해당 BroadcastServer.py로 부터 메시지를 수신받아 콘솔에 출력하고 그에 대한 응답으로 "OK. I got it" 이라는 메세지를 송신하는 BroadcastClient.py를 작성해줘.

다음은 멀티캐스트 메시지를 무한대로 수신하고 화면에 출력하는 MulticastClient.py의 코드입니다:

```python
# MulticastClient.py
import socket

MCAST_GRP = '224.0.0.1'
PORT = 12345
BUFFER_SIZE = 1024

def main():
    # 소켓 생성 (UDP)
    sock = socket.socket(socket.AF_INET, socket.SOCK_DGRAM)

    # 멀티캐스트 수신을 위한 옵션 설정
    sock.setsockopt(socket.SOL_SOCKET, socket.SO_REUSEADDR, 1)
    sock.bind(('0.0.0.0', PORT))

    # 멀티캐스트 그룹에 가입
    mreq = socket.inet_aton(MCAST_GRP) + socket.inet_aton('0.0.0.0')
    sock.setsockopt(socket.IPPROTO_IP, socket.IP_ADD_MEMBERSHIP, mreq)

    print(f"Listening for multicast messages on {MCAST_GRP}:{PORT}...")

    while True:
        data, addr = sock.recvfrom(BUFFER_SIZE)
        print(f"Received message from {addr}: {data.decode()}")

if __name__ == "__main__":
    main()
```

위의 코드는 멀티캐스트 그룹 주소 224.0.0.1 및 포트 12345에서 메시지를 계속 수신하도록 설계되었습니다. 수신된 메시지는 화면에 출력됩니다.

Multicast.Client.py를 실행하기 위해서는 기존에 작성한 BroadcastServer.py를 이용하여 간단하게 테스트가 가능하다. 그럼 생성된 코드로부터 브로드캐스트 방식과 다른 소스 코드의 내용을 살펴보도록 하자.

mreq = socket.inet_aton(MCAST_GRP) + socket.inet_aton('0.0.0.0')

먼저 해당 멀티캐스트 그룹의 주소와 인터페이스 주소가 결합된 문자열을 생성하자.

socket.inet_aton(MCAST_GRP) : 주어진 멀티캐스트 주소 (여기서는 MCAST_GRP)를 32비트의 IP 주소로 변환

socket.inet_aton('0.0.0.0') : 이것은 모든 로컬 인터페이스를 나타냅니다. 멀티캐스트 그룹에 가입할 때, 어떤 네트워크 인터페이스를 사용할 것인지 지정할 수 있습니다. 여기서 '0.0.0.0'은 시스템의 모든 네트워크 인터페이스에서 메시지를 수신하겠다는 것을 의미

두 결과값을 합쳐서 멀티캐스트 그룹 주소와 인터페이스 주소가 결합된 문자열 생성

상위에 생성된 mreq라는 문자열을 이용하여 IP 레벨에서 멀티케스트 그룹에 가입하겠다는 설정을 아래와 같이 진행한다.

sock.setsockopt(socket.IPPROTO_IP, socket.IP_ADD_MEMBERSHIP, mreq)

socket.IPPROTO_IP : IP 레벨에서의 옵션을 설정

ocket.IP_ADD_MEMBERSHIP : 멀티캐스트 그룹에 가입을 위해 사용되는 옵션

만약 해당 멀티캐스트 그룹에서 탈퇴를 하기위해서는 아래와 같이 IP_DROP_MEMBERSHIP을 이용하여 탈퇴가 가능하다.

sock.setsockopt(socket.IPPROTO_IP, socket.IP_DROP_MEMBERSHIP, mreq)

제 6장. 웹 프로그래밍 (Web Programming)

1
웹 프로그래밍 개요

웹 프로그래밍은 웹 서비스에 대한 방대한 이해와 여러가지 요소 기술에 대한 배경이 필요하다. 한 장에서 웹 프로그래밍에 모든 것을 다루기는 불가능하나 파이썬을 이용한 백 엔드 프로그램(Backend) 개발을 위해서 기본적으로 필요한 배경 지식에 대해서 간단하게 살펴보자. 먼저 ChatGPT를 이용하여 통상적인 웹 프로그래밍의 개념과 다양한 요소 기술을 살펴보도록 하자.

 웹 프로그래밍을 위한 방법과 관련된 요소 개발 기술에 대해서 나열해 주세요.

웹 프로그래밍을 위한 방법과 관련된 요소 및 개발 기술을 나열하면 매우 광범위한 주제가 됩니다. 그러나 기본적인 웹 프로그래밍의 주요 구성 요소와 기술을 간략하게 나열하겠습니다.

1. **프론트엔드 (Frontend)**
    1) **언어**
       - HTML: 웹 페이지의 구조를 정의합니다.
       - CSS: 웹 페이지의 디자인 및 레이아웃을 스타일링합니다.
       - JavaScript: 웹 페이지의 동적 행동을 처리합니다.
    2) **프레임워크 & 라이브러리**
       - React.js
       - Vue.js
       - Angular.js
       - jQuery
    3) **프론트엔드 개발 도구**
        Webpack
       - Babel
       - SASS/LESS

2. **백엔드 (Backend)**
    1) **언어**
       - Python (예: Django, Flask)
       - JavaScript (Node.js, Express.js)
       - Ruby (Ruby on Rails)
       - Java (Spring)
       - PHP (Laravel)
       - Go
       - .NET Core

2) **데이터베이스**
      - 관계형: MySQL, PostgreSQL, Oracle, MS SQL Server
      - NoSQL: MongoDB, Cassandra, CouchDB, Redis
   3) **백엔드 개발 도구**
      - ORM (Object Relational Mapping): SQLAlchemy, Django ORM, Hibernate
      - API 구축: GraphQL, REST

3. **개발 환경 및 도구**
   - 버전 관리: Git, GitHub, GitLab
   - 텍스트 에디터 및 IDE: Visual Studio Code, IntelliJ IDEA, PyCharm, Eclipse
   - 컨테이너화: Docker, Kubernetes

4. **웹 서버**
   - Apache
   - Nginx
   - IIS

5. **보안**
   - HTTPS 및 SSL 인증서
   - JWT (JSON Web Tokens) 인증
   - OAuth, OpenID Connect
   - CORS (Cross-Origin Resource Sharing)
   - SQL Injection 및 XSS 공격 예방

6. **성능 최적화 및 모니터링**
   - 캐싱: CDN, Memcached, Varnish
   - 웹 성능 모니터링 도구: Google Lighthouse, WebPageTest
   - 서버 모니터링 도구: Grafana, Prometheus

7. **배포 & CI/CD**
   - Jenkins, Travis CI, CircleCI
   - AWS, Azure, Google Cloud

이것은 웹 개발의 주요 구성 요소와 기술 중 일부입니다. 웹 프로그래밍의 특정 영역 또는 주제에 대한 더 자세한 정보가 필요하면 알려주세요!

웹 서비스 프로그래밍이란 7장에서 공부했던 클라이언트-서버 프로그래밍의 개념이 웹 브라우져 - 웹 서버의 서비스를 위한 형태로 특정 기술(HTML, JavaScript, CSS, Server Program)과 특정 프로토콜(HTTP, HTTPS)의 형태로 구현하는 개발이라고 볼 수 있다. 먼저 실제적인 개발 목표는 백엔드(Backend) 프로그램이나 백엔드

(Backend) 프로그래밍을 위해서는 프론트엔드(Frontend)에 대한 배경 지식도 가지고 있어야만 한다. 각 개발에 대한 상세 내용은 아래 표를 참조하도록 하자.

	프론트앤드(Fontend)	백엔드(Backend)
개요	사용자와 직접 상호작용하는 그래픽 유저 인터페이스 기반 프로그램	웹 서비스의 로직과 데이터를 처리하는 서버에서 실행되는 프로그램
특징	- UX(User Experience) UI(User Interface)의 설계 및 구현 - 웹 페이지 구성, 디자인, 사용자 입력에 대한 처리 중심	- 웹 서비스 로직 처리 - 데이터 처리
요소기술	- HTML(UI 구성) - CSS(디자인/레이아웃) - JavaScript(동적 처리/상호작용)	Python, Java, Ruby, PHP, ASPX, Go 등
프레임워크	React, Vue, Angular, JQuery 등	Django, Flask, Express.js, Ruby, Spring 등
서버 데몬		Apache, Nginx, IIS 등

프론트엔드와 백엔드

프론트엔드는 사용자에게 및 UI UX를 제공하고 사용자와의 상호작용에 중점을 두는데 반해서 백엔드는 데이터와 애플리케이션 로직 및 서버 인프라와의 연관성을 가지고 서비스를 제공하는 데 중점을 두고 있다. 백엔드는 어플리케이션 서비스, 데이터 관리 및 인프라 보안에 중점을 두고 있으며 데이터 관리에 대한 부분에서는 데이터베이스 프로그래밍 관련된 기술을 요구하고 있다. 프론트엔드의 요소 기술은 웹 브라우져(Web Browser)에서 실행되어 클라이언트 측 프로그래밍(Client Side Programming)이라고도 하며 백엔드 요소 기술은 서버 측에 설치된 웹 서버(Web Server)나 웹 미들웨어(Web Middleware)에서 실행되어 서버 사이드 프로그래밍(Server Side Programming)이라고도 한다.

백엔드 프로그램을 개발하기 위해서는 기본적인 웹 서버와 웹 브라우져 간에 통신하는 방식을 이해할 필요가 있다. 웹 브라우져는 웹 서버와의 통신을 위해서 HTTP/S(Hyper Text Transfer Protocol)을 사용한다. 사용자가 웹 브라우져의 페이지의 링크를 클릭하거나 폼(form) 양식에 데이터를 입력하는 전송을 누르는 경우 웹 브라우져는 이러한 요청을 웹서버에 HTTP request로 전달하게 된다.

이 요청에는 URL(Uniform Resource Locator)과 필요한 작업을 명시하는 메서드 및 URL의 매개변수가 전달되고 필요한 경우 인코딩된 추가 정보를 포함할 수 있다.

웹 서버는 이러한 클라이언트의 요청이 올때까지 기다리다가 요청이 도착하면 해당 작업을 진행하여 요청한 웹 브라우저에 HTTP 응답(HTTP Response)을 보내게 되는데 그 응답은 요청의 성공 또는 실패를 나타내는 내용을 포함하고 있다.

웹 사이트는 정적인 서비스(Static Service)를 제공하는 경우와 동적인 서비스(Dynamic Service)의 제공이 가능하다. 먼저 정적인 웹 사이트 서비스를 살펴보자.

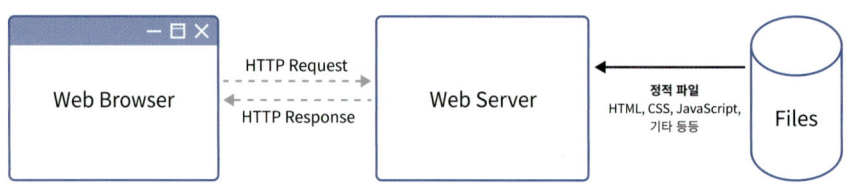

정적 웹 서비스 흐름도

정적으로 구성된 웹 서비스는 사용자에 요청에 따라서 미리 저장된 동일한 콘텐츠를 제공한다. 사용자가 페이지를 탐색하거나, 브라우저에 설정된 URL에 HTTP "GET" 요청을 보낼 때 서버는 파일 시스템에서 요청한 파일을 검색하고 HTTP응답을 반환한다. 해당 파일을 제대로 전송한 경우에는 일반적으로 HTTP 200 OK 응답을 반환하고, 문제가 발생하는 경우 해당 HTTP 오류 응답을 전송한다.

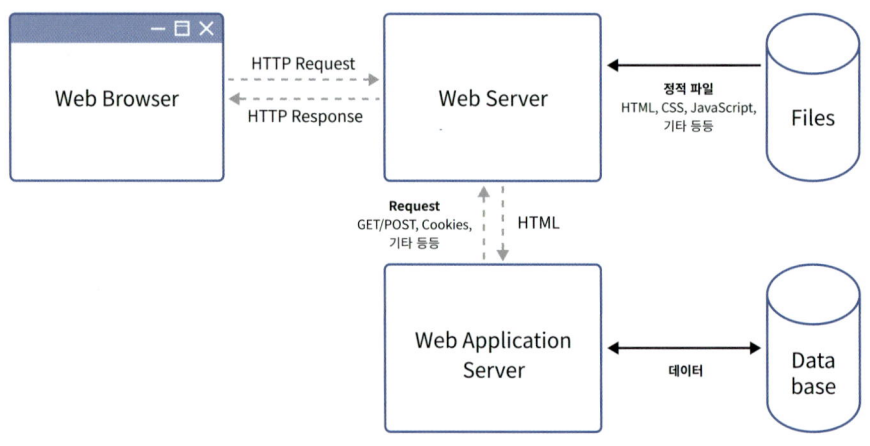

동적 웹 서비스 흐름도

위 그림은 동적 웹 서비스의 개요를 표현하고 있다. 동적 웹 서비스는 서버에서 실행하는 코드를 이용하여 동적으로 필요할 때 응답 콘텐츠를 생성한다. 일반적으로 동적 웹 서비스는 HTML의 템플릿(template) 영역에 DBMS로부터 조회해온 데이터를 삽입하여 생성된다.

동적 웹 서비스는 URL에 관련하여 다른 데이터를 반환하거나 응답을 변환하는 과정에서 다른 작업의 수행이 가능하다.

정적 리소스에 대해서는 정적 웹 서비스와 동일하나 동적 리소스에 대한 요청은 Web Application Server로 전달되어 동적 리소스를 생성하기 위해서 필요한 정보를 DBMS로부터 읽고 검색된 데이터를 HTML 템플릿과 병합하여 생성된 응답을 HTML을 포함하여 요청한 클라이언트에 다시 전송하게 된다.

HTTP를 이용한 웹 서비스는 클라이언트에 요청(Request)을 하면 서버에서 처리하고 응답(Response)을 보낼 때 응답에 대한 결과 코드 값(Response Code)를 클라이언트에 전송하게 된다. 대략적인 HTTP 응답코드를 살펴보면 다음과 같다.

응답코드	개요	개요
1XX	Information(정보)	요청을 받고 처리 중
2XX	Success(성공)	요청에 대해서 정상적으로 처리
3XX	Redirection(리디렉션)	요청 완료를 위해 추가 동작이 필요
4XX	Client Error(클라이언트 오류)	클라이언트 요청을 처리할 수 없어서 오류 발생
5XX	Success(성공)	서버에서 처리하지 못하여 오류 발생

HTTP 응답 코드

400번대와 500번대 모두 에러 코드로서 400번대 에러는 클라이언트가 잘못된 요청을 하여 서버에서 처리하지 못하는 경우이고 500번대 에러는 클라이언트의 요청은 문제가 없으나 서버에서 처리하는 과정에서 오류가 발생되는 경우에 응답코드라고 생각하면 된다. 보다 자세한 내용은 iana(http://www.iana.org)에서 제공하는 HTTP Status Code Registry를 참고하기 바란다.

2
웹프로그램 개발을 위한 환경 설정

파이썬으로 백엔드 서비스를 구성할 때에는 웹 서버와 파이썬 웹 어플리케이션을 연동하기 위해서는 다양한 방법이 제공되고 있다. 웹 프로그램 개발 이전에 각 연동 방식과 장단점에 대해서 확인해보자.

파이썬 웹 어플리케이션 연동 방식

ChatGPT를 이용하여 브로드캐스트 방식으로 특정 메시지를 송신하는 서버를 구현해보자.

데이터 전송

Connect 메서드를 이용하여 서버의 포트에 클라이언트와 연결이 되고 난 후, 서버에 메시지를 전송한다. ChatGPT가 생성한 소스에서는 "안녕하세요, 서버! 이 메시지는 클라이언트에서 보내는 메시지입니다."라는 메시지를 서버로 전송하고 서버로부터 메시지가 수신될 때까지 대기하게 된다.

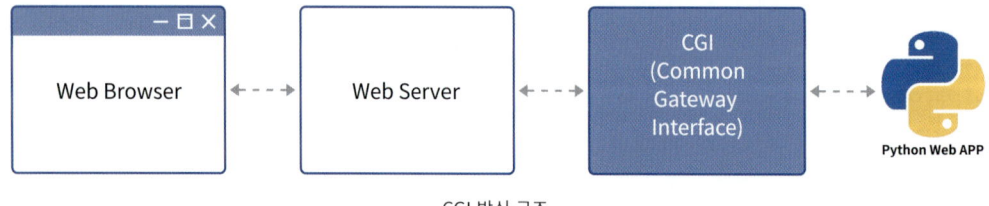

CGI 방식 구조

FastCGI(Common Gateway Interface) 방식

프로세스별로 웹 어플리케이션을 호출함으로써 발생하는 문제를 해결하기 위해서 나온 방식이 FastCGI 방식이다. FastCGI 방식은 대량의 웹 요청에 대해서 하나의 프로세스만 가지고 처리하기 때문에 기존 CGI 방식의 성능저하 문제를 획기적으로 향상시켰다.

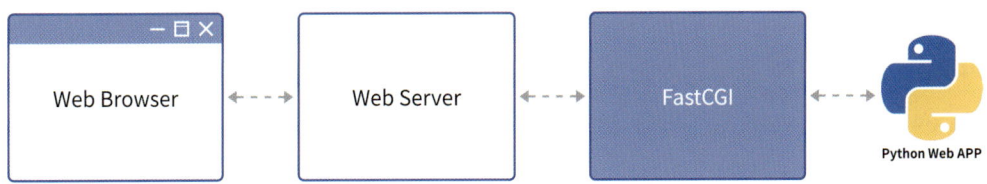

FastCGI 방식 구조

그러나 이러한 CGI나 FastCGI방식의 경우에는 대부분 웹 어플리케이션을 수용할 수 있는 방법으로 Python만의 게이트웨이 인터페이스 방식이 등장하였다.

WSGI(Web Server Gateway Interface) 방식

이러한 이유로 파이썬에 CGI를 모방하여 등장한 것이 WSGI와 ASGI 방식 인터페이스이다. WSGI는 웹 서버와 파이썬 웹 애플리케이션에 중간에서 하나의 프로세스가 모든 요청을 받고 콜백(Callback) 방식으로 처리하는 방식이다. WSGI를 이용하여 연계하는 경우, 웹 서버는 WSGI 어플리케이션 함수를 호출할 때, 환경 변수에 관련된 딕셔너리(Dictionary)와 응답 시작을 위한 콜백 함수(Callback)를 전달한다. 이후 파이썬 웹 어플리케이션은 콜백 함수를 호출하여 응답 상태와 헤더를 설정하고 이를 반환하는 형태로 작동한다.

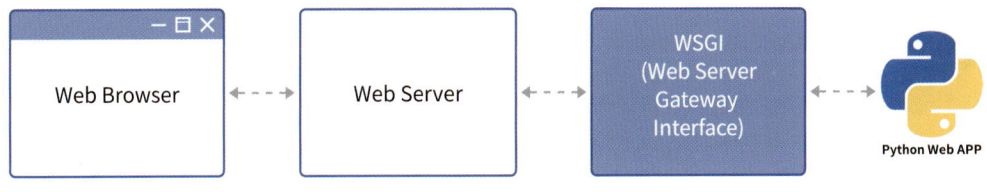

WSGI 방식 구조

ASGI(Asynchronous Gateway Interface) 방식

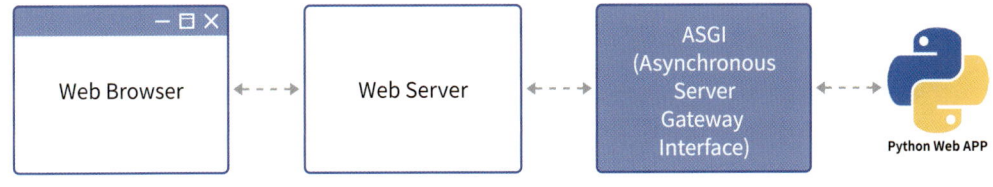

ASGI방식 구조

WSGI 방식의 경우 동기 함수만을 처리할 수 있는 형태로 여러 작업을 동시에 처리하는 것에는 동기식 방식으로 인한 한계를 가지고 있다.

파이썬에서 제공하는 비동기 처리 방식(asyncio, coroutine)의 메커니즘을 이용하여 기본적으로 요청을 비동기식으로 처리하기 위해 등장한 것이 ASGI(Asynchronous Gateway Interface) 방식이다. ASGI는 WSGI에서 지원이 불가능한 Websocket 프로토콜과 HTTP 2.0을 지원하며 "단일 비동기 방식"의 구성으로 send와 receive 함수를 이용하여 비동기적으로 이벤트를 처리할 수 있다는 장점이 있으며 기존 WSGI 방식의 Django의 최신버전에서도 ASGI 방식을 이용하여 비동기적으로 웹 요청의 처리가 가능하다.

Django프레임워크 개요

파이썬을 기반으로 백앤드 웹 프로그램을 개발하기 위해서 Django, Flask, FastAPI, Tornado, Pyramid, Bottle, CherryPy와 같은 다양한 프레임워크(framework)들이 존재한다. 이 중에서 가장 안정적으로 커뮤니티를 유지하면서 널리 사용되고 있는 Django 프레임워크를 기반으로 파이썬 기반의 서버 사이드 프로그래밍(Server Side Programming)에 대해서 살펴보기로 하자. 먼저 ChatGPT를 통해서 Django 프레임워크에 대해서 살펴보기로 하자.

 Django framework에 대해서 설명해 주세요.

 Django는 고수준의 웹 개발 프레임워크로, Python 언어로 작성되었습니다. "웹 개발의 복잡함을 줄이자"라는 철학으로 만들어졌으며, 그 철학을 반영하여 "배터리 포함"이라는 접근법을 취하고 있습니다.
이는 Django가 웹 애플리케이션 개발에 필요한 대부분의 기능을 기본적으로 제공한다는 의미입니다. Django의 주요 특징 및 컴포넌트는 다음과 같습니다.

1. ORM (Object-Relational Mapping): Django ORM을 사용하면 데이터베이스 테이블을 Python 클래스로 모델링할 수 있으며, 이를 통해 데이터베이스와의 상호 작용을 추상화하여 SQL 없이 데이터를 쿼리하고 조작할 수 있습니다.

2. Admin Interface: Django는 강력한 관리자 웹 인터페이스를 자동으로 생성합니다. 이를 통해 개발자는 웹사이트의 데이터를 쉽게 관리할 수 있습니다.

3. URL Routing: URLconf를 사용하여 URL 패턴을 뷰와 연결합니다. 이를 통해 웹 애플리케이션의 네비게이션 구조를 구성할 수 있습니다.

4. Templates: Django는 자체 템플릿 시스템을 제공합니다. 이를 사용하면 동적 웹 페이지를 생성할 수 있습니다.

5. Forms: Django는 폼 생성과 처리, 데이터 유효성 검사를 지원하는 폼 프레임워크를 제공합니다.

6. Authentication & Authorization: 사용자 인증(로그인 및 로그아웃) 및 권한 부여(어떤 사용자가 어떤 리소스에 접근할 수 있는지) 기능을 포함하고 있습니다.

7. ecurity: Django는 웹 개발 중에 발생할 수 있는 여러 보안 위협, 예를 들면 SQL 인젝션, CSRF, XSS 등에 대한 내장된 보호 기능을 제공합니다.

8. Middleware Support: Django는 요청과 응답을 처리하는 중간에 사용자 지정 코드를 실행할 수 있는 미들웨어 시스템을 제공합니다.

9. Scalability: Django는 큰 규모의 트래픽을 처리하기 위해 설계되었으며, 일반적으로 잘 설계된 아키텍처를 통해 높은 트래픽을 처리할 수 있습니다.

10. Community & Extensions: Django는 큰 커뮤니티에 의해 지원되며, 많은 재사용 가능한 앱과 확장 기능이 Django Packages와 같은 플랫폼에서 제공됩니다.

요약하면, Django는 웹 애플리케이션 개발을 더 빠르고 쉽게 만들어주는 포괄적인 프레임워크입니다. "원하는 것만 빠르게 구축하되, 필요한 모든 것이 포함되어 있어야 한다"는 철학을 따르고 있습니다.

Django 프레임워크는 유튜브(Youtube), 인스타그램(Instagram), 스포티파이(Spotify)와 같은 유명한 서비스와 다양한 플랫폼에서 사용되고 있으며 보다 자세한 내용은 https://djangosites.org를 통해서 최신 사이트 목록을 살펴볼 수 있다. 이와 더불어 Django 프레임워크에 대한 자세한 설명 및 여러가지 정보는 Django 홈페이지(https://www.djangoproject.com)를 통해서 살펴볼 수 있다. Django에서는 기존 MVC(Model-View-Controller) 패턴과 유사한 MVT(Model-View-Template) 패턴을 사용한다. 모델(Model)은 데이터를 의미하며 템플릿(Template)은 사용자에게 보여지는 UI 부분을 나타내고 뷰(view)는 프로그램 로직에 따라서 데이터를 가져오고 이에 대한 결과를 템플릿에 전달하는 역할을 수행한다.

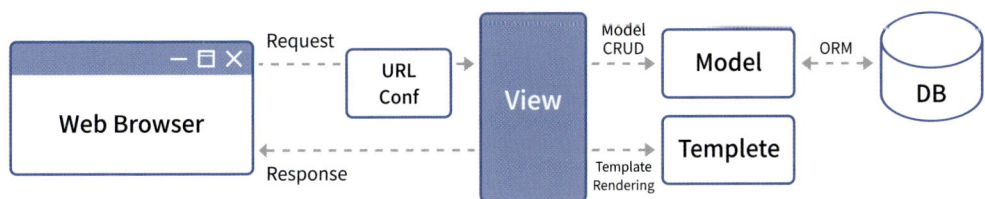

Django의 MTV 패턴

Django에서 MVT 패턴에 의해서 처리하는 과정은 위와 같다.

1. 클라이언트로부터 요청이 들어오게 되면 URLConf를 이용하여 URL을 분석한다.
2. URL분석 결과로 해당 URL을 처리할 뷰를 결정한다.
3. 뷰는 자신의 로직을 실행하면서 데이터에 관련된 처리가 필요한 경우 해당 모델을 통해서 처리하고(C-create, R-read, U-update, D-delete) 그 결과를 반환받는다.
4. 뷰는 해당 로직 처리가 완료되면 템플릿을 사용하여 클라이언트에 전송할 HTML 파일을 생성한다.
5. 뷰는 처리에 대한 최종 결과로 HTML 파일을 요청한 클라이언트에 전송한다.

Django 설치 및 시작하기

Django 웹 프레임워크의 사용을 위해서 Django를 설치해야 한다. 일반적으로 파이썬의 외부 프레임워크나 라이브러리는 pip(Pip installs Packages)라는 유틸리티 프로그램을 사용하여 설치와 관리를 진행하게 된다. pip 유틸리티는 가장 기본적으로 "pip install 패키지명"을 사용하고 설치된 패키지를 삭제하는 경우에는 "pip uninstall 패키지명"을 사용하여 설치된 패키지를 제거한다. Pip 유틸리티를 이용하여 Django 프레임워크를 설치해 보자.

Django 프레임 워크 설치

C:\Users\python>pip install django
Collecting django
    Obtaining dependency information for django from
https://files.pythonhosted.org/packages/bf/8b/c38f2354b6093d9ba310a14b43a83
0fdf776edd60c2e25c7c5f4d23cc243/Django-4.2.5-py3-none-any.whl.metadata
    Downloading Django-4.2.5-py3-none-any.whl.metadata (4.1 kB)
Collecting asgiref<4,>=3.6.0 (from django)
    Obtaining dependency information for asgiref<4,>=3.6.0 from
https://files.pythonhosted.org/packages/9b/80/b9051a4a07ad231558fcd8ffc89232
711b4e618c15cb7a392a17384bbeef/asgiref-3.7.2-py3-none-any.whl.metadata
    Downloading asgiref-3.7.2-py3-none-any.whl.metadata (9.2 kB)
Collecting sqlparse>=0.3.1 (from django)
    Downloading sqlparse-0.4.4-py3-none-any.whl (41 kB)

```
                            ---------------------------------- 41.2/41.2 kB 332.7 kB/s
eta 0:00:00
Collecting tzdata (from django)
    Downloading tzdata-2023.3-py2.py3-none-any.whl (341 kB)
                            ---------------------------------- 341.8/341.8 kB 683.7 kB/
s eta 0:00:00
Downloading Django-4.2.5-py3-none-any.whl (8.0 MB)
                            ---------------------------------- 8.0/8.0 MB 856.9 kB/s eta
0:00:00
Downloading asgiref-3.7.2-py3-none-any.whl (24 kB)
Installing collected packages: tzdata, sqlparse, asgiref, django
Successfully installed asgiref-3.7.2 django-4.2.5 sqlparse-0.4.4 tzdata-2023.3
```

"pip install Django"로 패키지가 설치되고 나면 "pip show 패키지명"을 이용하여 Django 패키지의 정상 설치 여부를 확인해 보자. 아래와 같은 방법으로 pip를 이용하여 Django 패키지의 정상 설치 여부와 버전 정보(4.2.5)를 확인할 수 있다.

```
C:\Users\python>pip show Django
Name: Django
Version: 4.2.5
Summary: A high-level Python web framework that encourages rapid development and clean,
pragmatic design.
Home-page: https://www.djangoproject.com/
Author: Django Software Foundation
Author email: foundation@djangoproject.com
License: BSD-3-Clause
Location: C:\Users\python\AppData\Local\Programs\Python\Python311\Lib\site-packages
Requires: asgiref, sqlparse, tzdata
Required-by:Successfully installed asgiref-3.7.2 django-4.2.5 sqlparse-0.4.4 tzdata-2023.3
```

Django 프로젝트 생성

Django로 웹프로그래밍을 개발하기 위해서는 Django-admin.py라는 Django 관리자 모듈을 사용해야 한다. 프로젝트를 생성할 디렉토리로 이동 후, "django-admin startproject 프로젝트명"을 실행하면 기본적인 웹 프로젝트 폴더 및 파일들을 생성해 준다.

C:\Users\python\SampleCode\8. web>django-admin startproject myFirstWeb

위 명령어를 실행하여 해당 폴더에 "myFirstWeb"이라는 프로젝트를 생성한다. Django는 웹 프로젝트에 관련되어 기본적으로 폴더 및 필요한 파일들을 자동으로 생성해 준다. 생성된 폴더와 파일들에 대한 내용을 ChatGPT를 통해서 살펴보자.

 django의 프로젝트와 관련된 폴더 및 파일등 환경에 대해서 상세하게 설명해 주세요.

Django에서 프로젝트를 생성할 때, 기본적인 폴더와 파일 구조를 자동으로 생성해 줍니다. 이 구조를 통해 Django의 애플리케이션은 잘 정리되고 확장 가능한 형태를 갖춥니다.
새로운 Django 프로젝트를 생성하면 다음과 같은 구조가 생성됩니다.

```python
myFirstWeb /
│
├── manage.py
│
└── myFirstWeb /
    ├── __init__.py
    ├── asgi.py
    ├── settings.py
    ├── urls.py
    └── wsgi.py
```

각 파일 및 디렉터리에 대한 설명은 다음과 같습니다.

manage.py: Django 프로젝트의 커맨드라인 유틸리티입니다. 이 스크립트를 사용하여 데이터베이스 마이그레이션, 서버 실행, 애플리케이션 생성 등의 다양한 관리 작업을 수행할 수 있습니다.

myFirstWeb /: 이 폴더는 프로젝트의 설정과 관련된 모듈들을 포함합니다.
init.py: 폴더를 파이썬 패키지로 표시하는 데 사용되는 빈 파일입니다.
asgi.py: (Django 3.1 이후) ASGI (Asynchronous Server Gateway Interface) 설정을 포함하며, 비동기 환경에서의 Django 애플리케이션 실행을 위한 파일입니다.
settings.py: 프로젝트의 설정이 포함된 파일입니다. 데이터베이스 설정, 타임존, 미들웨어, 템플릿 설정, 정적 파일 경로 등 다양한 설정들을 포함하고 있습니다.

urls.py: 프로젝트 레벨의 URL 설정이 포함된 파일입니다. 웹 애플리케이션의 URL과 뷰 함수/클래스 간의 매핑을 정의합니다.
wsgi.py: WSGI (Web Server Gateway Interface) 설정을 포함하며, 전통적인 동기 환경에서의 Django 애플리케이션 실행을 위한 파일입니다.

추가적으로, startapp 커맨드를 사용하여 새로운 애플리케이션을 생성하면, 해당 애플리케이션에 대한 별도의 폴더와 파일 구조가 프로젝트 내에 생성됩니다. 이 구조는 모델, 뷰, 템플릿, 테스트, 마이그레이션 등을 관리하기 위한 것입니다.

이러한 구조를 이해하고 활용하면, Django 프로젝트의 구성 요소를 효과적으로 관리하고 확장할 수 있습니다.

Django 서버 실행

기본적인 웹 프로젝트(myFirstWeb)가 생성이 되면 웹 서비스를 실행하기 위해서 manage.py가 위치한(myFirstWeb) 폴더에서 "python manage.py runserver"를 명령어를 이용하여 Django 서버를 실행시켜 보자.

```
C:\Users\python\SampleCode\8. web\myFirstWeb)python manage.py runserver
Watching for file changes with StatReloader
Performing system checks...

System check identified no issues (0 silenced).

You have 18 unapplied migration(s). Your project may not work properly until you apply the migrations for app(s): admin, auth, contenttypes, sessions.
Run 'python manage.py migrate' to apply them.
October 04, 2023 - 16:48:53
Django version 4.2.5, using settings 'myFirstWeb.settings'
Starting development server at http://127.0.0.1:8000/
Quit the server with CTRL-BREAK.
```

위 명령으로 서버가 시작되면 다음과 같은 메시지가 출력되는 것을 확인할 수 있다. 이때 서버가 8000포트를 이용하여 실행된 것을 콘솔에서 확인할 수 있다 (http://127.0.0.1:8000).
웹 브라우져를 이용하여 해당 URL(http://127.0.0.1)을 접속하면 다음과 같이 관리자 화면이 출력되는 것을 확인할 수 있다.

Django Admin 정상 작동 화면

3
Django 프레임워크 기반 웹 프로그래밍

DJango 프레임워크에서는 프로젝트(Project)를 생성하고 나서 프로젝트 내에 앱(APP)을 생성하여 실제 웹서비스를 구축한다. 하나의 프로젝트는 여러 개의 앱을 포함할 수 있으며 프로젝트와 앱의 차이점은 다음과 같다.

Q **Django에서 앱과 프로젝트의 차이점에 대해서 비교하여 기술 해 주세요.**

 Django에서 "앱(app)"과 "프로젝트(project)"는 서로 다른 개념으로, Django의 구조를 이해하는 데 중요한 요소입니다. 두 용어의 차이점을 비교하여 설명하겠습니다.

프로젝트(Project)
1. **정의**: Django 프로젝트는 전체 웹 애플리케이션의 컨테이너입니다. 프로젝트는 구성 설정, 데이터베이스 설정, 애플리케이션을 포함하고 관리합니다.
2. **역할**: 프로젝트는 앱들을 포함하며, 앱 간의 상호작용을 관리합니다. 프로젝트 설정(`settings.py`)에서 데이터베이스 구성, 사용할 Django 애플리케이션, 미들웨어, 템플릿 설정 등 전체 애플리케이션에 영향을 미치는 구성 요소들을 정의합니다.
3. **구조**: 프로젝트 디렉토리에는 `settings.py`, `urls.py`, `wsgi.py` 등의 설정 파일과 `manage.py` 스크립트가 포함되어 있습니다.
4. **예시**: 하나의 프로젝트에는 블로그, 포럼, 사용자 인증 시스템 등 다양한 기능을 하는 여러 앱이 포함될 수 있습니다.

앱(App)
1. **정의**: Django 앱은 프로젝트의 구성 요소로, 특정 웹 애플리케이션 기능을 담당합니다. 앱은 재사용 가능하고, 특정 기능을 수행하는 독립적인 모듈입니다.
2. **역할**: 앱은 모델(데이터), 뷰(사용자 인터페이스), 템플릿(HTML 파일), URL 정의 등 특정 기능과 관련된 코드를 포함합니다. 예를 들어, 블로그 앱은 게시글 관련 모델, 뷰, 템플릿을 포함할 수 있습니다
3. **구조**: 앱 디렉토리에는 `models.py`, `views.py`, `tests.py`, 그리고 `migrations/` 폴더 등이 포함됩니다.
4. **재사용성**: 앱은 독립적으로 작동할 수 있으며, 필요에 따라 다른 프로젝트에서 재사용할 수 있습니다.

비교
- **범위**: 프로젝트는 전체 웹 사이트를 의미하며, 앱은 프로젝트 내의 특정 기능을 담당합니다.
- **독립성**: 앱은 재사용 가능하며, 다른 프로젝트에 통합될 수 있습니다. 반면, 프로젝트는 보통 특정 웹 사이트에 특화되어 있습니다.
- **기능**: 프로젝트는 앱들을 연결하고, 전체적인 설정을 관리합니다. 앱은 특정 기능이나 서비스를 제공합니다.
- **재사용성**: 앱은 일반적으로 재사용이 가능하도록 설계되어 있습니다. 프로젝트는 특정 웹 사이트에 특화되어 있기 때문에 재사용성이 덜합니다.

이러한 차이점을 이해하는 것은 Django에서 효율적으로 개발하는 데 중요합니다.
Django는 이러한 모듈식 접근을 통해 유지 관리가 쉽고, 확장 가능한 웹 애플리케이션을 구축할 수 있도록 지원합니다.

Django 앱 생성 환경 설정하기

이제 생성한 프로젝트에 간단하게 앱을 만들어서 실행해보자. 앱을 만들기 위해서는 "python manage.py startapp [앱 이름]"이라는 명령어를 이용하여 앱을 생성할 수 있다.

C:\Users\python\SampleCode\8. web>python manage.py startapp myApp

이와 같은 명령어를 사용하면 해당 프로젝트에 myApp라는 앱 폴더가 생성된 것을 볼 수 있으며 myAPP 폴더는 다음과 같은 구조를 가지고 있다.

Q Django에서 myApp이라는 앱을 만들었을 때 생성되는 폴더 및 파일에 대해서 표로 설명해 주세요.

Django에서 myApp이라는 앱을 생성하면, 기본적으로 다음과 같은 폴더 및 파일이 생성됩니다. 이들 각각은 Django 앱에서 특정 역할을 수행합니다.

파일/디렉토리	설명
myApp/	myApp앱의 루트 디렉토리입니다.
__init__.py	Python에게 이 디렉토리가 Python 패키지의 일부임을 알려주는 빈 파일입니다.
admin.py	앱의 모델을 Django 관리자 사이트에서 관리할 수 있도록 등록하는 곳입니다.
apps.py	앱의 구성(설정)을 저장하는 곳입니다. 여기에서 앱의 기본 정보를 설정할 수 있습니다.
models.py	앱의 데이터 모델을 정의하는 곳입니다. 데이터베이스 스키마는 여기에 정의된 모델에 따라 결정됩니다.
tests.py	앱의 테스트 케이스를 작성하는 곳입니다.
views.py	앱의 뷰 함수가 정의되는 곳입니다. 이곳에서 HTTP 요청을 처리하고 응답을 반환합니다.
migrations/	데이터베이스 마이그레이션 파일이 저장되는 디렉토리입니다. models.py의 변경사항을 데이터베이스에 적용하기 위한 마이그레이션 파일이 이곳에 생성됩니다.
migrations/__init__.py	이 또한 Python에게 migrations디렉토리가 Python 패키지의 일부임을 알려주는 빈 파일입니다.

이러한 파일 및 디렉토리 구조는 Django 앱의 기본적인 구성을 나타냅니다. 각 파일은 앱의 특정 측면(모델, 뷰, 테스트 등)을 관리하는 데 사용됩니다. 필요에 따라 추가 파일이나 디렉토리를 생성할 수도 있습니다 (예: urls.py for URL 패턴 정의, forms.py for Django 폼 처리 등).

이와 같이 앱을 생성한 것으로는 앱이 프로젝트와 연결되지는 않는다. 이를 위해서는 기존 프로젝트 설정 폴더에 존재하는 "settings.py" 파일에 추가된 앱의 이름을 설정해야 한다.

settings.py에 myApp 추가

이와 같이 'myApp'을 추가하면 프로젝트에서는 앱을 연결하여 사용할 수 있다. settings.py 파일을 수정함으로서 기본적인 준비는 모두 완료되었다. 이제 실제적인 코드를 작성하여 웹 브라우져를 통해서 정상 작동 여부를 확인해 보자. 장고를 이용하여 만든 웹 서버가 사용자의 요청(웹 브라우져를 통한 URL 호출)을 받아서 처리하는 순서는 다음과 같다.

1. 사용자가 URL을 호출하여 서버에 요청한다.
2. 서버의 view는 model을 이용하여 요청에 필요한 데이터를 수신 받는다.
3. view는 받은 데이터를 적절하게 처리하고 그 결과를 template으로 넘긴다.
4. template은 받은 정보를 요청한 사용자의 웹 브라우져에 HTML 기반의 스크립드를 생성하고 이를 출력한다.

이와 같은 작성을 처리하기 위해서 template(HTML)을 먼저 생성한 후에 이를 URL에 추가하고 Views를 작성한 후 이를 URL에 추가하여 정상 작동 여부를 확인해 보자.

Django 앱 프로그래밍

Template의 작성

기본적으로 사용자의 웹브라우져로 전송될 template을 먼저 생성해야 한다. myApp 폴더 아래에 templates라는 폴더는 생성하고 그 아래에 index.html을 작성하고 이를 "myFirstWeb/myApp/templates/inde.xhtml"로 저장한다. 저장해야 하는 HTML의 내용은 아래 코드를 참조한다.

```
<!DOCTYPE html>
<html lang="en">
<head>
    <meta charset="UTF-8">
    <title>index.html</title>
</head>
<body>
    <form action="SayHello">
이름
        <input type="text" name="name" placeholder="이름을 입력하세요.">
        <input type="submit" value="제출">
    </form>
</body>
</html>
```

index.html

이와 같이 templates 폴더에 추가한 "index.html"을 호출하기 위해서는 urls.py에 해당 URL을 정의해줘야 한다.

이 때 중요한 것은 myApp의 views.py를 사용하기 위해서 프로젝트의 urls.py에 myApp을 import를 해야한다. 그리고 추가되는 내용을 urlpattens에 포함하자. 수정해야 하는 파일의 내용은 아래를 참조하자.

```
from django.shortcuts import render
# Create your views here.
def index(request):
```

```
    return render(request, "index.html")
def SayHello(request):
    userName =request.GET['name']
    return render(request, "welcome.html", {'name': userName})
```

views.py에 SayHello 메서드 추가하기

이제 작성한 welcome.html을 templates 폴더에 저장하고 프로젝트의 urls.py에 해당 URL의 설정을 추가해보자.

```
from django.contrib import admin
from django.urls import path
from myApp import views   # from 앱이름 import views

urlpatterns = [
    path('admin/', admin.site.urls),
    path('', views.index, name="index"),
    path('SayHello/', views.SayHello, name="welcome"),
]
```

urls.py에 index에 대한 URL 설정하기

이제 실제 index.html을 호출하고 사용자 입력 화면에 변수 값을 설정하여 올바르게 view가 작동하는지 확인해보자.

```
from django.contrib import admin
from django.urls import path
from myApp import views   # from 앱이름 import views

urlpatterns = [
    path('admin/', admin.site.urls),
    path('', views.index, name="index"),
]
```

urls.py에 index에 대한 URL 설정하기

이와 같이 설정한 이후, "python manage.py runserver"를 호출하고 웹 브라우져에서 "http://127.0.0.1:8000"을 입력하여 정상 출력 여부를 확인해 보자.

index.html의 정상 작동 여부 확인

view 작성하기

다음으로는 views.py를 이용하여 데이터를 처리하는 코드를 작성해 보자. view 함수는 기본적으로 요청을 수신하면 render 함수의 2번째 인자에 해당하는 HTML 페이지를 랜더링한다. 그리고 3번째 인자는 템플릿의 변수를 Dictionary 형태의 key-value 자료 구조형으로 변환하여 전달해 준다.

SayHello라는 함수는 기본적으로 다음과 같은 형태로 작동하게 된다.

1. 매개 변수로 전달된 name이라는 변수에 해당 하는 값을 UserName이라는 변수에 담는다.
2. name이라는 템플릿 변수에 UserName의 값을 추가하고 이를 welcome.html에 전달한다.

myApp폴더에 위치한 views.py 파일을 열고 위와 같은 처리를 위해서 다음과 같이 코드를 수정한다.

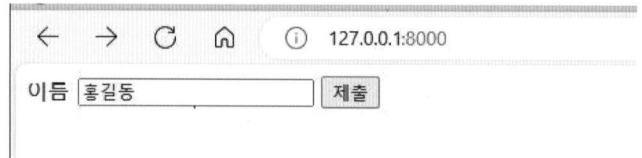

사용자 이름 값 설정

이름의 input form에 "홍길동"을 입력하고 "제출" 버튼을 클릭하면 아래와 같이 입력한 이름이 출력되고 올바르게 welcome.html이 작동하는 것을 확인할 수 있다.

안녕하세요 홍길동님

동적으로 생성된 welcome.html

제 7장. 데이터 베이스 프로그래밍

1
DBMS의 종류와 RDBMS

데이터베이스(Database)란 데이터의 집합을 의미하며 DBMS(Database Management System)이란 이러한 데이터베이스를 관리하고 운용하는 소프트웨어를 의미한다. 일반적인 파일 시스템의 경우에도 데이터의 집합이라고 볼 수 있으나 DBMS는 여러 명의 사용자나 응용 프로그램과 공유하고 동시에 접근하도록 설계되어 서비스를 제공하는 프로그램이다.

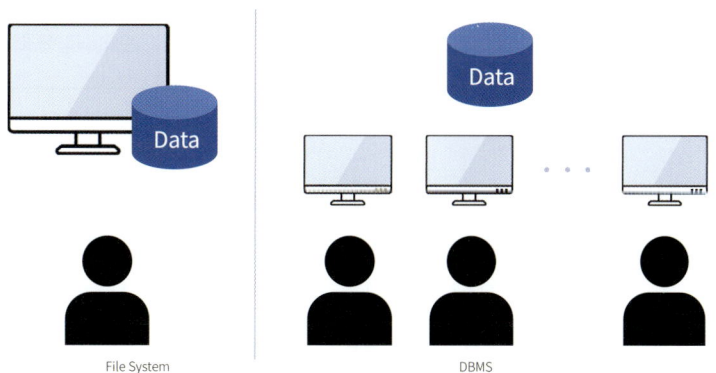

파일 시스템과 DBMS 시스템

DBMSDBMS는 논리적으로 데이터를 관리하기 위해서 여러가지 유형이 존재하며 사용 목적에 따라서 관련 DBMS를 도입해야 한다. 유형에 따른 DBMS의 종류와 제품군들은 다음과 같다.

DBMS	개요	솔루션	차이점
RDBMS (관계형)	데이터를 테이블 형태로 저장하며, 테이블 간의 관계 형태로 데이터 관리	Oracle MySQL Microsoft SQL Server PostgreSQL, SQLite	SQL을 사용하여 데이터 관리(CRUD) 데이터 무결성, 원자성, 일관성, 독립성, 지속성을 보장
NoSQL (비관계형)	관계형 모델을 사용하지 않음 대규모 데이터와 분산 시스템에 최적화	MongoDB (문서 지향) Cassandra, HBase (열지향) Redis (키-값 저장소) Neo4j (그래프 데이터베이스)	확장성이 높음. 스키마에 RDBMS에 비해 상대적으로 유연
OODBMS (객체 관계형)	객체 지향 프로그래밍 모델 기반	ObjectDB, Versant Object Database	객체 지향의 특징 지원 (상속, 다형성, 캡슐화 등)
ORDBMS (객체-관계형)	RDBMS와 OODMBS의 특성을 결합	Oracle (object extensions) IBM DB2	객체와 테이블 모두를 저장하며, 객체 지향 특성과 SQL의 조합을 지원
Columnar (열 기반)	데이터를 열 기반으로 저장. 대규모 데이터의 빠른 읽기 및 집계에 유리	Apache HBase Google Bigtable Apache Cassandra	열 중심 저장 방식. 데이터 웨어하우스나 OLAP에 적합.
Timseries (시계열)	시간의 순서(시계열)로 데이터를 저장하고 관리	TimescaleDB InfluxDB	시간 기반 인덱싱 시계열 데이터 분석 및 모니터링에 최적화

DBMS의 종류 및 특징

RRDBMS(Relational Database Management System)는 1970년 IBM의 한 연구원이 "A Relational Model of Data for Large Shared Daba Banks"라는 논문에서 처음 게재된 논문으로 이 논문에서 관계형 데이터 모델의 기본 개념을 제시하였다. RDBMS의 특징에 대해서 ChatGPT를 통해서 살펴보자.

Q RDBMS에 대해서 설명해 주세요.

 RDBMS(Relational Database Management System)는 관계형 데이터베이스를 관리하기 위한 시스템입니다. 관계형 데이터베이스는 데이터를 테이블 형태로 저장하며, 테이블 간에는 관계가 정의되어 있습니다. 이러한 구조는 데이터 관리와 조회를 효율적으로 만들어 줍니다.

RDBMS의 주요 특징은 다음과 같습니다

1. **테이블(Table) 구조**: 데이터는 테이블(또는 관계)에 저장되며, 각 테이블은 행(Row)과 열(Column)로 구성됩니다.

2. **데이터 무결성(Data Integrity)**: RDBMS는 데이터 무결성을 보장하기 위한 여러 규칙을 가지고 있습니다. 예를 들면, Primary Key(기본 키)는 해당 테이블의 각 행을 고유하게 식별하는 데 사용되며, 중복된 값을 허용하지 않습니다.

3. **데이터의 독립성(Data Independence)**: 데이터베이스의 물리적 구조와 논리적 구조는 독립적입니다. 이는 애플리케이션 프로그램이 데이터베이스의 물리적 변경에 영향을 받지 않도록 합니다.

4. **SQL 지원**: RDBMS는 SQL(Structured Query Language)을 사용하여 데이터를 조회, 삽입, 수정, 삭제합니다. SQL은 RDBMS에서 데이터 작업을 위한 표준 언어로 간주됩니다.

5. **데이터의 일관성 및 원자성**: RDBMS는 ACID(Atomicity, Consistency, Isolation, Durability) 특성을 준수합니다. 이는 트랜잭션이 안전하게 수행되도록 보장하는 중요한 특징입니다.

6. **데이터 보안**: 사용자나 사용자 그룹에 대한 접근 제어를 통해 데이터의 보안을 보장합니다.

7. **관계 설정**: 테이블 간의 관계는 기본 키와 외래 키(Foreign Key)를 사용하여 설정됩니다. 이 관계는 데이터 중복성을 줄이고 데이터 무결성을 유지하는 데 도움을 줍니다.

대표적인 RDBMS 제품에는 Oracle, MySQL, Microsoft SQL Server, PostgreSQL, SQLite 등이 있습니다. 각 제품은 특정 환경 및 사용 사례에 적합하게 설계되었으며, 사용 목적에 따라 적절한 제품을 선택할 필요가 있습니다.

RDBRDBMS는 데이터를 테이블로 정의하고 테이블 간에 관계를 관리하는 형태의 시스템이라 볼 수 있는데 가장 중요한 개념을 다음 그림을 통해서 살펴보자.

이름	부서	소재지
일순신	총무부	인천
이순신	IT부	대구
삼순신	인사부	인천

Table의 구성 요소

RDBMS와 관련된 용어 및 정의는 아래와 같다.

릴레이션(Relation) : 데이터를 저장하는 최소 단위 테이블의 이름을 의미한다.

식별자(Identifier) : 여러 개의 집합체를 담고 있는 관계형 데이터베이스에서 각각의 구분할 수 있는 논리적인 개념으로 하나의 릴레이션에서 모든 행은 서로 다른 키 값을 가져야 한다는 유일성과 꼭 필요한 최소한의 속성들만 키로 구성해야 한다는 최소성을 유지해야 한다.

튜플(Tuple) : 테이블에서 행을 의미. 같은 말로 레코드(Record) 혹은 로우(Row)라고도 한다. 튜플은 릴레이션에서 같은 값을 가질 수 없고 튜플의 수는 카디날리티(Cardinality)라고 한다.

어트리뷰트(Attribute) : 테이블에서 열을 의미하며 다른 말로 칼럼(Columm)이라고도 하며 어트리뷰트(Attribute)의 수를 의미하는 단어는 디그리(Degree)라고 한다.

이제 관계형 DBMS에서 데이터를 조작 및 관리(C/R/U/D - Create/ Read /Update /Delete)하기 위한 SQL에 대해서 살펴보기로 하자.

2
SQL
(Structured
Query Language)

SQL(Structed Query Language)는 RDBMS에서 사용되는 표준 프로그래밍
SQL(Structed Query Language)는 RDBMS에서 사용되는 표준 프로그래밍 언어
로서 1974년 IBM San Jose Lab에서 최초의 관계형 데이터베이스인 SystemR을 위
한 언어로 개발이 되었다. 이후로 1986년 ANSI에서 관계형 데이터베이스 표준언어
로 인증되어 현재까지도 가장 많이 이용되는 언어이다. SQL문은 데이터베이스 스키마
생성 및 수정, 테이블 관리, 데이터의 생성/조회/수정/삭제(Create/Read/Update/
Delete)에 관련된 작업등 데이터베이스에 관련된 모든 작업을 위해서 사용되는 언어
이다.

데이터베이스마다 문법의 차이는 존재하지만, 표준 SQL은 기본으로 RBDMS 모든 제
품군에서 사용가능하기 때문에 SQL은 필수적으로 알고 있어야 본 장의 파이썬으로 데
이터베이스 프로그래밍이 가능하다. SQL은 사용하려는 목적에 따라서 다음과 같이 크
게 세 가지로 구분되어 진다.

SQL	특징
DDL (Data Definition Language)	데이터 구조정의 : 테이블(table), 인덱스(index)등의 개체를 만들고 관리하는데 사용되는 명령어 – CREATE, ALTER, DROP
DML (Data Manipulation Language)	데이터 CRUD 수행 : Create, Read, Update, Delete 작업을 수행하기 위해 사용되는 명령어 – INSERT, UPDATE, DELETE, SELECT
DCL (Data Control Language)	데이터 베이스 개체(테이블, 인덱스 등)에 대한 사용 권한 설정 - BEGIN, COMMIT, ROLLBACK

Q SQL중에 DDL이 무엇인지 설명해주고 대학생 테이블을 생성하는 SQL문을 예제로 생성해 주세요.

 DDL (Data Definition Language)은 데이터베이스의 구조를 정의하거나 변경하는 데 사용되는 SQL의 부분집합입니다. DDL에는 테이블, 인덱스, 뷰, 스키마 등 데이터베이스 개체를 생성, 변경, 삭제하는 작업이 포함됩니다. DDL의 주요 명령어로는 CREATE, ALTER, DROP 등이 있습니다.

대학생 테이블 생성 예제:

```python
CREATE TABLE Students (
    StudentID INT PRIMARY KEY,
    Name VARCHAR(50) NOT NULL,
    Major VARCHAR(50),
    EnrollmentYear INT,
    DateOfBirth DATE
);
```

위의 SQL문은 Students라는 이름의 테이블을 정의하는 DDL입니다. 해당 테이블의 구조와 각 칼럼에 대해 설명하겠습니다. (테이블 이름: Students)
이 테이블은 대학의 학생들에 대한 정보를 저장하는 용도로 생성되었습니다.

칼럼들
1. StudentID
   - 학생의 고유한 학번을 나타내는 칼럼입니다.
   - 이 칼럼은 기본 키(PRIMARY KEY)로 설정되어 있어, 각 학생은 고유한 StudentID 값을 가져야 합니다.
   - INT 타입으로 정수 값을 저장합니다.

2. Name
   - 학생의 이름을 나타내는 칼럼입니다.
   - NOT NULL 조건이 설정되어 있어, 이 칼럼은 반드시 값을 가져야 합니다.
   - VARCHAR(50) 타입으로 최대 50자의 문자열 값을 저장할 수 있습니다.

3. Major
   - 학생의 전공을 나타내는 칼럼입니다.
   - 특별한 조건 없이, NULL 값이 허용됩니다.
   - VARCHAR(50) 타입으로 최대 50자의 문자열 값을 저장할 수 있습니다.

4. EnrollmentYear
   - 학생이 입학한 년도를 나타내는 칼럼입니다.
   - INT 타입으로 정수 값을 저장합니다.

5. DateOfBirth
   - 학생의 생년월일을 나타내는 칼럼입니다.
   - DATE 타입으로 날짜 값을 저장합니다.

이 Students 테이블은 대학생의 기본적인 정보(학번, 이름, 전공, 입학년도, 생년월일)를 저장하기 위해 설계되었습니다.

ChatGPT가 생성한 SQL예제는 "Students"라는 학생에 대한 정보를 가지고 있는 테이블을 생성(Create)하기 위한 예제문이다. CREATE 명령어를 사용하여 생성한 테이블은 ALTER 명령어나 DROP 명령어를 사용하여 테이블의 내용을 수정하거나 생성한 테이블을 삭제할 수 있다. ALTER와 DROP 명령어를 사용하여 미리 생성된 테이블을 수정하거나 제거해 보자.

> **Q** ALTER 명령어를 이용하여 생성된 Students 테이블을 수정하는 예제와 생성된 Students 테이블을 삭제하는 SQL문을 생성해줘. Students 테이블은 성별을 구분하는 attribute를 추가해 주세요.

> 먼저, Students 테이블에 성별을 나타내는 Gender 칼럼을 추가하는 ALTER 명령어를 제시하겠습니다. 그리고 테이블을 삭제하는 DROP 명령어도 같이 제시하겠습니다.
>
> Students 테이블에 Gender 칼럼 추가
>
> ```python
> ALTER TABLE Students ADD Gender VARCHAR(10);
> ```
>
> 이 명령어는 Students 테이블에 최대 10자의 문자열을 저장할 수 있는 Gender 칼럼을 추가합니다. Gender 칼럼에는 예를 들어 'Male', 'Female' 등의 값이 저장될 수 있습니다.
>
> Students 테이블 삭제
>
> ```python
> DROP TABLE Students;
> ```
>
> 이 명령어는 Students 테이블을 데이터베이스에서 완전히 제거합니다. 주의: 이 작업은 되돌릴 수 없으므로 테이블을 삭제하기 전에 반드시 데이터 백업을 해야 합니다.
> 이 두 명령어를 실행하기 전에 해당 데이터베이스의 권한 및 상황을 확인하고, 필요한 백업 작업을 수행하는 것이 좋습니다.

이제는 생성된 Students라는 테이블에 DML(Data Manipulation Languages)를 이용하여 데이터를 핸들링 해보사.

> **Q** SQL문의 DML을 설명해주고 위에서 생성한 Students 테이블을 이용하여 CRUD 예제를 생성하는 SQL문을 작성해 주세요.

> **DML (Data Manipulation Language)**은 데이터베이스 내의 데이터를 조작하는 데 사용되는 SQL의 부분집합입니다. DML에는 데이터를 생성, 조회, 수정, 삭제하는 작업이 포함됩니다. DML의 주요 명령어로는 INSERT, SELECT, UPDATE, DELETE 등이 있습니다.
>
> Students 테이블을 이용한 CRUD (Create, Read, Update, Delete) 예제를 아래에 제시하겠습니다.

Create (데이터 생성) - INSERT 명령어 사용

```python
INSERT INTO Students (StudentID, Name, Major, EnrollmentYear, DateOfBirth, Gender)
VALUES (1, 'John Doe', 'Computer Science', 2020, '2000-05-15', 'Male');
```

위 명령어는 Students 테이블에 새로운 학생 데이터를 추가합니다.

Read (데이터 조회) - SELECT 명령어 사용

```python
SELECT * FROM Students WHERE StudentID = 1;
```

위 명령어는 StudentID가 1인 학생의 모든 정보를 조회합니다.

Update (데이터 수정) - UPDATE 명령어 사용

```python
UPDATE Students
SET Major = 'Information Systems'
WHERE StudentID = 1;
```

위 명령어는 StudentID가 1인 학생의 전공을 'Information Systems'으로 수정합니다.

Delete (데이터 삭제) - DELETE 명령어 사용

```python
DELETE FROM Students WHERE StudentID = 1;
```

위 명령어는 StudentID가 1인 학생의 모든 정보를 조회합니다.
DML 명령어는 데이터를 직접 조작하기 때문에 주의 깊게 실행해야 합니다. 특히 UPDATE 및 DELETE 명령어는 조건 없이 실행되면 테이블의 모든 데이터가 영향을 받을 수 있으므로 주의가 필요합니다.

이제는 DCL(Data Control Language) 예제를 생성한 Students 테이블을 이용하여 살펴보도록 하자.

Q SQL문의 DCL 예제 생성해줘. Students 테이블에 권한을 주는 예제로 admin에게는 모든 권한을 주고 John에게는 테이블에 대한 읽기 권한만 주는 예제 SQL문을 생성해 주세요.

DCL (Data Control Language)는 데이터베이스의 접근 권한을 제어하기 위한 SQL의 부분집합입니다. 주요 DCL 명령어로는 GRANT와 REVOKE가 있습니다. GRANT 명령어를 사용하여 Students 테이블에 대한 권한을 설정하는 예제를 아래에 제시하겠습니다.

admin에게 Students 테이블에 대한 모든 권한 부여

```python
GRANT ALL PRIVILEGES ON Students TO admin;
```

위의 명령어는 admin 사용자에게 Students 테이블에 대한 모든 권한(데이터 읽기, 쓰기, 수정, 삭제 등)을 부여합니다.

John에게 Students 테이블에 대한 읽기 권한만 부여

```python
GRANT SELECT ON Students TO John;
```

위의 명령어는 John 사용자에게 Students 테이블에 대한 데이터 읽기 권한만 부여합니다.

이 명령어들을 실행하기 전에 해당 데이터베이스 시스템의 문서를 확인하고 필요한 경우 DBA나 관련 전문가와 상의하는 것이 좋습니다. 또한, 명령어의 구문은 사용하는 RDBMS에 따라 약간의 차이가 있을 수 있습니다.

이와 더불어 생성한 권한을 수정하는 방법에 대해서도 살펴보자.

Q REVOKE 사용법도 가르쳐 주세요

물론입니다. REVOKE는 DCL(Data Control Language)의 일부로, 사용자로부터 특정 권한을 제거하는 데 사용됩니다.

기본 사용법: admin에서 Students 테이블에 대한 모든 권한 제거

```python
REVOKE [권한] ON [객체] FROM [사용자/역할];
```

권한: 제거할 권한. (예: SELECT, INSERT, UPDATE, DELETE, ALL PRIVILEGES 등)
객체: 권한을 제거할 대상 객체. (예: 테이블, 뷰, 데이터베이스 등)
사용자/역할: 권한을 제거할 대상 사용자 또는 역할

예시: admin에서 Students 테이블에 대한 모든 권한 제거

```python
REVOKE ALL PRIVILEGES ON Students FROM admin;
```

John에서 Students 테이블에 대한 읽기 권한 제거

```python
REVOKE SELECT ON Students FROM John;
```

이러한 방식으로 REVOKE 명령어를 사용하여 특정 사용자나 역할로부터 데이터베이스의 객체에 부여된 권한을 제거할 수 있습니다.

주의사항: GRANT와 마찬가지로 REVOKE도 권한의 변경이 관련된 중요한 작업이므로, 주의 깊게 실행해야 합니다. 실행 전에 해당 데이터베이스 시스템의 문서를 확인하거나 DBA와 상의하는 것이 좋습니다.

마지막으로 DBMS에서 중요한 개념인 트렌젝션(Transaction)에 대해서 살펴보자. 트렌젝션이란 데이터베이스 작업의 논리적인 단위로 일련의 연산 집합을 의미하며 데이터 베이스의 병행 제어 및 복구 작업의 기본 단위를 의미한다. 여기서 병행 제어(Concurrency Control)이라 함은 몇 개의 트랜잭션을 동시에 수행하는 것으로 데이터베이스의 처리 능력을 향상시킬 수 있지만 여러 개의 트랜잭션이 적절하게 제어되지 않으면 문제가 발생 할 수 있다.

그리고 복구(Recovery)는 장애가 발생하는 경우, 발생 이전의 일관된 상태로 복원시키는 것을 의미한다. 이러한 트렉잭션을 위한 연산으로 트랜잭션의 실행이 성공적으로 종료되었음을 선언하는 연산인 "COMMIT"과 트랜잭션이 실패하였음을 정의하는 연산 "ROLLBACK"이 있다. DBMS에서의 트랜잭션에 대한 상태는 아래와 같다.

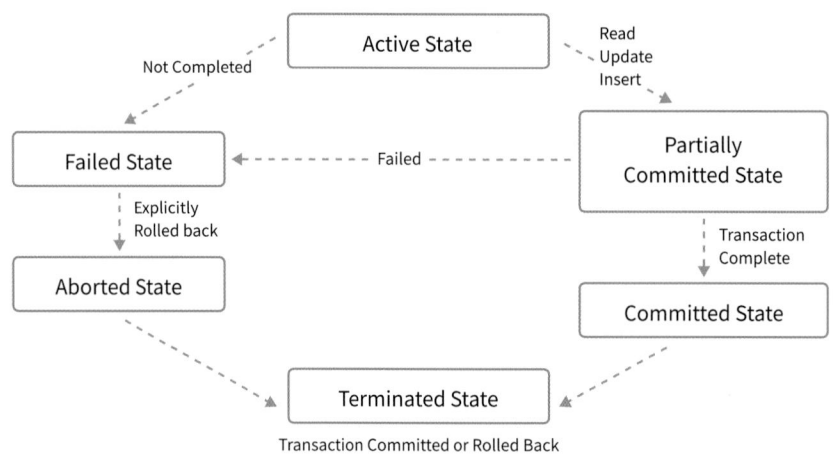

DBMS내 Transaction 상태

3
SQLite를 이용한
SQL문 실습

파이썬을 이용하여 RDBMS 프로그래밍을 하기 이전에 다양한 RDBMS 솔루션이 있지만 경량화 된 SQLite를 설치하고 SQL문을 이용하여 실제 ChatGPT로 학습한 내용을 실습해보도록 하자. SQLite는 2000년 D.Richard Hipp에 의해서 처음 발표된 오픈소스 기반 솔루션으로 소프트 내부 파일 형식 대신에 쉽게 사용할 수 있는 관계형 데이터 베이스를 제공하기 위해서 개발되었다. SQLite는 별도의 서버 프로세스가 필요없이 경량 파일 기반 데이터베이스를 제공하는 C라이브러리로 다양한 운영체제(윈도우, MacOS, 리눅스 등) 및 모바일 환경(Android, iOS등)을 지원하며 손쉬운 설치와 특별한 설정 없이 SQL이 사용 가능한 데이터베이스 엔진으로 소스코드가 공개되어 있고 어떤 용도로든 무료로 사용이 가능하다.

먼저 SQLite를 설치해보자. SQLite는 홈페이지(https://www.sqlite.org) 를 방문하여 자신의 운영체제에 맞는 최신 버전을 설치하면 된다.

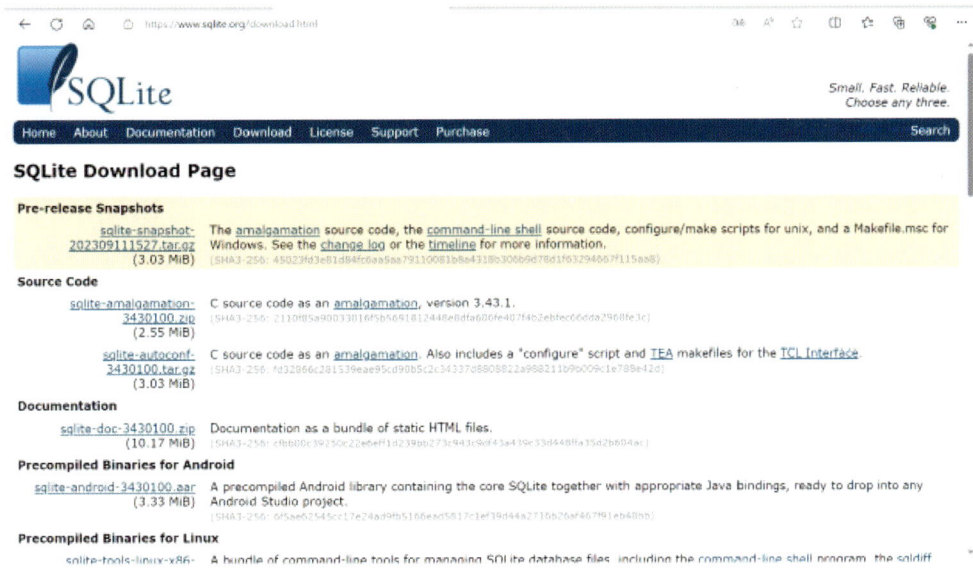

윈도우 OS를 기준으로 SQLite를 다운로드 받고 압축을 풀면 다음과 같은 파일들이 존재하며 별도의 인스톨 과정 없이 압축된 파일을 풀고 툴을 실행시켜서 RDBMS를 사용할 수 있다.

파일명	설명
sqlite3.dll	SQLite의 데이터베이스 엔진을 포함하는 DLL(Dynamic Linked Library). 기타 프로그램에서 해당 DLL을 이용하여 SQLite를 이용한 DBMS 프로그래밍이 가능
sqlite3.exe	SQLite의 CLI(Command Line Interpreter) 도구로서 SQL쿼리의 실행이나 데이터베이스 관리 작업을 수행할 수 있다.
sqlite3.def	운영체제의 종류에 따라서 포함되어 있지 않을 수 있음. DLL의 생성 및 링크 과정에서 사용됨
데이터베이스 파일	SQLite는 실제 데이터를 저장하는 파일을 사용하며 다양한 이름의 확장자 (.sqlite, .slite3, .db)로 지정하여 사용할 수 있다. 이 파일은 SQLite 엔진을 이용하여 사용되고 단일 파일에 모든 데이터베이스 정보와 데이터가 포함된다.

SQLite관련 파일

다운받은 압축 파일을 특정 디렉토리(본 예제에서는 "c:\sqlite")에 압축을 풀고나면 SQLite의 모든 설치가 완료된다. SQLite에 SQL문을 사용하기 위해서 sqlite3.exe 의 CLI 방식도 사용이 가능하나 개발 및 관리의 편의성을 위해서 GUI 기반의 어플리케이션을 다운받아 설치해보도록 하자. SQLite를 위한 GUI 기반에 다양한 툴(DB Browser for SQLite, DBeaver, Flyway, SQLiteSpy, sql.js 등)을 사용할 수 있지만 본 장에서는 사용이 용이하고 가장 보편적으로 많이 사용되고 있는 "DB Browser for SQLite"를 설치하여 실습을 해보도록 하자. (https://sqlitebrowser.org/dl/). 다운로드 파일 중에 "no installer" 버전을 설치하면 압축 파일만 다운받고 특정 폴더에 압축을 해제 후 간단하게 사용이 가능하다. "DB Browser for SQLite"를 설치하고 나면 "DB Browser for SQLite.exe"를 실행하여 프로그램을 실행해 보자. 프로그램이 정상적으로 실행되면 다음과 같은 GUI기반의 프로그램 메인 창을 확인해 볼 수 있다.

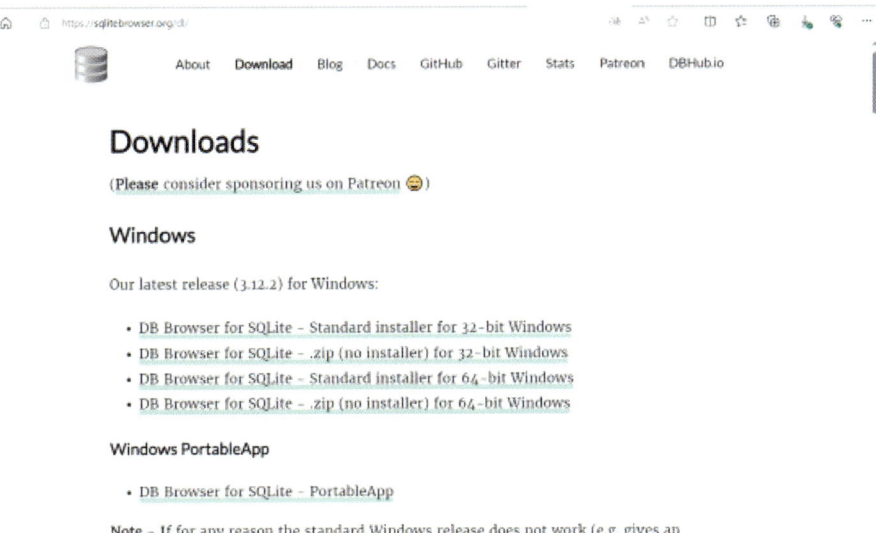
DB Browser for SQLite

데이터베이스 생성하기

"DB Browser for SQLite"를 이용하여 SQL실습에 앞서서 데이터베이스를 생성해 보자. SQLite의 데이터베이스 생성은 하나의 데이터베이스 파일을 생성하는 것을 의미한다. "파일" 메뉴에서 "새 데이터베이스" 메뉴아이템을 선택하여 생성할 데이터베이스의 이름을 입력하여(myFirstDB.db) 데이터베이스를 생성해보자. 성공적으로 데이터베이스가 생성되는 경우에는 해당 파일이 지정한 디렉토리(c:\sqlite\myFirstDB.db)로 저장되어 있는 것을 확인할 수 있다.

데이터베이스 연결하기

데이터베이스를 생성하고 나면 "파일" 메뉴에서 "데이터베이스 열기" 메뉴아이템을 선택하여 해당 데이터베이스 파일(c:\sqlite\myFirstDB.db)을 선택하면 myFirstDB라는 데이터베이스에 연결되고 그 이후에 다양한 SQL문을 이용하여 DBMS에 여러가지 SQL 명령을 실행시킬 수 있다.

DB Browser for SQLite 메인 실행 화면

테이블 생성하기 - CREATE

생성한 데이터베이스를 연결하고 기존에 ChatGPT를 이용하여 생성했던 DDL(Date Definition Language) 명령어의 하나인 CREATE 명령어를 실행해 보자. "DB Browser for SQLite"는 GUI(Graphic User Interface)기반으로도 테이블 생성이 가능하다 본 장에서는 SQL 명령어를 이용하여 생성해 보자. 처음 프로그램을 구동하고 나서 탭(Tab) 아이템의 "SQL 실행"을 선택하여 SQL문 편집기를 호출해 보자.

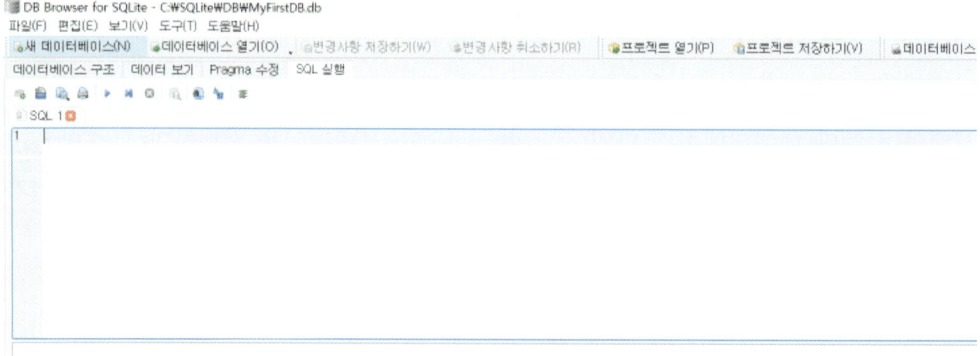

SQL문 편집기 인터페이스

해당 편집기를 구동시켜 ChatGPT가 학생에 관련된 테이블을 만들기 위해서 사용했던 CREATE 문을 이용하여 다음과 같이 입력하고 상단에 "실행" 버튼을 눌러서 작성한 SQL 스크립트를 실행시켜 보자.

CREATE를 이용한 테이블 생성

테이블 생성을 위한 CREATE문이 올바르게 실행되었다는 결과를 하단 창에서 확인할 수 있고 "데이터베이스 구조" 탭을 선택하여 "Students"라는 테이블이 올바르게 생성되었는지 확인할 수 있다.

"데이터베이스 구조" 뷰를 이용한 테이블 정상 생성 여부 확인

테이블 수정하기 - ALTER

ALTER 명령어를 이용하여 기존에 생성된 테이블에 성별을 나타내는 "Gender"라는 컬럼을 추가해보자. 추가되는 컬럼의 데이터 타입을 VARCHAR(10)으로 설정하여 테이블을 수정하기 위한 SQL 스크립트는 아래와 같다.

ALTER TABLE Students ADD Gender VARCHAR(10);

해당 명령어를 실행한 이후, 테이블에 실제 "Gender"라는 컬럼이 올바르게 추가되었는지 확인하기 위해서 다음과 같은 명령어를 통해서 테이블의 컬럼 정보를 조회할 수 있다.

pragma table_info(Students);

해당 명령어를 이용하여 아래와 같이 Gender 컬럼이 올바르게 추가되었는지 확인 할 수 있다.

테이블 컬럼 정보 확인

데이터 CRUD – CREATE/READ/UPDATE/DELETE)

생성한 "Students" 테이블에 데이터 CRUD 테스트를 위해서 ALTER 명령어로 수정된 테이블의 CREATE SQL문을 복사하여 ChatGPT에게 해당 테이블을 기반으로 간단한 CRUD의 예제 SQL문을 생성해 달라고 요청해보자. 최초에 사용했던 CREATE 명령어에는 "Gender" 컬럼이 존재하지 않기 때문에 이를 추가하여

ChatGPT에게 테이블 예제를 생성해 달라고 요청할 수도 있으나 "DB Browser for SQLite"를 이용하면 생성되어 있는 테이블에서 해당 테이블을 생성하기위한 SQL문을 가져올 수 있다.

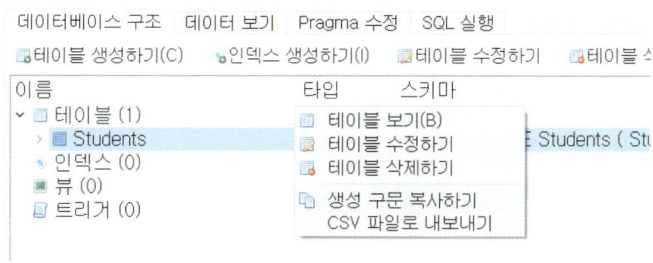

"생성 구문 복사하기"를 이용한 DDL 추출

"데이터베이스 구조" 탭에서 해당 테이블을 선택하고 오른쪽 버튼을 눌러 팝업 메뉴에서 "생성구문 복사하기"를 선택하면 테이블 생성을 위한 SQL문을 복사해 올 수 있다. 이 작업을 통해서 생성된 SQL문을 이용하여 CRUD 예제 SQL문을 ChatGPT를 통해서 만들어 보자.

 다음 SQL문을 실행해주고 해당 테이블에 맞는 CRUD 별로 예를 만들어주세요.

```
CREATE TABLE "Students" (
    "StudentID"      INT,
    "Name"  VARCHAR(50) NOT NULL,
    "Major"  VARCHAR(50),
    "EnrollmentYear" INT,
    "DateOfBirth" DATE,
    "Gender"        VARCHAR(10),
    PRIMARY KEY("StudentID")
)
```

알겠습니다. 제공하신 "Students" 테이블의 구조를 바탕으로 CRUD (Create, Read, Update, Delete) 관련 SQL 예제를 생성해드리겠습니다.

Create (데이터 생성) - INSERT 명령어

```python
INSERT INTO Students (StudentID, Name, Major, EnrollmentYear, DateOfBirth, Gender)
VALUES (1, 'John Doe', 'Computer Science', 2022, '2000-01-15', 'Male');
```

이 명령어는 Students 테이블에 새로운 학생 데이터를 추가합니다.

Read (데이터 조회) - SELECT 명령어

```python
-- 모든 학생 정보 조회
SELECT * FROM Students;

-- 특정 학생 정보 조회 (StudentID가 1인 학생)
SELECT * FROM Students WHERE StudentID = 1;
```

Update (데이터 수정) - UPDATE 명령어

```python
-- StudentID가 1인 학생의 전공 수정
UPDATE Students
SET Major = 'Information Technology'
WHERE StudentID = 1;
-- StudentID가 1인 학생의 이름과 생년월일 수정
UPDATE Students
SET Name = 'John Smith', DateOfBirth = '2000-02-20'
WHERE StudentID = 1;
```

Delete (데이터 삭제) - DELETE 명령어

```python
-- StudentID가 1인 학생의 정보 삭제
DELETE FROM Students WHERE StudentID = 1;
```

위 예제는 "Student" 테이블의 기본적인 CRUD 연산을 보여줍니다. 실제로 이러한 명령어를 SQLite 또는 다른 관계형 데이터베이스에서 실행하기 전에, 반드시 현재 데이터 상태와 명령어의 정확성을 검토해야 합니다.

각각의 명령어를 "DB Browser for SQLite"의 SQL 편집기를 이용하여 직접 작성하고 실행한 후에 "데이터베이스 구조"탭에서 "Students" 테이블을 조회하여 각 SQL 스크립트가 올바르게 작동되는지 확인해보자.

트렌젝션 처리하기 - COMMIT/ROLLBACK

```
1  BEGIN TRANSACTION;
2  INSERT INTO Students (StudentID, Name, Major, EnrollmentYear, DateOfBirth, Gender)
3  VALUES (1, 'John Doe', 'Computer Science', 2022, '2000-01-15', 'Male');
4  COMMIT;
5  SELECT * from Students;
```

COMMIT를 이용한 트랜잭션 변경 적용

SQLite는 경량 DBMS이기는 하나 "COMMIT"과 "ROLLBACK"을 이용한 트랜잭션 관리를 지원한다. 트랜잭션의 시작은 "BEGIN TRANSACTION"을 사용하고 트랜잭션의 변경 내용을 적용하려면 "COMMIT" 명령어를 이용하고 변경된 트랜잭션을 취소하려면 "ROLLBACK" 명령어를 이용한다.

ROLLBACK을 이용한 트랜잭션 취소

다음 화면은 데이터를 "INSERT"하고 "COMMIT" 명령어를 이용하여 트랜잭션을 반영한 후, 해당 데이터가 올바르게 "INSERT"되었는지를 "SELECT" 명령어를 이용하여 확인한 결과 화면이다. 상기 화면은 동일한 "INSERT"문을 실행하고 "ROLLBACK" 명령어를 이용하여 트랜잭션을 취소한 후, 해당 데이터가 올바르게 "ROLLBACK"되었는지를 "SELECT" 명령어를 이용하여 확인한 결과 화면이다.

4
Python기반 SQL 프로그래밍

파이썬에서 관계형 데이터베이스를 프로그래밍 하기 위해서는 파이썬이 DBMS프로그래밍을 위해서 제공하는 명세(Specification)에 대해서 살펴볼 필요가 있다. 파이썬 데이터베이스 명세는 PEP 249인터페이스라고도 하는데 이 인터페이스 명세는 DBMS 종류와는 상관없이 최소한 지원해야 하는 기능을 정의하고 있다. 먼저 PEP 249에 관하여 ChatGPT를 이용하여 살펴보자.

Q PEP 249 인터페이스에 대해서 설명해 주세요.

 PEP 249는 "Python Database API Specification v2.0"에 대한 정의를 제공합니다.
즉, PEP 249는 Python과 관계형 데이터베이스 간의 인터페이스를 정의하는 표준입니다. 이 표준을 따르는 라이브러리를 사용하면, 다양한 데이터베이스 시스템에 거의 동일한 코드로 접근할 수 있게 됩니다.
PEP 249에서 정의하는 주요 인터페이스와 구성요소는 다음과 같습니다:

1. **Connection Objects**:
- 데이터베이스와의 연결을 나타냅니다.
- 메서드: `close()`, `commit()`, `cursor()`, `rollback()`
- 속성: `autocommit`, `closed`, `cursor_factory` 등

2. **Cursor Objects**:
- SQL 쿼리의 실행과 결과 처리를 담당합니다.
- 메서드: `callproc()`, `close()`, `execute()`, `executemany()`, `fetchone()`, `fetchmany()`, `fetchall()`, `nextset()`, `setinputsizes()`, `setoutputsize()`
- 속성: `description`, `rowcount`, `lastrowid` 등

3. **Type Objects and Constructors**:
- 데이터베이스 데이터 타입을 Python 데이터 타입으로 매핑합니다.
- 예: `Date()`, `Time()`, `Timestamp()`, `Binary()`, `STRING`, `BINARY`, `NUMBER`, `DATETIME`, `ROWID` 등

4. **Exceptions**:
- DB-API에 의해 정의된 표준 예외입니다.
- 예: `Warning`, `Error`, `InterfaceError`, `DatabaseError`, `DataError`, `OperationalError`, `IntegrityError`, `InternalError`, `ProgrammingError`, `NotSupportedError`

PEP 249에는 이 외에도 인터페이스와 관련된 여러 세부 사항과 정보가 포함되어 있습니다.
이 명세를 준수하는 데이터베이스 드라이버나 라이브러리는 동일한 API를 통해 다양한 데이터베이스
시스템에 접근하고 작업을 수행할 수 있습니다. 이로 인해 개발자는 특정 데이터베이스 시스템에 종속되지
않는 코드를 작성할 수 있게 됩니다.

PEP 249인터페이스에 대한 보다 자세한 내용은 https://peps.python.org/pep-0249/ 의 문서를 통해서 보다 상세한 내용에 대해서 살펴볼 수 있다.

데이터베이스 연결하기

데이터베이스를 연결하기 위해서는 연결 객체를 사용해야 한다. 데이터베이스 모듈 중에 connect() 생성자를 이용하여 데이터베이스에 연결이 가능하다. 데이터 베이스별로 연결하기 위한 파라메터와 사용해야 하는 패키지가 서로 다르다. 다음은 가장 많이 사용하는 데이터 베이스별로 파이썬에서 연결하기 위한 connect 파라메터이다.

DBMS	연결 파라메터
SQLite	import sqlite3 conn = sqlite3.connect(database='path_to_database.db')
PostgreSQL	import psycopg2 conn = psycopg2.connect(dbname='mydb', user='username', password='password', host='localhost', port='5432')
MySQL	import MySQLdb conn = MySQLdb.connect(db='mydb', user='username', passwd='password', host='localhost', port=3306)
Oracle	import cx_Oracle conn = cx_Oracle.connect(user='username', password='password', dsn='TNS_name')
SQL Server	import pyodbc conn_string = 'DRIVER={ODBC Driver 17 for SQL Server};SERVER=localhost;DATABASE=mydb;UID=username;PWD=password' conn = pyodbc.connect(conn_string)

데이터베이스별 연결 파라메터

우리가 설치한 SQLite의 경우 별도의 사용자 및 패스워드 관리를 하지 않는다. 해당하는 데이터베이스파일만 파라메터로 설정하면 연결이 완료된다. ChatGPT를 이용하여 SQLite DBMS와 연결하고 기존에 생성한 "Students" 테이블을 조회하는 소스 코드를 작성해 보자.

> **Q** myFirstDB.db를 연결하는 파이썬 소스 코드 작성 해주세요. 테스트를 위한 예제로는 기존에 작성한 Students라는 테이블을 조회하는 형태로 작성해 주세요.

네, SQLite 데이터베이스인 myFirstDB.db에 연결하고, Students 테이블의 데이터를 조회하는 Python 코드 예제는 다음과 같습니다.

```python
import sqlite3

# 데이터베이스 연결
conn = sqlite3.connect('myFirstDB.db')
cursor = conn.cursor()

# Students 테이블 조회
cursor.execute("SELECT * FROM Students")

# 결과 출력
rows = cursor.fetchall()
for row in rows:
    print(row)

# 리소스 해제
cursor.close()
conn.close()
```

이 코드는 myFirstDB.db 데이터베이스에 연결한 후, Students 테이블의 모든 레코드를 조회하여 출력합니다. 작업이 완료되면 커서와 데이터베이스 연결을 종료합니다.

Connect 함수를 이용하며 DBMS와 연결이 정상 처리되면 Connection 객체를 반환한다. Connection 객체는 다음과 같이 크게 네 가지 메서드로 구성되어 있다.

Method	설명
close	DBMS와의 연결을 종료한다.
commit	데이터베이스의 보류중인 트랜잭션을 수행한다.
rollback	데이터베이스의 보류 중인 트랜잭션을 취소하고 원래 상태로 복귀한다.
cursor	Cursor 객체를 생성한다. 커서는 질의를 수행하고 그 결과를 받는데 사용한다.

Connection 객체와 메서드

위의 예제와 같이 cursor 객체는 데이터베이스 연결을 통해서 SQL 질의를 실행하고 그 결과를 처리하기 위한 인터페이스이다.

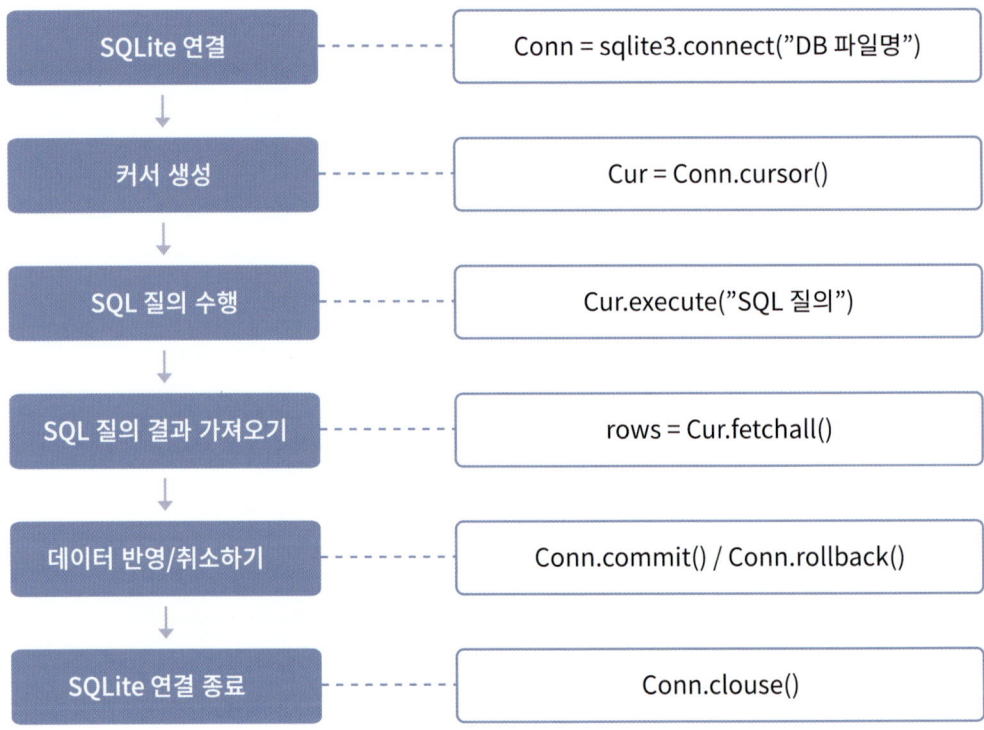

데이터 베이스 프로그래밍 순서

DB-API2.0 명세에 따라서 일관된 방식으로 작동한다. 첫째, 데이터베이스 연결하여 커서 객체를 생성(connect.cursor())한다. 둘째 "execute()" 메서드를 사용하여 SQL 질의를 실행한다. 셋째, 쿼리 결과를 "fetchone()", "fetchall()" 혹은 "fetchmany()" 메서드들을 사용하여 처리한다. 넷째로 필요한 모든 추가 작업을 수행하고 마지막으로 "close()" 메서드를 사용하여 커서를 종료한다.

파이썬의 cursor 객체에 대해서 ChatGPT를 이용하여 보다 자세하게 알아보자.

파이썬에서 DBMS의 cursor에 대한 설명과 모든 메서드를 나열하고 설명해 주세요.

 네, SQLite 데이터베이스인 myFirstDB.db에 연결하고, Students 테이블의 데이터를 조회하는 Python 코드 예제는 다음과 같습니다.

파이썬의 DB-API 명세는 관계형 데이터베이스 시스템과의 상호작용을 위한 인터페이스를 정의하며, 이 중에서 `cursor` 객체는 중요한 역할을 합니다.
`cursor`는 데이터베이스 내에서 쿼리를 실행하고 그 결과를 가져오는 인터페이스를 제공합니다.

`cursor` 객체의 주요 메서드와 그 설명은 다음과 같습니다.

1. **`execute(operation[, parameters])`**
- SQL 쿼리나 명령을 실행합니다.
- 선택적으로 `parameters`를 전달하여 SQL 문에 매개변수를 바인딩할 수 있습니다.

2. **`executemany(operation, seq_of_parameters)`**
- 동일한 SQL 연산을 여러 번 실행합니다. 각각의 실행에는 `seq_of_parameters`에서 하나의 튜플이 사용됩니다.
- 대량 데이터 삽입 등에 유용합니다.

3. **`fetchone()`**
- 결과 집합에서 다음 행을 반환합니다. 더 이상의 행이 없을 경우 `None`을 반환합니다.

4. **`fetchmany([size=cursor.arraysize])`**
- 결과 집합에서 주어진 수(`size`)의 행을 반환합니다. 더 적은 수의 행만 사용 가능한 경우, 가능한 모든 행을 반환합니다.

5. **`fetchall()`**
- 결과 집합에서 남아있는 모든 행을 반환합니다.

6. **`close()`**
- 커서를 닫고 모든 리소스를 해제합니다. 닫힌 커서는 다시 사용될 수 없습니다.

7. **`callproc(procname[, parameters])`**
- 데이터베이스에 저장된 프로시저를 호출합니다. 이 메서드는 모든 DBMS에서 지원되지는 않습니다.

8. **`setinputsizes(sizes)`**
- 파라메터에 대한 크기/타입 정보를 제공하기 위한 목적으로 사용됩니다. 일반적으로는 선택적입니다.

9. **`setoutputsize(size[, column])`**
- 큰 BLOB 또는 TEXT 열 값을 가져오기 전에 버퍼의 크기를 설정하기 위해 사용됩니다. 선택적입니다.

`cursor` 객체에는 또한 몇몇 속성이 있는데, 대표적으로는

- **`description`**: 마지막 실행된 쿼리의 결과 컬럼에 대한 정보를 튜플 형태로 제공합니다.
- **`rowcount`**: 마지막 쿼리의 영향을 받은 행의 수를 나타냅니다.

이러한 메서드와 속성은 대부분의 DB-API 2.0 호환 라이브러리에서 지원되지만, 특정 데이터베이스 드라이버나 라이브러리에서는 추가적인 메서드나 특성을 가질 수 있습니다. 따라서 항상 해당 라이브러리의 공식 문서를 참조하는 것이 좋습니다.

SQL 문 실행하기(반환 값이 없는 경우)

커서를 이용하여 테이블을 생성하는 SQL문을 이용하여 Students 테이블을 생성해보자.

> **Q** 기존 Students 테이블을 생성하는 SQL문을 이용하는 파이썬 예제 코드를 작성해 주세요.

> 네, SQLite를 이용하여 Students 테이블을 생성하는 Python 예제 코드는 다음과 같습니다.

```python
import sqlite3

# 데이터베이스 연결
conn = sqlite3.connect('myFirstDB.db')
cursor = conn.cursor()

# Students 테이블 생성 SQL
create_table_sql = """
CREATE TABLE Students (
    StudentID INT PRIMARY KEY,
    Name VARCHAR(50) NOT NULL,
    Major VARCHAR(50),
    EnrollmentYear INT,
    DateOfBirth DATE,
    Gender VARCHAR(10)
);
"""
# SQL 실행
cursor.execute(create_table_sql)
# 변경 사항을 데이터베이스에 확정
conn.commit()
# 리소스 해제 및 연결 종료
cursor.close()
conn.close(
```

이 코드는 여러 방법으로 Students 테이블에 데이터를 추가한 후 변경 사항을 데이터베이스에 확정합니다.

"excute", "executemany" 및 "executescript" 메서드의 차이점은 아래와 같다.

SQL	반환 값이 없는 경우	반환 값이 있는 경우
SQL	INSERT, UPDATE, DELETE, CREATE, TABLE	SELECT
특징	- 데이터베이스의 데이터나 구조를 변경하는 작업을 수행하는 경우 - execute 메서드를 사용하여 이러한 쿼리를 실행하면, cursor 객체는 어떤 특정 값을 반환하지 않음 - (None을 반환하는 것과 같습니다). - cursor.rowcount 속성을 사용하여 영향을 받은 레코드의 수를 알아낼 수 있습니다 (예: UPDATE 혹은 DELETE로 변경된 레코드 수 조회)	- SELECT와 같은 쿼리는 데이터베이스에서 특정 데이터를 검색하므로 결과 집합을 반환 - execute 메서드를 사용하여 이러한 쿼리를 실행하면, cursor 객체는 결과 집합을 저장 - 이 결과 집합은 후속의 fetchone(), fetchmany(), 또는 fetchall() 메서드를 사용하여 검색

반환 값 유무에 따른 SQL 구문

INSERT 명령어를 이용하여 테이블에 레코드를 삽입하는 경우, 한번씩 SQL문을 수행하여 단일 건을 처리하는 경우와 동일한 SQL문을 여러 번 실행하는 경우와 마지막으로 여러 SQL문을 한꺼번에 실행하는 경우가 있다. ChatGPT를 이용하여 각 사용 예제를 살펴보도록 하자.

Q 생성한 테이블에 execute와 executemany 및 executescript 메서드를 이용하여 데이터를 Insert 하는 소스 프로그램을 파이썬으로 작성해 주세요.

네, 지정한 요구사항에 따라 Students 테이블에 데이터를 추가하는 Python 예제 코드를 제공하겠습니다. 이 예제에서는 execute, executemany, 및 executescript 메서드를 사용하여 데이터를 삽입합니다.

```python
import sqlite3

# 데이터베이스 연결
conn = sqlite3.connect('myFirstDB.db')
cursor = conn.cursor()
```

```python
# execute 메서드를 사용하여 데이터 추가
cursor.execute("INSERT INTO Students (StudentID, Name, Major,
EnrollmentYear, DateOfBirth, Gender) VALUES (1, 'John Doe', 'Computer
Science', 2022, '2000-01-15', 'Male')")

# executemany 메서드를 사용하여 여러 행 추가
students_data = [
    (2, 'Jane Smith', 'Physics', 2021, '1999-12-20', 'Female'),
    (3, 'Robert Brown', 'Mathematics', 2023, '2001-05-22', 'Male')
]
cursor.executemany("INSERT INTO Students (StudentID, Name, Major,
EnrollmentYear, DateOfBirth, Gender) VALUES (?, ?, ?, ?, ?, ?)", students_data)

# executescript 메서드를 사용하여 다중 SQL 문 실행
sql_script = """
INSERT INTO Students (StudentID, Name, Major, EnrollmentYear, DateOfBirth,
Gender) VALUES (4, 'Emily Davis', 'Biology', 2022, '2000-03-30', 'Female');
INSERT INTO Students (StudentID, Name, Major, EnrollmentYear, DateOfBirth,
Gender) VALUES (5, 'Michael White', 'Chemistry', 2023, '2001-07-17', 'Male');
"""
cursor.executescript(sql_script)

# 변경 사항을 데이터베이스에 확정
conn.commit()

# 리소스 해제 및 연결 종료
cursor.close()
conn.close()
```

이 코드는 여러 방법으로 Students 테이블에 데이터를 추가한 후 변경 사항을 데이터베이스에 확정합니다.

SQL문을 수행하기 위한 세 개의 메서드는 다음과 차이점을 가지고 있으며, 특정한 경우나 목적에 맞추어 올바른 메서드를 적용해야 한다.

Method	개요	특징
execute(SQL)	단일 SQL문 실행	매개변수를 가진 SQL 질의에 대해서는 튜플을 전달하여 SQL의 매개변수로 바인딩하여 사용 가능
Executemany(SQL)	동일한 SQL문을 여러 번 실행	- 주로 대량의 데이터를 삽입하거나 갱신하는 경우 사용 - 매개 변수를 전달하여 한번의 호출로 여러 행을 데이터베이스에 삽입 처리가 가능
Executescript(SQL)	여러 SQL문을 한번에 실행	- 세미콜론(;)으로 구분된 여러 SQL 문을 포함하는 문자열을 전달 - 매개변수 바인딩은 지원되지 않으므로 각 쿼리는 그대로 실행

execute 메서드별 사용 방법 및 특징

SQL문 실행하기(반환 값이 있는 경우)

이번 내용에서는 반환 값이 있는 경우인 SELECT 문을 이용하여 다양한 형태로 결과 값을 조회하는 방법에 대해서 ChatGPT를 이용하여 살펴보기로 하자.

Q SELECT로 Students 테이블의 레코드를 검색하는 예제를 만들어 주세요. 단 fetchone, fetchmany, fetchall 메서드를 이용하는 예제 코드를 작성해 주세요.

알겠습니다. 아래는 Students 테이블에서 레코드를 검색하고, fetchone(), fetchmany(), 그리고 fetchall() 메서드를 사용하여 결과를 가져오는 Python 예제 코드입니다.

```python
import sqlite3

# 데이터베이스 연결
conn = sqlite3.connect('myFirstDB.db')
cursor = conn.cursor()

# SELECT 쿼리 실행
cursor.execute("SELECT * FROM Students")

# fetchone()을 사용하여 첫 번째 레코드 가져오기
first_record = cursor.fetchone()
print("첫 번째 레코드:", first_record)

# fetchmany()를 사용하여 다음 3개의 레코드 가져오기
three_records = cursor.fetchmany(3)
print("\n다음 3개의 레코드:")
for record in three_records:
    print(record)

# fetchall()을 사용하여 나머지 모든 레코드 가져오기
all_remaining_records = cursor.fetchall()
print("\n나머지 모든 레코드:")
for record in all_remaining_records:
    print(record)

# 리소스 해제 및 연결 종료
cursor.close()
conn.close()
```

이 코드는 Students 테이블의 레코드를 조회한 후, 각각의 fetch 메서드를 사용하여 그 결과를 가져옵니다.

반환 값이 있는 SELECT문의 경우에는 "fetchone", "fetchman" 및 "fetchall" 메서드를 이용하여 SQL 질의 결과의 집합 데이터를 가져오기 위해 사용되며 각 메서드별 사용법과 차이점은 다음과 같다.

Method	개요	특징
fetchone()	결과 집합의 다음행을 가져옴	- 결과 집합의 현재 위치에서 단 하나만의 행을 가져옴 - 더 이상 반환 값이 없는 경우 "None" 반환 - 결과를 순차적으로 읽고 처리하는 경우에 사용
fetchmany(size)	지정된 수(size)만큼의 다음행을 가져옴	- 일정량의 행 만큼만 가져와서 처리하는 경우에 유용 - 게시판에 페이지 작업 수행하는 등으로 사용
fetchall()	모든 결과 행을 가져옴	- 현재 커서 이후의 모든 결과 행을 가져옴 - 레코드가 비어있는 경우 빈 리스트("[]")를 반환 - 모든 행의 결과를 메모리에 적재하는 경우 사용

fetch 메서드별 개요 및 특징

"fetch" 메서드를 사용하는 경우에 주의해야 할 점은 커서의 현재 위치 이후에 대해서 작동한다는 것이다. 앞에서 선행되어 조회된 결과 행을 제외한 이후 행만에 대해서만 조회하기 때문에 개발자는 프로그램 과정에서 cursor의 위치에 대한 부분을 고민하여 코딩해야 한다.

제 8장. GUI 프로그래밍

1
윈도우(Windows) 프로그래밍 개요

윈도우(Windows) 프로그래밍

윈도우 프로그래밍은 Microsoft Windows 운영체제에서 실행되는 응용 프로그램의 개발에 관련된 과정으로 윈도우 프로그램은 일반적으로 그래픽 사용자 인터페이스(GUI)를 제공하고 GUI 구성 요소와 사용자의 반응에 따른 이벤트(Event)를 처리하여 서비스를 제공한다. 우리가 사용하는 대부분의 프로그램(워드, 파워포인트, 엑셀, 웹브라우져)들은 GUI 기반이며 별도의 서비스(Windows Service)의 형태로 작성된 프로그램의 경우 별도의 GUI없이 데몬
(Daemon) 형태로 윈도우 서비스에 등록하여 사용하는 경우도 있다. 윈도우 프로그래밍의 주요 특징에 대해서 ChatGPT를 이용하여 살펴보자.

> **Q** 윈도우 프로그래밍의 주요 특징을 설명해 주세요

 윈도우 프로그래밍, 특히 Microsoft Windows 환경에서의 프로그래밍은 몇 가지 주요 특징과 컨셉들을 가지고 있습니다. 아래는 윈도우 프로그래밍의 주요 특징을 간략하게 요약한 내용입니다.

1. **이벤트 중심**: 윈도우 프로그래밍은 대체로 이벤트 기반의 프로그래밍 모델을 따릅니다 사용자의 입력(마우스 클릭, 키보드 입력 등)이나 시스템 이벤트(프로그램 로딩, 종료 등)에 반응하여 동작하는 프로그램을 만듭니다.

2. **메시지 기반**: Windows는 메시지 기반의 운영 체제입니다. 프로그램은 Windows로부터 메시지를 수신하고, 이러한 메시지를 처리하는 방식으로 동작합니다.

3. **그래픽 사용자 인터페이스 (GUI)**: 대부분의 윈도우 애플리케이션들은 그래픽 사용자 인터페이스 (GUI)를 사용합니다. 이를 통해 사용자는 창, 버튼, 메뉴, 대화상자 등의 시각적 요소를 통해 프로그램과 상호작용할 수 있습니다.

4. **멀티태스킹**: Windows는 멀티태스킹 운영 체제이므로, 여러 프로그램이 동시에 실행될 수 있습니다. 이에 따라 윈도우 프로그램은 다른 프로그램들과 자원을 공유하며 동작해야 합니다.

5. **API 사용**: 윈도우 프로그래밍을 위해 Windows API를 활용합니다. Windows API는 시스템 리소스에 접근하거나 윈도우와 관련된 기능들을 수행하기 위한 함수들의 집합입니다.

6. **애플리케이션 상태 관리**: 윈도우 애플리케이션은 자신의 상태를 관리하고 저장하는 기능을 제공해야 할 수 있습니다. 예를 들어, 애플리케이션을 종료했다가 다시 실행했을 때 이전의 상태를 복원하는 등의 작업을 수행합니다.

7. **보안 고려**: 윈도우 환경에서의 프로그래밍은 파일 시스템, 네트워크, 메모리 등의 자원에 접근하기 때문에, 보안을 중요하게 고려해야 합니다.

8. **외부 라이브러리와의 호환성**: 윈도우에서는 다양한 외부 라이브러리와 프레임워크가 사용됩니다. 이러한 라이브러리들과의 호환성을 고려하여 프로그래밍해야 합니다.

이러한 특징들은 Microsoft Windows에서의 프로그래밍을 진행할 때 고려해야 할 중요한 사항들입니다. Windows 환경 외의 다른 운영 체제에서도 비슷한 특징들이 있을 수 있지만, 각 운영 체제마다 특성과 철학이 있으므로, 해당 운영 체제에 맞는 방식으로 프로그래밍을 진행해야 합니다.

ChatGPT를 통해서 확인한 내용으로 이벤트 중심(Event-Driven)과 메시지 기반(Message-Based)은 윈도우 프로그램이에 있어서 중요한 개념으로 그 차이점은 다음과 같다.

이벤트 중심(Event-Driven)이란 "무언가가 발생했다"라는 이벤트가 하나의 트리거(trigger)로 인하여 발생되고 이러한 이벤트를 처리하는 프로그래밍 방식을 의미한다. 이벤트는 사용자의 마우스 움직임이나 클릭, 키 입력등과 같은 행위로부터 발생할 수도 있고, 다른 프로세스나 운영체제에 의해서 발생할 수도 있다. 프로그램은 인지된 이벤트에 대해서 처리하거나 이를 무시하여 처리를 하지 않을 수도 있는 방식으로 개발한다.

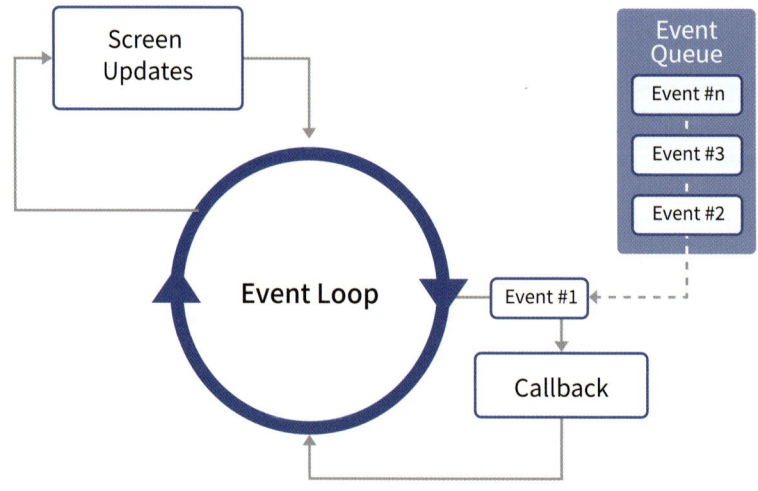

애플리케이션 콜백과 화면 업데이트를 보여주는 이벤트 루프

상기 그림은 애플리케이션 콜백(Callback)과 화면의 업데이트를 보여주는 이벤트 루프(Event Loop)로 이벤트 루프는 주기적으로 이벤트 큐(Event Queue)를 확인하면서 대기 중인 작업이나 이벤트가 있는지 확인하고 만약 이벤트가 존재하면 그 이벤트에 해당하는 콜백 함수가 실행된다. 환언하면 사용자가 마우스로 특정 버튼을 실행시키면 마우스 클릭(Mouse Click)이라는 이벤트가 이벤트 큐에 쌓이게 되고, 이벤트 루프가 이를 감지하여 마우스 클릭에 해당하는 콜백함수를 호출하게 된다.

개발자는 특정 컴포넌트(component)에 특정 이벤트가 발생할 때 처리하기 위한 루틴을 콜백함수에 정의하기만 하면 된다.

메시지 기반(Message-Based) 프로그래밍에서는 애플리케이션은 중앙에 메시지 큐(Message Queue)에 메시지가 도착하면 해당 메시지를 처리하는 코드를 실행시키는 방법이다. 이벤트 중심 프로그래밍과 메시지 기반 프로그래밍은 비슷한 개념이긴 하나 이벤트 중심은 애플리케이션이 이벤트를 이벤트 루프를 이용하여 직접 감지하고 처리하나 메시지 기반은 중앙 메시지 큐를 통해서 애플리케이션에 전달하고 이를 처리한다는 차이점이 있다.

파이썬 GUI(Graphics User Interface) 프로그래밍

파이썬에서도 윈도우와 같이 다양한 GUI를 제공하는 프로그래밍이 가능하다. 파이썬에서 GUI 프로그래밍을 위한 다양한 툴킷들을 제공하고 있는데 ChatGPT를 이용하여 확인된 결과를 다음과 같이 표로 정리하였다.

	장점	단점
Tkinter	- Python 표준 라이브러리에 포함되어 있어 추가 설치가 필요 없음. - 초보자에게 친숙하며 간단한 GUI 애플리케이션을 빠르게 만들 수 있음. - 여러 플랫폼에서 동작함.	- 현대적인 UI 디자인이나 복잡한 애플리케이션 개발에는 한계가 있음. - 기능이 다른 라이브러리에 비해 제한적일 수 있음.
Qt	- 매우 강력하고, 복잡한 애플리케이션도 개발 가능. - 현대적인 UI 디자인을 제공하며, 다양한 위젯과 기능들이 있음. - 여러 플랫폼에서 동작하며, 높은 성능을 제공함.	- 상업적 사용 시 라이선스 비용이 발생할 수 있음 (PyQt의 경우). - 학습 곡선이 높음.

	장점	단점
wxPython	- 여러 플랫폼에서 네이티브한 느낌의 GUI를 제공. - 상대적으로 광범위한 위젯들을 지원	- 현대적인 UI 디자인이나 복잡한 애플리케이션 개발에는 한계가 있음. - 기능이 다른 라이브러리에 비해 제한적일 수 있음.
Kivy	- 멀티터치 이벤트와 같은 현대적인 UI 기능을 지원 - 모바일 애플리케이션 개발에 적합. - 확장성이 좋음.	- 전통적인 데스크톱 애플리케이션의 느낌과는 다를 수 있음. - 설정과 배포가 다소 복잡할 수 있음.
Dear PyGui	- 빠르고 경량. - GPU 가속을 사용하여 렌더링. - 쉽게 사용 가능한 API.	- 아직 초기 단계에 있어서 기능 및 문서화가 완전히 되지 않았을 수 있음 - 큰 커뮤니티 지원은 아직 부족함.

파이썬 GUI 라이브러리 장/단점

파이썬 GUI 라이브러리에서 Qt의 경우 강력한 GUI를 제공하나 상업용 라이선스로 무료 GUI 라이브러리가 필요한 경우에는 자체 내장되어 있는 Tkinter나 Kivy, wxPython이 대안이 될 수 있다.

2
Tkinter를 이용한 GUI 프로그램 개발

본 장에서 사용하게 될 GUI 툴킷인 Tkinter는 "Tk Interface"에서 유래되었으며 "Tk"라는 TCL 스크립트와 연동하여 사용하기 위한 목적으로 1991년 John Ousterhout 교수에 의해 개발되었다. Tk는 기본적인 GUI 위젯 요소들의 라이브러리를 제공하는 free-open source 기반의 cross platform widget toolkit이다. TkInter는 이러한 Tcl/Tk GUI 툴킷에 대한 파이썬의 표준 인터페이스 라이브러리로 파이썬 3.0에 기본 패키지로 내장되어 있다. Tkinter는 다음과 같은 특징이 있다.

1. Tkinter는 클로스 플랫폼을 지원하여 동일한 코드가 윈도우즈나 macOS 및 Linux에서도 코드 수정없이 작동한다.
2. Tkinter는 경량 모듈이다.
3. 표준 Python 모듈로 별도로 설치할 필요가 없다.
4. 테스크탑 응용 프로그램을 만드는데 필요한 내장 위젯들을 지원한다.

Tkinter는 원래 Tcl(Tool Command Language)용으로 설계된 TK 툴킷을 기반으로 한다. Tk는 Per, Ruby 및 Python을 포함한 다양한 스크립팅 언어로 이식되었다.

Tkinter 시작하기

기존에 명령어 기반의 터미널에서 실행되던 파이썬 프로그램에 GUI를 적용함으로서 컴퓨터와 상호 작용하는데 도움이 되는 인터페이스를 제공하고 프로그램 처리에 대한 결과를 GUI 기반으로 제공하기 위해서 Tkinter는 이에 필요한 모든 기능을 제공한다. Tkinter는 파이썬 3 이상 버전은 기본적으로 설치되어 있기 때문에 별도에 설치에 대해서도 고민할 필요가 없다.

Tkinter를 이용하여 GUI 기반의 애플리케이션을 만드는 과정은 일반적으로 다음과 같다.

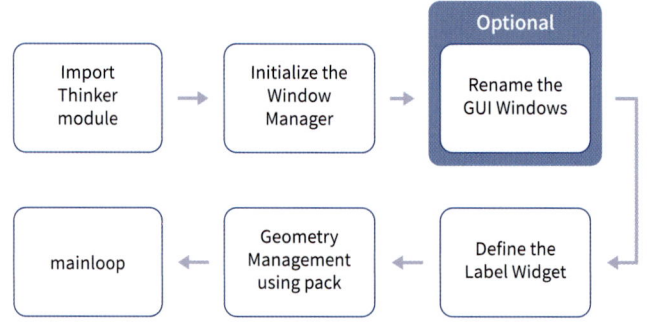

Tkinter를 이용한 GUI 프로그래밍 절차

1. 핵심 구성 요소인 TkInter 모듈을 import 명령어를 이용하여 가져온다.
2. tkinter.Tk()라는 메서드를 이용하여 창 관리자(Window Manager)를 초기화 하고 이를 객체 변수에 할당한다. 이 경우에는 기본적인 윈도우 형태(닫기, 최대화 및 최소화 버튼을 포함하는)의 빈창을 생성한다.
3. Widow.title(Window_Net_Title) 메서드를 사용하여 필요한 경우 윈도우 창의 제목을 변경한다.
4. 윈도우에 텍스트를 표현하는데 사용되는 위젯인 Label을 호출한다.
5. 필요한 크기와 위치로 위젯을 표시하기 위해서 pack() 메서드를 이용하여 위젯을 올바르게 배치한다.
6. Mainloop() 메서드를 호출하고 사용자 이벤트를 받기 위해서 대기하거나 수동으로 "닫기" 버튼을 실행할 때까지 창을 표시한다. 이때 프로그램은 무한 루프를 실행한다.

ChatGPT를 이용하여 위와 같은 과정을 통해서 Tkinter를 이용하여 파이썬으로 프로그램을 코딩해보자.

위와 같은 과정으로 **Tkinter**를 이용하여 파이썬 예제 프로그램 만들어 주세요.

아래는 주어진 설명을 기반으로 한 Tkinter 예제입니다.

```python
import tkinter as tk

# 핵심 구성 요소인 TkInter 모듈을 가져옵니다.
root = tk.Tk() # tkinter.Tk()라는 메서드를 사용하여 창 관리자를 초기화하고 이를 객체 변수에 할당합니다.

# 윈도우 창의 제목을 설정합니다.
root.title("Window_Title") # Window.title(Window_Net_Title) 메서드를 사용하여 윈도우 창의 제목을 변경합니다.

# 윈도우에 텍스트를 표현하는 위젯인 Label을 생성합니다.
label = tk.Label(root, text="Hello, Tkinter!") # 윈도우에 텍스트를 표현하는데 사용되는 위젯인 Label을 호출합니다.

# 필요한 크기와 위치로 위젯을 표시하기 위해 pack() 메서드를 사용하여 위젯을 배치합니다.
label.pack() # pack() 메서드를 사용하여 위젯을 올바르게 배치합니다.

# Mainloop() 메서드를 호출하여 사용자 이벤트를 대기합니다.
root.mainloop() # Mainloop() 메서드를 호출하고 사용자 이벤트를 받기 위해서 대기합니다.
```

위 코드를 실행하면 "Hello, Tkinter!" 라는 텍스트를 포함하는 기본적인 윈도우가 나타납니다. 이 창은 사용자가 "닫기" 버튼을 누를 때까지 화면에 남아있습니다.

해당 소스코드를 실행하면 다음과 같이 간단한 라벨이 출력되는 윈도우 창을 볼 수 있다.

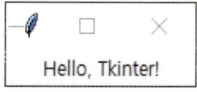

Tkinter 기본 프로그램

Tkinter 구성요소

Tkinter에서는 GUI 프로그래밍을 위한 블록인 윈도우(Windows), 위젯(Widget)과 프레임(Frame)의 조합으로 구성된다. 다음은 대략적인 GUI 어플리케이션의 기본 구성 예이다.

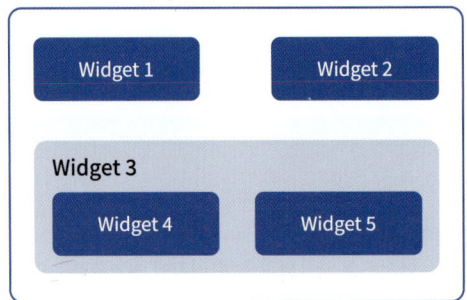

기본 Tkinter 위젯 구성

1. GUI 프로그래밍의 최상위 창 개체는 GUI의 구성 요소인 작은 창 개체를 포함하고 있다.
2. GUI의 구성 요소인 작은 창 개체는 버튼, 리스트, 목록 상자등이며 이를 위젯이라고 한다.
3. 최상의 창 개체는 모든 위젯을 포함할 수 있는 컨테이너로 사용될 수 있으며
   win = tkinter.tk()를 호출하여 사용이 가능하다.
4. Tkinter.tk()를 호출하여 그 리턴 값으로 루트 윈도우의 객체를 획득할 수 있다.
5. 탑 레벨의 윈도우는 어플리케이션 독립이며 하나 이상의 탑 레벨 윈도우를 생성할 수
   있다. 하지만 그 중에 하나는 루트 윈도우(root window)여야 한다.
6. 먼저 GUI 위젯들을 배치하고, 각 이벤트에 대해서 처리할 기능(함수)를 구현한다.
7. 위젯은 단독으로 사용될 수 있으며 컨테이너(위젯을 담는)가 될 수도 있다. 하나의 위젯이
   다른 위젯들을 포함하는 경우에는 이 하나의 위젯을 다른 위젯들의 부모(parent)라고 한다.
8. 각각의 위젯에는 연관있는 이벤트들이 있고 이 이벤트를 처리하기 위한 처리를 구현한다.
9. 위젯의 동작은 이벤트를 생성하고 이벤트에 대한 응답은 콜백(Callback)으로 처리한다.
   Tkinter에서 윈도우, 최상의 창 및 위젯에 대한 정의는 다음과 같다.

종류	설명
윈도우 (Windows)	- 윈도우라는 용어는 일반적으로 상호 작용할 수 있는 사용자의 디스플레이 화면에 위치한 직사각형의 영역을 나타냄
최상위 윈도우 (Top-Level Window)	- 최상위 윈도우는 화면에 독립적으로 존재하는 창으로 위젯을 이용하여 GUI를 만들 수 있음 - 일반적으로 바탕 화면에서 이동할 수 있으며 원하는 경우 크기조절이 가능
위젯 (Widgets)	- 그래픽 사용자 인터페이스에서 응용 프로그램을 구성하는 구성 요소 - 컨테이너 : frame. Labelframe, toplevel, paned windos - 버튼 : buttons, radiobuttons, checkbuttons, menubuttons - 텍스트 : label, message, text - 입력 위젯 : scale, scrollbar, Listbox, slider, entry, optionmenu, text(mutliline), canvas
프레임 (Frames)	- 다른 위젯들을 포함할 수 있는 기본적인 사각형 영역 - 복잡한 GUI 레이아웃을 구성하는 기본단위인 프레임위젯(Frame Widget)이 있음

Tkinter의 구성 요소

Tkinter 기반 이벤트 처리

Tkinter에서는 위젯을 이용하여 UI를 만들고 최종 사용자는 해당 위젯을 사용하여 몇 가지 논리코드를 실행하게 된다. 위젯에서는 사용자의 입력에 따라 이를 처리하여 논리 코드를 실행할 수 있다.

1. 이벤트(위젯의 동작)에는 버튼 클릭, 마우스 이동 및 클릭, 키보드 입력이나 위젯이 포커스(focus)를 얻거나 다른 위젯으로 인해서 획득한 포커스가 다른 위젯으로 이동하는 경우가 있다.
2. GUI 응용 프로그램이 시작부터 끝까지 발생하는 전체 이벤트를 처리하므로 "Event Driven Processing"이라고 한다.

Tkinter 위젯(Widget)

위젯은 Tkinter 기반 GUI 응용 프로그램의 기본 단위로 윈도우(Window) 객체를 만들어 위젯을 추가하여 GUI를 구성한다. Tkinter에서 제공하는 다양한 위젯은 다음과 같다.

위젯	설명
Button	- 응용 프로그램에 버튼을 추가하려면 버튼 위젯을 사용 - 버튼을 클릭할 수 있으며 사용자는 버튼 위젯을 클릭하여 모든 작업을 수행
Canvas	- 복잡한 레이아웃과 그림(그래픽, 텍스트 등)을 그리는 경우 사용
CheckButton	- 여러 옵션을 확인란으로 표시하는 경우 사용되며 한 번에 여러 옵션을 선택할 수 있음
Entry	- 사용자 입력 위젯의 값을 허용하는 한 줄 텍스트 필드를 표시.
Frame	- 다른 위젯을 그룹화하고 구성하기 위해 프레임 위젯을 사용 - 기본적으로 다른 위젯을 보관하는 컨테이너 역할을 담당
Label	- 다른 위젯에 한 줄 캡션을 제공하려면 레이블 위젯을 사용하고 이미지도 포함될 수 있음
Listbox	- 사용자에게 옵션 목록을 제공하기 위해 Listbox 위젯을 사용
Menu	- 사용자에게 명령을 제공하기 위해 Menu 위젯을 사용 - 기본적으로 이러한 명령은 Menubutton 안에 있으며 주로 응용 프로그램에 필요한 모든 종류의 메뉴를 만듦
Menubutton	- Menubutton 위젯은 사용자에게 메뉴 항목을 표시하는 데 사용
Message	- 메시지 위젯은 주로 사용자에게 메시지 상자를 표시하며 편집할 수 없는 여러 줄 텍스트
Radiobutton	- 옵션 수를 Radiobutton으로 표시하고 한 번에 하나씩 선택
Scale	- 주로 스케일에서 값을 선택할 수 있는 그래픽 슬라이더
Scrollbar	- 창을 위아래로 스크롤하려면 Scrollbar를 사용
Text	- 텍스트를 입력하거나 편집하는 여러 줄 텍스트 필드를 사용자에게 제공 - Entry와 다른 위젯임
Toplevel	- 주로 별도의 창 컨테이너를 제공하는 데 사용
SpinBox	- SpinBox는 고정된 숫자 값을 선택하기만 하면 값을 입력
PanedWindow	- 다른 창을 처리하는 데 사용되는 컨테이너 위젯 - 내부에 배열된 창은 수평 또는 수직으로 배치 가능
LabelFrame	- 주로 복잡한 위젯을 처리하는 데 사용되는 컨테이너
MessageBox	- 데스크톱 응용 프로그램에서 메시지를 표시하는 데 사용

Tkinter 위젯의 종류

다양한 위젯을 컨테이너에 배치하기 위해서는 지오메트리 관리자(Geometry Manager)를 사용하여 응용 프로그램의 레이아웃을 변경해야 한다. 이를 살펴보기로 하자.

Tkinter 위젯 배치하기

부모 창에 모든 위젯을 구성하거나 정렬하여 배치하기 위해서는 Tkinter는 기하학적 구성을 제공한다. GUI 응용 프로그램의 레이아웃은 주로 Tkinter의 지오메트리 관리자(Geometric Manager)에 의해 제어된다. 여기서 각 창과 응용 프로그램에서는 하나의 지오메트리 관리자만을 사용할 수 있다. 이와 더불어 다른 지오메트리 관리자를 사용하여 프레임이나 창에 재 설정하여 지오메트리 관리자를 사용할 수 있다. 지오메트리 관리자는 다음과 같이 주로 세 가지 방법이 있다.

Q   Tkinter의 geometric manager에 대해서 상세하게 설명해 주세요

 Tkinter에서는 위젯의 크기와 위치를 관리하기 위해 여러 가지 "geometry managers"라고 불리는 도구들을 제공합니다. 주요 geometry managers에는 pack(), grid(), 그리고 place()가 있습니다. 각각은 위젯의 배치 방식과 관련된 고유한 특성 및 메서드를 가지고 있습니다.

pack()
- pack은 위젯을 부모 위젯에 "패킹"하여 간단하게 추가할 수 있게 합니다.
- 주요 옵션에는 side, fill, expand, padx, pady 등이 있습니다. 위젯은 부모 위젯의 공간에 따라 위, 아래, 왼쪽 또는 오른쪽에 추가될 수 있습니다.

grid()
- grid는 위젯을 행과 열로 구성된 그리드에 배치합니다.
- 주요 옵션에는 row, column, sticky, rowspan, columnspan, padx, pady 등이 있습니다.
- 각 위젯은 그리드의 특정 행과 열에 배치됩니다. rowspan과 columnspan을 사용하여 여러 행 또는 열에 걸쳐 위젯을 확장할 수 있습니다.

place()
- place는 위젯을 특정 좌표에 직접 배치하려고 할 때 사용합니다.
- 주요 옵션에는 x, y, width, height, anchor, relx, rely, relwidth, relheight 등이 있습니다.
- 위젯은 지정된 절대 좌표 (x, y) 또는 부모 위젯의 크기에 상대적인 좌표 (relx, rely)를 사용하여 배치될 수 있습니다.

주의 사항
- 동일한 위젯에 대해 여러 geometry manager를 혼합해서 사용하는 것은 권장되지 않습니다.
- 각 geometry manager에는 다양한 옵션과 메서드가 있으므로, 원하는 레이아웃을 달성하기 위해 필요한 방법을 선택하고 해당 메서드의 공식 문서를 참조하시는 것이 좋습니다.
- 간단히 말하면, pack()은 빠르고 간단한 레이아웃을 원할 때, grid()는 복잡한 그리드 기반 레이아웃을 원할 때, 그리고 place()는 절대적 또는 상대적인 위치 지정이 필요할 때 사용합니다.

Tkinter의 레이아웃 관리자 세 가지('pack', 'grid', 'place')에 대하여 ChatGPT를 이용하여 세 개의 윈도우 창을 만들어 화면에 띄어 보자.

Q 세가지 geometry manager의 전체 예제 프로그램을 보여주세요. 단 윈도우를 3개 띄워서 각각의 manager를 사용하는 GUI 소스를 만들어 주세요.

아래에 세 가지 geometry manager (pack, grid, place) 각각에 대한 예제 코드를 제공합니다. 이 코드를 실행하면 3개의 다른 윈도우가 각각 뜨게 됩니다.

```python
import tkinter as tk

# pack() manager 예제
def pack_example():
    pack_window = tk.Tk()
    pack_window.title("Pack Manager Example")

    tk.Label(pack_window, text="Top").pack(side=tk.TOP, fill=tk.BOTH, expand=True)
    tk.Label(pack_window, text="Bottom").pack(side=tk.BOTTOM, fill=tk.BOTH, expand=True)
    tk.Label(pack_window, text="Left").pack(side=tk.LEFT, fill=tk.BOTH)
    tk.Label(pack_window, text="Right").pack(side=tk.RIGHT, fill=tk.BOTH)

# grid() manager 예제
def grid_example():
    grid_window = tk.Tk()
    grid_window.title("Grid Manager Example")

    entries = [tk.Entry(grid_window) for _ in range(9)]
    for index, entry in enumerate(entries):
        row, col = divmod(index, 3)
        entry.grid(row=row, column=col, padx=5, pady=5)

# place() manager 예제
def place_example():
    place_window = tk.Tk()
    place_window.title("Place Manager Example")

    label1 = tk.Label(place_window, text="Label 1")
    label1.place(x=10, y=10)

    label2 = tk.Label(place_window, text="Label 2")
    label2.place(relx=0.5, rely=0.5, anchor=tk.CENTER)
```

```python
# 세 개의 윈도우를 생성
pack_example()
grid_example()
place_example()

tk.mainloop()
```

- pack_example() 함수는 pack() geometry manager를 사용하여 라벨들을 윈도우의 상단, 하단, 왼쪽, 오른쪽에 배치합니다.
- grid_example() 함수는 grid() geometry manager를 사용하여 3x3 그리드에 엔트리 위젯들을 배치합니다.
- place_example() 함수는 place() geometry manager를 사용하여 라벨들을 절대 위치와 상대 위치에 배치합니다.

이 코드를 실행하면, 각각의 geometry manager를 사용하는 3개의 다른 윈도우가 동시에 표시됩니다.

생성한 코드를 "GeometricsManagerDemo.py"로 저장하고 실행시킨 결과는 아래 그림과 같다.

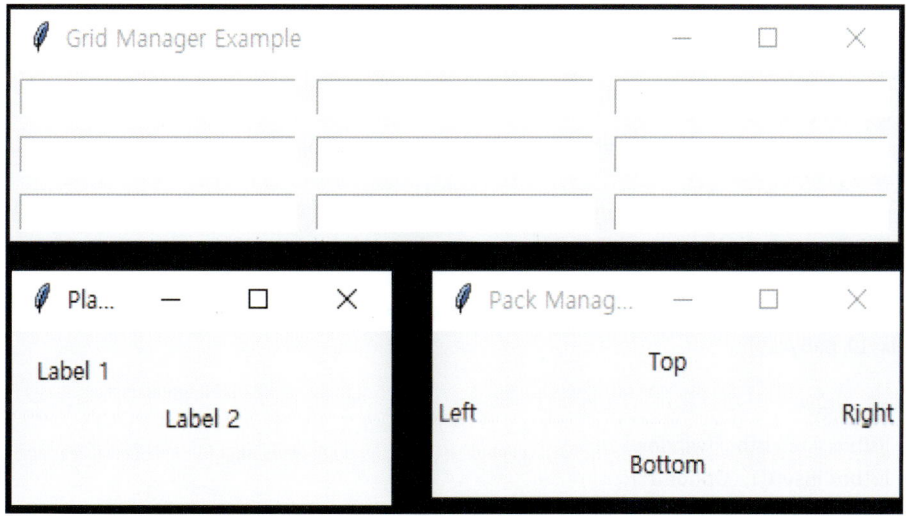

레이아웃에 따른 윈도우 출력 결과

Tkinter 위젯 예제 샘플 생성하기

이번에는 ChatGPT를 이용하여 TkInter가 제공하는 모든 위젯을 하나의 윈도우 창에 배치하여 출력해보자. 위젯들의 배치는 grid 형태의 행별로 3개씩 배치하는 것으로 질의하여 위젯 간에 겹치지 않도록 배치해 보자.

Q Tkinter의 모든 위젯을 하나의 윈도우에 배열하여 볼 수 있는 파이썬 예제 프로그램 만들어 주세요.
단 위젯들이 서로 겹치지 않게 위젯들을 나열해주고. 배치는 **grid gemetry manager**를 사용하되 한 줄당 3개의 위젯을 배치해 주세요.

아래는 Tkinter의 여러 가지 주요 위젯들을 grid geometry manager를 사용하여 하나의 윈도우에 배열한 예제 코드입니다. 한 줄당 3개의 위젯이 배치됩니다.

```python
import tkinter as tk
from tkinter import ttk

def main():
    window = tk.Tk()
    window.title("Tkinter Widgets Showcase")

    # Label
    tk.Label(window, text="Label").grid(row=0, column=0, padx=10, pady=10)

    # Button
    tk.Button(window, text="Button").grid(row=0, column=1, padx=10, pady=10)

    # Entry
    tk.Entry(window).grid(row=0, column=2, padx=10, pady=10)

    # Checkbox
    tk.Checkbutton(window, text="Checkbutton").grid(row=1, column=0, padx=10, pady=10)

    # Radiobutton
    tk.Radiobutton(window, text="Radiobutton1", value=1).grid(row=1, column=1, padx=10, pady=10)
    tk.Radiobutton(window, text="Radiobutton2", value=2).grid(row=1, column=2, padx=10, pady=10)

    # Listbox
    listbox = tk.Listbox(window)
    listbox.insert(1, "Option 1")
    listbox.insert(2, "Option 2")
    listbox.grid(row=2, column=0, padx=10, pady=10)

    # Spinbox
    tk.Spinbox(window, from_=0, to=10).grid(row=2, column=1, padx=10, pady=10)

    # Combobox (ttk)
    combo = ttk.Combobox(window, values=["Option 1", "Option 2"])
    combo.grid(row=2, column=2, padx=10, pady=10)
```

```python
    # Scale
    tk.Scale(window, orient=tk.HORIZONTAL).grid(row=3, column=0, padx=10, pady=10)

    # Text
    tk.Text(window, height=3, width=20).grid(row=3, column=1, padx=10, pady=10, columnspan=2)

    # Canvas
    canvas = tk.Canvas(window, bg="lightgray", height=50, width=50)
    canvas.grid(row=4, column=0, padx=10, pady=10)
    canvas.create_rectangle(10, 10, 40, 40, fill="blue")

    # Scrollbar (linked to Listbox for demonstration)
    scrollbar = tk.Scrollbar(window, orient="vertical", command=listbox.yview)
    scrollbar.grid(row=4, column=1, sticky="ns")
    listbox.config(yscrollcommand=scrollbar.set)

    # Message
    tk.Message(window, text="This is a Message widget", width=100).grid(row=4, column=2, padx=10, pady=10)tk.HORIZONTAL).grid(row=3, column=0, padx=10, pady=10)
    window.mainloop()

if __name__ == "__main__":
    main()
```

위 코드는 Tkinter의 여러 주요 위젯들을 하나의 윈도우에 grid geometry manager를 사용하여 나열합니다. ListBox와 Scrollbar은 상호작용을 보여주기 위해 함께 연결되어 있습니다.

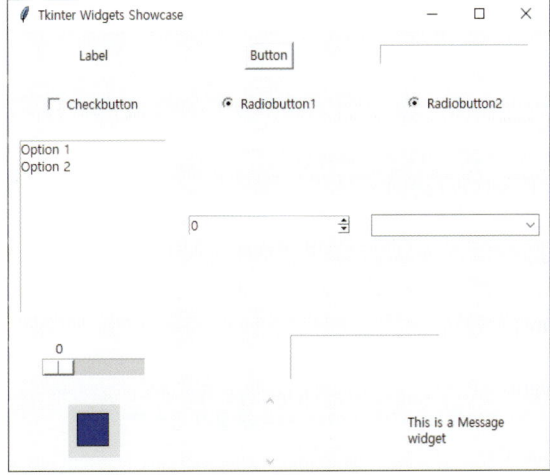

Tkinter의 위젯 모음 화면

이제 각 위젯에 대해서 보다 상세하게 살펴보도록 하자.

Tkinter 위젯별 사용 방법 살펴보기

이번에는 ChatGPT를 이용하여 TkInter가 제공하는 모든 위젯을 하나의 윈도우 창에 배치하여 출력해보자. 위젯들의 배치는 grid 형태로 행별로 3개씩 배치하는 것으로 질의하여 위젯 간에 겹치지 않도록 배치해 보자.

라벨 위젯(Label Widget)

라벨 위젯은 간단한 텍스트나 이미지를 출력할 수 있는 위젯으로 라벨 위젯은 간단한 텍스트나 이미지를 출력할 수 있는 상자 모양의 위젯으로 필요한 경우에는 위젯 내의 텍스트나 이미지의 변경이 가능하며 일부 텍스트를 출력하기 위해서 하나의 글꼴(Font)을 사용한다.

텍스트에 밑줄(underline) 설정과 다중 문자열 출력도 가능하며 이 이외에도 다양한 옵션을 제공하고 있다. ChatGPT를 이용하여 간단한 라벨 위젯을 생성하고 관련 이벤트를 처리해 보자.

> **Q** Tkinter label widget 사용법과 label widget에서 발생하는 이벤트 및 그 처리 방법을 포함한 예제 샘플을 파이썬으로 작성해 주세요.

> Tkinter의 Label 위젯은 주로 텍스트나 이미지를 표시하기 위해 사용됩니다. Label 위젯 자체에는 버튼이나 엔트리처럼 사용자와의 상호작용을 위한 많은 이벤트가 내장되어 있지는 않습니다. 그렇지만 마우스 클릭 이벤트나 키보드 이벤트를 바인딩하여 처리할 수 있습니다.
> 아래는 Tkinter의 Label 위젯 사용법과 이벤트 처리를 포함한 예제입니다.

```python
import tkinter as tk

def on_label_click(event):
    """Label 위젯을 클릭했을 때의 이벤트 핸들러 함수"""
    label.config(text="Label Clicked!")

def on_label_enter(event):
    """마우스가 Label 위젯 영역에 들어갔을 때의 이벤트 핸들러 함수"""
    label.config(fg="blue")

def on_label_leave(event):
    """마우스가 Label 위젯 영역에서 나갔을 때의 이벤트 핸들러 함수"""
    label.config(fg="black")
```

```python
# 메인 윈도우 생성
window = tk.Tk()
window.title("Tkinter Label Widget Example")

# Label 위젯 생성
label = tk.Label(window, text="Click Me!", padx=10, pady=10)
label.pack(pady=20)

# Label 위젯에 이벤트 바인딩
label.bind("<Button-1>", on_label_click)   # 마우스 왼쪽 버튼 클릭 이벤트
label.bind("<Enter>", on_label_enter)      # 마우스가 Label 위젯 영역에 들어갔을 때의 이벤트
label.bind("<Leave>", on_label_leave)      # 마우스가 Label 위젯 영역에서 나갔을 때의 이벤트

window.mainloop()
```

위 코드에서, Label 위젯을 클릭하면 텍스트가 "Label Clicked!"로 변경되며, 마우스를 위젯 위로 가져가면 글자 색상이 파란색으로 변경되고, 마우스를 위젯에서 떼면 다시 검은색으로 돌아갑니다.

생성된 예제소스에서 마우스가 라벨 위젯 영역에 들어갈 때와 나올 때를 구분하여 이벤트 처리를 구현하여 다음과 같이 마우스 커서의 위치에 따라서 라벨 위젯은 다른 문자열과 다른 글자색으로 변경 처리한다. 다음은 마우스 커서에 따라 이벤트를 처리한 실행 화면이다.

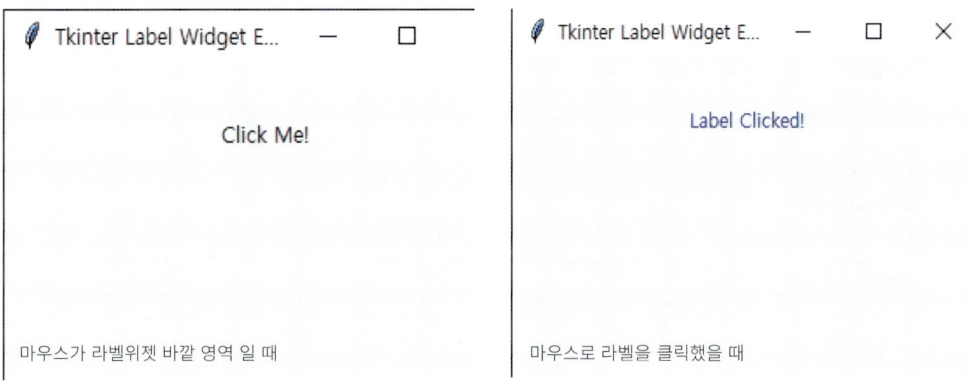

라벨 위젯 실행 화면

라벨 위젯을 최초 생성하는 구문은 아래와 같다.

label = tk.Label(window, text="Click Me!", padx=10, pady=10)

첫번째 매개변수는 부모창의 인스턴스이며, 두번째부터는 쉼표로 구분된 "키-값" 쌍을 이용하여 여러가지 값들을 설정할 수 있다. 설정할 수 있는 옵션 값들은 다음과 같다.

속성 값	설명
anchor	- 주로 제공된 위젯 크기에서 텍스트의 위치를 제어하는 데 사용 - 기본값은 제공된 공간의 가운데에 텍스트를 정렬하는 데 사용되는 CENTER
bd	- 위젯의 테두리 너비에 사용되며 기본값은 2픽셀
bitmap	- 비트맵을 지정된 그래픽 개체와 동일하게 설정하여 텍스트 대신 그래픽을 나타낼 수 있도록 하는 데 사용
bg	- 위젯의 배경색 설정에 사용
cursor	- 마우스를 레이블 위로 이동할 때 표시할 커서 유형을 지정하는 데 사용 - 기본값은 표준 커서를 사용하는 것입니다.
fg	- 위젯 내부에 기록되는 텍스트의 전경색을 지정하는 데 사용
font	- 레이블 안에 있는 텍스트의 글꼴 유형을 지정
height	- 위젯의 높이
image	- 레이블로 표시되는 이미지를 지정
justify	- 레이블에 있는 여러 줄의 맞춤을 지정하며 기본값은 CENTER - RIGHT, LEFT 지정 가능
padx	- 텍스트의 가로 안쪽 여백을 나타내며 기본값은 1
pady	- 텍스트의 세로 안쪽 여백을 나타내며 기본값은 1
relief	- 테두리의 유형을 나타내며 기본값은 FLAT입니다
text	- 문자열 변수로 설정되며 하나 또는 둘 이상의 텍스트 줄을 포함
textvariable	- 레이블이 있는 (StringVar)인 Tkinter 변수와 연결 - 이 변수의 값을 변경하면 레이블 내의 텍스트가 변경됨
underline	- 텍스트의 특정 부분에 밑줄을 긋는 데 사용 - 기본값은 =-1(밑줄 없음)이며. N까지의 정수 값으로 설정가능하고 계산은 0부터 시작
width	- 위젯의 너비를 설정
wraplength	- 레이블 텍스트로 한 줄만 사용하는 대신 각 줄에 이 옵션에 지정된 문자 수가 있는 줄 수로 나눔(주어진 수 기준으로 개행 처리).

라벨 위젯 속성 값

버튼 위젯(Button Widget)

Tkinter의 버튼 위젯은 GUI에 버튼을 추가할 때 사용하는 위젯으로 이 위젯을 사용하여 배경색 추가, 버튼의 높이와 버튼 배치 등과 같은 버튼의 스타일을 설정할 수 있다. 예제 샘플 코드를 통해서 사용법과 이벤트 처리 방법을 알아보자.

> **Q** Tkinter button widget 사용법과 button widget에서 발생하는 이벤트 및 그 처리 방법을 포함한 예제 샘플을 파이썬으로 작성해 주세요. 버튼을 클릭했을때에는 메세지 박스로 "Button Clicked"라고 출력해 주세요.

> Tkinter의 Button 위젯은 사용자가 클릭할 수 있는 버튼을 생성하기 위해 사용됩니다. 보통 버튼을 클릭했을 때 특정 함수나 명령을 실행하도록 설정할 수 있습니다.
> 아래는 Button 위젯 사용법과 이벤트 처리를 포함한 예제입니다.

```python
import tkinter as tk
from tkinter import messagebox

def on_button_click():
    """버튼 클릭 시 실행되는 함수"""
    messagebox.showinfo("Information", "Button Clicked")

# 메인 윈도우 생성
window = tk.Tk()
window.title("Tkinter Button Widget Example")

# Button 위젯 생성
button = tk.Button(window, text="Click Me!", padx=10, pady=10, command=on_button_click)
button.pack(pady=20)

window.mainloop()
```

> 위 코드에서, Button 위젯을 클릭하면 on_button_click 함수가 호출되며, 이 함수는 "Button Clicked"라는 메시지를 포함하는 메시지 박스를 표시합니다.
> Button 위젯에는 command 속성을 사용하여 클릭 시 실행할 함수나 명령을 지정할 수 있습니다. 이 외에도 <Button-1> 이벤트 등을 사용하여 클릭 시 다양한 이벤트 처리를 구현할 수 있습니다.

버튼 위젯을 최초 생성하는 구문은 아래와 같다. 라벨 위젯의 경우에는 bind()메서드를 사용하여 처리할 이벤트별로 함수를 등록하였으나 버튼 위젯 예제에서는 command="함수명"으로 버튼 클릭 이벤트가 발생할 때, 해당 함수가 바로 실행되도록 설정하였다.

button = tk.Button(window, text="Click Me!", padx=10, pady=10, command=on_button_click)

해당 프로그램을 실행시키면 다음과 같은 결과 화면을 볼 수 있다.

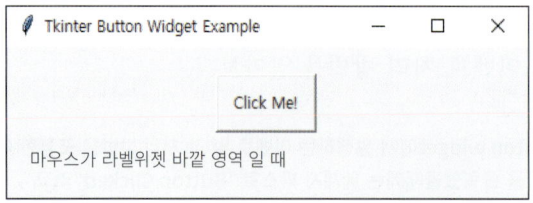
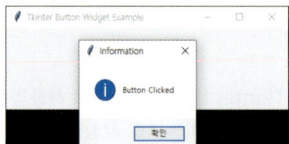

마우스로 버튼을 클릭했을 때

버튼 위젯 실행 화면

버튼 위젯도 라벨 위젯과 같이 다양한 옵션 값을 인스턴스를 생성할 때 설정할 수 있으며, 옵션 값은 다음과 같다.

속성 값	설명
activebackground	- 마우스가 버튼을 가리킬 때 버튼의 배경 색깔을 설정
bd	- 테두리의 너비를 픽셀 단위로 나타내는 데 사용
bg	- 버튼의 배경색을 나타내는 데 사용
command	- command 옵션은 클릭 이벤트가 발생할 때 호출할 함수를 지정
activeforeground	- 마우스가 버튼을 가리킬 때 버튼의 글꼴 색상 지정
fg	- 버튼의 전경색을 지정
font	- 버튼의 글꼴을 지정
height	- 버튼의 높이를 지정 - 이 높이는 텍스트 줄의 경우 텍스트 줄 수를 나타내고 이미지의 경우 픽셀 수를 의미
image	- 버튼에 표시되는 이미지를 지정
higlightcolor	- 버튼에 포커스가 있을 때 강조 색상을 지정
justify	- 여러 텍스트 줄이 정렬되는 방식을 나타내는 데 사용 - 왼쪽 정렬의 경우 LEFT로 설정되고 오른쪽 정렬의 경우 RIGHT로 설정되고 가운데 정렬의 경우 CENTER로 설정
padx	- 가로 방향으로 버튼의 추가 안쪽 여백을 지정
pady	- 수직 방향으로 버튼의 추가 패딩을 지정
underline	- 버튼의 텍스트에 밑줄을 긋는 데 사용
width	- 버튼의 너비를 지정 - 텍스트 버튼의 경우 문자 수, 이미지 버튼의 경우 픽셀 값을 의미
Wraplength	- 이 옵션의 값이 양수로 설정되면 이 길이에 맞게 텍스트 줄이 - 개행 처리
state	- 값이 DISABLED로 설정되면 버튼이 응답하지 않도록 설정 - ACTIVE는 버튼의 활성 상태를 나타냄.

체크 버튼 위젯(Checkbutton Widget)

체크 버튼 위젯은 다중의 선택 항목에서 복수 개로 선택을 지원하는 위젯이다. 체크 버튼 위젯은 사용자가 한 번에 하나씩만 마우스 클릭으로 선택할 수 있으며 라벨이나 버튼과 마찬가지로 텍스트와 이미지 모두를 포함할 수 있다. 체크 버튼 위젯의 예제 샘플을 살펴보자.

> **Q** Tkinter Checkbutton widget 사용법과 Checkbutton widget에서 발생하는 이벤트 및 그 처리 방법을 포함한 예제 샘플을 파이썬으로 작성해 주세요. Checkbutton 항목은 사과, 배, 바나나, 포함하게 하고 Checkbutton을 선택 할때마다 선택된 모든 항목을 메시지 박스로 출력하고 대신 모든 위젯은 grid를 사용하여 하나의 행으로 배치해 주세요.

> Tkinter의 Checkbutton 위젯은 사용자가 여러 개의 옵션 중 하나 이상을 선택할 수 있도록 합니다. Checkbutton의 상태는 일반적으로 IntVar 또는 StringVar 같은 Tkinter 변수에 바인딩되며, 이 변수의 값을 통해 Checkbutton의 상태를 확인하거나 설정할 수 있습니다.
> 다음은 요구사항대로 작성된 Checkbutton 위젯의 예제입니다.

```python
import tkinter as tk
from tkinter import messagebox

def show_selected_fruits():
    """선택된 과일을 메시지 박스로 표시하는 함수"""
    selected = []
    if apple_var.get():
        selected.append("사과")
    if pear_var.get():
        selected.append("배")
    if banana_var.get():
        selected.append("바나나")

    messagebox.showinfo("선택된 과일", ", ".join(selected))

# 메인 윈도우 생성
window = tk.Tk()
window.title("Tkinter Checkbutton Widget Example")

# Checkbutton 변수 생성
apple_var = tk.IntVar()
pear_var = tk.IntVar()
banana_var = tk.IntVar()

# Checkbutton 위젯 생성
apple_cb = tk.Checkbutton(window, text="사과", variable=apple_var,
    command=show_selected_fruits)
```

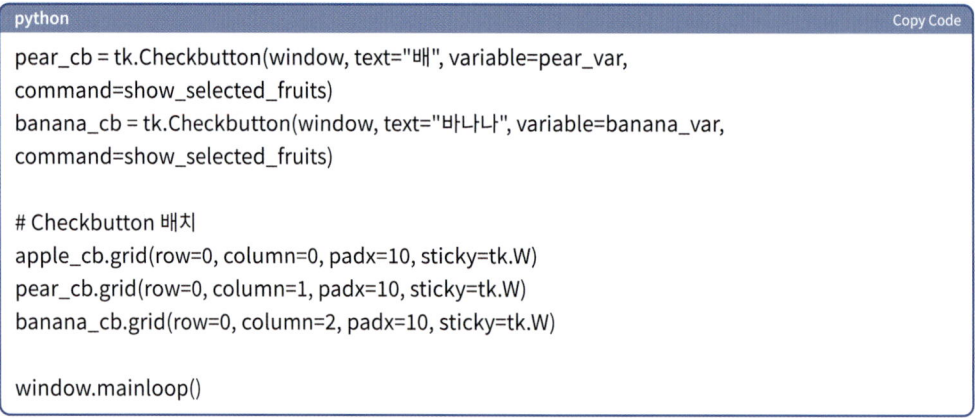

위 코드에서 각 Checkbutton에는 command 속성을 사용하여 체크박스 상태 변경 시 실행할 함수를 지정하였습니다. show_selected_fruits 함수는 현재 선택된 과일을 확인하고 해당 과일의 목록을 메시지 박스로 표시합니다.

위 예제 샘플을 실행하면 다음과 같이 개의 3 체크 버튼을 포함하고 있는 윈도우 화면을 볼 수 있다.

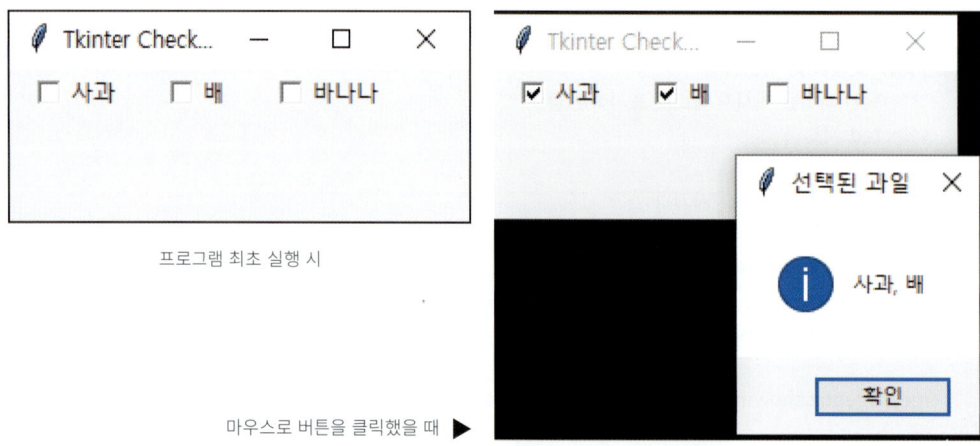

체크박스 위젯 실행 화면

체크 버튼을 생성하기 위한 구문은 아래와 같이 variable에 변수를 할당하는 부분을 포함하고 있다.

apple_cb = tk.Checkbutton(window, text="사과", variable=apple_var, command=show_selected_fruits)

이 예제는 apple_cb라는 체크 버튼의 값이 선택되거나 해지되는 경우,

그 상태 값을 변수 apple_var이라는 값에 저장하기 위한 변수로서 다음과 같이 윈도우 객체인 tk에서 intVar()라는 메서드를 이용하여 변수를 초기화 및 할당한다.

apple_var = tk.IntVar()

tk.intVar()는 TKinter의 특별한 변수 형태로 해당 위젯과 연동될 수 있는 정수형 변수를 의미한다. 이 메서드는 체크 버튼이나 라디오 버튼과 연동되어 사용될 수 있으며 위젯의 상태(선택/해제)와 동기화되어 사용된다.

체크 버튼 위젯도 다양한 옵션 값을 인스턴스를 생성할 때 설정할 수 있으며 옵션 값은 다음과 같다.

속성 값	설명
activebackground	- 체크 버튼이 커서 아래에 있을 때 체크 버튼의 배경색을 의미
bd	- 모퉁이 주위의 테두리 크기이며 기본 크기는 2픽셀
bg	- 체크 버튼의 배경색을 의미
bitmap	- 체크 버튼에 이미지를 표시하는 데 사용
command	- command 옵션은 체크 버튼의 상태가 변경될 때 예약되는 함수 호출을 설정하는 데 사용
activeforeground	- 체크 버튼이 커서 아래에 있을 때 버튼의 전경색을 의미
fg	- 체크 버튼의 텍스트 색상을 의미
font	- 체크 버튼의 글꼴을 의미
height	- 버튼의 높이를 나타냄. 이 높이는 텍스트 줄의 경우 텍스트 줄 수를 나타내고 이미지의 경우 픽셀 수를 의미하며 기본값은 1
image	- 체크 버튼을 나타내는 이미지를 의미
cursor	- 마우스 포인터가 확인 버튼 위에 있을 때 커서 이름으로 변경할 때 사용
disableforeground	- 비활성화된 확인 버튼의 텍스트를 나타내는 데 사용되는 색상
higlightcolor	- 확인 버튼에 초점이 있을 때 강조 색상을 의미
justify	- 여러 텍스트 줄이 표현되는 방식을 나타내는 데 사용 - 왼쪽 정렬의 경우 LEFT로 설정되고 오른쪽 정렬의 경우 RIGHT로 설정되고 가운데 정렬의 경우 CENTER로 설정
padx	- 가로 방향의 확인 단추 안쪽 여백을 의미
pady	- 세로 방향의 체크 버튼 안쪽 여백을 의미
underline	- 체크 버튼의 텍스트에 밑줄을 긋는 데 사용

속성 값	설명
width	- 체크 버튼의 너비를 지정 - 문자 수로 존재하거나 이미지 버튼의 경우 픽셀을 의미
Wraplength	- 정수로 설정되면 텍스트가 설정한 글자수 단위로 개행 처리
variable	- 체크 버튼의 상태를 추적하는 데 사용되는 관련 변수
offvalue	- 제어 변수는 버튼이 (off)인 경우 기본적으로 0으로설정 - 선택되지 않은 변수의 상태를 다른 변수로 변경할 수도 있음
onvalue	- 관련 제어 변수는 설정(on)되면 1로 설정 - onvalue를 해당 값으로 설정하여 on 상태에 대한 대체 값이 제공
text	- 확인 단추 바로 옆에 있는 레이블을 나타내는 데 사용 - 여러 줄의 경우 "\n"을 사용
state	- 체크 버튼의 상태를 나타내는 데 사용 - 기본값= normal. DISABLED로 변경하여 확인 버튼이 응답하지 않도록 설정 - 이 버튼의 값은 체크 버튼에 초점이 맞춰져 있을 때 ACTIVE
selectcolor	- 체크 버튼의 색상을 의미하며 기본값은 Red.
selectimage	- 체크 버튼의 이미지

체크 버튼 관련 메서드

라디오 버튼 위젯(Radiobutton Widget)

라디오 버튼 위젯은 다중의 선택 항목에서 하나의 선택을 지원하는 위젯이다. 라디오 버튼 위젯은 사용자가 한 번에 하나씩만 마우스 클릭으로 선택할 수 있으며 이 때에는 선택된 라디오 버튼을 제외한 나머지 라디오 버튼들은 선택이 해지되게 된다. 라벨이나 버튼과 마찬가지로 텍스트와 이미지 모두를 포함할 수 있다. 라디오 버튼 위젯의 예제 샘플을 살펴보자.

Q Tkinter Radiobutton widget 사용법과 Radiobutton widget에서 발생하는 이벤트 및 그 처리 방법을 포함한 예제 샘플을 파이썬으로 작성해 주세요. Radiobutton 항목은 초등학교, 중학교, 고등학교, 대학교를 포함하게 하고 Radiobutton을 선택할 때마다 선택된 모든 항목을 메세지 박스로 출력해주고, 대신 모든 위젯은 grid를 사용하여 하나의 행으로 배치해 주세요.

Tkinter의 Radiobutton 위젯을 사용하여 주어진 요구 사항에 따라 예제를 작성하겠습니다.

```python
import tkinter as tk
from tkinter import messagebox
```

```python
def display_selected():
    selected_education = education_var.get()
    messagebox.showinfo("Selected Education", f"You selected {selected_education}")

root = tk.Tk()
root.title("Radiobutton Example")

# StringVar를 사용하여 Radiobutton의 값을 저장
education_var = tk.StringVar()

# Radiobutton 위젯 생성
rb1 = tk.Radiobutton(root, text="초등학교", variable=education_var, value="초등학교", command=display_selected)
rb2 = tk.Radiobutton(root, text="중학교", variable=education_var, value="중학교", command=display_selected)
rb3 = tk.Radiobutton(root, text="고등학교", variable=education_var, value="고등학교", command=display_selected)
rb4 = tk.Radiobutton(root, text="대학교", variable=education_var, value="대학교", command=display_selected)

# Radiobutton 위젯을 grid를 사용하여 배치
rb1.grid(row=0, column=0)
rb2.grid(row=0, column=1)
rb3.grid(row=0, column=2)
rb4.grid(row=0, column=3)

root.mainloop()
```

위의 코드에서는 다음과 같은 점을 주의하십시오.

- Radiobutton 위젯은 StringVar와 연결되어 있습니다. 이 변수는 선택된 Radiobutton의 값을 저장합니다.
- 각 Radiobutton의 value는 해당 Radiobutton이 선택될 때 StringVar에 저장되는 값을 나타냅니다.
- command 속성을 사용하여 Radiobutton이 선택될 때 호출되는 함수를 지정합니다. 이 예제에서는 선택된 학교 수준을 메세지 박스로 표시하는 display_selected 함수입니다.

위 예제 샘플을 실행하면 다음과 같이 4개의 라디오 버튼을 포함하고 있는 윈도우를 볼 수 있다.

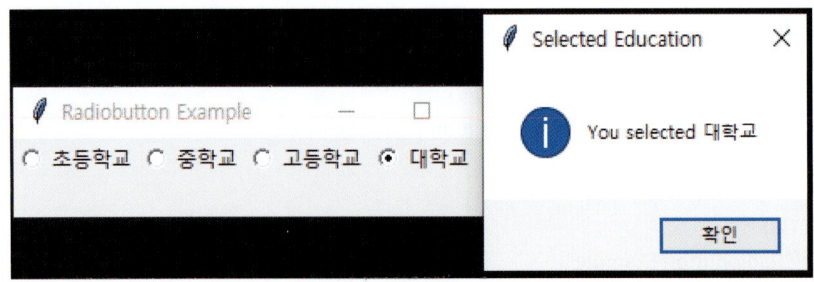
라디오 버튼 위젯 실행화면

하나의 값을 선택하게 되면 나머지 다른 선택은 해제되고 메시지 박스로 선택한 항목이 출력되는 것을 확인할 수 있다.

라디오 버튼을 생성하기 위한 구문은 아래와 같이 variable에 변수를 할당하고 해당 값을 선택했을 때의 값을 설정하기 위한 value 변수 설정 부분을 포함하고 있다.

 # Radiobutton 위젯 생성
rb1 = tk.Radiobutton(root, text="초등학교", variable=education_var, value="초등학교", command=display_selected)
rb2 = tk.Radiobutton(root, text="중학교", variable=education_var, value="중학교", command=display_selected)
rb3 = tk.Radiobutton(root, text="고등학교", variable=education_var, value="고등학교", command=display_selected)
rb4 = tk.Radiobutton(root, text="대학교", variable=education_var, value="대학교", command=display_selected)

라디오 버튼은 체크 버튼과는 달리 하나의 버튼만을 선택할 수 있기 때문에 위와 같이 라디오 버튼은 education_var이라는 변수를 모두 공유하고 있다.

속성 값	설명
anchor	- 라디오 버튼내에서 텍스트의 정확한 위치를 나타내는 데 사용 - 이 옵션의 기본값은 CENTER
bg	- 라디오 버튼의 배경색을 지정
activebackground	- 라디오 버튼에 포커스가 맞춰져 있을 때 위젯의 배경색을 지정
activeforeground	- 라디오 버튼에 포커스가 맞춰져 있을 때 글꼴 색상을 지정
borderwidth	- 테두리의 크기를 나타내는 데 사용

속성 값	설명
bitmap	- 그래픽 또는 이미지 개체를 설정
command	- 라디오 버튼의 상태가 변경될 때마다 호출해야 하는 프로시저를 설정
cursor	- 마우스 포인터를 지정된 커서 유형으로 변환하고 화살표, 점 등으로 설정
font	- 텍스트의 글꼴 유형을 나타내는 데 사용
fg	- 텍스트의 전경색을 나타내는 데 사용
height	- 라디오 버튼의 수직 치수를 지정
width	- 라디오 버튼의 수평 치수를 나타내며 문자 수로 표시
padx	- 라디오 버튼의 가로 패딩
pady	- 라디오 버튼의 세로 패딩
highlightcolor	- 라디오 버튼이 포커스 아래에 있을 때 포커스 강조 표시의 색상을 설정
highlightbackground	- 라디오 버튼이 포커스 아래에 있지 않을 때 포커스 강조 표시의 색상을 설정
image	- 라디오 버튼의 이미지를 표시하려는 경우 텍스트가 아닌 이미지 설정
justify	- 여러 줄 문자의 양쪽 맞춤을 나타내는 데 사용 - 기본값은 CENTER이며 다른 값은 LEFT, RIGHT.
relief	- 테두리 유형을 나타내는 데 사용하며 기본값은 FLAT
selectcolor	- 라디오 버튼이 선택되었을 때의 색을 설정
selectimage	- 이미지를 선택할 때 라디오 버튼에 표시할 이미지를 설정
state	- 상태를 나타내는 데 사용되며 기본 상태는 NORMA - 라디오 버튼이 응답하지 않도록 상태를 DISABLED로 설정할 수도 있음.
text	- 라디오 버튼에 표시할 텍스트를 설정.
textvariable	- 텍스트를 제어하는 데 사용됩니다. 위젯에 표시해야 하는 텍스트로 설정
underline	- 문자열에 밑줄이 그어 지도록 지정하기 위해 기존 숫자로 설정하며 기본값은 밑줄이 없음을 나타내는 -1
variable	- 사용자의 선택을 추적하는 데 사용되는 제어 변수이며 모든 라디오 단추 간에 공유
value	- 사용자가 해당 라디오 버튼을 선택할 때 컨트롤 변수에 할당
wraplength	- 각 줄에 해당 수의 문자만 포함되도록 이 옵션을 원하는 숫자로 설정하여 텍스트를 줄 수로 개행하는데 사용

라디오 버튼 속성 값

이와 더불어 라디오 버튼 위젯과 함께 사용되는 메서드는 다음과 같다.

메서드 이름	설명
invoke()	- 라디오 버튼과 연결된 메서드를 호출하는 데 사용
select()	- 라디오 버튼을 선택하기 호출
deselect()	- 라디오 버튼을 해제하기 호출
flash()	- 활성 색상과 일반 색상 사이를 깜박이는 데 사용

라디오 버튼 관련 메서드

엔트리 위젯(Entry Widget)

엔트리 위젯은 사용자가 텍스트를 입력할 수 있는 텍스트 입력 상자를 표시하는데 사용되는 위젯으로 스타일을 변경하기 위해서 다양한 여러가지 옵션이 있다. 여러 줄의 텍스트를 입력받는 경우에는 텍스트 위젯을 사용하고 한 줄의 텍스트만 입력하는데 사용된다. ChatGPT를 이용하여 엔트리 위젯 예제 샘플 코드를 생성해 보자.

> **Q** Entry Widget에 대한 예제 샘플 코드를 생성해 주세요. 단 여러가지 모양으로 샘플을 만들어 주세요.

> Tkinter의 Entry 위젯은 사용자로부터 한 줄의 텍스트 입력을 받을 때 사용됩니다.
> 아래는 다양한 스타일과 속성을 가진 Entry 위젯 예제들입니다.

```python
import tkinter as tk

def display_entry():
    content = entry_var.get()
    result_label.config(text=f"You entered: {content}")

root = tk.Tk()
root.title("Entry Widget Examples")

# 기본 Entry
entry1 = tk.Entry(root)
entry1.grid(row=0, column=0, padx=10, pady=10)

# 테두리 두께 및 relief 스타일 변경
entry2 = tk.Entry(root, bd=5, relief=tk.RIDGE)
entry2.grid(row=0, column=1, padx=10, pady=10)
```

```python
import tkinter as tk

def display_entry():
    content = entry_var.get()
    result_label.config(text=f"You entered: {content}")

root = tk.Tk()
root.title("Entry Widget Examples")

# 기본 Entry
entry1 = tk.Entry(root)
entry1.grid(row=0, column=0, padx=10, pady=10)

# 테두리 두께 및 relief 스타일 변경
entry2 = tk.Entry(root, bd=5, relief=tk.RIDGE)
entry2.grid(row=0, column=1, padx=10, pady=10)

# 배경색 및 글자색 변경
entry3 = tk.Entry(root, bg="lightblue", fg="red")
entry3.grid(row=0, column=2, padx=10, pady=10)

# 텍스트 정렬
entry4 = tk.Entry(root, justify=tk.RIGHT)
entry4.grid(row=1, column=0, padx=10, pady=10)

# 비밀번호 (텍스트 가리기)
entry5 = tk.Entry(root, show="*")
entry5.grid(row=1, column=1, padx=10, pady=10)

# 입력된 텍스트에 대한 변수 설정
entry_var = tk.StringVar()
entry6 = tk.Entry(root, textvariable=entry_var)
entry6.grid(row=1, column=2, padx=10, pady=10)

# 버튼 추가하여 Entry 위젯 내용 출력
btn = tk.Button(root, text="Display Entry", command=display_entry)
btn.grid(row=2, column=1, pady=10)

result_label = tk.Label(root, text="")
result_label.grid(row=3, columnspan=3, pady=10)
root.mainloop()
```

이 예제에서는 다양한 Entry 위젯 스타일과 함께 입력 내용을 출력하는 버튼을 추가하였습니다.

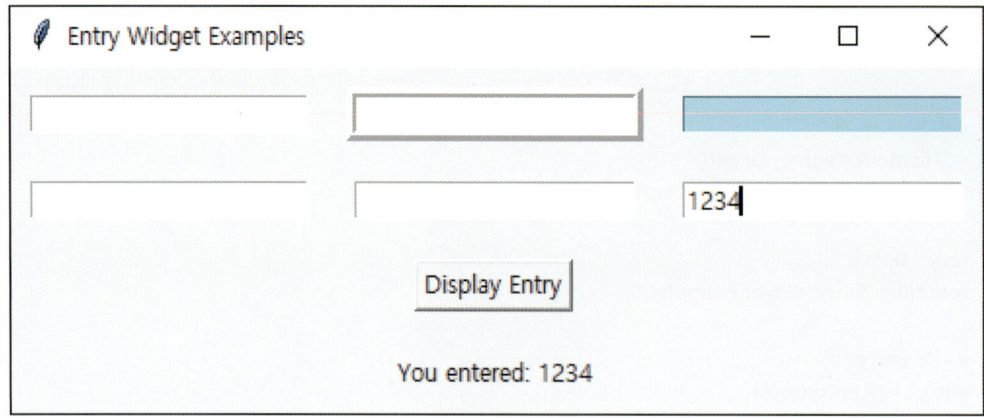

엔트리 위젯 실행 화면

위 예제 샘플을 실행하면 아래와 같이 6개의 엔트리 위젯을 확인할 수 있으며 하단의 오른쪽에 위치한 엔트리 위젯에 텍스트를 입력하고 버튼 위젯을 실행하게 되면 입력한 텍스트가 출력되는 것을 확인할 수 있다.

엔트리 객체는 기본적으로 아래와 같은 방식으로 생성한다.

entry1 = tk.Entry(root, option=value)

엔트리 객체를 생성할 때 다양한 옵션을 사용하여 ChatGPT가 생성한 샘플과 같이 여러가지 모양으로 설정이 가능하다. 엔트리 위젯의 속성 값은 아래와 같다.

속성 값	설명
bg	- 엔트리 위젯의 배경색에 사용
bd	- 테두리의 너비(픽셀)에 사용되며 기본값은 2픽셀임
cursor	- 마우스 포인터를 커서 유형으로 변경하고 화살표, 점 등으로 설정
exportselection	- 기본적으로 엔트리 위젯 안에 쓰여진 텍스트는 클립보드에 자동으로 복사되기 때문에 텍스트를 복사하지 않으려면 exportselection 값을 0으로 설정
fg	- 텍스트의 색상을 나타내는 데 사용
font	- 텍스트의 글꼴 유형을 나타내는 데 사용
highlightbackground	- 입력 포커스가 없을 때 순회 강조 표시 영역에 표시할 색상을 나타내는 데 사용
highlightcolor	- 입력 포커스가 있을 때 엔트리 위젯 주위에 그려지는 순회 강조 표시 사각형에 사용할 색을 나타내는 데 사용

속성 값	설명
justify	- 여러 줄이 포함된 경우 텍스트가 구성되는 방식을 지정하는 데 사용됩니다.
relief	- 테두리 유형을 나타내는 데 사용되며 기본값은 FLAT이며 FLATGROOVE, RAISED, RIGID로 설정이 가능
selectbackground	- 선택한 텍스트의 배경색을 나타내는 데 사용
selectforeground	- 선택한 텍스트의 글꼴을 설정하는 데 사용
selectborderwidth	- 선택한 텍스트 위젯에 표시할 테두리의 너비를 설정하는데 사용
width	- 텍스트 위젯의 너비를 설정
textvariable	- 엔트리 위젯에서 현재 텍스트를 검색 할 수있으며 클래스의 인스턴스로 설정
show	- 문자열 대신 다른 유형의 항목 텍스트를 표시하는 데 사용 - 예를 들어 별표(*)를 사용하여 암호를 입력
xscrollcommand	- 사용자가 위젯의 실제 너비가 아닌 더 많은 텍스트를 입력하도록 하려면 항목 위젯을 가로 스크롤 막대에 연결
insertbackground	- 이 옵션은 주로 삽입 커서가 있는 영역에서 배경으로 사용할 색을 지정 - 이 색상은 일반적으로 위젯의 일반 배경보다 우선으로 처리

엔트리 위젯 속성 값

엔트리 위젯은 텍스트를 입력받기 위한 위젯으로 다양한 메서드를 지원하고 있으며 엔트리 위젯을 지원하는 메서드는 아래와 같다.

속성 값	설명
delete(first, last=None)	- 위젯 내에서 지정된 문자를 삭제하는 데 사용
get()	- 항목 위젯의 현재 텍스트를 문자열로 가져오는 데 사용
icursor(index)	- 지정된 인덱스의 문자 바로 앞에 삽입 커서를 설정하는 데 사용
index(index)	- 지정된 인덱스에 기록된 문자의 왼쪽에 커서를 배치하는 데 사용
select_clear()	- 일부 텍스트가 선택되어 있는 경우, 이를 무효화하는데 사용
select_present()	- 선택된 텍스트가 존재하는 경우, 그 문자열을 가져오는데 사용
insert(index, s)	- 지정된 인덱스에 배치된 문자 앞에 지정된 문자열을 삽입하는 데 사용
select_adjust(index)	- 지정된 인덱스에 있는 문자를 선택하는 작업이 포함
select_form(index)	- 앵커 인덱스 위치를 인덱스로 지정된 문자로 설정
select_range(start, end)	- 지정된 범위 사이에 존재할 문자를 선택하는 데 사용

속성 값	설명
select_to(index)	- 처음부터 지정된 인덱스까지 모든 문자를 선택
xview(index)	- 엔트리 위젯을 가로 스크롤 막대에 연결하는 데 사용
xview_scroll(number, what)	- 엔트리 위젯을 가로로 스크롤할 수 있도록 하는 데 사용됩니다

엔트리 위젯 관련 메서드

텍스트 위젯(Text Widget)

한 줄의 텍스트만 입력받는 경우에는 엔트리 위젯을 사용하고 여러 줄의 텍스트를 입력받는 경우에는 텍스트 위젯을 사용한다. 텍스트 위젯은 중간에 이미지와 링크를 포함할 수 있으며 편집 가능한 긴 형식의 텍스트를 표시하거나 입력해야 하는 경우에 사용 된다. ChatGPT를 이용하여 텍스트 위젯 예제 샘플 코드를 생성해 보자.

Q TKinter의 Text Widget의 예제 샘플을 만들되 사용 가능한 모든 이벤트를 처리하는 루틴도 추가해주세요.

Tkinter의 Text 위젯은 사용자로부터 여러 줄의 텍스트 입력을 받을 때 사용됩니다. 아래는 Text 위젯의 기본적인 사용 예제와 몇 가지 이벤트 핸들러를 포함하고 있습니다.

```python
import tkinter as tk

def on_text_click(event):
    print("Text clicked!")

def on_text_double_click(event):
    print("Text double clicked!")

def on_text_right_click(event):
    print("Text right-clicked!")

def on_text_modified(event):
    print("Text modified!")

root = tk.Tk()
root.title("Text Widget Examples")

# Text 위젯 생성
text_widget = tk.Text(root, height=10, width=40)
text_widget.pack(padx=10, pady=10)
```

```python
# Scrollbar 추가
scrollbar = tk.Scrollbar(root, command=text_widget.yview)
scrollbar.pack(side=tk.RIGHT, fill=tk.Y)
text_widget.config(yscrollcommand=scrollbar.set)

# 버튼 추가하여 Text 위젯 내용 출력
def display_content():
    content = text_widget.get(1.0, tk.END) # Text 위젯의 전체 내용 가져오기
    print(content)

btn = tk.Button(root, text="Display Content", command=display_content)
btn.pack(pady=10)

# 이벤트 바인딩
text_widget.bind("<Button-1>", on_text_click) # 왼쪽 클릭
text_widget.bind("<Double-Button-1>", on_text_double_click) # 더블 클릭
text_widget.bind("<Button-3>", on_text_right_click) # 오른쪽 클릭 (맥OS에서는
<Button-2>일 수 있습니다)
text_widget.bind("<<Modified>>", on_text_modified) # 내용 수정 시

root.mainloop()
```

이 예제에서는 Text 위젯에 대한 기본적인 이벤트들을 처리하는 루틴을 추가하였습니다. 클릭, 더블 클릭, 오른쪽 클릭, 내용 수정 등의 이벤트를 핸들링하고 있습니다.

텍스트 위젯의 경우 보이는 뷰, (View)보다 더 많은 텍스트를 출력하거나 입력을 하기 위해서 스크롤바 위젯을 추가하여 스크롤 바를 이동하여 뷰를 이동하여 텍스트들을 확인할 수도 있고 bind()라는 메서드를 이용하여 위와 같이 다양한 이벤트 처리도 가능하다. 실제 프로그램을 실행시키면 다음과 같이 텍스트 위젯을 포함하고 있는 윈도우 화면을 볼 수 있다.

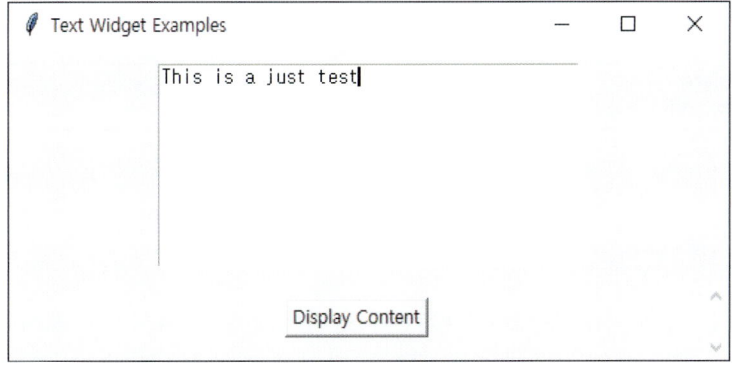

텍스트 위젯 실행 화면

텍스트 위젯도 다음과 같이 다양한 속성 값을 지원하고 있다.

속성 값	설명
bg	- 텍스트 위젯의 테두리 너비를 설정
bd	- 텍스트 위젯의 배경색을 설정
exportselection	- 선택한 텍스트를 가져오는데 사용 - 텍스트를 내보내지 않으려면 이 옵션의 값을 0으로 설정
cursor	- 마우스 포인터를 지정된 커서 유형으로 변환하는데 설정
font	- 텍스트의 글꼴 유형을 나타내는 데 사용
fg	- 텍스트 위젯의 텍스트 색상을 설정
height	- 텍스트 위젯의 수직 치수를 나타내며 주로 선 수를 표현
highlightbackground	- 텍스트 위젯이 포커스 아래에 있지 않을 때의 highlightcolor를 설정
higlightthickness	- 강조 표시의 두께를 나타내는 데 사용되며 기본값은 1
highlightcolor	- 텍스트 위젯이 포커스 아래에 있을 때 포커스 강조 표시의 색상을 설정
insertbackground	- 삽입 커서의 색을 나타내는 데 사용
padx	- 텍스트 위젯의 가로 패딩을 나타내는데 사용
pady	- 텍스트 위젯의 세로 안쪽 여백을 나타내는데 사용

텍스트 위젯 속성 값

이와 더불어 텍스트 위젯은 다음과 같이 다양한 메서드를 지원하고 있다.

메서드	설명
index(index)	- 지정된 인덱스를 가져오는 데 사용
see(index)	- 문자열이 지정된 인덱스에 표시되는지 여부에 따라 true 또는 false를 반환
insert(index,string)	- 지정된 인덱스에 문자열을 삽입하는 데 사용
get(startindex,endindex)	- 지정된 범위의 문자를 반환
delete(startindex,endindex)	- 지정된 범위의 문자를 삭제

텍스트 위젯 메서드

메시지 위젯(Message Widget)

메시지 위젯은 응용 프로그램을 사용하는 사용자에게 일부 메시지를 표시하는데 사용되며 텍스트는 편집이 불가능하고 필요한 경우 여러 줄로 표시할 수 있다. 이 위젯은 라벨 위젯과 유사하나 메시지 위젯은 텍스트의 자동 개행을 지원함으로서 짧은 메시지의 경우에는 라벨 위젯을 사용하고 출력해야하는 텍스트가 많은 경우에는 메시지 위젯을 사용하는 것이 효과적이다. ChatGPT를 이용하여 메시지 위젯 예제 프로그램을 살펴보자.

Q Message Widget 예제 샘플을 만들고 다양한 옵션을 사용하여 UI를 만들어 주세요.

 네, Tkinter의 Message 위젯에 대한 예제를 제공하겠습니다. 이 예제에서는 Message 위젯의 다양한 옵션들을 적용해봅니다.

```python
import tkinter as tk

root = tk.Tk()
root.title("Message Widget Sample")

# 기본 메시지
msg1 = tk.Message(root, text="This is a simple message.")
msg1.pack(pady=10)

# 폭과 배경색을 변경한 메시지
msg2 = tk.Message(root, text="This message has a specified width and a blue background.", width=200, bg="blue", fg="white")
msg2.pack(pady=10)

# 폰트와 중앙 정렬 옵션을 적용한 메시지
msg3 = tk.Message(root, text="This message uses a custom font and is center-aligned.", font=("Arial", 12, "bold"), justify=tk.CENTER)
msg3.pack(pady=10)

# 경계선과 relief 옵션을 적용한 메시지
msg4 = tk.Message(root, text="This message has a border and a raised relief.", bd=4, relief=tk.RAISED)
msg4.pack(pady=10)

# 아래의 주석을 해제하여 더 긴 메시지를 보실 수 있습니다.
# long_text = "Lorem ipsum dolor sit amet, consectetur adipiscing elit. Proin pellentesque suscipit nunc, quis vehicula elit lacinia in. Sed vel venenatis nunc. Nullam ut urna sed leo tincidunt elementum. Fusce et arcu enim."
# msg5 = tk.Message(root, text=long_text, width=400)
# msg5.pack(pady=10)

root.mainloop()
```

이 예제를 실행하면 Message 위젯의 다양한 옵션들을 살펴볼 수 있습니다. 위젯의 폭, 배경색, 폰트, 정렬 방식, 경계선 및 relief 등의 옵션을 사용하여 UI를 조절할 수 있습니다.

메시지 위젯은 긴 문자열을 개행 처리를 자동으로 하여 효과적으로 보여주기 때문에 도움말과 같은 형태로 사용되는 위젯이다. 위 샘플 프로그램의 실행 결과는 아래와 같다.

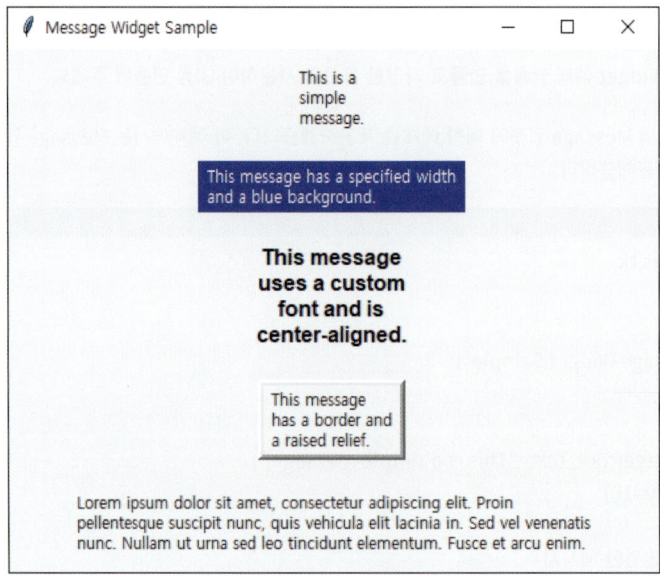

메시지 위젯 실행 결과

다음은 메시지 위젯에 설정이 가능한 속성 값에 대한 정보이다.

속성 값	설명
anchor	- 텍스트의 배치 위치를 결정하는 데 사용되며 기본값은 CENTER
bg	- 메시지 위젯의 배경색을 나타냄
bd	- 테두리 너비를 나타내는 데 사용되며 기본값은 2픽셀
bitmap	- 그래픽 또는 이미지 개체를 설정
cursor	- 마우스 포인터가 화살표, 점 등과 같은 특정 커서 유형으로 변경
fg	- 메시지 위젯 텍스트의 글꼴 색상을 나타내는 데 사용
font	- 메시지 위젯 텍스트의 글꼴 유형을 나타내는 데 사용

속성 값	설명
height	- 메시지 위젯의 수직 치수를 나타내는 데 사용
image	- 메시지 위젯의 이미지를 나타내는 데 사용
justify	- 텍스트를 정렬하는 데 사용되며 CENTER, LEFT, RIGHT를 선택 가능
padx	- 메시지 위젯의 가로 안쪽 패딩에 사용
pady	- 메시지 위젯의 세로 안쪽 패딩에 사용
relief	- 테두리 유형을 지정하는 데 사용되며 기본값은 FLAT
underline	- 문자열의 n번째 문자에 밑줄이 그어지도록 지정하기 위해 기존 숫자로 설정할 수 있으며 기본값은 밑줄이 없음을 나타내는 -1
text	- 레이블 위젯에 하나 이상의 텍스트 줄을 표시하려면 이 옵션을 텍스트가 포함된 문자열로 설정 - 여러 줄을 입력하기 위해 "\n"을 사용 가능
textvariable	- 메시지 위젯이 나타내는 텍스트를 제어하는 데 사용
width	- 위젯의 수평 차원을 픽셀이 아닌 문자 수로 나타내는 데 사용
wraplength	- 각 줄에 해당 수의 문자만 포함되도록 이 옵션을 원하는 숫자로 설정하여 텍스트를 줄 수로 개행 처리하는 경우 사용

메시지 위젯 속성 값

메뉴 위젯과 메뉴 버튼 위젯(Menu Widget과 Menu button Widget)

메뉴 위젯을 이용하여 pop-up, pull-down과 top-level과 같은 다양한 형태의 메뉴를 만들 수 있으며 최상위 메뉴는 제목 표시줄 바로 아래에 표시되는 메뉴를 의미하며 일반적으로 "파일 열기", "프로그램 종료"와 같은 옵션을 편리하게 접근 할 수 있도록 사용하는데 사용된다.

메뉴 버튼 위젯은 드롭다운 메뉴를 만드는 경우에 사용되며 메뉴 버튼 위젯은 메뉴 위젯과 연결되어 사용하며 메뉴 버튼 위젯을 클릭할 때마다 해당 메뉴 단추에 대한 선택 항목을 표시할 수도 있다. 간단한 예를 생성하여 메뉴 위젯과 메뉴 버튼 위젯을 살펴보도록 하자.

> **Q** TKinter를 이용하여 메뉴 위젯과 메뉴 버튼 위젯 예제 프로그램을 만들고 메뉴 버튼을 눌렀을 때, 해당 메뉴 버튼의 텍스트를 메시지 박스로 출력하는 내용도 포함해 주세요.

> 네, Tkinter를 사용하여 메뉴와 메뉴 버튼을 포함하는 예제 프로그램을 제공하겠습니다. 또한 메뉴 버튼을 눌렀을 때 해당 메뉴 버튼의 텍스트를 메시지 박스로 출력하는 기능도 포함하겠습니다.

```python
import tkinter as tk
from tkinter import messagebox

def show_message(menu_text):
    messagebox.showinfo("Selected Menu", f"You selected: {menu_text}")

root = tk.Tk()
root.title("Menu and Menubutton Sample")

# Menu Widget
menu_bar = tk.Menu(root)
file_menu = tk.Menu(menu_bar, tearoff=0)
file_menu.add_command(label="Open", command=lambda: show_message("Open"))
file_menu.add_command(label="Save", command=lambda: show_message("Save"))
file_menu.add_command(label="Exit", command=root.quit)

menu_bar.add_cascade(label="File", menu=file_menu)
root.config(menu=menu_bar)

# Menubutton Widget
menu_button = tk.Menubutton(root, text="Options", relief=tk.RAISED)
menu_button.pack(pady=20)
menu_button.menu = tk.Menu(menu_button, tearoff=0)
menu_button["menu"] = menu_button.menu

menu_button.menu.add_command(label="Option 1", command=lambda:
show_message("Option 1"))
menu_button.menu.add_command(label="Option 2", command=lambda:
show_message("Option 2"))
menu_button.menu.add_command(label="Option 3", command=lambda:
show_message("Option 3"))

root.mainloop()
```

이 예제에서는 메뉴 위젯과 메뉴 버튼 위젯을 모두 사용하였습니다. 메뉴 버튼에서 항목을 선택할 때마다 해당 항목의 텍스트가 메시지 박스로 출력됩니다.

해당 예제 샘플을 실행하면 아래와 같이 다양한 메뉴 및 팝업 메뉴를 실행할 수 있다.

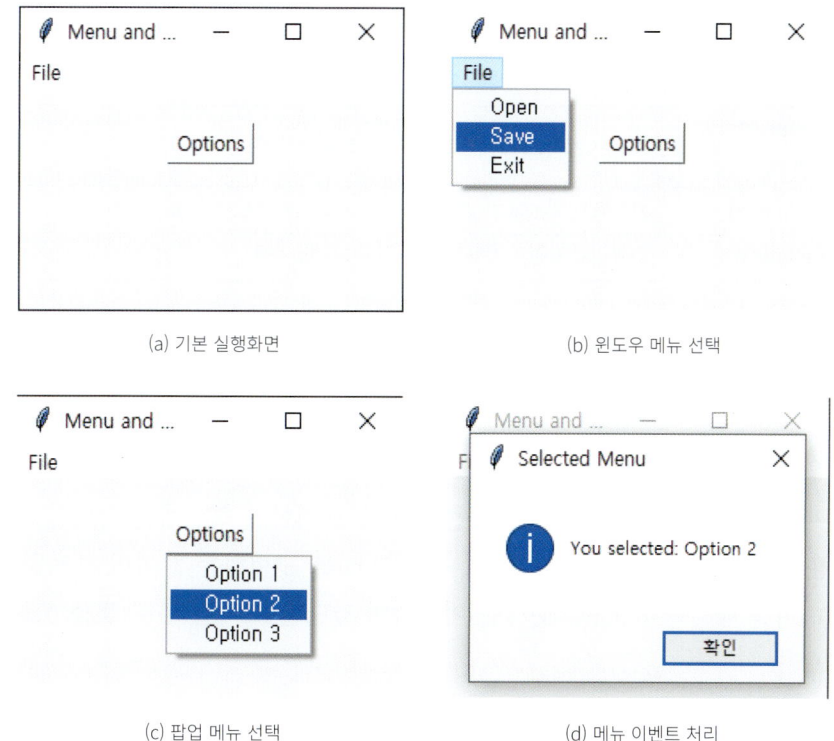

(a) 기본 실행화면 (b) 윈도우 메뉴 선택

(c) 팝업 메뉴 선택 (d) 메뉴 이벤트 처리

메뉴 위젯과 메뉴 버튼 위젯 실행 화면

메뉴 위젯에서는 아래와 같이 다양한 메서드를 지원한다.

메서드 이름	설명
add_command()	- 메시지 위젯의 수직 치수를 나타내는 데 사용
add_radiobutton()	- 메뉴 위젯에 라디오 버튼 위젯을 추가하는 데 사용
add_checkbutton()	- 메뉴 위젯에 체크 버튼 위젯을 추가하는 데 사용
add_cascade()	- 이 메서드는 지정된 메뉴를 부모 메뉴에 연결하여 부모 메뉴에 대한 계층적 메뉴를 만드는 데 사용
add_seperator()	- 메뉴 항목에 구분선을 추가하는 데 사용
add(type, options)	- 메뉴 위젯에 특정 메뉴 항목을 추가하는 데 사용
delete (startindex, endindex)	- 지정된 범위에 있는 메뉴 항목을 삭제하는 데 사용
entryconfig(index, options)	- 이 메서드는 지정된 인덱스로 식별되는 메뉴 항목을 구성하는 데 사용됩니다.

메서드 이름	설명
index(item)	- 지정된 메뉴 위젯 항목의 인덱스를 가져오는 데 사용
insert_seperator(index)	- 지정된 인덱스에 구분 기호를 삽입하는 데 사용
invoke(index)	- 지정된 인덱스에 지정된 선택 항목과 연결된 작업을 호출하는 데 사용
type(index)	- 인덱스로 지정된 선택 유형을 가져오는 데 사용

메뉴 위젯 메서드

프레임 위젯(Frame Widget)

프레임 위젯은 다른 위젯들을 그룹화하고 이를 배치하는데 사용 된다. 프레임 위젯은 기본적으로 보이지 않는 컨테이너로 다른 위젯을 배치하고 정렬하는 작업을 수행하는 직사각형 영역을 구성한다. 기본적으로 복잡한 UI를 구현하는데 여러 프레임 위젯을 사용하여 이를 배치한다. ChatGPT를 이용하여 간단한 프레임 위젯 샘플 프로그램을 만들어 보자.

Q Tkinter의 frame widget 예제 프로그램 만들어 주세요.

Tkinter의 Frame 위젯은 다른 위젯들을 그룹화하거나 섹션을 나누는 데 유용합니다. 이 예제에서는 Frame 위젯을 사용하여 화면을 두 섹션으로 나누고 각 섹션에 몇몇 위젯들을 추가하겠습니다.

```python
import tkinter as tk

root = tk.Tk()
root.title("Frame Widget Sample")

# 첫 번째 프레임 (상단)
top_frame = tk.Frame(root, bg="lightblue", bd=5, relief=tk.RIDGE)
top_frame.pack(fill=tk.BOTH, expand=True, padx=10, pady=5)

label1 = tk.Label(top_frame, text="This is the top frame", bg="lightblue")
label1.pack(pady=10)

button1 = tk.Button(top_frame, text="Top Frame Button")
button1.pack(pady=10)

# 두 번째 프레임 (하단)
bottom_frame = tk.Frame(root, bg="lightgreen", bd=5, relief=tk.RIDGE)
bottom_frame.pack(fill=tk.BOTH, expand=True, padx=10, pady=5)
```

```python
label2 = tk.Label(bottom_frame, text="This is the bottom frame", bg="lightgreen")
label2.pack(pady=10)

button2 = tk.Button(bottom_frame, text="Bottom Frame Button")
button2.pack(pady=10)

root.mainloop()
```

위의 예제에서 Frame 위젯을 사용하여 두 개의 프레임 (top_frame 및 bottom_frame)을 생성합니다. 각 프레임에는 레이블과 버튼이 포함되어 있습니다. 프레임의 bg 옵션은 배경색을 지정하고, bd 옵션은 테두리 두께를 지정하며, relief 옵션은 프레임의 외곽선 스타일을 지정합니다.

해당 샘플 프로그램을 실행하면 두 개의 프레임으로 구성된 다음과 같은 화면을 볼 수 있다.

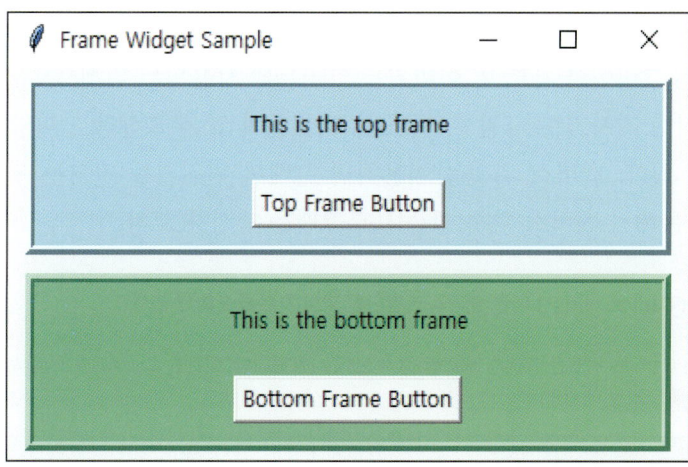

프레임 위젯 실행 화면

프레임 위젯은 다양한 옵션 값을 사용하여 UI와 관련된 부분을 설정할 수 있다.

속성 값	설명
bd	- 테두리의 너비를 나타내는 데 사용되며 기본값은 2픽셀임
bg	- 프레임 위젯의 일반 배경색을 나타내는 데 사용
cursor	- 마우스 포인터를 화살표, 점 등과 같은 다른 값으로 설정된 커서 유형으로 변경 가능
height	- 프레임 위젯의 높이를 나타내는 데 사용
width	- 프레임 위젯의 너비를 나타내는 데 사용

속성 값	설명
highlight background	- 초점이 맞춰져 있을 때의 배경색을 설정
highlight thickness	- 프레임 위젯이 포커스 아래에 있을 때 테두리 주위의 두께를 지정하는 데 사용
relief	- 프레임 위젯의 테두리 유형을 지정하며 기본값은 FLAT
highlightcolor	- 프레임 위젯에 포커스가 있을 때 포커스 강조 표시의 색상을 지정
insert_seperator (index)	- 지정된 인덱스에 구분 기호를 삽입하는 데 사용
invoke(index)	- 지정된 인덱스에 선택 항목과 연결된 작업을 호출하는 데 사용
type(index)	- 인덱스로 지정된 선택 유형을 가져오는 데 사용

프레임 위젯의 속성 값

캔버스 위젯(Canvas Widget)

캔버스 위젯은 그림이나 차트 및 이미지를 그리는데 사용되는 위젯으로 캔버스 위젯을 사용하여 다각형 직사각형 타원형, 텍스트, 비트맵과 같은 복잡하고 다양한 그래픽 UI를 구성할 수 있다. 캔버스 위젯을 이용하면 그래픽 편집기를 만드는 것이 가능하다. ChatGPT를 통해서 캔버스 위젯 샘플 프로그램을 생성해 보자.

> **Q** Tkinter의 Canvas widget 예를 들어주고 간단한 파이 차트를 포함해 주세요.

> Tkinter의 Canvas 위젯은 그래픽 요소를 그리는 데 사용됩니다. 아래는 Canvas 위젯을 사용하여 간단한 파이 차트를 그리는 예제입니다.

```python
import tkinter as tk
import math

def draw_pie(canvas, center, radius, start_angle, end_angle, color):
    """Draw a pie slice on the canvas."""
    start_point = (center[0] + radius * math.cos(math.radians(start_angle)),
                   center[1] - radius * math.sin(math.radians(start_angle)))

    # Create the pie slice
    canvas.create_arc(center[0] - radius, center[1] - radius,
                      center[0] + radius, center[1] + radius,
                      start=start_angle, extent=end_angle - start_angle, fill=color,
outline='black')
```

```python
        # Draw line from center to start of pie slice
        canvas.create_line(center[0], center[1], start_point[0], start_point[1], fill='black')

root = tk.Tk()
root.title("Canvas Pie Chart Example")

canvas = tk.Canvas(root, bg="white", width=300, height=300)
canvas.pack(pady=20, padx=20)

center_point = (150, 150)
radius = 100

# Define data for pie chart (labels, values, colors)
data = [("A", 30, "red"),
        ("B", 45, "green"),
        ("C", 85, "blue"),
        ("D", 100, "yellow")]

angle = 0
for _, value, color in data:
    draw_pie(canvas, center_point, radius, angle, angle + value, color)
    angle += value

root.mainloop()
```

이 예제에서는 draw_pie 함수를 사용하여 각 파이 조각을 그립니다. 파이 차트의 각 조각은 데이터에 따라 지정된 각도와 색상으로 그려집니다.

해당 샘플 프로그램을 실행하면 캔버스 위젯에 파이 차트가 출력된 윈도우 화면을 볼 수 있다.

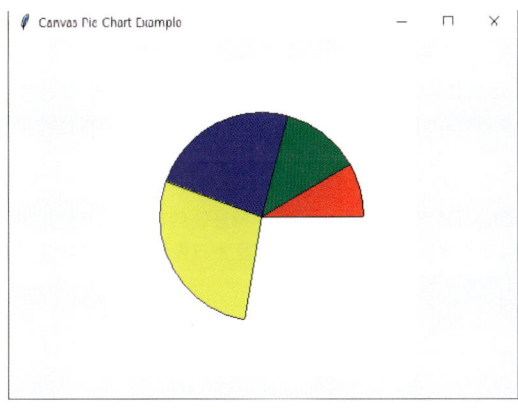

캔버스 위젯 실행 화면

캔버스 위젯도 다양한 옵션 값을 사용하여 UI와 관련된 부분을 설정이 가능하다.

속성 값	설명
bd	- 이 옵션은 주로 테두리의 너비를 픽셀 단위로 설정하는 데 사용 - 기본값 0px는 테두리가 없음을 의미하고 1px는 가는 선 테두리를 의미하며 테두리의 너비를 늘릴 수 있음
bg	- 배경색을 설정하는 데 사용
cursor	- 캔버스 위젯에서 커서의 모양을 변경할 때 사용
confine	- 캔버스 위젯을 스크롤 영역 외부로 스크롤할 수 없도록 설정
height	- 캔버스 위젯의 높이를 제어하는 데 사용
width	- 캔버스 위젯의 너비를 설정하는 데 사용
highlightcolor	- 캔버스 위젯에 포커스가 있을 때 강조 색상을 설정
xscrollcommand	- 캔버스 위젯이 스크롤 가능한 유형인 경우 이 속성은 가로 스크롤 막대의 메서드 역할로 사용
yscrollcommand	- 캔버스 위젯이 스크롤 가능한 유형인 경우 이 속성은 세로 스크롤 막대의 메서드 역할로 사용
scrollregion	- 캔버스 위젯의 영역을 포함하는 튜플로 지정된 좌표를 나타내는 데 사용

캔버스 위젯의 속성 값

리스트 박스 위젯(Listbox Widget)

리스트 박스 위젯은 여러 아이템을 복수 개로 선택할 수 있다는 점에서 체크 버튼 위젯과 비슷하나 아이템이 많은 경우에 지정한 영역에 해당 아이템들을 체크 버튼 위젯으로 배치하기 어려울 때 스크롤바를 붙여서 체크 버튼, 위젯을 대처할 수 있다.

리스트 박스 위젯은 텍스트만 위젯 안에 배치할 수 있으며 위젯 내의 모든 텍스트는 동일한 폰트를 사용한다. ChatGPT를 이용하여 리스트 박스 위젯 샘플 프로그램을 생성해 보자.

> **Q** Tkinter의 Listbox widget 샘플 프로그램 만들어 주세요. 아이템을 여러 개 생성해서 스크롤바를 이용하여 선택할 수 있는 부분을 추가하고 아이템이 선택될때 마다 어떠한 아이템이 선택되었는지를 메세지 박스로 출력해 주세요.

> T아래는 Tkinter의 Listbox 위젯과 Scrollbar 위젯을 사용한 예제 프로그램입니다. 이 예제에서는 Listbox에 여러 아이템을 추가하고 스크롤바를 이용해 아이템을 스크롤 할 수 있습니다. 아이템이 선택될 때마다 선택된 아이템의 이름이 메세지 박스로 출력됩니다.

```python
import tkinter as tk
from tkinter import messagebox

def on_select(event):
    # Get selected line index
    index = listbox.curselection()
    # Get the line's text
    selected_item = listbox.get(index)
    messagebox.showinfo("Selected Item", selected_item)

root = tk.Tk()
root.title("Listbox Sample with Scrollbar")

# Create a scrollbar
scrollbar = tk.Scrollbar(root)
scrollbar.pack(side=tk.RIGHT, fill=tk.Y)

# Create a listbox and attach the scrollbar
listbox = tk.Listbox(root, yscrollcommand=scrollbar.set)
listbox.pack(fill=tk.BOTH, expand=1)

# Populate the listbox with items
items = ["Item {}".format(i) for i in range(1, 51)]
for item in items:
    listbox.insert(tk.END, item)

# Attach the scrollbar to the listbox
scrollbar.config(command=listbox.yview)

# Bind the select event of the listbox to the on_select function
listbox.bind("<<ListboxSelect>>", on_select)

root.mainloop()
```

이 예제에서는 on_select 함수를 Listbox의 <<ListboxSelect>> 이벤트에 연결하여 선택된 아이템을 감지하고 그 이름을 메세지 박스로 출력하도록 했습니다.

해당 샘플 프로그램일 실행하고 스크롤바 위젯을 이용하여 아이템 리스트를 확인 한 후, 특정 아이템을 클릭하면 다음과 같이 메시지 박스로 선택된 위젯의 내용을 확인할 수 있다.

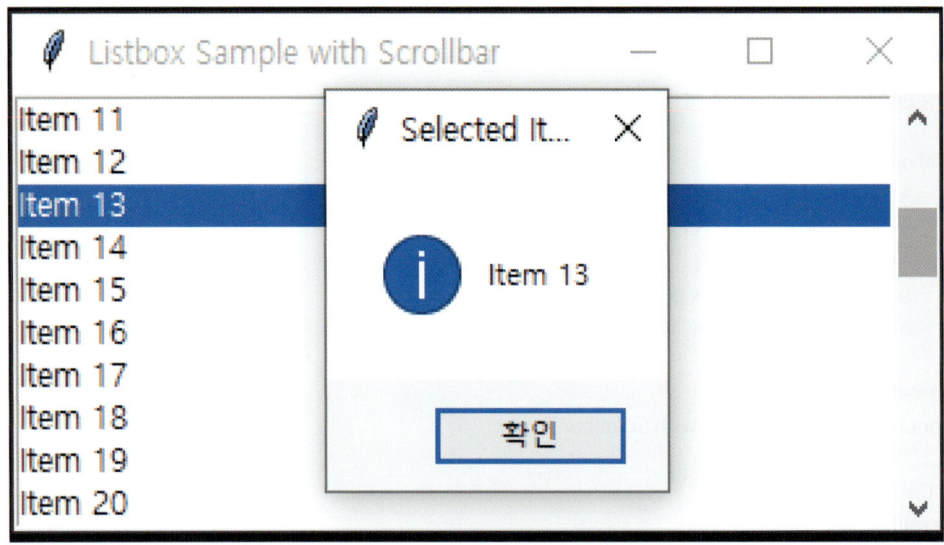

리스트 박스 위젯 예제 화면

리스트 박스 위젯은 다양한 속성 값을 지정하여 UI를 변경할 수 있다.

속성 값	설명
bg	- 위젯의 배경색을 지정
bd	- 테두리의 크기를 나타내는 데 사용되며 기본값은 2픽셀
cursor	- 마우스 커서의 모양을 변경하는 경우 사용
font	- 항목의 글꼴 폰트를 지정할 때 사용
fg	- 항목의 글꼴 색상을 지정할 때 사용
height	- 리스트 박스 위젯에 표시된 줄의 개수를 나타내는 데 사용되며 기본값은 10
highlightcolor	- 리스트 박스에 포커스가 있을 때 색을 지정하는데 사용
highlight thickness	- 강조 표시의 두께를 나타내는 데 사용
relief	- 테두리의 유형을 나타내며 기본값은 SUNKEN
select background	- 선택한 텍스트를 표시하는 데 사용되는 배경색을 지정
selectmode	- 목록에서 선택할 수 있는 항목 수를 결정하는 데 사용 - BROWSE, SINGLE, MULTIPLE, EXTENDED로 설정
width	- 리스트 박스 위젯의 너비를 문자로 나타내는 데 사용
xscrollcommand	- 리스트 박스 위젯을 가로로 스크롤할 수 있도록 하는 데 사용
yscrollcommand	- 리스트 박스 위젯을 세로로 스크롤할 수 있도록 하는 데 사용

리스트 박스 위젯 속성 값

이와 더불어 다양한 메서드를 이용하여 설정 값을 확인하거나 자동으로 UI의 변경이 가능하다.

메서드	설명
activate(index)	- 지정된 인덱스에서 라인을 선택
curselection()	- 선택한 요소의 줄 번호를 포함하는 튜플을 반환하는 데 사용되며 0부터 계산 - 아무 것도 선택하지 않으면 빈 튜플을 반환
delete (first, last = None)	- 주어진 범위에 존재하는 줄을 삭제하는 데 사용
get (first, last = None)	- 지정된 범위에 있는 항목 목록을 가져오는 데 사용
index(i)	- 지정된 인덱스가 있는 줄을 위젯 맨 위에 배치하는 데 사용
insert (index, *elements)	- 지정된 인덱스 앞에 지정된 수의 요소가 있는 새 줄을 삽입하는 데 사용
nearest(y)	- 리스트 박스 위젯의 y 좌표에 가장 가까운 줄의 인덱스를 반환하는 데 사용
see(index)	- 리스트 박스의 위치를 조정하여 인덱스로 지정된 줄을 표시하는 데 사용
size()	- 리스트 박스 위젯에 있는 줄 수를 반환
xview()	- 리스트 박스 위젯을 가로로 스크롤할 수 있도록 하는 데 사용
xview_moveto (fraction)	- 리스트 박스 위젯에 있는 가장 긴 줄 너비의 비율만큼 리스트 박스 위젯을 가로로 스크롤할 수 있도록 하는 데 사용
xview_scroll (number, what)	- 리스트 박스 위젯에 지정된 문자 수만큼 가로로 스크롤할 수 있도록 하는 데 사용
yview()	- 리스트 박스 위젯을 세로로 스크롤링
view_moveto (fraction)	- 리스트 박스 위젯에 있는 가장 긴 줄 너비의 비율만큼 리스트 박스 위젯을 세로로 스크롤할 수 있도록 하는 데 사용.
yview_scroll (number, what)	- 리스트 박스 위젯을 지정된 문자 수만큼 세로로 스크롤할 수 있도록 하는 데 사용

리스트 박스 위젯 메서드

스크롤바 위젯(Scrollbar Widget)

스크롤바 위젯은 위젯이 한정된 영역에 배치되는 경우, 위-아래 혹은 오른쪽-왼쪽으로 움직일 수 있도록 지원하는 막대 형태의 위젯으로 리스트 박스 위젯이나 캔버스 위젯, 메시지 위젯 등에 설정할 수 있다. ChatGPT를 이용하여 리스트 박스 위젯 샘플 프로그램을 생성해 보자.

Q Tkinter Scrollbar 위젯을 사용하는 예제 만들어 주세요. 하나는 캔버스에 다른 하나는 리스트박스 위젯에 스크롤바를 설정하여 만들어서 하나의 프로그램으로 만들고 캔버스는 큰 원을 그리고 수직, 수평 스크롤바를 모두 붙여주세요.

 아래는 Tkinter에서 Scrollbar 위젯을 사용하여 Canvas 위젯과 Listbox 위젯에 스크롤바를 추가하는 예제 프로그램입니다.

```python
import tkinter as tk

root = tk.Tk()
root.title("Scrollbar with Canvas and Listbox")

# Canvas with Scrollbars
canvas_frame = tk.Frame(root)
canvas_frame.pack(padx=10, pady=10, side=tk.LEFT)

canvas = tk.Canvas(canvas_frame, bg='white', width=200, height=200)
canvas.grid(row=0, column=0, sticky=tk.NSEW)

canvas.create_oval(50, 50, 350, 350, fill='blue') # A big circle

# Attach vertical scrollbar to the canvas
v_scroll = tk.Scrollbar(canvas_frame, orient=tk.VERTICAL, command=canvas.yview)
v_scroll.grid(row=0, column=1, sticky=tk.NS)
canvas.config(yscrollcommand=v_scroll.set)

# Attach horizontal scrollbar to the canvas
h_scroll = tk.Scrollbar(canvas_frame, orient=tk.HORIZONTAL, command=canvas.xview)
h_scroll.grid(row=1, column=0, sticky=tk.EW)
canvas.config(xscrollcommand=h_scroll.set)

canvas.config(scrollregion=canvas.bbox(tk.ALL))

# Listbox with Scrollbar
listbox_frame = tk.Frame(root)
listbox_frame.pack(padx=10, pady=10, side=tk.LEFT)

listbox = tk.Listbox(listbox_frame)
listbox.grid(row=0, column=0)

# Add items to listbox
for i in range(100):
    listbox.insert(tk.END, f"Item {i+1}")
```

```python
# Attach vertical scrollbar to the listbox
listbox_v_scroll = tk.Scrollbar(listbox_frame, orient=tk.VERTICAL, command=listbox.yview)
listbox_v_scroll.grid(row=0, column=1, sticky=tk.NS)
listbox.config(yscrollcommand=listbox_v_scroll.set)

root.mainloop()
```

이 예제에서는 Canvas 위젯에 큰 원을 그린 후 수평 및 수직 스크롤바를 연결하였습니다. Listbox에는 100개의 아이템을 추가하고 수직 스크롤바를 연결하였습니다.

해당 샘플 프로그램일 실행하면 캔버스 위젯과 리트스 박스 위젯의 영역을 움직일 수 있는 스크롤바가 설정되어 있는 결과 화면을 확인할 수 있다.

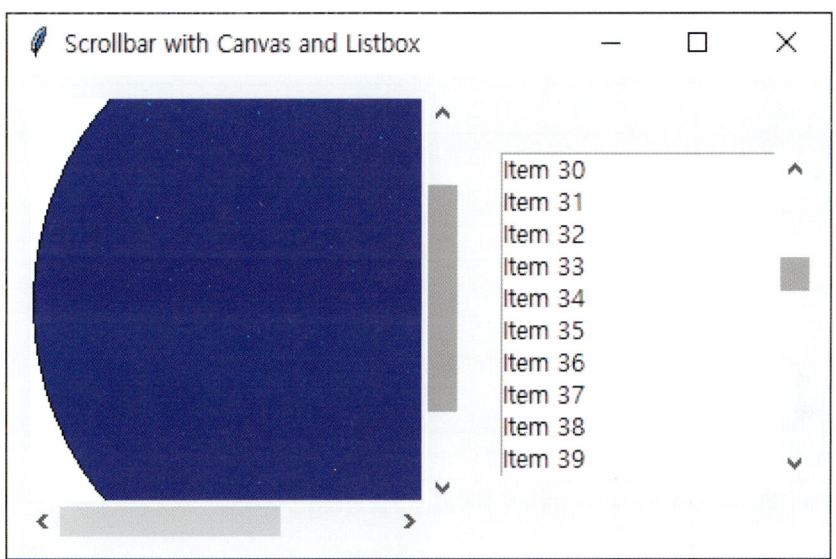

스크롤비 위젯 실행 화면

스크롤바 위젯의 경우에도 다양한 속성 값을 설정할 수 있다.

속성 값	설명
active background	- 초점이 맞춰져 있을 때 위젯의 배경색을 설정
bg	- 위젯의 배경색을 설정
bd	- 위젯의 테두리 크기를 나타내며 기본값은 2픽셀
cursor	- 마우스 커서를 설정할 때 사용

속성 값	설명
command	- 스크롤 막대가 이동할 때마다 호출되는 연결된 프로시저로 설정
element borderwidth	- 주로 화살촉과 슬라이더 주위의 테두리 너비를 나타내며 이 옵션의 기본값은 -1
highlight thickness	- 초점 강조 표시의 두께를 지정
highlight background	- 스크롤바 위젯이 포커스 아래에 있지 않을 때 강조 색상 지정
highlightcolor	- 스크롤바 위젯이 포커스 아래에 있을 때 강조 색상 지정
jump	- 스크롤 점프의 동작을 제어하는 데 사용 - 1로 설정하면 사용자가 마우스 버튼을 놓을 때 콜백이 호출
orient	- 스크롤 막대의 방향에 따라 가로 또는 세로로 설정
width	- 스크롤 막대의 너비를 나타냄
troughcolor	- 슬라이더가 움직이는 경로 혹은 배경의 색상을 지정
takefocus	- 포커스를 설정하는 메서드. 이 동작을 원하지 않는 경우 이 옵션을 0으로 설정
repeatdelay	- 슬라이더가 해당 방향으로 반복적으로 움직이기 시작하기 전에 버튼을 눌러야 하는 시간을 알려주는 데 사용(기본값 300ms)

스크롤바 위젯 속성 값

이와 더불어 속성 값을 설정하거나 확인할 수 있는 메서드를 제공한다.

메서드	설명
get()	- 스크롤바의 현재 위치를 나타내는 두 개의 숫자를 반환
set(first, last)	- 스크롤 영역의 시작 부분과 끝 부분을 설정하는 메서드

스크롤바 위젯 메서드

스케일 위젯(Scale Widget)

스케일 위젯은 숫자 값을 손 쉽게 설정하기 위한 위젯으로 슬라이더를 위/아래 또는 오른쪽/왼쪽으로 이동함에 따라서 숫자 값을 변경할 수 있다. 스케일 위젯은 최소값과 최대값을 제어할 수 있으며 틱(Tick)을 이동할때마다 증감하는 숫자 값을 설정할 수 있다. ChatGPT를 이용하여 스케일 위젯을 생성해 보자.

Q Scale widget 샘플 프로그램을 작성해 주세요. 슬라이더의 값이 변경되면 Label widget에 변경 된 값을 보여주세요.

아래는 Tkinter의 Scale 위젯을 사용하는 간단한 예제입니다. 이 예제에서 슬라이더의 값이 변경될 때마다 Label 위젯이 업데이트되어 슬라이더의 현재 값을 보여줍니다.

```python
import tkinter as tk

def on_scale_value_changed(val):
    # Scale 위젯에서 반환된 값은 문자열이므로, 필요에 따라 형변환을 할 수 있습니다.
    current_value = scale_widget.get()
    label_var.set(f"Current Value: {current_value}")

root = tk.Tk()
root.title("Scale Widget Example")

# Scale 위젯 생성
scale_widget = tk.Scale(root, from_=0, to=100, orient=tk.HORIZONTAL, command=on_scale_value_changed)
scale_widget.pack(pady=20)

# 값을 표시하기 위한 Label 위젯 생성
label_var = tk.StringVar()
label_var.set("Current Value: 0")
label_widget = tk.Label(root, textvariable=label_var)
label_widget.pack(pady=20)

root.mainloop()
```

이 예제를 실행하면 수평 슬라이더와 레이블이 포함된 작은 창이 표시됩니다.
슬라이더를 움직이면 레이블이 현재 슬라이더 값으로 업데이트됩니다.

해당 샘플 코드를 실행하면 아래와 같이 스케일 위젯의 슬라이더를 변경함에 따라서 Current Value의 값이 변경되는 것을 확인할 수 있다.

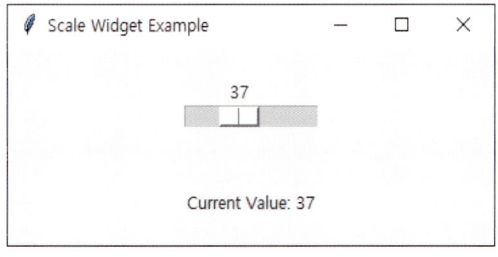

스케일 위젯 샘플 실행 화면

스케일 위젯의 속성 값을 이용하여 다양한 설정과 설정 값 조회가 가능하다. 속성 값이 지원하는 내용은 아래와 같다.

속성 값	설명
activebackground	- 스케일 위젯에 포커스가 있을 때 위젯의 배경색을 지정
bg	- 위젯의 배경색을 지정
bd	- 테두리 크기를 나타내며 기본값은 2픽셀
cursor	- 마우스의 커서를 설정할 때 사용
command	- 슬라이더를 움직일 때 마다 호출되는 프로시저를 지정
digits	- 스케일 데이터를 제어하는 데 사용되는 제어변수가 문자열 유형인 경우, 숫자 스케일을 문자열로 변환 할 때 자릿수를 지정하는 데 사용.
fg	- 텍스트의 전경색을 지정
font	- 텍스트의 글꼴을 지정
from_	- 스케일 젯 범위의 한쪽 끝을 나타내는 데 사용
highlightcolor	- 스케일 위젯에 포커스를 설정되었을때 색상을 지정
highlight background	- 스케일 위젯에 포커스를 다른 위젯으로 이동했을 때 색상을 지정
label	- 눈금이 있는 레이블로 표시될 수 있는 일부 텍스트로 설정 - 눈금이 수평 이면 왼쪽 상단 에 표시되고, 눈금이 수직이면 오른쪽 상단에 표시
length	- 스케일 위젯의 길이를 나타냄 - 눈금이 가로 방향이면 X 차원을 나타내고, 눈금이 세로 방향이면 Y 차원을 의미
relief	- 테두리 유형을 지정하는 데 사용되며 본값은 FLAT
orient	- 눈금 유형에 따라 수평 또는 수직으로 설정
resolution	- 스케일 값에 대한 가장 작은 변경으로 설정.
repeatdelay	- 주로 슬라이더가 해당 방향으로 반복적으로 움직이기 시작하기 전에 버튼을 눌러야 하는 시간을 알려주는 데 사용(기본값은 300ms)
sliderlength	- 스케일 길이에 따른 슬라이더 창의 길이를 설정 - 기본값은 30픽셀.
showvalue	- 스케일 값은 텍스트 형식으로 표시되며, 레이블을 억제하기 위해 이 옵션을 0으로 설정 가능
state	- 크기 조절 위젯의 상태는 active이며 응답하지 않게 하려면 비활성화로 설정
width	- 위젯의 홈 부분 너비를 나타내는 데 사용
variable	- 척도에 대한 통제 값을 나타내는데 사용

속성 값	설명
to	- 스케일로 표시되는 범위의 다른 쪽 끝을 지정하는 부동 소수점 또는 정수 값을 나타내는 데 사용
takefocus	- 포커스를 설정할 때 사용 - 이 동작을 원하지 않으면 이 옵션을 0으로 설정
tickinterval	- 스케일 값이 지정된 눈금 간격의 배수로 표시하며 기본값은 0임
troughcolor	- 슬라이더가 움직이는 경로 혹은 배경의 색상을 지정

스케일 위젯 속성 값

이와 더불어 속성 값을 설정하거나 확인할 수 있는 메서드를 제공한다.

메서드	설명
get()	- 스케일 위젯의 현재 선택 값을 가져옴
set(value)	- 스케일 위젯의 값으로 value로 설정

탑레벨 위젯(Toplevel Widget)

탑레벨 위젯은 윈도우의 모달 다이얼로그(Modal Dialog)이다. 말 그대로 메인 윈도우에서 별도의 창을 띄워야 하는 경우 Tkinter에서 지원하는 것이 탑레벨 위젯이다. 탑레벨 위젯을 예를 들어 확인해 보자.

Q Tkinter의 Toplevel 예제프로그램 작성해 주세요. 다양한 모양의 Toplevel을 생성하는 소스로 생성해 주세요.

아래는 Tkinter의 Toplevel 위젯을 사용하여 다양한 모양의 추가 창을 생성하는 예제입니다.

```python
import tkinter as tk

def create_toplevel_1():
    top1 = tk.Toplevel(root)
    top1.title("Toplevel 1")
    tk.Label(top1, text="This is Toplevel 1", bg="lightblue", width=30, height=10).pack()

def create_toplevel_2():
    top2 = tk.Toplevel(root)
    top2.title("Toplevel 2")
```

```python
    top2.geometry("200x200+100+100")
    tk.Label(top2, text="This is Toplevel 2", bg="lightgreen").pack(fill=tk.BOTH, expand=True)

def create_toplevel_3():
    top3 = tk.Toplevel(root)
    top3.title("Toplevel 3")
    top3.geometry("250x150")
    tk.Label(top3, text="This is Toplevel 3", bg="lightyellow").pack(pady=20)
    tk.Button(top3, text="Close", command=top3.destroy).pack(pady=20)

root = tk.Tk()
root.title("Toplevel Example")

tk.Button(root, text="Open Toplevel 1", command=create_toplevel_1).pack(pady=10)
tk.Button(root, text="Open Toplevel 2", command=create_toplevel_2).pack(pady=10)
tk.Button(root, text="Open Toplevel 3", command=create_toplevel_3).pack(pady=10)

root.mainloop()
```

이 예제를 실행하면 3개의 버튼이 있는 기본 창이 표시됩니다. 각 버튼을 클릭할 때마다 서로 다른 모양과 스타일의 Toplevel 창이 생성됩니다.

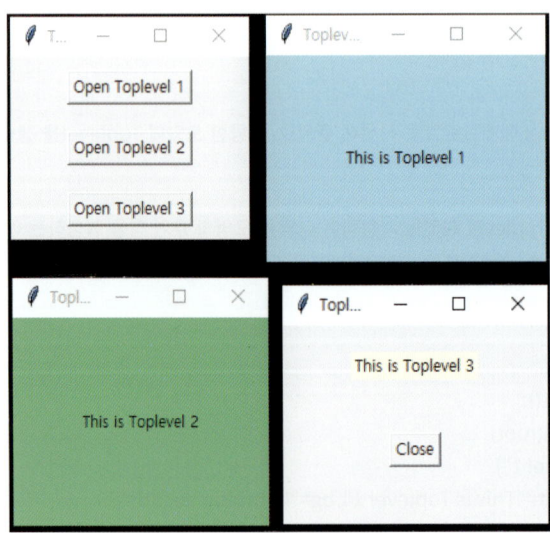

Toplevel 위젯 실행 화면

해당 샘플 코드를 실행하면 아래와 같이 3개의 버튼이 있는 부모 윈도우(Parent Window)가 실행되고 각 각의 버튼을 누를 때 마다 서로 다른 모양의 Toplevel 창이 생성되는 것을 확인할 수 있다.

탑레벨 위젯의 속성 값을 이용하여 다양한 설정과 설정 값 조회가 가능하다. 지원하는 속성값은 아래와 같다.

속성 값	설명
bd	- 윈도우창의 외곽 두께를 설정
bg	- 윈도우창의 배경 칼라 설정
class_	- 윈도우창의 클래스 이름을 설정할 때 사용
cursor	- 마우스 커서의 값을 설정할 때 사용
width	- 윈도우의 너비를 나타내는 데 사용
height	- 윈도우의 높이를 나타내는 데 사용
font	- 텍스트의 글꼴 유형을 설정할 때 사용
fg	- 탑레벨 위젯의 전경색을 나타내는 데 사용
relief	- 윈도우 창의 유형을 지정

탑레벨 위젯 속성 값

이와 더불어 속성 값을 설정하거나 확인할 수 있는 메서드를 제공한다.

메서드	설명
title(string)	- 창의 제목을 설정하는데 사용
withdraw()	- 창을 삭제하는 데 사용
positionfrom(who)	- 위치 제어기를 정의하는 데 사용
sizefrom(who)	- 크기 컨트롤러를 정의하는 데 사용
minsize(width,height)	- 윈도우 창의 최소 크기를 선언하는 데 사용
maxsize(width,height)	- 윈도우 창의 최대 크기를 선언하는 데 사용
resizable(width,height)	- 윈도우 창의 크기를 조정할 수 있는지 여부를 제어하는 데 사용
transient([master])	- 윈노우 상을 임시 상으로 변환하는 네 사용
iconify()	- 윈도우 창을 아이콘으로 변환하는 데 사용
deiconify()	- 아이콘으로 전환되어 있는 상태를 다시 복귀할 때 사용
frame()	- 시스템 종속 창 식별자를 나타내기 위해 이 메서드 사용
group(window)	- 지정된 창 그룹에 최상위 창을 추가하는 데 사용
protocol(name,function)	- 특정 프로토콜에 대해 호출될 함수를 나타내는 데 사용
state()	- 창의 현재 상태를 가져오는 데 사용 - normal, iconic, withdrawn 및 icon

탑레벨 위젯 메서드

스핀박스 위젯(Spinbox Widget)

스핀 박스 위젯은 지정된 주어진 값 범위에서 값을 선택하는데 사용하는 위젯으로 스케일 위젯과 동일한 목적 (숫자 값 선택)으로 만들어진 위젯이다. 생년월일(1950년부터 2023년까지)과 같은 숫자 값의 드롭다운과 같이 특정 범위 값내에서 값을 설정하기 위한 위젯이다. ChatGPT를 통해서 간단한 예제를 살펴보자.

> **Q** Spinbox widget 샘플 프로그램을 작성해 주세요. 값이 변경되면 Label widget에 변경된 값을 보여 주세요.

> 아래는 Tkinter의 Spinbox 위젯을 사용하여 숫자를 선택할 수 있는 예제입니다.
> 사용자가 Spinbox에서 값을 선택하면 해당 값이 Label 위젯에 표시됩니다.

```python
import tkinter as tk

def update_label(event=None):
    label_var.set(f"Selected Value: {spinbox.get()}")

root = tk.Tk()
root.title("Spinbox Sample")

# Spinbox 위젯 생성
spinbox = tk.Spinbox(root, from_=0, to=10, command=update_label)
spinbox.grid(row=0, column=0, padx=20, pady=20)

# 값 변경 시 업데이트할 Label 위젯 생성
label_var = tk.StringVar()
label_var.set("Selected Value: 0")

label = tk.Label(root, textvar=label_var)
label.grid(row=1, column=0, padx=20, pady=20)

root.mainloop()
```

이 예제에서는 Spinbox의 command 옵션을 사용하여 값이 변경될 때마다 update_label 함수를 호출하도록 설정했습니다. update_label 함수는 선택된 값을 Label 위젯에 표시합니다.

해당 샘플 코드를 실행하면 아래와 같이 스케일 위젯의 슬라이더를 변경함에 따라서 Current Value의 값이 변경되는 것을 확인할 수 있다.

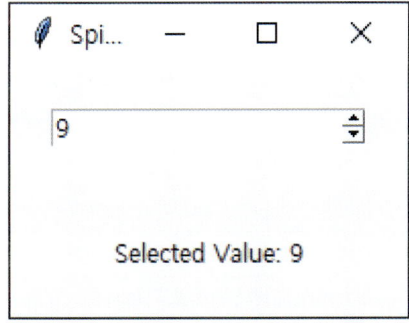

스핀박스 위젯 실행 화면

스핀박스 위젯의 속성 값을 이용하여 다양한 설정과 설정 값 조회가 가능하다. 지원하는 속성 값은 아래와 같다.

속성 값	설명
bg	- 스핀박스 위젯의 배경색에 사용
bd	- 스핀박스 위젯의 테두리 너비에 사용
command	- 스핀박스 위젯의 상태가 변경될 때마다 호출되는 위젯과 연결된 함수를 호출하는데 사용
cursor	- 마우스 커서를 변경할 때 사용
activebackground	- 위젯이 포커스를 획득했을 때 배경색을 설정
disabledbackground	- 스핀박스 위젯이 비활성화되었을 때 위젯의 배경색을 나타내는 데 사용
disabledforeground	- 스핀박스 위젯이 비활성화되었을 때 위젯의 전경색을 나타내는 데 사용
font	- 텍스트의 글꼴 유형을 지정
fg	- 스핀박스 위젯의 전경색을 지정
format	- 이형식 문자열에 사용
from_	- 스핀박스 위젯의 시작 범위를 나타내는 데 사용
justify	- 레이블에 있는 여러 줄의 맞춤을 지정 - 기본값은 LEFT이고 다른 값은 RIGHT 및 CENTER
relief	- 테두리의 유형을 나타내며 기본값은 SUNKEN
state	- 스핀박스 위젯의 상태를 나타내는 데 사용 - 기본값은 NORMAL.. 다른 값은 "DISABLED", "read-only" 등
validate	- 스핀박스 위젯 값의 유효성을 검사하는 방법을 제어하는 데 사용
to	- 스핀박스 위젯 값의 최대 한계를 나타내며 다른 값은 from_ 옵션으로 지정
repeatdelay	- 주로 자동 반복 버튼을 제어하는 데 사용되며 값은 밀리초 단위

속성 값	설명
repeatinterval	- repeatdelay 옵션과 유사하며 값은 밀리초 단위로 제공
validatecommand	- 스핀박스 위젯 콘텐츠의 유효성 검사에 사용되는 함수 콜백과 연결
xscrollcommand	- 스크롤 막대 위젯의 메서드와 함께 이 위젯을 가로로 스크롤할 수 있도록 하는 데 사용
wrap	- 스핀박스 위젯의 위아래 버튼을 마무리하는 데 사용
width	- 스핀박스 위젯의 너비를 지정
vcmd	- validatecommand와 유사
values	- 스핀박스 위젯에 대한 값을 포함하는 튜플을 의미
textvariable	- 스핀박스 위젯의 텍스트를 제어하는 데 사용되는 제어 변수

스핀박스 위젯 속성 값

이와 더불어 속성 값을 설정하거나 확인할 수 있는 메서드를 제공한다.

메서드	설명
invoke(element)	- 위젯과 연결된 콜백을 호출하는 데 사용
insert(index,string)	- 지정된 인덱스에 문자열을 삽입하는 데 사용
index(index)	- 주어진 인덱스의 절대값을 얻기 위해 이 방법이 사용
identify(x,y)	- 지정된 범위에서 위젯의 요소를 식별하는 데 사용
get(startindex, endindex)	- 지정된 범위의 문자를 가져오는 데 사용
delete(startindex, endindex)	- 지정된 범위의 문자를 삭제하는 데 사용

스핀박스 위젯 메서드

라벨프레임 위젯(LabelFrame Widget)

라벨 프레임 위젯은 자식 위젯(Child Widget) 주위에 테두리를 그리는 데 사용된다. 테두리가 있는 컨테이너 위젯이며 자식 위젯을 그룹화하는데 사용되며 테두리에 제목을 추가할 수도 있다.

Q Tkinter의 LabelFrame 예제를 만들어 주세요.

아래는 Tkinter의 LabelFrame 위젯을 사용한 예제입니다. LabelFrame은 일반적인 Frame과 유사하지만, 제목이나 라벨을 갖는 특징이 있습니다. 이 예제에서는 두 개의 LabelFrame을 사용하여 라디오 버튼과 체크 버튼 그룹을 만들었습니다.

```python
import tkinter as tk

def show_selection():
    selected_radio = radio_var.get()
    selected_checks = []
    if check1_var.get(): selected_checks.append("Check 1")
    if check2_var.get(): selected_checks.append("Check 2")
    result.set(f"Selected Radio: {selected_radio}, Checks: {', '.join(selected_checks)}")

root = tk.Tk()
root.title("LabelFrame Sample")

# Radio buttons in a LabelFrame
radio_frame = tk.LabelFrame(root, text="Radio Button Group", padx=10, pady=10)
radio_frame.pack(padx=20, pady=20, fill=tk.BOTH, expand=True)

radio_var = tk.StringVar()
radio_var.set("Radio 1")

radio1 = tk.Radiobutton(radio_frame, text="Radio 1", variable=radio_var, value="Radio 1", command=show_selection)
radio1.pack(anchor=tk.W)
radio2 = tk.Radiobutton(radio_frame, text="Radio 2", variable=radio_var, value="Radio 2", command=show_selection)
radio2.pack(anchor=tk.W)

# Check buttons in a LabelFrame
check_frame = tk.LabelFrame(root, text="Check Button Group", padx=10, pady=10)
check_frame.pack(padx=20, pady=20, fill=tk.BOTH, expand=True)

check1_var = tk.IntVar()
check2_var = tk.IntVar()

check1 = tk.Checkbutton(check_frame, text="Check 1", variable=check1_var, command=show_selection)
check1.pack(anchor=tk.W)
check2 = tk.Checkbutton(check_frame, text="Check 2", variable=check2_var, command=show_selection)
check2.pack(anchor=tk.W)

# Label to display selected options
result = tk.StringVar()
```

```python
result_label = tk.Label(root, textvar=result)
result_label.pack(pady=20)

root.mainloop()
```

이 예제에서 LabelFrame은 각 그룹의 위젯들을 묶어주는 역할을 합니다. 선택된 라디오 버튼과 체크 버튼이 변경될 때마다 결과가 하단의 Label 위젯에 표시됩니다.

해당 샘플 코드를 실행하면 아래와 같이 두 개의 라벨 프레임 위젯이 배치된 내용을 확인할 수 있다.

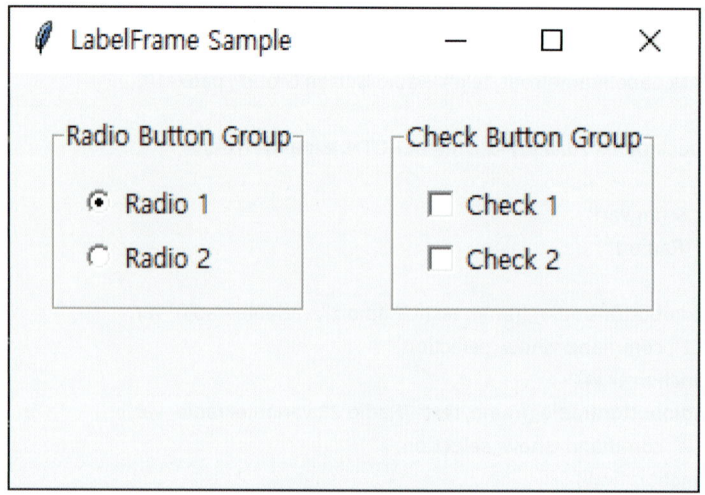

라벨프레임 위젯 실행 화면

라벨프레임 위젯의 속성 값은 다음과 같다.

속성 값	설명
height	- 라벨프레임 위젯의 높이를 나타내는 데 사용
width	- 라벨프레임 위젯의 너비를 나타내는 데 사용
text	- Label의 텍스트가 들어 있는 문자열을 나타냄
relief	- 테두리의 스타일을 나타내며 기본값은 GROOVE
padx	- 라벨프레임 위젯의 가로 패딩을 나타냄
pady	- 라벨프레임 위젯의 세로 패딩을 나타냄
font	- 라벨프레임 위젯 텍스트의 글꼴 유형을 나타냄
highlighthickness	- 강조 테두리의 너비를 나타냄

속성 값	설명
highlight background	- 라벨프레임 위젯에 포커스가 없을 때 포커스 강조 테두리의 색상을 나타냄
highlightcolor	- 라벨프레임 위젯이 포커스 아래에 있을 때 포커스 강조 표시의 색상을 나타냄
bg	- 라벨프레임 위젯의 배경색을 나타냄
bd	- 테두리 크기를 나타내는 데 사용되며 기본값은 2픽셀임
Class	- 이 옵션의 기본값은 LabelFrame임
colormap	- 이 옵션은 주로 이 위젯에 사용할 colormap을 지정하는 데 사용 - 이 위젯에서 다른 창의 컬러맵을 재사용할 수 있으며 컬러맵은 그래픽을 형성하는 데 사용되는 256색을 의미
container	- 이 옵션의 값을 true로 설정하면 컨테이너 위젯이 됨(기본값은 false_)
cursor	- 마우스의 커서를 설정할 때 사용
fg	- 라벨 프레임 위젯의 전경색을 나타내는 데 사용
labelAnchor	- 라벨 프레임 위젯 내에서 텍스트의 정확한 위치 지정(기본값은 NW)
labelwidget	- 레이블에 사용할 위젯을 나타냄 - 프레임은 지정된 값이 없는 경우 레이블에 텍스트를 사용합니다.

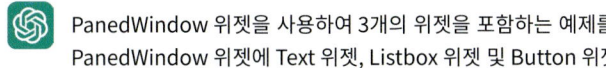

라벨프레임 위젯 속성 값

팬드 윈도우 위젯(PanedWindow Widget)

팬드 윈도우 위젯은 하위 위젯을 수직 또는 수평 방식으로 정렬하기 위한 위젯으로 팬드 윈도우 내의 자식 위젯은 사용자가 마우스로 구분선 새시를 이용하여 크기를 조정할 수 있으며 여러 창의 구현이 가능한다. ChatGPT를 이용하여 예제 샘플을 만들어 보자.

Q 3개의 위젯을 포함하고 있는 PanedWindow widget의 예제 샘플 만들어 주세요.

PanedWindow 위젯을 사용하여 3개의 위젯을 포함하는 예제를 작성하겠습니다. 여기서는 PanedWindow 위젯에 Text 위젯, Listbox 위젯 및 Button 위젯을 추가하겠습니다.

```python
import tkinter as tk

root = tk.Tk()
root.title("PanedWindow Sample")
```

```python
# Create the PanedWindow widget
pw = tk.PanedWindow(root, orient=tk.HORIZONTAL)
pw.pack(fill=tk.BOTH, expand=True)

# Create a Text widget and add to PanedWindow
text_widget = tk.Text(pw, height=10, width=30)
pw.add(text_widget)

# Create a Listbox widget and add to PanedWindow
listbox = tk.Listbox(pw)
for item in ["Item 1", "Item 2", "Item 3", "Item 4"]:
    listbox.insert(tk.END, item)
pw.add(listbox)

# Create a Button widget and add to PanedWindow
btn = tk.Button(pw, text="Click Me!")
pw.add(btn)

root.mainloop()
```

이 예제에서는 PanedWindow 위젯을 생성하고 그 위에 3개의 다른 위젯 (Text, Listbox, Button)을 수평 방향으로 추가합니다. PanedWindow 위젯은 사용자가 각 팬의 경계를 드래그하여 크기를 조절할 수 있게 해줍니다.

해당 샘플 코드를 실행하면 아래와 같이 세 개의 위젯이 배치된 내용을 확인할 수 있다.

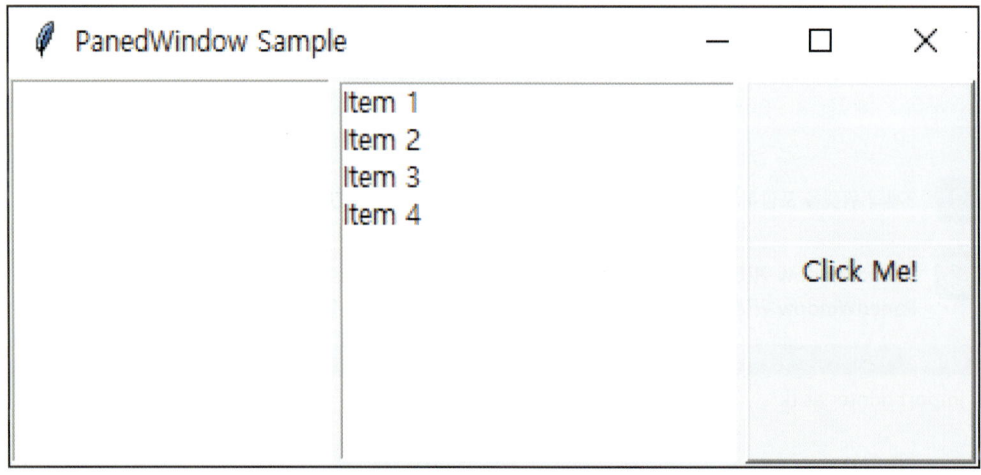

팬드 윈도우 샘플 프로그램 실행 화면

팬드 윈도우 위젯의 속성 값은 다음과 같다.

속성 값	설명
bd	- 팬드윈도우 위젯의 3D 테두리 크기를 나타내는 데 사용 - 기본값은 홈에 테두리가 없고 화살촉과 슬라이더에 2픽셀 테두리
bg	- 팬드윈도우 위젯의 배경색을 나타냄
cursor	- 마우스 포인터의 커서를 지정
borderwidth	- 팬드윈도우 위젯의 테두리 너비를 나타내는 데 사용. 기본값은 2픽셀
handlepad	- 손잡이와 새시 끝 사이의 거리를 나타내기 위해 이 옵션을 사용 - 수평 방향에서는 새시 상단과 핸들 사이의 거리이며 기본값은 8픽셀
height	- 팬드윈도우 위젯의 높이를 나타냄
handlesize	- 핸들의 크기를 나타내며 기본값은 8픽셀
orient	- 자식 창을 나란히 배치하려는 경우 HORIZONTAL로 설정 - 자식 창을 위에서 아래로 배치하려면 VERTICAL로 설정
sashpad	- 새시 주위에 수행할 패딩을 나타내는 데 사용. 옵션의 기본값은 0
sashwidth	- 새시의 너비를 나타내며 기본값은 2픽셀
sashrelief	- 새시 주위의 테두리 유형을 나타내며 기본값은 FLAT
showhandle	- 핸들을 표시하려면 이 옵션의 값을 true로 설정해야 함
width	- 위젯의 너비를 나타냄
relief	- 테두리의 유형을 나타내며 이 옵션의 기본값은 FLAT

팬드윈도우 위젯 속성 값

팬드 윈도우 위젯에서 지원하는 메서드는 다음과 같다.

메서드	설명
config(options)	- 이 방법은 주로 지정된 옵션으로 위젯을 구성하는 데 사용
get(startindex,endindex)	- 지정된 주어진 범위에서 텍스트를 가져 오는 데 사용
add(child,options)	- 부모 창에 창을 추가하는 데 사용.

메시지 박스(MessageBox)

메시지 박스는 상황에 (MessageBox) 따라서 적절한 유형의 메시지를 제공하는데 도움이 되는 다양한 기능을 지원한다. 메시지 박스를 이용하여 사용자의 입력을 받는 팝업 메시지 상자도 작성이 가능하다. 기본적인 메시지 박스의 사용 방법은 다음과 같다.

messagebox.function_name(title, message [, options])

Function_name: 적절한 메시지 함수의 이름을 의미

Title: 메시지 박스의 제목 표시줄에 표시할 텍스트를 설정

Message: 메시지 박스에 메시지로 표시할 텍스트를 설정

Options: 기본값으로 ABORT, RETRY, IGNORE와 같은 기본 단추를 지정하는데 사용되는 옵션과 메시지 박스를 표시할 창(부모)를 지정하는 옵션으로 구성되어 있다.

ChatGPT를 이용하여 다양한 메시지 박스를 출력하는 예제 샘플을 작성해 보자.

Q Tkinter에서 제공하는 MessageBox를 출력하는 예제를 작성하되 유형별로 모든 예제를 다 만들어 주세요.

 Tkinter는 tkinter.messagebox 모듈을 통해 다양한 유형의 메시지 박스를 제공합니다.
아래는 tkinter.messagebox에 포함된 주요 함수들을 사용하여 다양한 유형의 메시지 박스를 표시하는 예제입니다.

```python
import tkinter as tk
from tkinter import messagebox

def show_info():
    messagebox.showinfo("Info", "This is an Info message")

def show_warning():
    messagebox.showwarning("Warning", "This is a Warning message")

def show_error():
    messagebox.showerror("Error", "This is an Error message")

def ask_question():
    response = messagebox.askquestion("Question", "Do you want to continue?")
    print(f"Response: {response}")

def ask_ok_cancel():
    response = messagebox.askokcancel("Confirmation", "Proceed?")
    print(f"Response: {response}")

def ask_yes_no():
    response = messagebox.askyesno("Yes/No", "Do you like tkinter?")
    print(f"Response: {response}")
```

```python
root = tk.Tk()
root.title("MessageBox Sample")

tk.Button(root, text="Show Info", command=show_info).pack(pady=5)
tk.Button(root, text="Show Warning", command=show_warning).pack(pady=5)
tk.Button(root, text="Show Error", command=show_error).pack(pady=5)
tk.Button(root, text="Ask Question", command=ask_question).pack(pady=5)
tk.Button(root, text="Ask OK/Cancel", command=ask_ok_cancel).pack(pady=5)
tk.Button(root, text="Ask Yes/No", command=ask_yes_no).pack(pady=5)
tk.Button(root, text="Ask Retry/Cancel", command=ask_retry_cancel).pack(pady=5)

root.mainloop()
```

이 예제는 각각의 버튼을 클릭할 때 해당하는 유형의 메시지 박스를 표시합니다. 'ask'로 시작하는 메시지 박스들은 사용자의 응답에 따라 콘솔에 응답을 출력합니다.

해당 샘플 코드를 이용하여 출력된 다양한 메시지 박스는 다음과 같다.

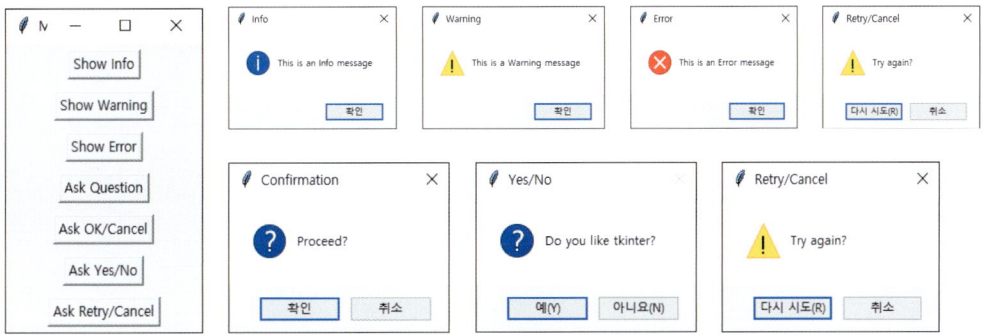

유형에 따른 다양한 메시지 박스

제 9장.
멀티미디어 프로그래밍과 AI

1
멀티미디어 데이터의 유형과 특징

멀티미디어란 사전적 의미로는 "다중 매체"로서 어원으로는 Multum과 Medium을 합친 합성어이며 여러 형식의 정보 컨텐츠와 정보처리(텍스트, 오디오, 이미지, 비디오, 그래픽, 애니메이션, 상호작용)을 사용하여 사용자에게 정보를 제공하고 필요한 경우에는 즐길 수 있는 미디어를 뜻한다. [위키백과 참조] 멀티미디어는 그 종류와 특징에 따라서 다음과 같이 분류가 가능하다.

분류	개요
정적 미디어 (static)	- 시간에 비 종속적인 미디어로 이미지나 그래픽 등이 이에 해당. 픽셀 기반 이미지나 벡터 기반 이미지가 정적 미디어에 해당
동적 미디어 (Dynamic)	- 시간에 종속적인 미디어로 시간의 흐름에 따라서 변화하는 내용을 의미하며 오디오, 비디오 및 애니메이션이 이에 해당
차원 미디어 (Dimensional)	- 3D 게임 및 설계 프로그램과 같이 3차원의 형태로 구성되며 사용자의 상호 작용에 따라서 보이는 뷰(View)나 소리(Sound)가 사용자 관점으로 변경됨

멀티미디어 분류 및 개요

본 장에서는 다양한 미디어 중 오디오, 이미지를 파이썬으로 처리하는 방식을 살펴보고 오픈소스 라이브러리를 적용하여 이미지 및 오디오를 분석하는 방법과 응용할 수 있는 프로그램에 대해서 살펴보도록 하자.

2
이미지 데이터 처리하기

이미지 데이터의 이해

컴퓨터가 처리할 수 있는 문자, 이미지, 소리와 같은 데이터 유형은 다양하지만 결국은 모든 데이터는 숫자형태의 하나의 묶음으로 만들어 의미를 나타낼 수 있는 조합으로 구성할 수 있다.

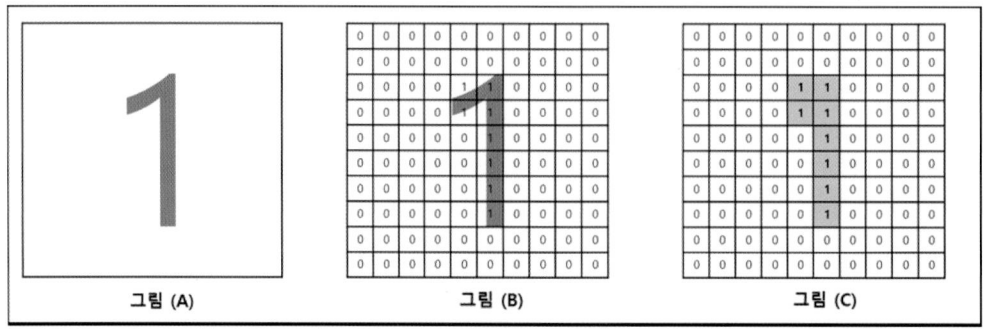

숫자 1의 이미지 표현

위와 같이 만약 숫자 1을 컴퓨터의 디스플레이에 출력한다고 해보자. 실제로 컴퓨터는 사람이 육안으로 확인한 바와 같이 흰색 배경에 회색으로 숫자1이라는 글자를 인식하지 못한다. 그저 매우 작은 네모칸으로 구성된 픽셀(Pixel)에 흰색과 회색을 정보로 저장하고 이를 영상 장치에 출력할 뿐이다. 아래 그림에서 흰색을 0, 회색을 1이라고 하면 숫자 1(그림 A)는 실제 컴퓨터에서는 (그림 C)와 같이 저장되고 표현된다. 이미지를 저장하고 표시하는 방법에 대해서 ChatGPT를 이용하여 자세하게 살펴보자.

이미지 데이터를 처리하는 방식에 대해서 설명하되 특히 해상도 및 색상에 대해서 어떠한 방식으로 저장하고 관리하는지 자세하게 설명해 주세요.

이미지 데이터를 처리하는 방식은 주로 이미지의 해상도, 색상, 저장 및 관리 방식 등 여러 측면을 포함합니다. 이를 자세히 살펴보겠습니다.

1. 이미지 해상도
- **해상도의 정의**: 이미지 해상도는 이미지 내에 포함된 픽셀의 수를 의미합니다. 일반적으로 가로 x 세로 픽셀 수로 표현됩니다 (예: 1920x1080).
- **픽셀 밀도**: 높은 해상도는 더 많은 픽셀을 의미하며, 이는 이미지의 세부사항을 더 세밀하게 표현할 수 있습니다.
- **처리 과정**: 이미지 해상도 조정은 이미지의 크기를 변경하는 것을 말합니다. 이는 특정 알고리즘 (예: 네이버스트 알고리즘, 양선형 보간법)을 사용하여 픽셀을 추가하거나 제거함으로써 이루어집니다.

2. 색상
- **색상 표현**: 이미지의 색상은 주로 RGB(Red, Green, Blue) 형식으로 표현됩니다. 각 픽셀은 빨간색, 녹색, 파란색의 조합으로 색상을 나타냅니다.
- **색상 깊이**: 색상의 깊이는 픽셀 당 비트 수로 정의됩니다. 예를 들어, 24비트 색상은 각 RGB 채널에 8비트(256가지 색상)를 할당합니다.
- **팔레트 기반 색상**: 일부 이미지 형식(예: GIF)은 제한된 색상 팔레트를 사용하여 색상을 관리합니다. 이는 파일 크기를 줄이는 데 도움이 됩니다.

3. 이미지 데이터 저장 및 관리
- **파일 형식**: 다양한 이미지 파일 형식(JPEG, PNG, BMP 등)이 있으며, 각각의 형식은 이미지 데이터를 저장하는 방식이 다릅니다.
- **압축**: 대부분의 이미지 형식은 데이터를 압축하여 저장합니다. JPEG는 손실 압축을, PNG는 무손실 압축을 사용합니다.
- **메타데이터**: 이미지 파일에는 해상도, 색상 깊이 외에도 카메라 설정, 촬영 날짜 등의 메타데이터가 포함될 수 있습니다.

4. 프로그래밍을 통한 이미지 처리
- **라이브러리 사용**: 파이썬에서는 PIL/Pillow, OpenCV와 같은 라이브러리를 사용하여 이미지 데이터를 쉽게 처리할 수 있습니다.
  코드 구현: 이러한 라이브러리를 통해 이미지를 불러오고, 해상도를 조정하며, 색상을 변환하는 등의 작업을 프로그래밍적으로 수행할 수 있습니다.

이미지 데이터 처리는 디지털 이미지의 특성을 이해하고, 이를 바탕으로 다양한 처리 기술을 적용하는 과정을 포함합니다. 각 이미지의 용도와 요구 사항에 따라 적절한 해상도, 색상 깊이, 파일 형식을 선택하는 것이 중요합니다.

이미지를 데이터로 저장하는 경우, 픽셀의 전체 개수와 각 픽셀의 색상을 표현하기 위해서 필요한 정보량 만큼의 데이터가 필요하다. 이를 간단한 예를 들어 ChatGPT를 통해서 살펴보자.

> **Q** 해상도가 1024 by 768이고 RGB로 구성된 이미지 파일을 저장할 때 필요한 데이터 사이즈는 얼마인지 계산해 주세요.

해상도가 1024x768이며 RGB로 구성된 이미지 파일의 데이터 크기를 계산하기 위해 다음과 같은 계산을 수행할 수 있습니다.

1. **해상도 계산**
1024 (너비) x 768 (높이) = 786,432 픽셀

2. **RGB 색상 정보**
RGB 모델에서는 각 픽셀마다 빨간색, 녹색, 파란색 각각에 대한 정보를 저장합니다.
일반적으로 각 색상 채널은 8비트 (1바이트)로 표현됩니다.

3. **픽셀 당 데이터 크기**
3 채널 (RGB) x 8비트 = 24비트 = 3바이트

4. **전체 이미지 데이터 크기**
786,432 픽셀 x 3바이트/픽셀 = 2,359,296바이트

따라서, 이 이미지 파일을 저장하는 데 필요한 데이터 크기는 대략 2,359,296바이트, 즉 약 2.36메가바이트 (MB)가 됩니다. 이 계산은 이미지가 압축되지 않았다고 가정할 때의 이론적인 크기입니다. 실제 파일 크기는 사용되는 이미지 포맷과 압축 방식에 따라 다를 수 있습니다.

이미지의 경우에도 ChatGPT의 답변처럼 2.36MB 만큼의 용량이 필요하다. 이러한 문제를 해결하기 위해서 이미지나 오디오 및 비디오 파일의 경우에는 원본을 압축(Encode)하여 저장하고 이를 출력장치에 출력할 때 복호화(Decode)하여 사용한다. 이미지 압축은 이미지 원본의 손실이 발생하지 않는 비손실(Lossless)방식과 손실(Loss) 방식이 존재하는데 실제 이미지의 크기가 얼마나 줄어드는지를 ChatGPT를 이용하여 살펴보자.

> **Q** 비손실 압축과 손실압축을 적용했을때 해당 이미지 사이즈는 얼마나 줄어들 수 있을지 설명해 주세요.

비손실 압축과 손실 압축을 적용했을 때 이미지 파일 크기가 얼마나 줄어들 수 있는지는 여러 요인에 따라 달라집니다. 각 압축 방식의 특성을 고려하여 대략적인 추정을 해보겠습니다.

1. 비손실 압축 (Lossless Compression)
- **예: PNG 형식**
- **특징**: 이미지의 모든 정보를 유지하면서 데이터를 압축합니다.
- **압축률**: 비손실 압축의 압축률은 이미지의 내용에 크게 좌우됩니다. 예를 들어, 많은 반복되는 색상이나 패턴이 있는 이미지는 더 높은 압축률을 보입니다.
- **추정 크기 감소**: 대략적으로 50-60% 정도의 크기 감소를 기대할 수 있습니다. 하지만 이는 이미지의 내용에 따라 크게 달라질 수 있습니다.

2. 손실 압축 (Lossy Compression)
- **예: JPEG 형식**
- **특징**: 불필요한 정보를 제거하여 이미지 크기를 줄입니다. 이 과정에서 이미지 품질이 다소 손상될 수 있습니다.
- **압축률**: 손실 압축은 일반적으로 비손실 압축보다 훨씬 높은 압축률을 가집니다. 그러나 압축률이 높을수록 이미지 품질 저하가 눈에 띄게 됩니다.
- **추정 크기 감소**: 압축률에 따라 다르지만, 70-90% 정도의 크기 감소가 가능합니다. 높은 압축률을 선택하면 파일 크기는 더욱 줄어들지만, 이미지 품질이 눈에 띄게 저하될 수 있습니다.
이러한 추정치는 매우 일반적인 지침에 불과하며, 실제 압축 결과는 이미지의 내용, 압축 알고리즘, 압축 설정 등에 따라 달라질 수 있습니다. 따라서, 정확한 압축률을 알기 위해서는 실제로 해당 이미지를 압축해보는 것이 가장 정확합니다.

대부분의 이미지를 출력해주는 이미지 뷰어(Image Viewer)는 이미지를 원래 Raw 이미지로 압축해제(Decode)하기 위한 디코더(Decoder)를 포함하고 있다. 이미지가 보이지 않는 경우, 해당 디코더를 설치하는 이유가 위와 같은 이유 때문이다. 일반적인 이미지 파일이 하나의 이미지 파일을 하나의 파일에 저장하는 방식인데 비해서, 다양한 압축 포맷의 여러 개의 이미지를 지원하기 위해서 제공되는 파일형식으로 TIFF(Tagged Image File format)라는 파일

형태의 포맷이 있다. 어도비에서 개발한 PDF(Portable Document Format) 방식으로 비트맵(Bitmap)이나 백터(Vector) 방식의 이미지를 저장할 수도 있으나 특정 제조사에 종속되지 않는 표준 포맷이기 때문에 금융권이나 상업적으로 이미지 파일을 저장하고 운영하는 경우 TIFF를 사용하기도 한다. TIFF 파일의 특징을 ChatGPT를 이용하여 살펴보자.

Q TIFF 이미지 파일 형식에 대해서 설명해 주세요

 TIFF (Tagged Image File Format)는 이미지 파일을 저장하기 위한 유연하고 강력한 파일 형식입니다. 다음은 TIFF 파일 형식의 주요 특징과 세부 사항입니다.

1. 범용성과 유연성
- TIFF는 매우 유연한 형식으로, 다양한 유형의 이미지 데이터(흑백, 회색조, 컬러 등)를 저장할 수 있습니다.
- 다양한 컬러 스페이스 및 색상 깊이(1비트 흑백부터 32비트 이상의 고색상 깊이)를 지원합니다.

2. 압축 옵션
- TIFF는 비손실 압축(LZW, ZIP)과 손실 압축(JPEG) 옵션을 제공합니다.
- 이는 TIFF가 고화질 이미지를 원본 품질 그대로 보존하면서도 필요에 따라 파일 크기를 줄일 수 있음을 의미합니다.

3. 멀티페이지 지원
- TIFF는 단일 파일 내에 여러 페이지를 저장할 수 있습니다. 이는 문서 스캐닝, 팩스 등에서 유용하게 사용됩니다.

4. 메타데이터 저장
- TIFF는 이미지 데이터뿐만 아니라, 태그를 사용하여 광범위한 메타데이터를 저장할 수 있습니다. 이 메타데이터에는 저작권 정보, 이미지 차원, 색상 관리 데이터 등이 포함될 수 있습니다.

5. 용도
- TIFF 형식은 그래픽 디자인, 사진, 출판 및 인쇄 산업에서 널리 사용됩니다.
- 특히, 고해상도 이미지의 품질을 유지해야 하는 전문적인 환경에서 선호됩니다.

6. 파일 크기
- TIFF 파일은 비손실 압축을 사용할 경우 파일 크기가 큰 편입니다. 이는 고화질 이미지를 저장하기 위해 많은 데이터를 포함하기 때문입니다.

7. 호환성
- TIFF는 거의 모든 이미지 편집 소프트웨어에서 지원됩니다. 그러나 웹 사용을 위해서는 파일 크기가 크기 때문에 일반적으로 JPEG, PNG 같은 형식이 선호됩니다.

8. 확장성
- TIFF는 다양한 형태의 이미지 저장 방식을 지원하며, 새로운 태그와 기능을 추가하여 확장할 수 있는 구조를 가지고 있습니다.
TIFF 형식은 그 유연성과 고품질 이미지 보존 능력 때문에 이미지 아카이브, 전문적인 사진 작업, 인쇄 및 출판 분야에서 중요한 역할을 합니다. 그러나 웹이나 일반적인 디지털 사용을 위해서는 파일 크기가 큰 단점을 고려해 다른 형식을 사용하는 것이 일반적입니다.

파이썬을 이용하여 OpenCV로 이미지 다루기.

OpenCV는 영상 처리를 위한 다양한 기능을 제공하는 라이브러리로 파이썬이 출시되기 이전부터 다양한 언어를 지원하고 가장 활발하게 사용되고 있는 오픈소스이다. OpenCV는 1999년 인텔(Intel)의 IPL(Image Primitive Library)을 기반으로 오픈소스로 시작되었으며 영상처리 및 AI를 위한 다양한 라이브러리가 제공되며 openCL과 CUDA를 지원하여 최적화된 성능을 제공한다. OpenCV의 주요 모듈을 살펴보면 다음과 같다(확장 모듈의 경우에는 종류가 워낙 많기 때문에 공식사이트은 https://opencv.org를 이용하여 직접 확인해 보기 바란다.

Q OpenCV 4버전의 주요 모듈과 내용을 표로 만들어 주세요

 OpenCV 4 버전의 주요 모듈과 해당 모듈의 내용을 간단한 표 형식으로 정리하겠습니다. OpenCV는 컴퓨터 비전과 관련된 다양한 기능을 제공하는 라이브러리로, 다음과 같은 주요 모듈들로 구성되어 있습니다.

모듈	내용
core	기본적인 기능들을 제공하는 모듈. 데이터 구조, 배열, 행렬 연산, 메모리 관리 등의 기본적인 기능들이 포함됩니다.
imgproc	이미지 처리에 사용되는 모듈. 이미지 필터링, 이미지 변환, 색상 공간 변환, 객체 탐지 등의 기능을 제공합니다.
imgcodecs	이미지 파일 읽기 및 쓰기 기능을 제공하는 모듈. 다양한 이미지 형식의 파일을 불러오고 저장할 수 있습니다.
videoio	비디오 I/O 기능을 제공하는 모듈. 카메라나 비디오 파일로부터 프레임을 읽어오고, 비디오 파일을 저장하는 기능을 포함합니다.
highgui	사용자 인터페이스 기능을 제공하는 모듈. 윈도우 관리, 키보드 및 마우스 이벤트 처리, 간단한 사용자 인터페이스 요소 제공 등을 포함합니다.
features2d	2D 특징점 탐지, 특징점 기술자, 특징점 매칭 등을 다루는 모듈. 다양한 특징점 탐지 알고리즘을 제공합니다.
calib3d	카메라 캘리브레이션 및 3D 복원에 사용되는 모듈. 오브젝트 포즈 추정, 스테레오 이미징 등의 기능을 포함합니다.
ml	머신 러닝 알고리즘을 제공하는 모듈. k-NN, SVM, 결정 트리, 랜덤 포레스트 등의 머신 러닝 알고리즘을 포함합니다.
dnn	딥 러닝 네트워크를 위한 모듈. 다양한 딥 러닝 프레임워크로부터 훈련된 모델을 불러오고 실행하는 기능을 제공합니다.
video	비디오 분석을 위한 모듈. 배경 감산, 객체 추적, 광학 흐름 계산 등의 기능을 제공합니다.

이 표는 OpenCV 4 버전의 주요 모듈들과 각 모듈이 제공하는 주요 기능을 요약한 것입니다.
OpenCV는 이 외에도 다양한 서브 모듈과 기능을 포함하고 있으며, 광범위한 컴퓨터 비전 및 이미지/비디오 처리 작업에 사용됩니다.

이제 OpenCV를 이용하여 간단한 이미지를 로딩하고 화면에 출력해보는 예제 프로그램을 만들어보자.

Q 파이썬으로 OpenCV를 이용하여 지정한 이미지를 로딩하여 출력하고 2배로 확대, 2배로 축소, 90도, 180도, 270되 회전하고 해당 이미지를 이진화(Binalization)하는 파이썬 샘플 코드를 생성해 주세요.

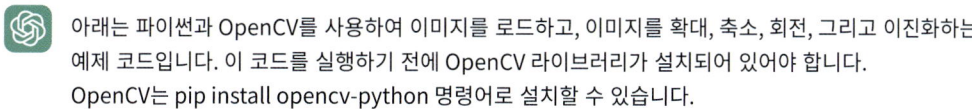 아래는 파이썬과 OpenCV를 사용하여 이미지를 로드하고, 이미지를 확대, 축소, 회전, 그리고 이진화하는 예제 코드입니다. 이 코드를 실행하기 전에 OpenCV 라이브러리가 설치되어 있어야 합니다.
OpenCV는 pip install opencv-python 명령어로 설치할 수 있습니다.

```python
import cv2

# 이미지 로드
image_path = 'your_image.jpg' # 이미지 경로를 지정하세요
image = cv2.imread(image_path)

# 이미지가 정상적으로 로드되었는지 확인
if image is None:
    print("Image not found")
    exit()

# 2배 확대
enlarged_image = cv2.resize(image, None, fx=2, fy=2, interpolation=cv2.INTER_CUBIC)

# 2배 축소
reduced_image = cv2.resize(image, None, fx=0.5, fy=0.5, interpolation=cv2.INTER_AREA)

# 90도 회전
rotated_90 = cv2.rotate(image, cv2.ROTATE_90_CLOCKWISE)

# 180도 회전
rotated_180 = cv2.rotate(image, cv2.ROTATE_180)

# 270도 회전
rotated_270 = cv2.rotate(image, cv2.ROTATE_90_COUNTERCLOCKWISE)

# 이진화 (Thresholding)
# 먼저 그레이스케일로 변환
gray_image = cv2.cvtColor(image, cv2.COLOR_BGR2GRAY)
# 이진화 적용
_, binary_image = cv2.threshold(gray_image, 127, 255, cv2.THRESH_BINARY)

# 이미지 출력 (윈도우에서 확인)
cv2.imshow('Original Image', image)
cv2.imshow('Enlarged Image', enlarged_image)
cv2.imshow('Reduced Image', reduced_image)
cv2.imshow('90 Degrees Rotated', rotated_90)
```

```python
cv2.imshow('180 Degrees Rotated', rotated_180)
cv2.imshow('270 Degrees Rotated', rotated_270)
cv2.imshow('Binary Image', binary_image)

cv2.waitKey(0)
cv2.destroyAllWindows()
```

이 코드는 다음 작업을 수행합니다.

- 지정된 경로에서 이미지를 로드합니다.
- 이미지를 2배 확대하고, 2배 축소합니다.
- 이미지를 90도, 180도, 270도로 회전합니다.
- 이미지를 그레이스케일로 변환한 후 이진화를 적용합니다.
- 모든 결과물을 화면에 출력합니다.

각 단계에서 생성된 이미지는 OpenCV의 imshow 함수를 사용하여 윈도우에서 확인할 수 있습니다. waitKey(0) 함수는 키보드 입력이 있을 때까지 윈도우를 열어두는 역할을 합니다. destroyAllWindows() 함수는 모든 윈도우를 닫습니다.

이 코드에서 사용된 이미지 경로 (your_image.jpg)는 실제 이미지 파일의 경로로 대체해야 합니다.

저자는 영상처리에 최초로 사용된 이미지였던 Lenna의 이미지를 인터넷에서 다운받아 해당 폴더에 저장하고 위 프로그램을 실행하였다. 프로그램 실행 결과는 다음과 같다.

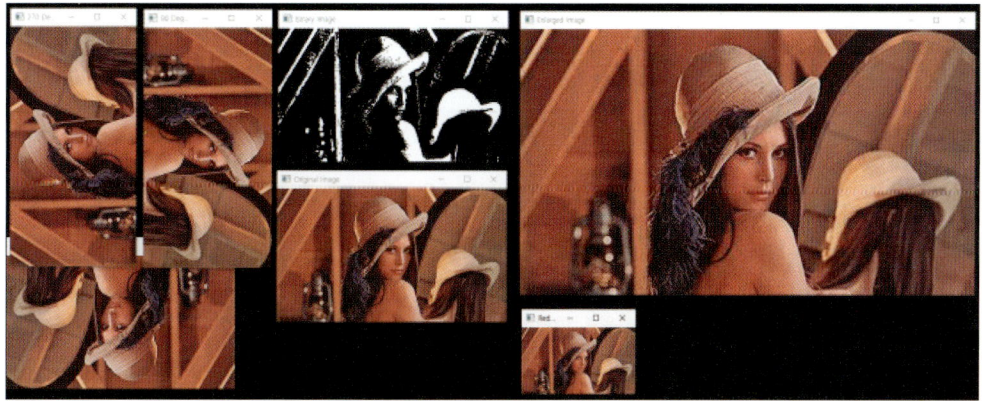

OpenCV 실행 결과

다음은 OpenCV를 이용하여 블러(blur)처리를 해보자. 이미지 blur 처리는 이미지를 흐리게 하기 위해서 각 픽셀을 주변 픽셀의 평균 값으로 변환하면 되며, 이렇게 주변 픽셀에 수행되는 연산을 커널(Kernel)이라고 하며 이 커널의 크기가 클수록 이미지가 더 부드러워지게 된다. OpenCV를 이용하여 이미지를 블러 처리해 보자.

Q Python OpenCV를 이용하여 이미지를 blur 처리하는 프로그램을 만들어 주세요. 1. C:\Temp\lenna.jfif 파일을 로딩하여 blur 처리를 하고 처리한 이미지는 c:\Temp\jenna_blur.jfif로 저장해 주세요.

 Python에서 OpenCV를 사용하여 이미지를 blur 처리하고 두 이미지를 비교하는 프로그램을 만들어보겠습니다. 먼저 필요한 라이브러리를 설치합니다.

먼저, OpenCV 라이브러리를 설치하셔야 합니다. 이는 pip install opencv-python 명령어로 설치할 수 있습니다.

```python
pip install opencv-python-headless
```

그런 다음, 아래의 코드를 사용하여 이미지를 blur 처리하고 비교하는 프로그램을 만들 수 있습니다:

```python
import cv2

# 이미지 로딩
input_image_path = r'C:\Temp\lenna.jfif'
output_image_path = r'C:\Temp\lenna_blur.jfif'

# 이미지 불러오기
image = cv2.imread(input_image_path)

# 이미지 blur 처리
blurred_image = cv2.GaussianBlur(image, (21, 21), 0) # Gaussian Blur 적용

# blur 처리된 이미지 저장
cv2.imwrite(output_image_path, blurred_image)
```

이 코드는 다음과 같은 작업을 수행합니다:
- cv2.imread 함수를 사용하여 C:\Temp\lenna.jfif에서 이미지를 로드합니다.
- cv2.GaussianBlur 함수를 사용하여 이미지를 blur 처리합니다. 이 예제에서는 Gaussian Blur를 사용하며 (21, 21)은 커널 크기를 나타냅니다. 이 값을 조절하여 blur 강도를 조절할 수 있습니다.
- blur 처리된 이미지를 cv2.imwrite 함수를 사용하여 C:\Temp\lenna_blur.jfif에 저장합니다.
- cv2.imshow 함수를 사용하여 원본 이미지와 blur 처리된 이미지를 윈도우에 띄워서 비교합니다.
- 아무 키나 누르면 윈도우를 종료합니다.

이를 통해 원본 이미지와 blur 처리된 이미지를 비교할 수 있습니다.

원본 영상　　　　　　　　　　　　　가우시안 블러 처리

블러 처리한 이미지

블러와는 다르게 이미지를 보다 선명하게 변환할 수도 있다. 이를 이미지 샤픈(Sharpen)이라고 하는데 컬러 값의 차이를 가지는 각 픽셀의 가장자리 부분의 콘트라스트(Contrast)를 증가시켜서 선명하게 만들어주는 것을 의미한다. 환언하면 좌우 다른 색 경계부분의 한 픽셀을 밝은 부분은 더 밝게, 어두운 부분은 더 어둡게 만들어서 선명한 영상으로 변환한다.

이미지를 선명하게 변환하는 샤픈을 OpenCV를 이용하여 적용해 보자.

Q 이미지를 선명하게 하는 Sharpen 예제 프로그램을 만들어 주세요.
원본파일은 c:\Temp\lenna.jpg이고 변환된 영상이미지는 c:\Temp\lenna_s.jpg로 저장해 주세요.

Python에서 OpenCV를 사용하여 이미지를 선명하게(sharpen) 하는 예제 프로그램을 만들어보겠습니다.
이미지를 선명하게 만들기 위해서는 커널(kernel)을 사용하여 이미지에 필터링을 적용해야 합니다.
아래는 예제 코드입니다.
그런 다음, 아래의 코드를 사용하여 이미지를 blur 처리하고 비교하는 프로그램을 만들 수 있습니다.

```python
import cv2
import numpy as np

# 이미지 로딩
input_image_path = r'C:\Temp\lenna.jpg'
output_image_path = r'C:\Temp\lenna_s.jpg'

# 이미지 불러오기
image = cv2.imread(input_image_path)

# sharpen 커널 정의
kernel = np.array([[-1, -1, -1],
                   [-1, 9, -1],
                   [-1, -1, -1]])
```

```python
# 이미지 필터링 (선명화)
sharpened_image = cv2.filter2D(image, -1, kernel)

# 선명화된 이미지 저장
cv2.imwrite(output_image_path, sharpened_image)
```

이 코드는 다음 작업을 수행합니다.

- cv2.imread 함수를 사용하여 C:\Temp\lenna.jpg에서 이미지를 로드합니다.
- 이미지에 sharpening 효과를 주기 위해 3x3 커널을 정의합니다. 이 커널은 이미지에 필터링을 적용하여 선명하게 만듭니다.
- cv2.filter2D 함수를 사용하여 이미지에 커널을 적용하여 선명화된 이미지를 생성합니다.
- 선명화된 이미지를 cv2.imwrite 함수를 사용하여 C:\Temp\lenna_s.jpg에 저장합니다.

이렇게 하면 원본 이미지와 선명화된 이미지를 비교하면서 선명화 효과를 확인할 수 있습니다.

원본 영상

이미지를 선명하게

샤프닝을 처리한 이미지

OpenCV 이용하면 보다 다양한 영상처리를 손쉽게 사용할 수 있다.
다음 예제로 지정한 사진에서 얼굴 영역만 추출하는 프로그램을 만들어보자.

> OpenCV로 얼굴 영역 추출하는 Python 프로그램을 만들어주세요. 1. 지정한 이미지에서 얼굴 영역을 추출해줘. 2 실행 결과를 바로 손쉽게 보기 위해서 원본 이미지를 프레임 창으로 띄우고 이미지 영역에 박스를 노란색 박스를 그려서 추출한 영역을 바로 확인할 수 있도록 해주세요.

지정된 이미지에서 얼굴 영역을 추출하고, 원본 이미지에 노란색 박스로 표시하는 Python 프로그램을 작성해 보겠습니다. OpenCV의 Haar Cascade Classifier를 사용하여 얼굴을 감지하고, 감지된 얼굴 주위에 노란색 사각형을 그립니다.

먼저, OpenCV 라이브러리를 설치하셔야 합니다. 이는 pip install opencv-python 명령어로 설치할 수 있습니다.

다음은 얼굴 영역을 추출하고 노란색 박스로 표시하는 예제 코드입니다

```python
import cv2

def detect_and_display(image_path):
    # Haar Cascade 파일 로드
    face_cascade = cv2.CascadeClassifier(cv2.data.haarcascades + 'haarcascade_frontalface_default.xml')

    # 이미지 로드
    img = cv2.imread(image_path)
    if img is None:
        print("Image not found")
        return

    # 그레이스케일 이미지로 변환
    gray = cv2.cvtColor(img, cv2.COLOR_BGR2GRAY)

    # 얼굴 감지
    faces = face_cascade.detectMultiScale(gray, 1.1, 4)

    # 감지된 얼굴 주위에 노란색 사각형 그리기
    for (x, y, w, h) in faces:
        cv2.rectangle(img, (x, y), (x+w, y+h), (0, 255, 255), 2)

    # 결과 이미지 표시
    cv2.imshow('Detected Faces', img)
    cv2.waitKey(0)
    cv2.destroyAllWindows()

# 사용 예
detect_and_display('path_to_your_image.jpg')
```

이 코드는 다음과 같이 작동합니다.

- Haar Cascade Classifier를 사용하여 이미지에서 얼굴을 감지합니다.
- 지정된 이미지 파일을 로드하고, 그레이스케일 이미지로 변환합니다.
- 이미지에서 얼굴을 감지하고, 각 얼굴에 대한 좌표를 얻습니다.
- 각 얼굴 주위에 노란색 사각형을 그려 이미지에 표시합니다.
- 결과 이미지를 창으로 표시합니다.

이 코드에서 'path_to_your_image.jpg'는 분석할 이미지 파일의 경로로 바꾸어야 합니다.
cv2.waitKey(0)은 키보드 입력이 있을 때까지 이미지 창을 열어두는 데 사용됩니다.
cv2.destroyAllWindows()는 모든 OpenCV 창을 닫습니다.

위 프로그램을 사용하기 위해서는 소스코드에서 참조되는 'haarcascade_frontalface_defa 파일을 인터넷에서 검색하여 ult.xml' 소스코드가 있는 위치에 다운로드 받아서 실행해야 올바르게 실행되는 화면을 볼 수 있다.

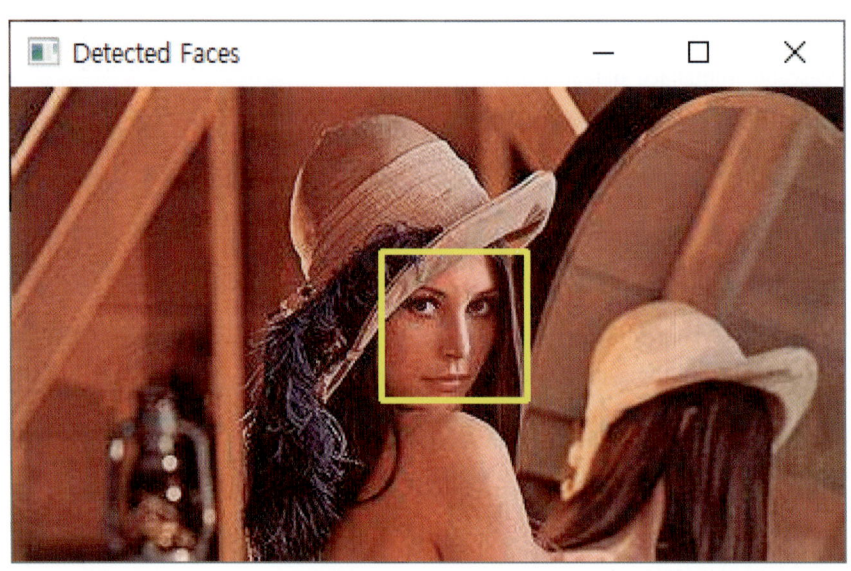

원본이미지 및 추출된 얼굴 영역

OCR 이미지 인식하기

본 장에서는 OCR(Optical Character Recognition) 라이브러리인 테서랙트(Tesserac)t를 이용하여 문자인식을 수행하는 프로그램을 만들어 보도록 하자. 테서랙트는 다양한 운영 체제를 위한 광학 문자 인식 엔진이므로 Apache License, 버전 2.0에 따라 배포되는 무료 소프트웨어이며 2006년부터 Google에서 개발을 후원했다. 광학 문자 인식이 필요한 다양한 어플리케이션에서 사용되며(상용 RPA 솔루션에서도 기본 광학 문자 인식 엔진으로 사용된다), 다양한 여러가지 언어를 지원하기 때문에 간단한 어플리케이션을 개발하기에 안성 맞춤이다.

OCR 프로그램을 만들기 위해서는 먼저 테서랙트를 설치해야 한다. 테서랙트를 설치하기 위해서 검색을 하거나 하기 사이트를 통해서 윈도우 버전을 쉽게 설치 할 수 있다 (https://github.com/UB-Mannheim/tesseract/wiki).

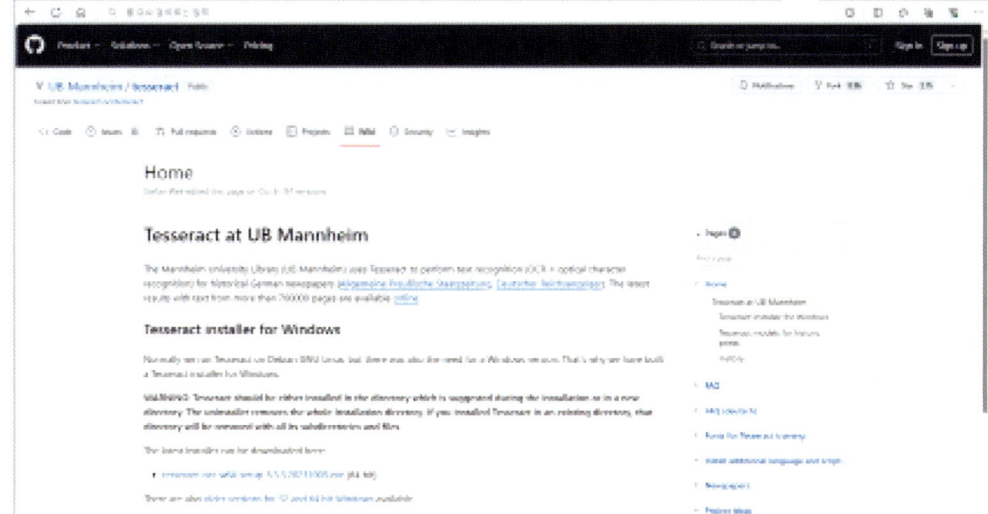

태서랙트 설치 페이지

파이썬에서 태서랙트를 호출하기 위해서는 해당 페이지에서 관련 라이브러리를 설치해야 한다.

태서랙트를 설치하는 과정 중간에 광학 문자 인식을 위한 언어(본 예제에서는 한국어를 추가)를 선택해서 추가해야 한다.

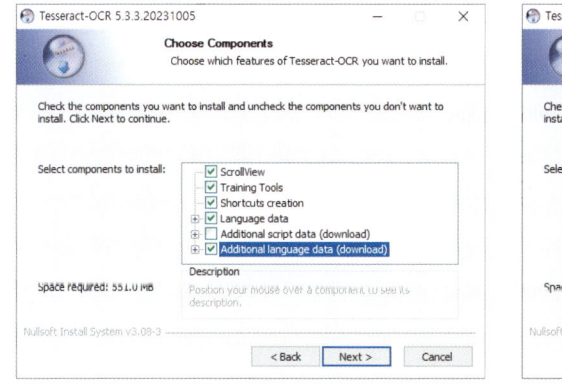

추가 언어 선택　　　　　　　　　　　한국어 설정

테서랙트 한글팩 설치

테서랙트를 설치하고 파이썬과 연동하기 위해서 중요한 것은 OS의 path 설정에 테서랙트가 설치된 경로를 꼭 추가해야 한다. 추가하지 않는 경우에는 "Tesseract is not installed or it's not in your path"와 같은 오류가 발생한다. 이제 ChatGPT를 이용하여 이미지에서 간단한 문자를 읽어오는 파이썬 예제 프로그램을 생성해 보자.

Q 문자 인식 예제 샘플을 만들어 주세요. 이미지 파일은 e:/temp/text.jpg이고 단계별로 생성되는 이미지를 e:/temp 폴더에 저장해 주세요. 최종으로 인식된 문자를 print로 화면에 출력해주고,
1. 문자는 영어와 한글을 인식할 수 있도록 설정해주세요 2. 인식한 문자를 print로 화면에 출력해 주세요.

 아래는 이미지에서 영어와 한글 문자를 인식하고, 단계별 이미지를 저장하며, 최종으로 인식된 문자를 출력하는 예제 코드입니다.

먼저, 필요한 라이브러리를 설치합니다. 아래 명령어로 필요한 라이브러리를 설치할 수 있습니다.

```python
pip install opencv-python-headless
pip install pytesseract
```

그런 다음, 아래의 코드를 사용하세요.

```python
import cv2
import pytesseract

# 이미지 파일 경로
image_path = "e:/temp/text.jpg"

# 이미지 로드
image = cv2.imread(image_path)

# 이미지를 회색으로 변환
gray = cv2.cvtColor(image, cv2.COLOR_BGR2GRAY)

# 중간 단계 이미지를 저장할 경로
intermediate_image_path = "e:/temp/intermediate.jpg"

# 중간 단계 이미지 저장
cv2.imwrite(intermediate_image_path, gray)

# 문자 인식을 위한 Tesseract OCR 설정 (영어와 한글)
custom_config = r'--oem 3 --psm 6 -l eng+kor'

try:
    # Tesseract OCR을 사용하여 텍스트 인식
    recognized_text = pytesseract.image_to_string(gray, config=custom_config)
```

```python
# 인식된 문자 출력
print("인식된 문자:", recognized_text)
except Exception as e:
print("문자를 인식하지 못했습니다.")

# 최종 결과 이미지를 저장할 경로
result_image_path = "e:/temp/result.jpg"

# 최종 결과 이미지 저장
cv2.imwrite(result_image_path, image)
```

이 코드는 영어와 한글 문자를 함께 인식하도록 설정되어 있으며, 단계별로 이미지를 저장하고 최종으로 인식된 문자를 출력합니다. 코드를 실행하면 해당 동작이 수행됩니다.

테스트를 위해서 사용된 이미지와 중간단계에서 gray 이미지로 변환한 이미지는 아래와 같다.

테스트 원본 이미지

Gray 변환 이미지

이제는 단순한 문자 이미지가 아닌 복잡한 이미지에서도 문자 인식이 가능한지 테스트 해보자. ChatGPT에서 제공하는 DALL-E를 이용하여 자동차 정면 이미지를 생성하고 임의로 자동차 번호를 생성해 보았다.

DALL-E를 이용한 이미지 생성

23년 12월 현재, DALL-E는 한글로 작성하라는 명령어를 실행하나 한글이 깨지는 현상이 있다.

저자는 테스트를 위해서 해당 이미지에서 임의로 자동차 번호에 "가나다 1234"로 이미지를 변경하고 변경된 이미지로 테스트를 진행하였다.

ChatGPT를 이용하여 자동차 번호판 인식을 하는 샘플 프로그램을 만들어 보자.

> **Q** 파이썬을 이용하여 자동차 번호판 인식하는 프로그램 만들어 주세요. 단 e:\temp\car.jpg를 읽고 번호판을 인식하도록 만들어 주세요. 그리고 중간단계에서 생성하는 이미지를 e:\temp 폴더에 저장하는 부분도 추가해주고 최종 결과는 인식된 번호판을 print문을 이용하여 화면에 출력해 주세요. 그리고 번호판은 한글과 영어 및 숫자를 모두 인식할 수 있도록 설정해 주세요.

> 자동차 번호판 인식 프로그램을 만들려면 OpenCV와 Tesseract OCR 라이브러리를 사용할 수 있습니다. 다음은 주어진 이미지에서 번호판을 검출하고 인식하는 파이썬 프로그램의 예제입니다.

또한 중간 단계에서 생성하는 이미지를 e:\temp 폴더에 저장하고 인식된 번호판을 화면에 출력합니다. 먼저, 필요한 라이브러리를 설치해야 합니다. 다음 명령어를 사용하여 필요한 라이브러리를 설치할 수 있습니다.

```bash
pip install opencv-python-headless
pip install pytesseract
```

다음은 자동차 번호판 인식 프로그램의 파이썬 코드입니다.

```python
import cv2
import pytesseract

# 이미지 파일 경로
image_path = "e:/temp/car.jpg"

# 이미지 로드
image = cv2.imread(image_path)

# 이미지를 회색으로 변환
gray = cv2.cvtColor(image, cv2.COLOR_BGR2GRAY)

# 번호판 검출을 위한 Haar Cascade 분류기 로드
plate_cascade = cv2.CascadeClassifier(cv2.data.haarcascades +
'haarcascade_russian_plate_number.xml')

# 번호판 검출
plates = plate_cascade.detectMultiScale(gray, scaleFactor=1.1, minNeighbors=5,
minSize=(100, 25))

# 인식 결과를 저장할 변수
recognized_plate = ""

# 번호판 영역을 둘러싸는 사각형 그리고 인식 수행
for (x, y, w, h) in plates:
    cv2.rectangle(image, (x, y), (x + w, y + h), (0, 255, 0), 2)

    # 번호판 영역에서 텍스트 인식
    roi = gray[y:y + h, x:x + w]
    recognized_text = pytesseract.image_to_string(roi, lang='eng+kor+num')

    # 인식된 텍스트를 결과에 추가
    recognized_plate += recognized_text + " "

# 최종 결과 출력
print("인식된 번호판:", recognized_plate)
```

```python
# 중간 결과 이미지 저장
cv2.imwrite('e:/temp/intermediate_result.jpg', image)

# 결과 이미지 보기
cv2.imshow('Car Plate Recognition', image)
cv2.waitKey(0)
cv2.destroyAllWindows()
```

이 코드는 주어진 이미지에서 번호판을 검출하고 번호판 내의 텍스트를 인식합니다.
인식 결과는 recognized_plate 변수에 저장되고, 중간 결과 이미지는 'e:\temp\intermediate_result.jpg'에 저장됩니다. 최종 결과는 화면에 출력됩니다. 이 코드는 한글, 영어 및 숫자를 모두 인식할 수 있도록 설정되어 있습니다.

해당 프로그램을 실행하면 아래와 같이 문자 영역을 찾아내고 올바르게 "가나다 1234"를 프롬프트에 출력하는 것을 확인할 수 있다.

원본 이미지   번호판 및 문자열 추출 결과 이미지

번호판 인식 결과

3
오디오 데이터 처리하기

오디오의 이해

소리라는 것은 음원에서 물체가 진동하면 공기의 압력에 변화가 생기면서 생성되는 것으로 이 변화는 결국 파형(waveform)의 형태로 우리 귀에 전달되게 된다. 사운드를 처리한다는 것은 이러한 파형을 가공하고 편집하는 것을 의미한다.

소리가 전달되는 과정

소리의 파형이라는 것은 일정 시간마다 반복되는 사이클(Cycle)과 한 사이클이 소요하는 시간인 주기(Period)로 이루어져 있으며, 소리를 이루는 가장 중요한 기본 3요소는 주파수(Frequency), 진폭(Amplitude), 음색(Tone Color)이다.

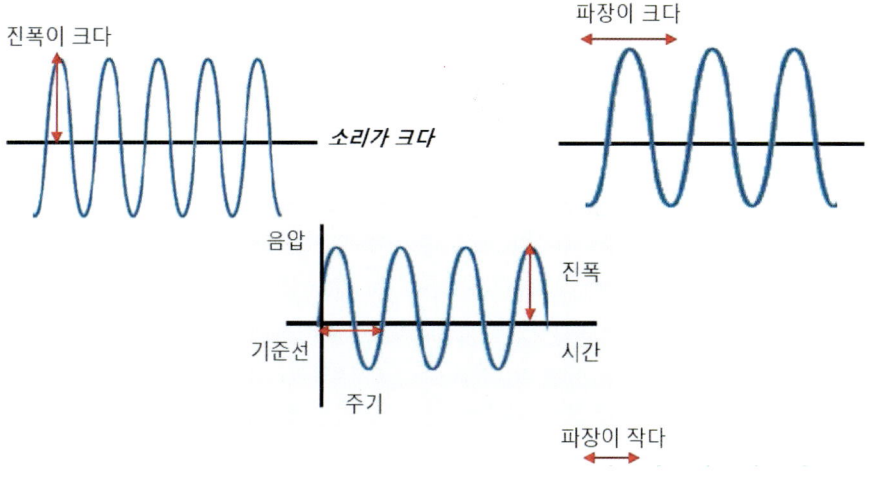

소리의 기본 구성

소리의 각 구성 요소에 대해서 살펴보면 다음과 같다.

첫째, 주파수(Frequency)는 초당 사운드 파형의 반복 횟수로서 소리의 높낮이를 결정하는 것으로 헤르츠(Hz)라는 단위를 사용하며 주파수가 높으면 고음이고 낮으면 상대적으로 저음을 의미한다. 둘째 진폭(Amplitude)는 사운드 파형의 기준선에서 최고점까지의 거리를 의미하며 데시벨(db)라는 단위를 사용하고 진폭이 크면 큰소리를 작으면 상대적으로 작은 소리를 의미한다. 사람의 귀는 소리의 크기 변화보다는 변화의 비율(logarithm)에 영향을 받으며 소리의 크기를 표현할 때는 소리의 크기에 로그 값을 취한 bel로 표현하고, 사용 시에는 bel 값을 10배 한 데시벨(db)를 사용한다. 마지막으로 음색(Tone Color)는 음의 높이와 크기가 같아도 악기마다 고유한 특징을 가지게 되는데 고유한 파형은 기본파와 고조파의 합으로 표현된다. ChatGPT를 이용하여 세 가지 구성 요소에 대해서 다시 한번 살펴보자.

Q 주파수, 진폭 및 음색에 대해서 비교하여 표로 만들어서 설명해 주세요.

 주파수, 진폭, 그리고 음색은 소리의 특징을 나타내는 주요 요소입니다. 이들 각각은 소리를 인식하고 이해하는데 중요한 역할을 합니다. 다음은 이 세 가지 요소에 대한 비교 표와 각각의 특징에 대한 설명입니다.

특성	주파수	진폭	음색
정의	소리의 파동이 얼마나 빠르게 진동하는지를 나타내며, 소리의 높낮이를 결정합니다.	소리 파동의 높이 또는 강도를 나타내며, 소리의 크기 또는 강도를 결정합니다.	소리의 질 또는 색깔을 나타내며, 동일한 주파수와 진폭을 가진 소리라도 다른 음색을 가질 수 있습니다.
단위	헤르츠(Hz)	데시벨(dB)	음색은 주로 설명적인 용어로 표현됨
인식	높은 주파수는 높은 피치(고음)를, 낮은 주파수는 낮은 피치(저음)를 나타냅니다.	높은 진폭은 큰 소리를, 낮은 진폭은 작은 소리를 나타냅니다.	음색은 같은 노트를 연주하더라도 다른 악기나 소리의 고유한 '색깔'이나 '질감'을 나타냅니다.
예시	A4 음표는 주파수 440Hz를 가짐	소리의 볼륨을 높이면 진폭이 커짐	바이올린과 플루트가 동일한 음표를 연주하더라도 서로 다른 음색을 가짐

주파수
- **특징:** 소리의 빠르기 또는 주기성을 나타내며, 소리의 피치(높낮이)와 직접적인 관련이 있습니다.
- **중요성:** 음악에서 멜로디나 하모니를 구성하며, 음의 높낮이를 결정합니다.

진폭
- **특징:** 소리의 강도 또는 볼륨을 나타내며, 파동의 최고점과 최저점의 차이로 측정됩니다.
- **중요성:** 소리의 크기와 강도를 결정하며, 동일한 피치의 소리라도 더 크거나 작게 들릴 수 있습니다.

음색
- **특징:** 소리의 '색깔' 또는 '질감'을 나타내며, 동일한 주파수와 진폭을 가진 소리라도 서로 다르게 들릴 수 있습니다.
- **중요성:** 음색은 다양한 악기나 음성의 고유한 특성을 구별하는 데 중요합니다. 예를 들어, 같은 음을 내는 피아노와 기타는 서로 다른 음색을 가집니다.

이 세 가지 요소는 모두 소리의 인식과 음악의 표현에 중요하며, 각각 독특한 방식으로 소리의 특성을 형성합니다.

디지털 오디오의 이해

컴퓨터를 이용하여 사운드를 처리하기 위해서는 ADC(Analog to Digital Converter)를 통해서 아날로그 신호를 디지털로 변환하여 이를 저장하고 소리를 스피커나 이어폰으로 출력하는 경우에는 DAC(Digital To Analog Converter)를 이용하게 된다. 우리가 사용하는 사운드카드는 ADC와 DAC를 모두 가지고 있는 인터페이스이다.

기본적으로 아날로그 사운드를 디지털로 변환하기 위해서는 표본화(Sampling), 양자화(Quantization), 부호화(Coding)의 과정이 필요하다.

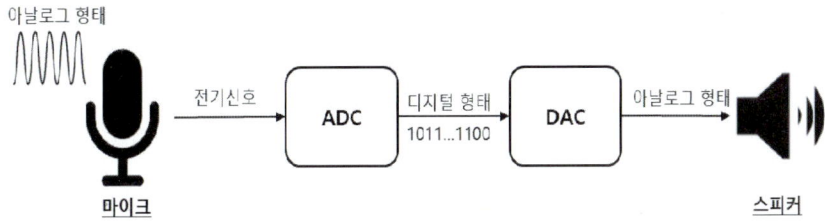

아날로그 신호화 디지털 신호 간의 변환 과정

디지털로 변환하는 데 필요한 세 가지 과정에 대해서 ChatGPT를 통해서 살펴보자.

> **Q** 소리를 디지털로 전환하는 방법의 단계인 표본화, 양자화, 부호화에 대해서 표로 설명해주세요.

> 소리를 디지털 신호로 변환하는 과정에는 표본화(Sampling), 양자화(Quantization), 그리고 부호화(Encoding)의 세 단계가 포함됩니다. 각 단계는 아날로그 신호를 디지털 형태로 변환하는 데 필수적인 역할을 합니다. 다음은 이 세 단계에 대한 설명을 포함한 표입니다.

단계	표본화 (Sampling)	양자화 (Quantization)	부호화 (Encoding)
정의	연속적인 아날로그 신호를 일정한 시간 간격으로 측정하여 이산적인 신호로 변환하는 과정입니다.	샘플링된 신호를 제한된 수의 값으로 근사하는 과정입니다. 이는 신호의 진폭을 일정한 단계로 나누는 것을 의미합니다.	양자화된 샘플을 디지털 형태, 즉 이진 숫자로 변환하는 과정입니다.
목적	연속적인 아날로그 신호를 디지털 처리가 가능한 이산적인 신호로 변환하기 위함입니다.	아날로그 신호의 진폭을 디지털 형식으로 표현하기 위해 유한한 수준으로 단순화하기 위함입니다.	양자화된 데이터를 디지털 저장 매체에 저장하거나 디지털 통신을 위해 전송하기 위함입니다.
과정	아날로그 신호에서 정해진 간격으로 값을 측정하고 이 값을 디지털 데이터로 변환합니다.	각 샘플 값을 가장 가까운 양자화 레벨로 매핑하여 정밀도를 줄이고, 데이터 양을 줄입니다.	양자화된 각 값에 대해 고유한 이진 코드를 할당하여 디지털 형식으로 표현합니다.
예시	오디오 신호를 일정 시간 간격으로 측정하여 샘플을 추출합니다.	각 샘플을 가장 가까운 16비트 값으로 변환합니다. (예: 0에서 65535 사이의 값)	각 16비트 값을 이진 숫자로 변환하여 컴퓨터가 이해하고 처리할 수 있는 형태로 만듭니다.
중요성	디지털 오디오와 같은 디지털 미디어를 생성하는 기반을 제공합니다.	아날로그 신호의 디테일을 유지하면서도 데이터크기를 관리합니다.	디지털 장치와 시스템에서 데이터를 저장하고 처리할 수 있게 합니다.

이 세 단계는 디지털 오디오, 비디오, 이미지 등 다양한 형태의 디지털 미디어 생성에 기본적이고 필수적인 과정입니다. 이 과정을 통해 아날로그 형태의 신호를 디지털 형태로 정확하게 변환하고, 이를 디지털 장치에서 처리하고 저장할 수 있게 됩니다.

첫째, 표본화(Sampling)이라 함은 자연의 연속된 아날로그 파형을 디지털 형태로 변환하기 위해서 표본을 취하는 것으로 초장 몇 개의 표본수를 취할 것인지를 의미한다. 1초 동안에 취한 표본의 개수를 헤르쯔(Hz)라고 하고 표본화 율이 높을수록 원음을 잘 표현할 수 있으나 저장해야 하는 데이터는 상대적으로 증가한다.

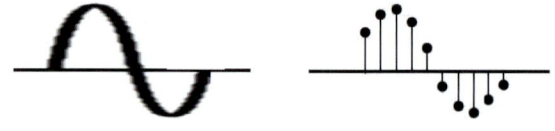

표본화(Sampling)의 개념

둘째, 양자화(Quantizing)은 어느 정도의 정밀도로 표현할 것인지를 의미하며 표본화된 각 점에서 값을 표현하기 위해서 사용되는 비트 수를 의미한다.

표본화하는 정밀도(Sampling Resolution, Sampling Size)는 예를 들어 3bit로 하면 단계가 8단계이지만 4bit로 양자화하는 경우 16단계로 표현함으로써 보다 더 높은 해상도의 음원 확보가 가능하다.

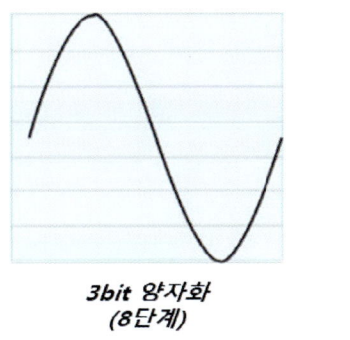 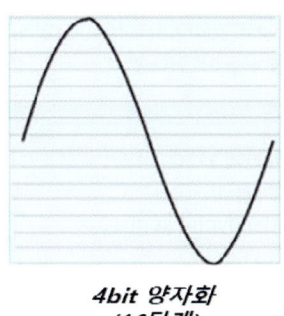

양자화의 개념

마지막 부호화는 표본화와 양자화를 거쳐 획득된 디지털 정보를 표현하는 과정으로 획득된 파일의 크기는 크기 때문에 일반적으로 부호화 과정을 통해서 압축하여 저장한다.

표본화율 KHz	양자화 (bit)	모드	데이터 크기 (1분)	음질
11.025	8	Mono	650KB	전화
22.05	8	Mono	1.3MB	AM Radio
22.05	16	Stereo	5.25MB	FM Radio
44.1	16	Stereo	10.5MB	CD

디지털 사운드 파일의 크기 및 음질의 비교

실제 샘플링 비율과 양자화에 사용되는 bit수에 따라서의 음질 차이는 위 표를 살펴보면 가늠할 수 있다.

파이썬을 이용한 디지털 오디오 프로그래밍

먼저 마이크를 이용하여 나의 목소리를 녹음해보고 그 파형을 볼 수 있는 파이썬 프로그램을 ChatGPT를 이용하여 생성해 보자.

Q 마이크로 5초간 녹음하고 이 소리를 c"\temp\test.wav로 저장하고 파형을 보여주는 파이썬 소스코드 작성해줘.

 마이크로 5초간 녹음하고 그 소리를 WAV 파일로 저장하며 파형도 보여주는 파이썬 코드를 작성해드리겠습니다. 이를 위해 sounddevice 및 soundfile 라이브러리를 사용합니다. 먼저 이 라이브러리들을 설치하려면 pip install sounddevice soundfile 명령을 사용하세요.
다음은 요청하신 코드입니다.

```python
import sounddevice as sd
import soundfile as sf
import matplotlib.pyplot as plt
import numpy as np

# 녹음 설정
duration = 5 # 녹음 지속 시간 (초)
sample_rate = 44100 # 샘플링 레이트: 44.1kHz

# 녹음 시작
print("5초 동안 녹음을 시작합니다...")
recording = sd.rec(int(duration * sample_rate), samplerate=sample_rate, channels=1)
sd.wait()

# WAV 파일로 저장
output_file = r'C:\temp\test.wav'
sf.write(output_file, recording, sample_rate)

# 오디오 파형 플롯
plt.figure(figsize=(10, 4))
plt.plot(np.linspace(0, duration, len(recording), endpoint=False), recording)
plt.title('녹음된 오디오 파형')
plt.xlabel('시간 (s)')
plt.ylabel('진폭')
plt.show()
print(f"녹음 파일 저장 완료: {output_file}")
```

이 코드는 다음과 같은 작업을 수행합니다.

- sounddevice를 사용하여 5초 동안 마이크로부터 오디오를 녹음합니다.
- 녹음된 오디오 데이터를 WAV 파일로 저장합니다. 파일 경로는 C:\temp\test.wav로 지정되어 있으니 원하시는 경로로 변경하세요.
- 녹음된 오디오 파형을 Matplotlib을 사용하여 그래프로 시각화합니다.
- 결과 파일 경로와 함께 메시지를 출력합니다.

이 코드를 실행하면 5초 동안 녹음된 오디오가 저장되고, 해당 파일 경로에서 WAV 파일을 찾을 수 있습니다. 또한 파형 그래프도 표시됩니다.

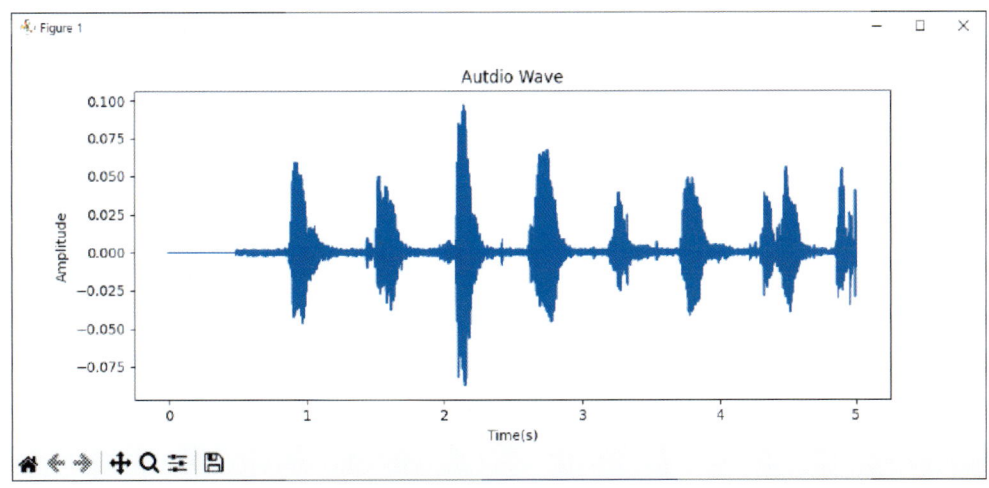

생성한 웨이브 파일의 파형 그래프

이제 생성한 웨이브 파일의 파형 그래프를 그리고 소리를 재생하는 샘플 프로그램을 생성해 보자.

> **Q** c:\temp\test.wav 파일을 읽고 재생하는 프로그램 만들어주세요. 단 재생하기 전에 파형을 그래프로 시각화하여 보여주세요.

 c:\temp\test.wav 파일을 읽고 파형을 그래프로 시각화한 후에 재생하는 파이썬 프로그램을 만들어드리겠습니다. 이를 위해 soundfile, sounddevice, matplotlib 라이브러리가 필요합니다. 먼저 이 라이브러리들을 설치하려면 pip install soundfile sounddevice matplotlib 명령을 사용하세요.
다음은 요청하신 프로그램 코드입니다.

```python
import soundfile as sf
import sounddevice as sd
import matplotlib.pyplot as plt

# WAV 파일 경로
input_file = r'c:\temp\test.wav'

# WAV 파일 읽기
data, sample_rate = sf.read(input_file)

# 오디오 파형 그래프 플롯
plt.figure(figsize=(10, 4))

plt.plot(data)
plt.title('읽은 오디오 파일 파형')
```

```python
plt.xlabel('샘플')
plt.ylabel('진폭')
plt.show()

# 읽은 오디오 파일 재생
print("오디오 파일 재생 중...")
sd.play(data, sample_rate)
sd.wait()

print("재생 완료")
```

이 코드는 다음과 같은 작업을 수행합니다.

- soundfile를 사용하여 c:\temp\test.wav 파일을 읽습니다.
- 읽은 오디오 데이터를 Matplotlib을 사용하여 파형 그래프로 표시합니다.
- sounddevice를 사용하여 읽은 오디오 파일을 재생합니다.
- 코드를 실행하면 WAV 파일의 파형이 먼저 표시되고, 그 다음에 오디오가 재생됩니다. 재생이 완료되면 "재생 완료" 메시지가 표시됩니다.

위 해당 프로그램을 실행하면 동일한 파형 그래프가 화면에 출력되고 출력창을 닫게 되면 녹음된 웨이브파일이 재생되는 것을 청취할 수 있다. 라이브러리를 이용하여 음성인식(STT : Speech To Text)와 음성 합성(TTS : Text To Speech)도 손쉽게 개발이 가능하다.

첫째, 음성 인식(STT)은 사람의 말을 글로 변환하는 기술로서 ASR(Automatic Speech Recognition)이라고도 한다. 지난 10년간은 확률적인 예측 모델인 HMM(Hidden Markov Model)에 기반한 음성인식 기술이 널리 사용되었으나 최근에는 음성을 입력받아 문장을 출력하는 과정이 하나의 모델로 처리 가능한 종단형(end to end) 음성 인식 기술이 새롭게 등장하였으며 뛰어난 음성인식 성능과 간단한 학습 방법으로 인해 많은 발전이 있었다. 페이스북이 발표한 자기 지도학습(Self-Supervised Learning) 모델인 wav2vec2.0이 각광을 받고 있는데 이 모델은 라벨이 없는 대량의 음성 데이터로 스스로 학습한 후, 상대적으로 적은 라벨링 데이터만 파인튜닝(fine-tuning)하는 것으로도 뛰어난 성능을 보여주고 있다. 음성인식은 AI 상담 시스템이나 챗봇(Chatbot)등에 활용되고 있다.

데이터베이스를 기반으로 음성을 합성하는 방식을 의미한다. 음성 합성 기술은 실제 음성 데이터베이스를 기반으로 음성을 합성하는 방식과 통계적 SPSS(Statistical Parametric Speech Synthesis) 음성합성 방식이 있다.

근래에는 글자나 음소로부터 음향적 특징을 얻어내는 단계에 DNN을 사용하거나 전체과정을 DN 모델로 처리하는 방식도 많이 등장하고 있다. 이러한 음성 합성의 경우에는 챗봇이나 AI 스피커 뿐만이 아니라 다양한 방식으로 활용되고 있다. ChatGPT를 이용하여 간단한 음성 인식 프로그램을 만들어 보자.

Q 파이썬으로 음성인식 프로그램 만드는 간단한 예제를 만들어 주세요.

 음성 인식 프로그램을 만들려면 음성 인식 엔진을 사용해야 하며, 그 중에서도 Google Web Speech API를 사용하는 방법을 살펴보겠습니다. 이것은 Python에서 Google의 음성 인식 서비스를 활용하는 간단한 예제입니다. 먼저, speech_recognition 라이브러리를 설치해야 합니다. 아래와 같이 설치하세요.

```python
pip install SpeechRecognition
```

그런 다음, 다음과 같은 코드로 간단한 음성 인식 프로그램을 작성할 수 있습니다.

```python
import speech_recognition as sr

# 음성 인식 엔진 초기화
recognizer = sr.Recognizer()

# 마이크로 음성 입력 받기
with sr.Microphone() as source:
    print("말해보세요...")
    recognizer.adjust_for_ambient_noise(source) # 환경 소음 보정
    audio = recognizer.listen(source) # 마이크로부터 음성 입력 받기

    print("음성 입력을 텍스트로 변환 중...")
# Google Web Speech API를 사용하여 음성을 텍스트로 변환
try:
    recognized_text = recognizer.recognize_google(audio, language="ko-KR") # 한국어로 음성 인식
    print(f"인식된 텍스트: {recognized_text}")
except sr.UnknownValueError:
    print("음성을 인식할 수 없습니다.")
except sr.RequestError as e:
    print(f"오류 발생: {e}")
```

이 코드는 다음과 같은 작업을 수행합니다.

- speech_recognition 라이브러리를 사용하여 음성 인식 엔진을 초기화합니다.
- 마이크로폰으로부터 음성을 입력 받기 위해 with sr.Microphone() as source:를 사용합니다. 또한 adjust_for_ambient_noise 함수로 환경 소음을 보정합니다.
- recognizer.listen(source)를 사용하여 마이크로부터 음성을 입력 받습니다.
- Google Web Speech API를 사용하여 음성을 텍스트로 변환합니다. 변환된 텍스트는 recognized_text 변수에 저장되고 출력됩니다.
- 오류 처리를 통해 음성을 인식할 수 없거나 요청 오류가 발생한 경우 적절한 메시지를 출력합니다.

이 코드를 실행하면 마이크로폰을 통해 말하고, 그 말을 Google Web Speech API를 사용하여 텍스트로 변환한 결과를 출력할 수 있습니다.

해당 파일을 실행하면 콘솔에 "말해보세요"라는 텍스트가 출력되고 마이크나 내장된 마이크를 이용하여 말을 하고 잠시 대기하면 자동으로 해당 음성을 추출하고 추출된 음성을 콘솔에 출력해주는 결과를 볼 수 있다.
이번에는 텍스트를 음성으로 합성해주는 TTS 예제를 생성해 보자.

Q 파이썬으로 음성 합성 프로그램 예제 만들어줘. "안녕하세요 반갑습니다."를 만들고 해당 음성 파일을 c:\temp\hi.wav로 저장하고 출력하는 프로그램 만들어 주세요.

음성 합성을 위해 파이썬에서는 gTTS (Google Text-to-Speech) 라이브러리를 사용할 수 있습니다. 먼저 gTTS 라이브러리를 설치하려면 다음 명령을 실행하세요.

```python
pip install gTTS
```

그런 다음, "안녕하세요 반갑습니다." 문장을 음성으로 합성하고 WAV 파일로 저장하는 파이썬 프로그램을 아래와 같이 작성할 수 있습니다:

```python
from gtts import gTTS

# 합성할 텍스트
text = "안녕하세요 반갑습니다."

# gTTS를 사용하여 음성 합성
tts = gTTS(text, lang='ko') # 한국어로 합성

# WAV 파일로 저장
output_file = r'c:\temp\hi.wav'
tts.save(output_file)

print(f'음성 파일 저장 완료: {output_file}')
```

```python
# 저장한 음성 파일 재생 (Windows 기준)
import os
os.system(f'start {output_file}')
```

이 코드는 다음과 같은 작업을 수행합니다.

- gTTS 라이브러리를 사용하여 "안녕하세요 반갑습니다." 텍스트를 한국어로 음성으로 합성합니다.
- 합성된 음성을 WAV 파일로 저장하며, 파일 경로는 c:\temp\hi.wav로 지정합니다.
- os.system 함수를 사용하여 저장한 음성 파일을 재생합니다. (Windows 환경에서 동작합니다)
- 프로그램을 실행하면 "안녕하세요 반갑습니다."라는 문장이 음성으로 합성되어 WAV 파일로 저장되며, 저장된 파일이 재생됩니다. 저장된 WAV 파일은 c:\temp\hi.wav 경로에 저장됩니다.

제 10장.
자동화 프로그래밍

1
Python으로 구현하는 자동화 개요

자동화 프로그래밍은 사람이 입력해야 하는 여러 개의 명령어를 배치(Batch) 형태로 구성하여 일정 주기에 따라 그 배치 프로그램을 자동으로 시작시키는 방식이 자동화 프로그래밍의 시작이라고 볼 수 있다. 이러한 배치 작업 형태의 자동화는 사용자가 사용하는 UI를 직접 자동화하는 방식으로 발전하였는데 마이크로소프트(Microsoft)의 윈도우(Windows) 계열에 운영체제에서부터 시작한 UIAutomation의 경우가 이에 해당한다.

UIAutomation은 사용자 인터페이스 요소를 프로그래밍 방식으로 조작하고 관리하는 기술로서 주로 사용자 인터페이스의 자동화 테스트를 구현하는데 사용되는 방식으로 개발 중인 어플리케이션을 매번 사람이 테스트하는 방식이 아닌 UIAutomation을 사용하여 이를 자동화하여 프로그램의 테스트가 필요할 때마다 자동으로 이를 실행하고 검증하는 방식을 의미한다.

예를 들면 애플리케이션의 버튼, 메뉴, 대화 상자 등을 자동으로 클릭하고, 필요한 값을 자동으로 입력하고 검증하는 과정을 자동화하여 소프트웨어 테스트의 효율성을 높일 수 있다. 이와 더불어 특정 프로그램을 정해진 주기에 따라 자동으로 사람의 개입없이 직접 어플리케이션을 실행시키고 미리 지정된 방식에 따라서 키 이벤트(Key Event)와 마우스 이벤트(Mouse Event)를 발생시켜서 업무를 처리하는 방식도 하나의 UIAutomation의 사용 예라고 볼 수 있다.

이러한 UI 자동화의 개념을 프로세스 개념으로 확장시켜서 프로세스 자동화를 구현하는 방식이 RPA(Robotic Process Automation)이다. RPA(Robotic Process Automation)는 로봇(Robot)을 기반으로 하는 프로세스 자동화를 의미한다. 여기서 이야기하는 봇이란 물리적인 로봇이 아닌 사용자의 운영 PC에 설치하여 사용자가 미리 정의한 프로세스에 따라서 지정한 프로그램을 실행시키고 봇이 키 이벤트(Key Event)와 마우스 이벤트(Mouse Event)를 발생시키고 그 처리 결과에 따라 분기하면서 비즈니스 프로세스를 자동화하는 기술이다. RPA는 반복적인 업무에 규칙 기반의 작업을 자동화하여 사람없이 프로세스를 자동화하고 사람은 보다 중요한 작업에 집중할 수 있도록 지원한다.

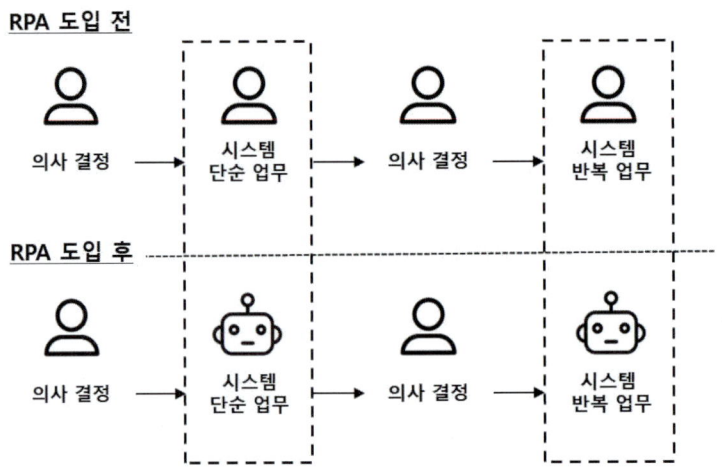

RPA(Robotic Process Automation) 기본 개념

RPA의 기본 개념은 다음 그림과 같다. 일반적으로 모든 프로세스에는 사람이 의사 결정을 하고 이를 시스템을 이용하여 입력하는 형태로 구성이 되는데, 사람이 시스템을 이용하여 처리하는 업무 중에서 규칙적이고(Rule-Based)이고 업무가 반복적인(Repeated) 경우에 이를 봇으로 대처하여 처리하여 전체 프로세스의 정확도와 수행 속도를 향상시키면서 자동화하여 이를 처리함으로써 업무에 많은 부분 비용 절감 및 효율을 증가할 수 있다. 이와 더불어 RPA를 도입하였을 때에 가장 큰 장점은 프로세스를 통합하기 위해서는 기존 IT 시스템을 변경할 필요가 없다는 장점이 있다.

RPA는 기존에 사용하던 IT 시스템을 봇이 자동화하여 사람과 동일하게 작동시키는 방식이기 때문에 매우 효과적으로 대응이 가능하다. 그럼 RPA에 대해서 보다 자세하게 ChatGPT를 통해서 확인해 보자.

 RPA란 무엇이고 어떤 제품이 있고 RPA는 어떤 형태로 구성되어 있는지 알려주세요

RPA (Robotic Process Automation)는 로봇 프로세스 자동화를 의미합니다. 이는 기본적으로 소프트웨어 로봇 또는 "봇"을 사용하여 비즈니스 프로세스를 자동화하는 기술입니다. RPA는 반복적이고 규칙 기반의 작업을 자동화하여, 비즈니스의 효율성을 높이고, 오류를 줄이며, 인력이 보다 중요한 작업에 집중할 수 있게 합니다.

1. RPA의 주요 특징
- **규칙 기반 작업 자동화:** RPA는 정해진 규칙에 따라 업무를 수행합니다. 이는 데이터 입력, 파일 이동, 폼 작성 등과 같은 반복적이고 예측 가능한 작업에 이상적입니다.
- **사용자 인터페이스 상호작용:** RPA 봇은 사용자 인터페이스(UI)를 통해 애플리케이션과 상호작용합니다. 이는 마치 실제 사용자가 작업을 수행하는 것처럼 보입니다.
- **프로세스 모델링:** RPA 솔루션은 프로세스의 시각적 모델링을 지원합니다. 이를 통해 비개발자도 비즈니스 프로세스를 자동화할 수 있습니다.
- **통합 및 확장성:** RPA는 다양한 시스템과 통합될 수 있으며, 비즈니스 요구에 따라 확장 가능합니다.

2. 주요 RPA 제품
- **UiPath**: 사용하기 쉬운 인터페이스와 강력한 기능을 제공하는 선도적인 RPA 도구입니다. UiPath는 높은 확장성과 커뮤니티 지원을 제공합니다.
- **Blue Prism**: 기업용 RPA 솔루션으로, 강력한 보안과 다양한 기업 시스템과의 통합을 제공합니다.
- **Automation Anywhere**: 사용자 친화적인 인터페이스와 강력한 기능을 제공하며, 클라우드 기반 및 온프레미스 배포를 지원합니다.

3. RPA 구성 요소
- **RPA 봇**: 실제 작업을 수행하는 소프트웨어 로봇입니다. 이들은 프로세스를 자동화하고, 작업을 실행합니다.
- **작업 흐름 디자이너**: 사용자가 비즈니스 프로세스를 그래픽 방식으로 모델링할 수 있게 해주는 도구입니다. 여기서 작업 흐름과 규칙을 정의합니다.
- **컨트롤 센터/대시보드**: RPA 솔루션의 중앙 집중식 관리 지점입니다. 여기서 RPA 봇을 관리하고, 성능을 모니터링하며, 보고서를 생성합니다.
- **분석 및 보고**: RPA 시스템은 프로세스의 효율성과 성과를 측정하기 위해 분석 및 보고 기능을 제공합니다.

RPA의 핵심은 기업이 자동화할 수 있는 다양한 업무 프로세스를 식별하고, 이를 효율적으로 구현하는 것입니다. RPA는 단순 작업의 자동화뿐만 아니라 비즈니스 프로세스를 최적화하고 디지털 변환을 촉진하는 데 중요한 역할을 합니다.이 코드를 실행하면, 각각의 geometry manager를 사용하는 3개의 다른 윈도우가 동시에 표시됩니다.

ChatGPT가 언급한 구성 요소를 도식화하면 다음과 같다.

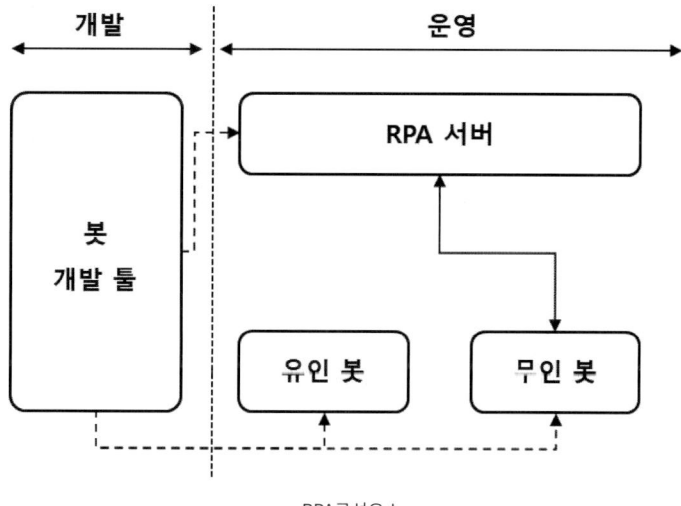

RPA구성요소

먼저 봇을 개발하기 위해서는 봇 개발 도구가 필요하며 ChatGPT는 이를 작업흐름 디자이너라고 명기하였다. 봇 개발 도구는 실제 봇이 실행시킬 기존 애플리케이션과 필요한 경우에는 엑셀(Excel)이나 아웃룩(Outlook)과 같은 오피스 소프트웨어와 인터페이스를 연계하며 웹 서비스를 호출하는 형태의 업무 기능 구현도 가능하다.

이와 더불어 프로그램 실행 결과에 따른 분기처리나 발생할 수 있는 오류처리 루틴 등을 포함할 수 있다. 이렇게 생성된 봇을 기동하기 위한 로직이 구현된 스크립트(script)는 봇에 수동으로 배포하거나 RPA 서버를 통해서 봇에 배포도 가능하다.

두번째 RPA의 구성 요소로는 RPA 서버가 있다. ChatGPT는 RPA 서버를 "컨트롤 센터/대시보드" 와 "분석 및 보고" 기능으로 분류하였다. RPA 서버는 무인 봇을 자동으로 실행할 수 있으며 봇의 상태들을 모니터링하거나 봇이 올바르게 일을 제대로 수행했는지를 대시 보드 형태로 확인할 수 있으며 봇이 처리한 결과를 분석하거나 장애를 분석하는 형태의 기능을 제공할 수 있다. 마지막 구성 요소로 ChatGPT는 "RPA 봇"을 언급하였고 RPA는 봇(Bot)의 운영 방식에 따라서 유인(Attended) 방식과 무인(Unattended) 방식으로 나누어 볼 수 있다. 각 봇의 운영 방식의 특징은 다음과 같다.

	유인 RPA 방식	무인 RPA 방식
개요	유인 RPA 봇은 로컬에서 실행되며 프론트 오피스 업무를 처리한다. 유인 봇은 사람과 함께 작업하며 사람의 명령이나 시스템 이벤트에 의해서 봇이 작동한다.	무인 봇은 백엔드 서버 이면의 엔터프라이즈 데이터를 조작할 수 있다. 무인 봇은 사람의 개입 없이 작업하며 이벤트나 스케쥴링에 의해서 자동으로 봇이 작동하도록 프로그래밍이 가능하다.
특징	무인 RPA와 다르게 별도의 서버를 사용하지 않고 구성할 수 있다.	사람의 개입없이 봇의 실행을 여러가지 조건에 따라 자동화 할 수 있다.

유인 봇과 무인 봇 방식의 개요 및 특징

본 장에서는 RPA의 구성 요소 중에 봇(Bot)을 Python을 이용하여 개발하고자 한다. Python에서는 다양한 자동화에 관련된 라이브러리에 대해서 제공하고 있으며 다음 장부터 윈도우 어플리케이션 자동화, 웹 크로올링 및 웹 자동화에 대해서 살펴보도록 하자.

2
어플리케이션 자동화 구현하기

파이썬은 어플리케이션 자동화를 구현하기 위한 다양한 라이브러리를 제공한다. 운영체제에 따라서 사용이 가능한 라이브러리를 인스톨하여 어플리케이션 자동화를 구축할 수 있다. 어플리케이션 자동화를 구현하기 위해서 파이썬이 제공하는 라이브러리를 살펴보도록 하자.

> **Q** 파이썬에서 윈도우 기반 어플리케이션을 자동화하기 위해서 제공하는 라이브러리를 살펴보고 각각의 특징 및 장단점을 나열해 주세요.

파이썬을 사용하여 윈도우 기반 애플리케이션을 자동화하기 위한 몇 가지 주요 라이브러리에 대해 알아보았습니다. 두 가지 주요 라이브러리인 PyAutoGUI와 pywinauto의 특징 및 장단점에 대한 정보를 찾았습니다. 다른 라이브러리에 대한 자세한 정보는 제한된 자료로 인해 제공하지 못했습니다.

1. PyAutoGUI
1) 특징: RPyAutoGUI는 크로스 플랫폼 GUI 자동화 라이브러리로, 마우스 움직임, 키보드 입력, 화면 상호 작용을 자동화하는 데 사용됩니다. 사용자 인터페이스를 포함한 작업을 자동화하는 데 유용합니다.
2) 장점
   - GUI 자동화를 위해 인간과 유사한 입력을 시뮬레이션합니다.
   - 다양한 플랫폼을 지원합니다.
   - 특별한 권한이 필요하지 않습니다.
3) 단점
   - 복잡한 GUI 상호작용에 대해서는 속도가 느릴 수 있습니다.
   - 특정 시나리오에 대한 내장 오류 처리 기능이 부족합니다.

2. pywinauto
1) 특징
   - pywinauto는 파이썬 모듈로 구성된 Microsoft Windows GUI 자동화 도구입니다. 가장 간단한 형태로는 마우스와 키보드 동작을 윈도우 대화 상자와 컨트롤에 보내는 기능을 제공합니다.
   - 장단점에 대한 구체적인 정보를 찾지 못했으나, 일반적으로 윈도우 GUI 자동화를 위한 강력한 도구로 알려져 있습니다.

다른 유사 라이브러리로는 AXUI, winGuiAuto, Lackey 등이 있습니다. 이들은 각각 MS UI Automation API 주위에 구축된 래퍼나 Win32 API를 사용하는 모듈, Sikuli에 대한 순수 파이썬 대체제 등으로 사용됩니다. 보다 자세한 비교와 다른 라이브러리에 대한 정보를 제공하지 못해 죄송합니다.

추가적인 정보가 필요하시다면, 해당 라이브러리의 공식 문서나 사용자 커뮤니티를 참조하시는 것도 좋은 방법입니다.

PyAutoGUI를 이용한 어플리케이션 자동화

PyAutoGUI는 다양한 운영 체제를 지원한다는 장점이 있으나, 어플리케이션의 객체의 핸들(Handle) 값을 직접 제어하는 방식이 아닌 마우스와 키보드 이벤트를 지정한 좌표의 객체에 발생시킨다는 형태로 프로그래밍을 해야 한다. 따라서 제어할 어플리케이션의 좌표 위치를 개발하는 단계에서 명확하게 개발자가 인지하고 지정해야 한다. 그럼 PyAutoGUI를 이용하여 윈도우에 내장된 계산기를 실행하고 단순 연산인 1+2 연산을 자동화하여 처리해 보자.

키보드 이벤트 기반 어플리케이션 자동화

 pyautogui 라이브러리를 이용하여 윈도우의 계산기를 실행시키고 1+2를 계산하는 파이썬 소스코드를 작성해 주세요.

PyAutoGUI 라이브러리를 사용하여 Windows 계산기를 실행시키고 1+2를 계산하는 Python 스크립트를 작성하는 방법은 다음과 같습니다. 이 스크립트는 먼저 계산기 애플리케이션을 실행한 후 PyAutoGUI를 사용하여 키보드 입력을 시뮬레이션합니다.
먼저, PyAutoGUI 라이브러리가 필요하므로 설치하지 않았다면 설치해야 합니다.
터미널이나 명령 프롬프트에서 다음 명령어를 사용해 설치할 수 있습니다.

```python
pip install pyautogui
```

그 후, 다음 Python 코드를 사용하여 계산기를 실행하고 1+2를 계산할 수 있습니다.

```python
import pyautogui
import subprocess
import time

# 계산기 애플리케이션 실행
subprocess.Popen('calc.exe')
time.sleep(2) # 계산기가 열리기를 기다림

# 숫자 1, 덧셈 기호(+), 숫자 2 입력
pyautogui.press('1')
pyautogui.press('add')
pyautogui.press('2')
pyautogui.press('enter') # 계산 실행

# 결과 확인은 PyAutoGUI로는 직접적으로 할 수 없으므로 사용자가 직접 확인 필요
```

이 스크립트는 PyAutoGUI를 사용하여 키보드 입력을 시뮬레이션합니다. subprocess.Popen을 사용하여 계산기(calc.exe)를 실행하고, pyautogui.press 함수를 사용하여 숫자와 연산자를 입력합니다.

이 코드는 다음과 같은 작업을 수행합니다.

- 이 스크립트는 Windows 운영 체제에서만 작동합니다.
- 계산기 애플리케이션의 UI가 변경되었거나 다른 버전의 Windows를 사용하는 경우, 스크립트가 제대로 작동하지 않을 수 있습니다.
- PyAutoGUI는 실제 키보드 입력을 시뮬레이션하기 때문에 스크립트 실행 중에 키보드를 사용하지 않는 것이 좋습니다.

계산기 프로그램 실행 결과 화면

해당 소스프로그램은 계산기 어플리케이션(Calc.exe)를 실행시키고 2초 동안 기다린 후, 해당 윈도우 어플리케이션에 press 메서드를 사용하여 키 이벤트를 발생시키는 함수가 생성되었다. 이와 같이 pyautogui에서 제공하는 press메서드를 이용하여 키 이벤트를 발생시킬 수 있다. ChatGPT가 언급한 바와 같이 사용자가 키로 타이핑하는 것과 동일하게 키 이벤트를 발생시키기 때문에 프로그램이 수행 중에 마우스를 클릭하거나 키보드 타이핑을 해서는 안 된다. 다음 화면은 프로그램의 실행 결과 화면이다.

마우스 이벤트 기반 어플리케이션 자동화

키 이벤트를 발생시켜서 자동화한 소스를 마우스 이벤트로 처리하는 소스 코드로 변경해 보자.

Q 해당 소스에 계산기를 실행시키고 윈도우 위치를 0,0 좌표로 옮기고 나서 이후 마우스 이벤트를 처리하는 형태로 소스를 변경해주세요.

 아래의 Python 스크립트는 PyAutoGUI를 사용하여 Windows 계산기를 실행하고, 계산기 창을 화면의 (0,0) 좌표로 이동시킨 후에 마우스 이벤트로 '1+2'를 계산합니다. 스크립트는 먼저 subprocess.Popen을 사용하여 계산기를 실행하고, PyAutoGUI의 moveTo와 click 함수를 사용하여 윈도우 위치를 조정하고 계산을 수행합니다.

```python
import pyautogui
import subprocess
import time

# 계산기 애플리케이션 실행
subprocess.Popen('calc.exe')
time.sleep(2) # 계산기가 열리기를 기다림

# 화면의 (0,0) 좌표로 윈도우 이동
pyautogui.moveTo(100, 100) # 계산기 타이틀 바 위치에 따라 조정 필요
pyautogui.dragTo(0, 0, duration=1) # 드래그하여 화면의 (0,0) 좌표로 이동

# 계산기 버튼 위치 조정 (화면 해상도 및 계산기 크기에 맞춰 조정 필요)
button_1_pos = (x1, y1) # '1' 버튼의 위치
button_2_pos = (x2, y2) # '2' 버튼의 위치
button_add_pos = (x_add, y_add) # '+' 버튼의 위치
button_equals_pos = (x_equals, y_equals) # '=' 버튼의 위치

# 버튼 클릭하는 함수
def click_button(position):
    pyautogui.moveTo(position)
    pyautogui.click()
    time.sleep(0.5) # 클릭 후 잠시 대기

# 숫자 1, 덧셈 기호(+), 숫자 2, 그리고 계산('=') 순서로 클릭
click_button(button_1_pos)
click_button(button_add_pos)
click_button(button_2_pos)
click_button(button_equals_pos)
```

주의 사항
- button_1_pos, button_2_pos, button_add_pos, button_equals_pos 변수에는 계산기 버튼의 좌표를 설정해야 합니다. 이 좌표는 계산기 앱의 크기와 위치에 따라 달라질 수 있습니다.
- pyautogui.moveTo(100, 100)에서 시작하는 좌표는 실제 환경에서 계산기 타이틀 바의 위치에 따라 조정해야 합니다.
- PyAutoGUI를 사용할 때는 스크립트 실행 중 다른 작업을 수행하지 않는 것이 좋습니다. 오작동의 위험이 있기 때문입니다.

해당 소스 프로그램이 올바르게 작동하기 위해서는 실행한 계산기 프로그램내에 해당 버튼의 좌표점을 찾아서 소스 프로그램을 수정해야 한다. 일반적으로 GUI 기반 윈도우 프로그램에서의 좌표 체계는 아래와 같다.

윈도우 프로그램 좌표 체계

화면 좌표계 체계는 위와 같이 왼쪽 상단의 좌표를 0, 0으로 기준으로 하여 x축의 양의 방향이 오른쪽을 향하고, y축의 양의 방향이 윗쪽을 향하는 좌표계를 가지고 있다. 컴퓨터 화면은 위에서 아래로 읽으며 왼쪽에서 오른쪽으로 읽는다. x축과 y축이 직교하는 직교 좌표계로 화면 상의 점은 (x, y)로 표현되는 방식이다. 따라서 ChatGPT가 생성한 소스코드에서 버튼 1, 버튼 2, 버튼 +와 버튼 =에 대해서 해당 좌표를 추출하여 소스 코드에 반영해야 프로그램이 올바르게 작동하는 것을 확인할 수 있다.

이미지 인식 기반 어플리케이션 자동화

마우스 이벤트로 자동화를 처리하는 경우, 어플리케이션의 좌표 체계가 변경됨에 따라서 해당 소스 코드의 좌표 체계를 변경해야 하는 번거로움이 있으며, 어플리케이션의 위치를 사용자가 변경하게 되면 엉뚱한 프로그램을 실행할 수 있는 문제점이 있다. 이를 해결하기 위해서 ChatGPT에서는 이미지 인식 기반으로 해당 객체를 찾아서 이벤트를 발생시킬 수 있는 메커니즘을 제공한다. ChatGPT를 이용하여 해당 소스를 생성해 보자.

Q pyautogui로 계산기 제어하는 기존 소스 코드를 이미지 기반으로 변경해주세요.

 PyAutoGUI를 사용하여 이미지 인식을 기반으로 Windows 계산기를 제어하는 Python 스크립트는 다음과 같이 작성할 수 있습니다. 이 방법은 계산기 버튼의 스크린샷을 사용하여 해당 버튼을 화면에서 찾고 마우스 클릭으로 조작합니다.

먼저, 계산기의 '1', '2', '+', '=' 버튼의 스크린샷을 찍어야 합니다. 이 이미지들은 스크립트가 참조할 파일이므로, 스크립트와 같은 디렉토리에 저장하거나 정확한 경로를 지정해야 합니다.

```python
import pyautogui
import subprocess
import time

# 계산기 애플리케이션 실행
subprocess.Popen('calc.exe')
time.sleep(2) # 계산기가 열리기를 기다림

# 각 버튼의 이미지 파일 경로
button_1_image = 'button_1.png' # '1' 버튼 이미지
button_2_image = 'button_2.png' # '2' 버튼 이미지
button_add_image = 'button_add.png' # '+' 버튼 이미지
button_equals_image = 'button_equals.png' # '=' 버튼 이미지

# 버튼 클릭하는 함수
def click_button(image_path):
    location = pyautogui.locateCenterOnScreen(image_path, confidence=0.8)
    if location:
        pyautogui.click(location)
        time.sleep(0.5) # 클릭 후 잠시 대기

# 숫자 1, 덧셈 기호(+), 숫자 2, 그리고 계산('=') 순서로 클릭
click_button(button_1_image)
click_button(button_add_image)
click_button(button_2_image)
click_button(button_equals_image)
```

주의 사항
- 스크립트가 올바르게 작동하려면 button_1.png, button_2.png, button_add.png, button_equals.png 등의 이미지 파일이 실제 버튼과 정확히 일치해야 합니다.
- pyautogui.locateCenterOnScreen 함수는 화면에서 이미지를 찾고 그 중앙의 좌표를 반환합니다. confidence 매개변수는 이미지 인식의 정확도를 조정합니다.
- 화면 해상도, 테마, 계산기 버전 등에 따라 이미지 인식률이 달라질 수 있습니다. 때로는 confidence 값을 조정해야 할 수도 있습니다.
- 이 방법은 이미지 기반으로 작동하므로, 다른 애플리케이션이 버튼을 가리거나 화면 해상도가 변경되면 정확도가 떨어질 수 있습니다.

이 방식은 지정한 이미지 파일('button_1.png', 'button_2.png', "button_add.png", "button_equals.png")을 캡쳐 프로그램을 이용하여 계산기 영역에서 해당 버튼에 대한 이미지를 별도로 저장해야 한다. 이미지 캡쳐 방식의 경우에는 애플리케이션의 위치가 달라지더라도 별도의 보정이 필요없이 기존 프로그램을 사용할 수 있다는 장점이 있다.

pywinauto를 이용한 어플리케이션 자동화

pyautogui는 좌표 체계를 이용하여 키 이벤트와 마우스 이벤트를 자동 발생시켜서 특정 운영체제에 상관없이 다양한 운영체제에서 사용할 수 있다는 장점이 있으나 여러가지 상황에 따라서 정상적인 작동을 기대할 수 없다는 문제가 있다. Pywinauto는 윈도우 어플리케이션만을 지원하나 pyautogui에 비해서 보다 안정적으로 자동화 구현이 가능하다. ChatGPT를 이용하여 pywinauto를 사용하기 위한 방법을 단계별로 살펴보도록 하자.

Q pywinauto를 사용하기 위한 방법을 단계별로 설명해 주세요.

 pywinauto는 Windows GUI 애플리케이션을 자동화하기 위한 파이썬 라이브러리입니다. 아래에는 pywinauto를 사용하여 애플리케이션을 자동화하는 기본 단계를 설명합니다.

1. pywinauto 설치
먼저 pywinauto를 설치해야 합니다. 터미널이나 명령 프롬프트에서 다음 명령어를 입력합니다.

```python
pip install pywinauto
```

2. 애플리케이션 연결 또는 시작
기존 애플리케이션에 연결: 이미 실행 중인 애플리케이션에 연결하려면, Application().connect 메서드를 사용합니다. 예를 들어, 특정 경로의 실행 파일 이름을 사용할 수 있습니다.

```python
from pywinauto.application import Application
app = Application().connect(path="path_to_exe")
```

새 애플리케이션 시작: 새 애플리케이션을 시작하려면, Application().start 메서드를 사용합니다.

```python
app = Application().start('notepad.exe')
```

3. 윈도우 및 컨트롤 찾기
애플리케이션 내에서 특정 윈도우나 컨트롤을 찾아야 합니다. pywinauto는 다양한 방법으로 이를 지원합니다.

- 윈도우 탐색: 윈도우 타이틀, 클래스 이름 등을 사용하여 윈도우를 찾습니다.

```python
from pywinauto.application import Application
app = Application().connect(path="path_to_exe")
```

- 컨트롤 탐색: 컨트롤의 유형, 이름, 다른 속성을 사용하여 특정 컨트롤을 찾습니다.

```python
edit = main_window.Edit
```

4. 액션 수행
찾은 윈도우나 컨트롤에서 다양한 액션을 수행할 수 있습니다.

- 텍스트 입력: 텍스트 박스에 텍스트를 입력합니다.

```python
edit.type_keys("Hello, World!", with_spaces=True)
```

- 버튼 클릭: 버튼을 클릭합니다.

```python
main_window.Button.click()
```

- 메뉴 항목 선택: 메뉴 항목을 선택합니다.

```python
main_window.menu_select("File->SaveAs")
```

5. 자동화 스크립트 실행
- 작성한 스크립트를 실행하여 애플리케이션을 자동화합니다. 모든 단계가 정확히 구현됐는지 확인합니다.

추가 팁 및 주의사항
- 문서 확인: pywinauto 문서를 참조하여 더 많은 기능과 예제를 확인합니다.
- 디버깅: 자동화 스크립트를 개발하는 동안에는 디버깅을 위해 각 단계별로 중간 결과를 출력해보는 것이 도움이 될 수 있습니다.
- 대기 시간: 필요에 따라 스크립트에서 특정 액션이 완료될 때까지 기다리는 대기 시간을 추가합니다.

pywinauto를 사용한 자동화는 강력하지만 복잡할 수 있으므로, 실제 사용 사례에 맞게 코드를 조정하고 테스트하는 것이 중요합니다.

계산기 자동화를 위해서 단계별로 진행해야 하는 내용들이 있는데 이 중에서도 중요한 것은 제어할 어플리케이션의 위젯의 객체에 대해서 접근하기 위해서 해당 내용을 파악하는 것이 중요하다. 어플리케이션을 실행시키고 나서 다음과 같은 방법으로 해당 어플리케이션의 위젯 정보를 파악하고 이를 소스 코드에 반영해야 한다.

계산기 프로그램을 먼저 실행하고 다음 소스코드를 실행하여 계산기 프로그램에 사용된 위젯에 대한 정보를 살펴보자.

```python
from pywinauto import findwindows
from pywinauto import findwindows
from pywinauto import application

# 현재 윈도우 화면에 있는 프로세스 목록 리스트를 반환한다.
# 리스트의 각 요소는 element 객체로 프로세스 id, 핸들값, 이름 등의 정보를 출력한다.
procs = findwindows.find_elements()

for proc in procs:
    print(f"{proc} / 프로세스 : {proc.process_id}")

app = application.Application(backend='uia')
app.connect(title_re="계산기")

# 컨트롤 요소 출력
dlg = app['계산기'] # 변수에 노트패드 계산기 어플리케이션 객체를 할당
dlg.print_control_identifiers() # 계산기 위젯 요소를 트리로 모두 출력
```

위 소스 코드는 실행중인 모든 프로세스에 대한 정보(이름, process ID)를 출력하고 "계산기"라는 윈도우 타이틀을 가지고 있는 어플리케이션을 연결하여 모든 컨트롤의 요소를 출력해 주는 프로그램이다.

해당 소스 코드를 실행하면 다음과 같이 계산기 위젯의 여러 요소 정보를 트리 형태로 출력하는 내용을 확인할 수 있다.

```
Dialog - '계산기' (L1348, T261, R1684, B802)
['계산기', 'Dialog', '계산기Dialog', '계산기0', '계산기1', 'Dialog0', 'Dialog1', '계산기Dialog0', '계산기
Dialog1']
child_window(title="계산기", control_type="Window")
   |
   |      Dialog - '계산기' (L1488, T262, R1676, B294)
   |      ['계산기2', 'Dialog2', '계산기Dialog2']
   |      child_window(title="계산기", auto_id="TitleBar", control_type="Window")
   |         |
   |         |     Menu - '시스템' (L0, T0, R0, B0)
   |         |     ['시스템', 'Menu', '시스템Menu', '시스템0', '시스템1']
   |         |     child_window(title="시스템", auto_id="SystemMenuBar", control_type="MenuBar")
   |         |         |
   |         |         |     MenuItem - '시스템' (L0, T0, R0, B0)
   |         |         |     ['시스템2', '시스템MenuItem', 'MenuItem']
   |         |         |     child_window(title="시스템", control_type="MenuItem")
   |         |                     ……
   |         |                     ……
   |         |     Button - '항상 위에 유지' (L1454, T302, R1486, B334)
   |         |     ['Button36', '항상 위에 유지Button', '항상 위에 유지']
   |         |     child_window(title="항상 위에 유지", auto_id="NormalAlwaysOnTopButton",
control_type="Button")
   |
   |      Pane - '' (L1356, T294, R1676, B794)
   |      ['Pane', '계산기Pane']
```

위 정보에서 필요한 것은 실제 자동화로 클릭할 버튼(숫자 버튼 1, 숫자 버튼 2, 더하기 버튼, =)에 위젯에 대한 정보가 필요하다. 해당 정보는 아래와 같다.

```
   |   |   |   |   Button - '양의 값' (L1596, T686, R1672, B737)
   |   |   |   |   ['양의 값Button', 'Button22', '양의 값']
   |   |   |   |   child_window(title="양의 값", auto_id="plusButton", control_type="Button")
   |   |   |   |
   |   |   |   |   Button - '일치' (L1596, T739, R1672, B790)
   |   |   |   |   ['Button23', '일치', '일치Button']
   |   |   |   |   child_window(title="일치", auto_id="equalButton", control_type="Button")
   |   |   |   |
   |   |   |   |   Button - '1' (L1360, T686, R1437, B737)
   |   |   |   |   ['Button25', '1', '1Button']
   |   |   |   |   child_window(title="1", auto_id="num1Button", control_type="Button")
   |   |   |   |
   |   |   |   |   Button - '2' (L1439, T686, R1516, B737)
   |   |   |   |   ['2Button', 'Button26', '2']
   |   |   |   |   child_window(title="2", auto_id="num2Button", control_type="Button")
```

다음 예제 프로그램은 실제 pyautogui를 이용하여 실행 중인 계산기를 찾아서 1+2 덧셈 연산을 수행하는 소스코드이다.

```python
from pywinauto.application import Application
from pywinauto import application
import time

app = application.Application(backend='uia')
app.connect(title_re="계산기")

time.sleep(1)

# 컨트롤 요소 출력
dlg = app['계산기']                # 변수에 계산기 어플리케이션 객체를 할당
dlg["1"].click()                   # 버튼 '1' 클릭
dlg["양의 값"].click()             # 버튼 '+' 클릭
dlg["2"].click()                   # 버튼 '2' 클릭
dlg["일치"].click()                # 버튼 '=' 클릭

# 애플리케이션 닫기 (선택적)
# main_window.close()
```

작성한 예제 프로그램을 ChatGPT를 통해서 상세 내용을 살펴보자.

Q 해당 프로그램을 설명해주세요.(실제로 프롬프트로 위 소스 코드를 입력)

 제공된 코드는 PyAutoGUI를 사용하여 Windows 계산기를 실행하고, 간단한 '1 + 2' 연산을 수행하는 스크립트입니다. 코드의 작동 과정은 다음과 같습니다.

- **PyAutoGUI와 subprocess 모듈 임포트**: 자동화 작업에 필요한 모듈을 임포트합니다.
- **계산기 애플리케이션 실행**: `subprocess.Popen('calc.exe')`를 통해 Windows 계산기를 실행합니다.
- **대기 시간 추가**: `time.sleep(2)`를 사용하여 계산기 애플리케이션이 열리는 것을 기다립니다.
- **키보드 입력**: pyautogui.press` 함수를 사용하여 숫자 '1', 덧셈 기호('+'), 숫자 '2', 그리고 'enter' 키를 순서대로 누릅니다. 이를 통해 계산기에서 '1 + 2' 연산을 수행합니다.

주의 사항 및 개선 사항
- **대기 시간**: `time.sleep(2)`는 고정된 시간 동안 대기합니다. 실제 환경에서는 계산기 애플리케이션이 열리는 시간이 이보다 길거나 짧을 수 있습니다. 필요에 따라 대기 시간을 조정하거나, 계산기 창이 화면에 나타났는지 확인하는 더 정교한 방법을 사용할 수 있습니다.
- **키보드 레이아웃의 영향**: `pyautogui.press('add')`는 특정 키보드 레이아웃에서는 예상대로 작동하지 않을 수 있습니다. 예를 들어, 일부 레이아웃에서는 덧셈 기호를 입력하기 위해 다른 키 조합을 사용해야 할 수 있습니다.
- **에러 처리**: 스크립트에 예외 처리를 추가하여 계산기 애플리케이션이 실행되지 않는 경우나 다른 예상치 못한 오류를 처리할 수 있습니다.

이 스크립트는 간단한 자동화 작업을 수행하기 위한 기본적인 예제로, 실제 사용 환경에 맞게 조정하고 테스트하는 것이 중요합니다.

해당 프로그램은 한글 윈도우인 경우에는 올바르게 작동하지만 윈도우가 한글 버전이 아닌 경우에는 title 내용이 상이하기 때문에 제대로 작동하지 않을 수 있다. 이러한 부분을 감안하여 윈도우가 다른 언어인 경우에는 해당 위젯의 내용을 다시 파악하고 (print_control_identifiers 메서드를 사용하여) 소스 코드를 변경해야 한다.

3
웹 관련 자동화 구현하기

웹 관련 자동화에 대해서는 크게 다음과 같이 두 가지를 이야기하고자 한다. 첫번째는 웹 페이지의 정보를 파이썬 프로그램을 이용하여 가져오는 웹 크롤링(Web Crawling)과 웹 스크래핑(Web Scrapping)이며, 두 번째는 웹 페이지와 상호 작용하는 웹 자동화이다.

먼저 웹 페이지를 가져오는 방식의 차이점과 파이썬에서 웹 관련 자동화를 구현하기 위한 라이브러리에 대해서 살펴보자.

> **Q** 웹 크롤링과 웹 스크래핑의 차이점과 이를 구현하기 위한 파이썬 라이브러리 이야기해 주세요.

 웹 크롤링과 웹 스크래핑은 자주 혼동되는 용어이지만, 몇 가지 중요한 차이점이 있습니다.

웹 크롤링
- 정의: 웹 크롤링은 인터넷상의 웹사이트를 자동으로 탐색하는 과정입니다. 검색 엔진이 사용하는 기술로, 많은 양의 데이터를 수집하고 색인화합니다.
- 목적: 웹 크롤링의 주된 목적은 웹 페이지의 데이터를 수집하고 색인화하여 검색 엔진에서 사용할 수 있게 하는 것입니다.
- 범위: 크롤링은 보통 매우 큰 범위의 웹 페이지를 대상으로 하며, 전체 웹사이트 또는 여러 웹사이트에 걸쳐 수행됩니다.

웹 스크래핑
- 정의: 웹 스크래핑은 특정 웹 페이지로부터 필요한 데이터를 추출하는 과정입니다. 웹 페이지의 HTML 구조를 분석하여 특정 데이터를 추출하고 가공합니다.
- 목적: 웹 스크래핑은 보통 특정 정보를 수집하기 위해 수행되며, 이 데이터는 분석, 가공, 저장 등의 목적으로 사용됩니다.
- 범위: 스크래핑은 보통 특정 웹 페이지나 제한된 범위의 페이지에 초점을 맞춥니다.

파이썬 라이브러리
웹 크롤링과 스크래핑을 위한 파이썬 라이브러리는 다양합니다. 이들 중 몇 가지를 소개하겠습니다.

1) Beautiful Soup
- 설명: HTML과 XML 파일을 파싱하여 데이터를 추출하는 데 사용됩니다. 다양한 파서와 함께 사용할 수 있습니다.
- 적합한 용도: 단일 페이지 또는 소규모 웹사이트의 특정 데이터를 추출할 때 유용합니다.

2) Scrapy
- **설명**: 강력한 웹 크롤링 및 스크래핑 프레임워크입니다. 크롤링 규칙을 정의하고 대규모 데이터를 효율적으로 수집할 수 있습니다.
- **적합한 용도**: 대규모 웹사이트나 여러 사이트를 대상으로 하는 복잡한 크롤링 및 스크래핑 프로젝트에 적합합니다.

3) Requests
- **설명**: HTTP 요청을 보내고 받는 간단하고 사용하기 쉬운 라이브러리입니다. 웹 컨텐츠를 가져오는 데 주로 사용됩니다.
- **적합한 용도**: 웹 페이지의 데이터를 단순히 요청하고 가져올 때 유용합니다.

4) Selenium
- **설명**: 주로 웹 애플리케이션 테스트를 위해 사용되지만, JavaScript로 동적으로 생성되는 데이터를 처리할 수 있는 능력 덕분에 스크래핑에도 사용됩니다.
- **적합한 용도**: 동적 웹사이트에서 데이터를 추출할 때 유용합니다.

이 라이브러리들은 웹 크롤링 및 웹 스크래핑에 다양한 기능과 유연성을 제공하며, 사용자의 필요에 따라 선택하여 사용할 수 있습니다.

웹 크롤링은 검색엔진에서 사용되는 기법으로 키워드, 링크 및 컨텐츠 검색 쿼리와의 연관성과 같은 다양한 요소를 기준으로 해당 웹 사이트를 색인화하고 순위를 매기는 방식이고 웹 스크래핑은 웹 페이지에서 특정 데이터를 추출하는 방식을 의미한다. 웹 크롤링의 대표적인 예는 검색 엔진, 디지털 아카이빙이 이에 해당하며 웹 스크래핑의 경우 뉴스 헤드라인 추출, 가격 비교 등이 이러한 경우의 예이다.

그러나 웹 스크롤링과 웹 스크래핑에서 중요한 점은 항상 법적인 문제와 윤리적인 문제를 고려해야 한다는 것이다. 무단으로 데이터를 접근하여 사용하게 되는 경우에는 개인 정보 보호 권리나 저작권에 대한 문제에서 자유로울 수 없기 때문에 무단으로 데이터를 수집하는 경우 법적인 문제가 야기될 수 있다. 이러한 이유에서 "robots.txt" 파일에 대해서 살펴볼 필요가 있다. "robots.txt" 파일은 웹 관리자가 해당 웹 사이트의 페이지를 어떻게 크롤링할 것인지를 지시하기 위한 간단한 텍스트 파일이다. ChatGPT를 이용하여 "robots.txt" 파일에 대해서 살펴보도록 하자.

Q robots.txt 파일이 무엇이고 해당 내용이 의미하는 내용을 설명해 주세요.

 robots.txt 파일은 웹사이트의 루트 디렉터리에 위치하는 텍스트 파일로, 웹 크롤러(검색 엔진 크롤러와 같은 자동화된 소프트웨어)가 사이트의 어떤 부분을 크롤링하거나 크롤링하지 말아야 하는지를 지시하는 규칙을 담고 있습니다. 이 파일은 "로봇 배제 표준"이라고도 불리며, 크롤러의 웹사이트 접근을 제어하는 데 사용됩니다.

robots.txt 파일의 구성
robots.txt 파일은 일반적으로 다음과 같은 구성 요소를 포함합니다.

- **User-agent**: 크롤러를 식별하는 데 사용되며, 특정 크롤러나 모든 크롤러(*)에 대한 지침을 설정할 수 있습니다.
- **Disallow**: 크롤러가 접근을 금지해야 하는 URL 경로를 지정합니다.
- **Allow (선택적)**: Disallow 규칙보다 우선순위가 낮으며, 크롤러가 접근할 수 있는 URL 경로를 명시적으로 허용합니다.

이 라이브러리들은 웹 크롤링 및 웹 스크래핑에 다양한 기능과 유연성을 제공하며, 사용자의 필요에 따라 선택하여 사용할 수 있습니다.

```python
User-agent: *
Disallow: /private/
Disallow: /temp/
Allow: /public/
```

이 예시에서는 모든 크롤러(User-agent: *)가 /private/과 /temp/ 디렉터리에 접근하는 것을 금지하고, /public/ 디렉터리에는 접근을 허용하고 있습니다.

주의 사항
- robots.txt 파일은 협력적인 지침이며 법적인 강제력은 없습니다. 즉, 모든 크롤러가 이 지침을 따르는 것은 아닙니다.
- 이 파일은 웹사이트의 구조에 대한 정보를 공개할 수 있으므로, 민감한 정보를 포함한 URL을 Disallow로 지정하는 것만으로는 보안을 완벽하게 보장할 수 없습니다.
- robots.txt 파일은 크롤링을 방지하는 목적이 아닌, 웹 서버의 부하를 줄이거나 웹사이트의 중요한 부분에 대한 접근을 우선시하는 데 주로 사용됩니다.

웹 크롤링이나 스크래핑을 수행할 때는 해당 웹사이트의 robots.txt 파일을 반드시 확인하고 준수하는 것이 좋습니다. 이것은 웹 에티켓을 따르는 것으로, 웹사이트 소유자의 의도를 존중하는 것을 의미합니다.

ChatGPT가 설명한 대로 "robots.txt" 파일의 내용을 확인하고 웹 크롤링과 웹 스크롤링을 적용하는 것이 중요하다.

보다 더 자세한 내용을 파악하기 위해서 파이썬 홈페이지의 "robots.txt"(https://www.python.org/robots.txt)에 대한 정보를 살펴보자.

\# Directions for robots. See this URL:
\# http://www.robotstxt.org/robotstxt.html
\# for a description of the file format.

User-agent: HTTrack
User-agent: puf
User-agent: MSIECrawler
Disallow: /

\# The Krugle web crawler (though based on Nutch) is OK.
User-agent: Krugle
Allow: /
Disallow: /~guido/orlijn/
Disallow: /webstats/

\# No one should be crawling us with Nutch.
User-agent: Nutch
Disallow: /

\# Hide old versions of the documentation and various large sets of files.
User-agent: *
Disallow: /~guido/orlijn/
Disallow: /webstats/

BeautifulSoup을 이용한 웹 스크래핑

BeautifulSoup 라이브러리는 HTML및 XML 문서를 파싱하는데 사용되며 웹 페이지 소스코드에서 구문 분석트리를 생성하고 이를 이용하여 웹페이지를 탐색하고 검색하며 수정이 용이한 장점이 있다. BeautifulSoup은 복잡한 HTML 문서를 Tage, 탐색 가능한 문자열 혹은 주석등의 파이썬 객체 트리로 변환하여 제공한다. 다음은 BeautifulSoup을 이용한 예제 프로그램이다.

Q BeautifulSoap 라이브러리를 이용하여 https://www.python.org 메인 페이지에 대한 정보를 출력하는 샘플 코드 작성해 주세요.

Python.org 웹사이트의 메인 페이지에 대한 정보를 BeautifulSoup 라이브러리를 이용하여 출력하는 Python 샘플 코드는 다음과 같습니다. 이 예제에서는 Python.org 메인 페이지의 HTML을 가져오고, BeautifulSoup을 사용하여 웹사이트의 제목과 몇 가지 다른 정보를 추출합니다.
먼저 필요한 라이브러리를 설치합니다:

```bash
pip install requests beautifulsoup4
```

그런 다음, 다음과 같은 Python 스크립트를 작성할 수 있습니다.

```python
import requests
from bs4 import BeautifulSoup

# Python.org 메인 페이지에 대한 요청을 보냄
url = 'https://www.python.org'
response = requests.get(url)

# BeautifulSoup을 사용하여 HTML을 파싱
soup = BeautifulSoup(response.text, 'html.parser')

# 웹사이트의 제목 추출
title = soup.find('title').text

# 웹사이트의 제목 출력
print("웹사이트 제목:", title)

# 추가 정보를 추출하고 싶다면, 여기에 추가 코드 작성
# 예: 모든 링크를 추출
for link in soup.find_all('a'):
    print(link.get('href'))

# 예: 특정 섹션의 텍스트를 추출
# section = soup.find('div', {'class': 'some-class'})
# print(section.text)
```

코드 설명
- requests.get(url)를 사용하여 Python.org 메인 페이지의 HTML을 가져옵니다.
- BeautifulSoup(response.text, 'html.parser')를 사용하여 HTML을 파싱합니다.
- 웹사이트의 제목을 찾고 출력합니다.
- 추가적으로, 웹사이트의 모든 링크를 추출하거나 특정 섹션의 텍스트를 추출하는 예제 코드를 포함했습니다.

주의 사항
- 웹사이트의 구조가 변경될 경우 이 코드는 업데이트가 필요할 수 있습니다.
- 웹사이트의 HTML 구조를 정확히 이해하고 있어야 원하는 정보를 정확히 추출할 수 있습니다.

Scrapy를 이용한 웹 크롤링

Scrpay는 복잡한 웹 스크래핑 작업을 지원하는 웹 크롤링 프레임워크로 기존 BeautifulSoap이 API를 제공하는 라이브러리 형태인데 비해서 Scrapy는 여러 요청을 동시에 처리할 수 있는 비동기 처리 프레임워크로 웹 사이트에서 데이터를 추출하고 처리하여 원하는 형태로 저장하는 데 필요한 모든 도구들을 제공한다.

먼저 ChatGPT를 이용하여 Scrapy 프레임워크를 사용하는 방법에 대해서 살펴보도록 하자.

> **Q** Scrapy 라이브러리를 이용하여 https://www.python.org 메인 페이지와 사용한 이미지를 저장하는 파이썬 프로그램 예제 만들어 주세요.

> Scrapy를 사용하여 https://www.python.org 메인 페이지의 HTML과 사용된 이미지를 저장하는 Python 프로그램을 만드는 방법을 설명하겠습니다. Scrapy는 웹 크롤링과 스크래핑을 위한 강력한 프레임워크로, 크롤러(spider)를 만들어 웹사이트를 자동으로 탐색하고 원하는 데이터를 추출할 수 있습니다.
>
> **Scrapy 설치**
> – 먼저, Scrapy를 설치해야 합니다. Python 환경에서는 다음 명령어를 사용합니다.

```bash
pip install scrapy
```

> **Scrapy 프로젝트 생성**
> - 터미널에서 원하는 디렉토리로 이동한 후, Scrapy 프로젝트를 생성합니다.

```bash
scrapy startproject python_org_scraper
cd python_org_scraper
```

> Python.org를 크롤링하기 위한 spider를 생성합니다

```bash
scrapy genspider python_org www.python.org
```

Spider 코드 작성

```python
import scrapy

class PythonOrgSpider(scrapy.Spider):
    name = 'python_org'
    allowed_domains = ['python.org']
    start_urls = ['http://www.python.org/']

    def parse(self, response):
        # 웹 페이지의 HTML 저장
        html_file = 'python_org.html'
        with open(html_file, 'wb') as file:
        file.write(response.body)
        file.write(response.body)

        # 이미지 URL 추출 및 다운로드
        image_urls = response.css('img::attr(src)').getall()
        for img_url in image_urls:
            if img_url.startswith('http'):
                yield scrapy.Request(img_url, callback=self.save_image)

    def save_image(self, response):
        # 이미지 파일 이름 추출
        filename = response.url.split('/')[-1]
        with open(filename, 'wb') as file:
            file.write(response.body)
```

Scrapy 실행
- 스크립트가 준비되면, 다음 명령어를 통해 크롤러를 실행합니다.

```bash
scrapy crawl python_org
```

설명
- 이 스크립트는 www.python.org 메인 페이지를 방문하여 HTML을 저장합니다.
- 페이지 내의 모든 이미지 URL을 찾아서 각각을 다운로드합니다.
- save_image 함수에서 각 이미지를 로컬 파일 시스템에 저장합니다.

주의 사항
- 크롤링 시 해당 웹사이트의 정책 및 robots.txt를 확인하고 준수해야 합니다.
- 이미지 파일 이름을 생성할 때, URL의 마지막 부분을 파일 이름으로 사용합니다. 이 방법은 간단하지만, 중복된 파일 이름이나 특수 문자로 인한 문제가 발생할 수 있습니다. 필요에 따라 보다 복잡한 로직을 구현할 수 있습니다.
- Scrapy는 웹 크롤링과 스크래핑을 위한 매우 강력한 도구이며, 본 예제는 그 기본적인 사용법을 보여줍니다.

Scrapy는 웹사이트를 스크래핑하기 위한 여러 요소가 함께 작동하는 방식의 아키텍처로 구성되어 있다. 각 구성요소에 대한 내용은 다음과 같다.

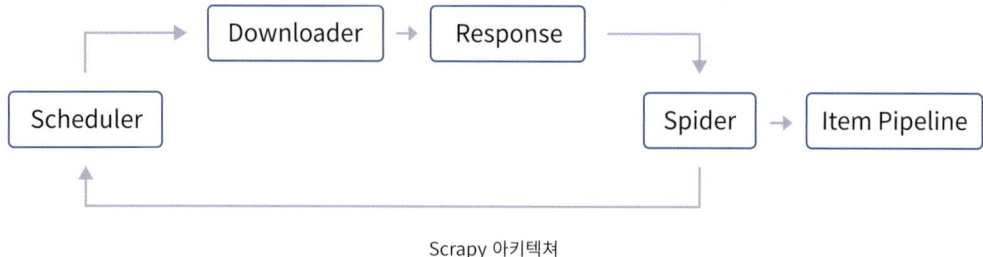

Scrapy 아키텍쳐

Scheduler : URL을 스크래핑할 순서를 제어

Downloader : 인터넷에서 웹 페이지를 다운받고 이를 Spider에 전달

Response : Downloader가 가져온 웹페이지의 HTML 내용

Spider : Response를 처리하고 데이터를 추출하여 새로운 스크래핑 작업을 생성

Item Pipeline : 추출한 데이터를 처리하고 저장하는데 사용

Selenium를 이용한 웹 자동화

Selenium은 프로그램을 이용하여 웹 브라우저를 자동화할 수 있는 도구로 주로 웹 어플리케이션 테스트에 사용된다. 특히 JavaScript로 로딩되는 동적 컨텐츠를 다룰 때 좋은 도구이다. Selenium은 2000년대 초반 Jason Huggins가 내부 도루로 개발한 JavaScriptTestRunner로부터 시작되었고 아래와 같은 컴포넌트로 구성되어 있다.

구성요소	특징
Selenium WebDriver	- WebDriver는 웹 애플리케이션 테스트를 위한 API와 프레임워크를 제공합니다. - 다양한 브라우저와 직접적으로 상호작용하며, 각 브라우저에 대한 특정 '드라이버'가 필요합니다 (예: ChromeDriver, GeckoDriver 등). - WebDriver는 각 브라우저의 네이티브 지원을 통해 더 빠르고 정확한 웹 페이지 상호작용을 가능하게 합니다.
Selenium Grid	- Selenium Grid를 사용하면 여러 시스템에서 동시에 테스트를 분산하여 실행할 수 있습니다. - 이는 테스트를 여러 환경(다양한 브라우저, 다른 운영 체제 등)에서 동시에 수행할 수 있도록 해, 테스트 실행 시간을 단축시키고 효율성을 높입니다. - 하나의 중앙 허브와 여러 노드로 구성되어 있으며, 허브는 테스트 명령을 적절한 노드로 전달합니다.

구성요소	특징
Selenium IDE (Integrated Development Environment	- Selenium IDE는 브라우저 기반의 테스트 케이스 녹화 및 재생 도구입니다. - 사용자의 웹 브라우저 상호작용을 기록하고 자동화된 테스트 스크립트로 변환할 수 있습니다. - 이는 주로 빠른 테스트 프로토타이핑이나 학습 도구로 사용됩니다. - Firefox 및 Chrome 확장 기능으로 제공됩니다.
Selenium RC (Remote Control)	- Selenium RC는 초기 버전의 Selenium API입니다. - WebDriver가 도입되기 전, 웹 페이지와의 상호작용을 위한 주요 방법이었습니다. - 서버를 통해 브라우저와 상호작용하며, JavaScript 기반의 자동화 스크립트를 실행합니다. - 현재는 WebDriver에 통합되었으며, 더 이상 적극적으로 사용되지 않습니다.

Selenium 구성 요소

Selenium을 이용하여 구글 검색엔진에 "대한민국"을 입력하고 검색한 결과를 자동화하는 프로그램을 ChatGPT를 이용하여 생성해보자.

Q **Selinium을 이용하여 구글 검색 엔진에서 "대한민국"으로 검색 질의를 입력하고 "검색" 버튼을 누르는 자동화 파이썬 프로그램 코딩해 주세요.**

 Selenium을 사용하여 구글 검색 엔진에서 "대한민국"이라는 검색어를 입력하고 "검색" 버튼을 누르는 자동화된 Python 프로그램을 작성하는 방법을 안내해 드리겠습니다. 이 프로그램을 실행하기 위해서는 Selenium WebDriver와 Google Chrome 또는 다른 웹 브라우저가 필요합니다.

라이브러리 설치
- 먼저, Selenium을 설치해야 합니다. Python 환경에서는 다음 명령어를 사용합니다.

```bash
pip install selenium
```

Chrome WebDriver 다운로드
- Selenium 스크립트를 실행하기 위해 Chrome WebDriver가 필요합니다. WebDriver는 Chrome 브라우저 버전과 호환되어야 하며, 구글링을하여 해당 드라이버를 다운로드할 수 있습니다. 다운로드한 후, 실행 파일을 적절한 위치에 저장합니다.

Python 스크립트 작성
- 다음은 "대한민국"으로 구글에서 검색하고 "검색" 버튼을 누르는 Python 스크립트의 예제입니다.

```python
from selenium import webdriver
from selenium.webdriver.common.keys import Keys
import time
```

```python
# Chrome WebDriver의 경로 설정
driver_path = '/path/to/chromedriver' # 여기에 Chrome WebDriver 경로를 입력하세요.

# Chrome WebDriver를 사용하여 브라우저 인스턴스를 시작
driver = webdriver.Chrome(driver_path)

# Google 페이지 열기
driver.get("https://www.google.com")

# 검색 입력 필드 찾기
search_box = driver.find_element_by_name("q")

# 검색어 입력
search_box.send_keys("대한민국")

# 검색 버튼을 찾아 클릭 (검색어 입력 후 Enter를 누르는 것도 가능)
search_button = driver.find_element_by_name("btnK")
search_button.click()

# 결과가 로드되길 잠시 기다림
time.sleep(5)

# 브라우저 닫기
driver.quit()
```

주의 사항
- driver_path에는 Chrome WebDriver의 실제 경로를 입력해야 합니다.
- 검색 버튼(btnK)을 클릭하기 전에 검색어가 완전히 입력되도록 충분한 대기시간(time.sleep())을 설정하는 것이 중요합니다.
- 검색 결과 페이지가 로드될 시간을 주기 위해 time.sleep(5)를 사용합니다. 실제 환경에서는 대기 시간을 조정할 수 있습니다.

이 스크립트는 Selenium을 사용하여 자동으로 웹 브라우저를 제어하고 구글 검색을 수행합니다. 웹 페이지의 구조나 요소가 변경되면 스크립트도 업데이트가 필요할 수 있습니다.

여기까지 파이썬 웹 관련 라이브러리와 프레임워크인 BeautifulSoap, Scrapy와 Selenium을 살펴보았다.
동적인 페이지의 스크래핑에는 BeautifulSoap을 사용하고 특정 웹 사이트 전체를 크롤링하기 위해서는 Scrapy프레임워크를 이용하여 웹 자동화나 동적인 웹 사이트에는 Selenium을 이용하여 파이썬을 이용한 웹 자동화 프로그래밍이 가능하다.

4
오피스 자동화 구현하기

본 장에서는 업무 자동화를 위해서 마이크로소프트의 오피스(Office) 제품군을 자동화하는 방법에 대해서 살펴보자. 일반적으로 업무 자동화를 위해서는 엑셀(Excel) 프로그램과의 연동이나 자동화된 문서 생성을 위한 워드(Word) 연동 및 이메일 자동 송수신을 위한 아웃룩(Outlook)연동이 필요한 경우가 있다. ChatGPT를 이용하여 오피스를 자동화하기 위해 사용할 수 있는 파이썬 라이브러리를 살펴보자.

Q 마이크로소프트 오피스 제품군을 자동화 할 수 있는 파이썬 라이브러리 설명해 주세요.

 Python을 사용하여 Microsoft Office 제품군을 자동화할 수 있는 몇 가지 주요 라이브러리가 있습니다. 이 라이브러리들은 Office 애플리케이션과의 상호작용을 위한 API를 제공하여, 자동화 스크립트를 작성하는 데 도움이 됩니다.

1. pywin32 (Win32com 클라이언트)
- RPA는 정해진 규칙에 따라 업무를 수행합니다. 이는 데이터 입력, 파일 이동, 폼 작성 등과 같은 반복적이고 예측 가능한 작업에 이상적입니다.
- Microsoft Office 애플리케이션 (예: Excel, Word, PowerPoint)과 상호작용하기 위한
COM (Component Object Model) 기반의 자동화를 가능하게 합니다.
- Excel, Word와 같은 애플리케이션의 VBA(Visual Basic for Applications) 스크립트를 Python에서 실행할 수 있게 해줍니다.

2. python-docx
- `python-docx`는 Microsoft Word (.docx) 문서를 생성하고 수정하기 위한 라이브러리입니다.
- 문서에 텍스트, 이미지, 표 등을 추가하고, 스타일 및 서식을 적용하는 기능을 제공합니다.

3. openpyxl
- `openpyxl`은 Excel 2010 이상의 .xlsx 파일을 읽고 쓸 수 있는 라이브러리입니다.
- 셀 값, 수식, 서식을 조작하고, 차트 및 이미지를 추가하는 기능을 포함합니다.

4. python-pptx
- `python-pptx`는 PowerPoint 프레젠테이션을 생성하고 수정할 수 있는 라이브러리입니다.
- 슬라이드, 텍스트, 이미지, 차트 등을 추가하고, 서식과 디자인을 조정하는 기능을 제공합니다.

5. xlwings
- `xlwings`는 Excel과의 상호작용을 위한 라이브러리로, Excel의 매크로나 VBA 코드 없이 파이썬 스크립트를 사용하여 Excel을 자동화할 수 있습니다.
- Excel 함수, 데이터 분석, 그래프 그리기 등 복잡한 작업을 수행할 수 있습니다.

이 라이브러리들은 각각 특정 Office 애플리케이션에 중점을 두고 있지만, pywin32는 모든 Office 애플리케이션에 대한 광범위한 제어를 가능하게 합니다. 각 라이브러리는 Python 환경에서 pip를 통해 쉽게 설치할 수 있습니다.

오피스 자동화를 위해 지원하는 많은 라이브러리 중에 본 장에서는 pywin32를 이용하여 자동화를 구현해 보자. 먼저 pywin32를 이용하여 엑셀의 특정 셀에 값을 가져오거나 설정하는 예제를 생성해 보자.

> **Q** pywin32를 이용하여 엑셀 자동화하는 예제를 만들어줘. 특정 시트에 있는 셀의 값을 가져오거나 특정 시트를 생성하고 특성 셀에 값을 입력하는 예제를 포함해줘.

> pywin32 라이브러리를 사용하여 Excel 자동화를 수행하는 Python 스크립트 예제를 아래에 제공합니다. 이 예제에서는 Excel 파일을 열고, 특정 시트에서 셀 값을 읽으며, 새로운 시트를 생성하고 특정 셀에 값을 입력하는 방법을 보여줍니다.
>
> **필요한 라이브러리 설치**
> - 먼저, pywin32 라이브러리를 설치해야 합니다. 이는 Windows 환경에서 COM(Object Component Model) 객체를 다루기 위한 라이브러리입니다. 설치는 다음과 같이 진행합니다.

```bash
pip install pywin32
```

Excel 자동화 스크립트

```python
import win32com.client as win32

# Excel 열기
excel = win32.gencache.EnsureDispatch('Excel.Application')
excel.Visible = True # Excel 애플리케이션을 보이게 설정

# 새 워크북 생성 혹은 기존 워크북 열기
workbook = excel.Workbooks.Add() # 새 워크북
# workbook = excel.Workbooks.Open(r'경로\파일명.xlsx') # 기존 워크북

# 특정 시트 활성화 (이 경우 첫 번째 시트)
sheet = workbook.Sheets(1)
sheet.Activate()
```

```python
# 특정 셀 값 읽기
cell_value = sheet.Range("A1").Value
print(f"셀 A1의 값: {cell_value}")

# 새 시트 추가
new_sheet = workbook.Sheets.Add(After=workbook.Sheets(workbook.Sheets.Count))
new_sheet.Name = "새 시트"

# 새 시트의 특정 셀에 값 쓰기
new_sheet.Range("A1").Value = "Hello, Excel!"

# 저장 및 종료
workbook.SaveAs(r'경로\새 파일명.xlsx')
excel.Quit()
```

설명
- win32.gencache.EnsureDispatch('Excel.Application')를 사용하여 Excel 애플리케이션을 시작합니다.
- excel.Visible = True은 Excel 애플리케이션을 사용자에게 보이게 합니다. 배치 작업에서는 이를 False로 설정할 수 있습니다.
- workbook = excel.Workbooks.Add()는 새 워크북을 생성합니다. 기존 파일을 열고 싶다면 Open 메서드를 사용합니다.
- sheet = workbook.Sheets(1)는 첫 번째 시트를 활성화합니다. Sheets의 인덱스를 변경하여 다른 시트를 선택할 수 있습니다.
- cell_value = sheet.Range("A1").Value는 특정 셀(A1)의 값을 읽습니다.
- workbook.Sheets.Add()는 새 시트를 추가하고 new_sheet.Name = "새 시트"로 이름을 지정합니다.
- 새 시트의 A1 셀에 "Hello, Excel!"이라는 값을 설정합니다.
- workbook.SaveAs()를 사용하여 새 파일로 저장합니다. 파일 경로와 이름을 지정해야 합니다.
- 마지막으로 excel.Quit()를 호출하여 Excel 애플리케이션을 종료합니다.

주의 사항
- 이 스크립트는 Windows 환경에서만 작동하며, Excel이 설치되어 있어야 합니다. 파일 경로는 실제 시스템에 맞게 조정해야 합니다.

Pywin32는 엑셀뿐만 아니라 아웃룩을 연계하여 자동화의 구현이 가능하다. ChatGPT를 이용하여 아웃룩을 통해서 메일을 송/수신하는 간단한 예제를 구현해 보자.

> **Q** pywin32를 이용하여 outlook을 통해서 메일을 보내고 수신받는 프로그램을 만들어 주세요.
> 메일을 보낼때는 받는 사람은 "test@test.net"으로 메일의 제목은 "test", 그리고 메일의 내용은 "This is a Test"로 작성해 주세요. 그리고 수신받은 메일은 메일을 보낸 사람, 메일의 제목, 날짜를 print 함수를 이용하여 출력하는 형태로 작성해 주세요.

정보를 출력하는 Python 스크립트를 작성해 보겠습니다. 이 스크립트는 Windows 환경에서만 작동하며, Microsoft Outlook이 설치되어 있어야 합니다.

필요한 라이브러리 설치

먼저, pywin32 라이브러리를 설치해야 합니다. 이는 Windows 환경에서 COM(Object Component Model) 객체를 다루기 위한 라이브러리입니다. 설치는 다음과 같이 진행합니다:

```bash
pip install pywin32
```

메일 보내기 및 수신 메일 정보 출력 스크립트

```python
import win32com.client
import datetime

# Outlook 인스턴스 생성
outlook = win32com.client.Dispatch("Outlook.Application").GetNamespace("MAPI")

# 메일 보내기
mail = outlook.Application.CreateItem(0)
mail.To = "test@test.net"
mail.Subject = "test"
mail.Body = "This is a Test"
mail.Send()

print("메일 발송 완료")

# 수신 메일함 접근
inbox = outlook.GetDefaultFolder(6) # 6은 Inbox를 의미
messages = inbox.Items

# 수신 메일 정보 출력
for message in messages:
try:
print("발신자: ", message.SenderEmailAddress)
print("제목: ", message.Subject)
print("날짜: ", message.ReceivedTime)
except Exception as e:
print("Error: ", e)

# 필터링을 위해 특정 기간 또는 다른 속성으로 메일을 필터링할 수 있습니다.
# 예: 최근 1일 이내의 메일만 필터링
# today = datetime.date.today()
# yesterday = today - datetime.timedelta(days=1)
# recent_messages = messages.Restrict("[ReceivedTime] >= '" +
```

```python
yesterday.strftime("%m/%d/%Y") + "'"
```

설명
- 이 스크립트는 먼저 Outlook 애플리케이션의 인스턴스를 생성합니다.
- 메일 항목을 생성하고, 수신자, 제목, 본문을 설정한 후 메일을 발송합니다.
- 그 다음, Outlook의 수신 트레이 (Inbox)에 접근하여 모든 메일 항목을 가져옵니다.
- 각 메일에 대해 발신자 이메일, 메일 제목, 메일 수신 시간을 출력합니다.
- try-except 블록은 메일 정보를 읽는 중에 발생할 수 있는 예외를 처리합니다.

설명
- 이 스크립트는 사용자의 Outlook 프로필에 접근하여 실제로 메일을 발송합니다. 실제 환경에서 사용할 때는 주의가 필요합니다.
- 수신 메일을 처리할 때, 특정 조건에 따라 메일을 필터링하는 것이 유용할 수 있습니다. 예를 들어, 최근 일정 기간 동안 받은 메일만 조회하고 싶다면, Restrict 메서드를 사용하여 필터링 조건을 설정할 수 있습니다.
- Outlook이 설치되어 있지 않거나 현재 사용자 프로필에 접근할 수 없는 경우 스크립트가 작동하지 않을 수 있습니다.

다음은 간단한 워드 파일을 생성하고 이를 메일로 첨부하여 특정인에게 송신하는 프로그램의 예이다.

Q pywin32를 이용하여 워드 문서를 생성하고 "This is a word test"라는 문자열을 저장한 후, 이를 "test.docx"라는 파일로 저장해줘. 그리고 생성된 이 파일을 outlook을 통해서 첨부하고 "test@test.net" 메일 주소로 제목은 "Test", 그리고 메일 본문 내용은 "이것은 test.docx 파일을 첨부한 메일입니다"를 송신하는 프로그램을 개발해줘.

pywin32 라이브러리를 사용하여 Word 문서를 생성하고, 생성된 문서를 Outlook을 통해 메일로 첨부하여 발송하는 Python 스크립트를 작성해 드리겠습니다. 이 스크립트는 Windows 환경에서 Microsoft Word와 Outlook이 설치되어 있어야 합니다.

필요한 라이브러리 설치
- 먼저, pywin32 라이브러리를 설치해야 합니다. 이는 Windows 환경에서 COM(Object Component Model) 객체를 다루기 위한 라이브러리입니다. 설치는 다음과 같이 진행합니다.

```bash
pip install pywin32
```

Word 문서 생성 및 메일 발송 스크립트

```python
import win32com.client as win32
import os
```

```python
# Word 문서 생성 및 저장
word = win32.Dispatch('Word.Application')
word.Visible = False
doc = word.Documents.Add()
doc.Range().Text = "This is a word test"
doc.SaveAs(os.path.abspath("test.docx"))
doc.Close()
word.Quit()

print("Word 문서 저장 완료")

# Outlook을 통한 메일 발송
outlook = win32.Dispatch('outlook.application')
mail = outlook.CreateItem(0)
mail.To = 'test@test.net'
mail.Subject = 'Test'
mail.Body = '이것은 test.docx 파일을 첨부한 메일입니다'
mail.Attachments.Add(os.path.abspath("test.docx"))
mail.Send()

print("메일 발송 완료")
```

설명
- win32.Dispatch('Word.Application')를 사용하여 Word 애플리케이션의 인스턴스를 생성합니다.
- word.Documents.Add()를 통해 새 Word 문서를 생성하고, doc.Range().Text를 사용하여 텍스트를 추가합니다.
- doc.SaveAs() 메서드로 문서를 "test.docx"라는 이름으로 저장한 후, Word 애플리케이션을 닫습니다.
- 이후 win32.Dispatch('outlook.application')을 사용하여 Outlook 애플리케이션의 인스턴스를 생성합니다.
- 새 메일 항목을 만들고, 수신자, 제목, 본문을 설정합니다.
- mail.Attachments.Add()를 사용하여 방금 생성한 Word 문서를 첨부합니다.
- 마지막으로 mail.Send()를 호출하여 메일을 발송합니다.

주의 사항
- 이 스크립트는 사용자의 Outlook 프로필에 접근하여 실제로 메일을 발송합니다. 실제 환경에서 사용할 때는 주의가 필요합니다.
- 파일 경로는 실제 시스템에 맞게 조정해야 합니다. os.path.abspath를 사용하여 현재 작업 디렉토리에 상대적인 파일 경로를 절대 경로로 변환합니다.
- Word와 Outlook이 설치되어 있지 않거나 현재 사용자 프로필에 접근할 수 없는 경우 스크립트가 작동하지 않을 수 있습니다.

본장에서 사용된 자동화 관련 라이브러리에 대해서 ChatGPT를 통해서 정리하면 다음과 같다.

Q 파이썬 자동화를 위해서 사용한 모든 라이브러리와 프레임워크를 나열하고 간단한 설명을 표로 만들어줘.

아래는 파이썬에서 자동화를 위해 사용된 주요 라이브러리와 프레임워크에 대한 표입니다.
각각의 라이브러리와 프레임워크에 대해 간략한 설명을 포함하고 있습니다.

라이브러리/프레임워크	설명
pyautogui	키보드와 마우스 이벤트를 시뮬레이션하여 GUI 자동화를 가능하게 하는 라이브러리입니다.
pywinauto	Windows GUI 애플리케이션을 자동화하기 위한 라이브러리로, 사용자의 상호작용을 시뮬레이션합니다.
Selenium	웹 브라우저 자동화를 위한 도구로, 웹 애플리케이션 테스팅에 주로 사용됩니다.
BeautifulSoup	HTML과 XML 파일을 파싱하기 위한 라이브러리로, 웹 스크래핑에 주로 사용됩니다.
lxml	XML과 HTML을 처리하기 위한 라이브러리로, 빠르고 유연한 파싱을 제공합니다.
Scrapy	웹 크롤링 및 스크래핑을 위한 프레임워크로, 데이터 추출과 처리를 위한 강력한 도구를 제공합니다.
pywin32	Windows API와 상호작용을 위한 라이브러리로, Windows 기반의 응용 프로그램을 자동화합니다.
python-docx	Microsoft Word .docx 파일을 생성하고 수정하기 위한 라이브러리입니다.
openpyxl	Microsoft Excel .xlsx 파일을 읽고 쓰기 위한 라이브러리입니다.
python-pptx	Microsoft PowerPoint 프레젠테이션을 생성하고 수정할 수 있는 라이브러리입니다.
xlwings	Excel과의 상호작용을 위한 라이브러리로, Excel의 매크로나 VBA 코드 없이 파이썬 스크립트를 사용하여 자동화를 가능하게 합니다.

이 표에 나열된 라이브러리와 프레임워크는 파이썬을 이용한 다양한 자동화 작업에 필수적인 도구들입니다. 각각의 라이브러리는 특정 유형의 자동화 작업에 특화되어 있으며, 이들을 조합하여 복잡한 자동화 시스템을 구축할 수 있습니다.

부록 1. 챗GPT 출현과 인공지능 트랜스포메이션

2022년 11월, 챗GPT의 출현은 확산 속도 면에서나 사용자 반응 면에서 인터넷과 스마트폰을 능가하며 세계 곳곳에서 온통 난리를 피우고 있다. 만 1년이 경과한 시점에서, 인공지능에 대한 평가는 긍정적 반응이 주류를 이루고 있으나, 기술의 발전 속도나 성능을 주시해 보면 부정적 우려의 목소리도 무시할 수가 없는 상태이다.

인공지능 시대가 일상적으로 정착되었을 때에 예상되는 대표적인 변화는 다음과 같은 것들이 있다.

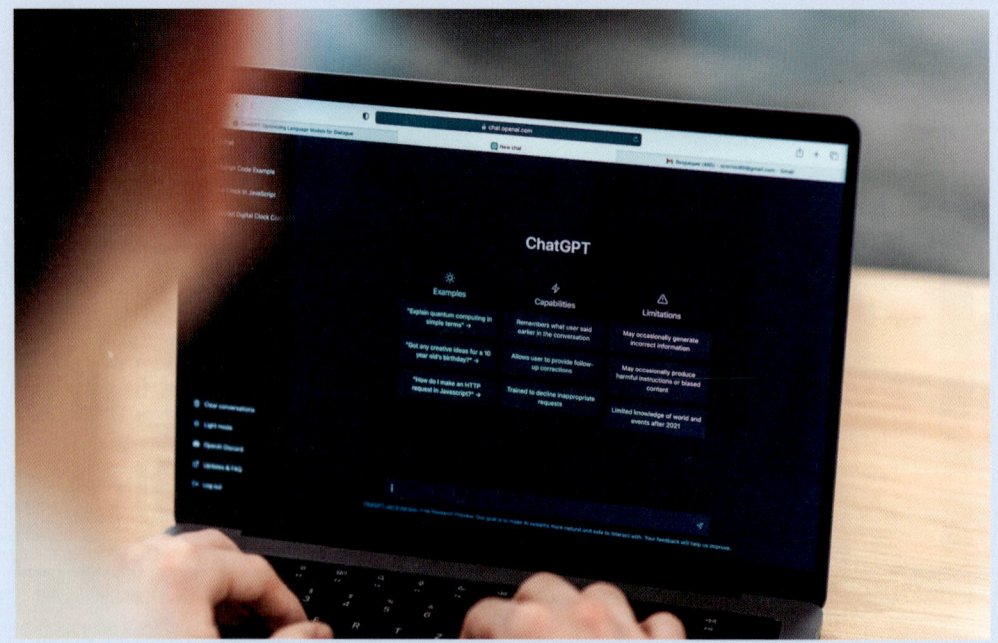

2022년 11월 등장한 오픈AI의 챗GPT

일자리 생태계 변화

거대 인공지능의 도입으로 인해 예상되는 가장 큰 변화는 일자리 생태계일 것이다. 기존의 일자리 대부분은 영향을 받게 되어, 절반 이하로 감소, 축소될 것이며, 특정 산업 일자리는 완전 소멸도 예상된다. 엄밀하게 따져보면, 일자리 축소나 소멸이 아니라 일자리가 새로운 비즈니스로 이동하는 것이다.

산업 생태계의 변화

거대 인공지능은 새로운 비즈니스 모델의 창출을 촉진할 것이다. 한 예로, 서비스 중심의 비즈니스, 특히 인공지능 기반의 구독 서비스가 폭증할 것으로 예상되며, 산업 전반에서의 혁신과 디지털 변혁이 가속화되어 산업 생태계의 판이 크게 변모할 것이다.

데이터 기반의 플랫폼 경제 활성화

거대 인공지능은 빅 데이터를 기반으로 작동한다. 이에 따라 데이터기반 플랫폼 경제가 활성화되면서 빅테크 기업 간의 플랫폼 전쟁이 치열해질 것이다.

교육시스템의 변화와 인공지능기술 역량을 갖춘 인재 수요 폭증

거대 인공지능의 등장은 새로운 기술 역량이 요구된다. 이에 따라 기존의 교육 시스템은 대폭 조정되어야 하고, 인공지능 기술 역량을 갖춘 인재 수요가 폭증할 것으로 예상된다.

보안과 사이버 공격 위협

거대 인공지능 시스템은 고도로 연결되어 있어서, 보안 문제와 사이버 공격 위험이 더욱 높아 질 것이다. 따라서 보안 기술과 사이버 보안 전문가들의 중요성이 증가할 것으로 예상된다. 동시에 개인 정보 보호에 대한 우려도 증가하여, 적절한 규제와 보안 시스템이 강화되어야 할 것이다.

이러한 사회적, 경제적, 교육적 생태계 변화에 대처하는 유일한 해법은 **인공지능 트랜스포메이션**이라고 본다.
특히, 일자리를 창출하여 일자리로 먹고사는 산업계는 필연적으로 인공지능 트랜스포메이션을 수용하여 생존과 변화의 지렛대로 활용해야 한다.

인공지능 트랜스포메이션은 현대 사회와 기업 환경에 뿌리내리며, 급변하는 기술 환경 속에서 중추적인 역할을 수행하고 있다. 이는 단순히 기술적 혁신이나 자동화 수준의 향상을 넘어, 새로운 비즈니스 모델, 제품 및 서비스를 창출하여 기업들에게 경쟁 우위를 확보하고 지속 가능한 성장을 도모할 수 있는 기회를 제공한다. 이를 통해 기업은 더 높은 수준의 효율성과 더 나은 고객 경험, 그리고 신규 비즈니스 영역으로의 진입을 시도할 수 있다.
또한, 인공지능 트랜스포메이션은 개인과 사회 전반에도 큰 영향을 끼친다. 인공지능 기술의 발전은 교육, 의료, 금융, 교통, 문화와 같은 다양한 분야에서 예상 밖의 신규 서비스를 제공하여 인간에게 더 나은 삶의 질을 제공할 수 있게 될 것이다.

인공지능 트랜스포메이션은 기술적 혁신의 물결이 가져오는 무한한 발전 가능성과 함께 사회적 윤리적 측면에서의 심도 있는 이해와 대응 준비를 요구하고 있다. 인공지능 트랜스포메이션의 근본적인 요소, 기술도입 과정과 성과, 인재 양성, 그리고 이에 따른 사회적 영향과 대응 전략에 대해 철저하게 탐구하고자 한다.

1
거대 언어모델과 ChatGPT

거대 언어모델(LLM) 이란?

거대 언어모델(Large Language Model, LLM)은 기계학습 및 자연어 처리 분야에서 사용되는 고도로 발전한 인공지능 모델 중의 하나이다.
이 모델들은 대규모의 텍스트 데이터를 학습하여 언어 이해와 생성 작업을 수행하는 데 사용된다. 가장 유명한 거대 언어모델 중 하나가 GPT(Generative Pre-trained Transformer)이며, 이를 기반으로 한 LLM들이 다양한 언어 생성 작업에 사용된다. 다음은 거대 언어모델의 주요 특징과 동작 원리에 대한 간단한 설명이다.

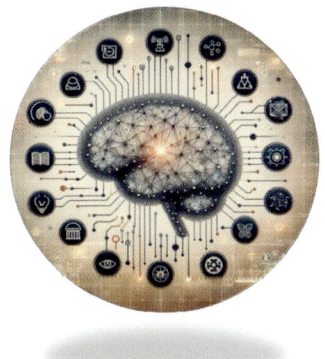

Large Language Model (LLM)

신경망 구조 및 규모

거대 언어모델은 매우 크고 복잡한 신경망으로 구성되며, 신경망은 수십억 개 이상의 매개변수(parameter)를 포함하며, 이 매개변수는 모델의 언어 이해
및 생성 능력을 제공한다. 매개변수의 숫자가 신경망의 규모를 나타낸다고 볼 수 있다.

인공신경망의 구조

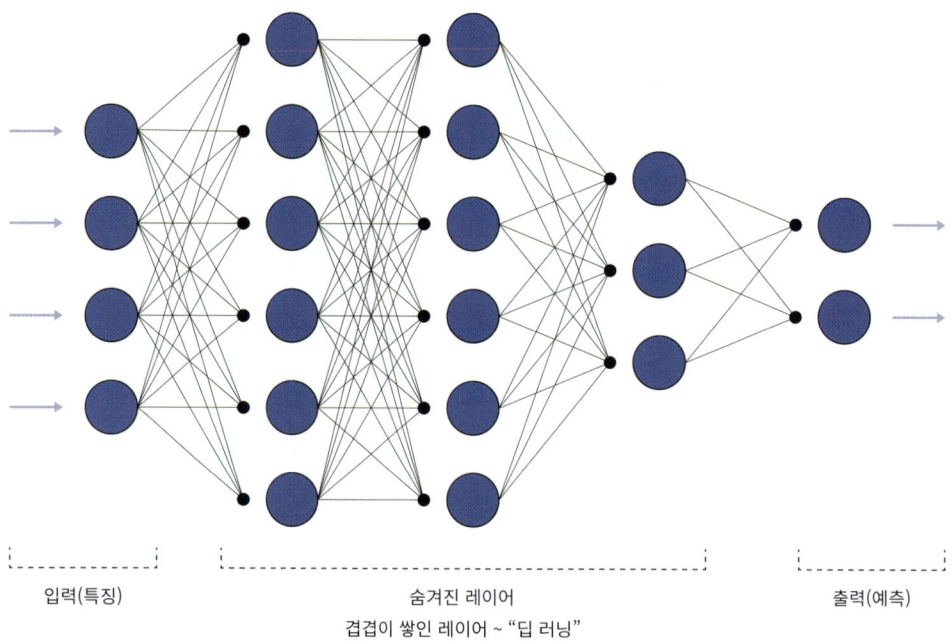

입력(특징) 숨겨진 레이어 출력(예측)
겹겹이 쌓인 레이어 ~ "딥 러닝"

사전 학습(Pre-Training)

거대 언어모델은 대규모의 텍스트 데이터를 지속적으로 사전 학습해오고 있으며, 이 과정에서 모델은 언어의 구조, 문법, 어휘, 상식, 문맥 등을 이해하고 다양한 언어 작업을 수행할 수 있는 기반 지식을 습득한다.

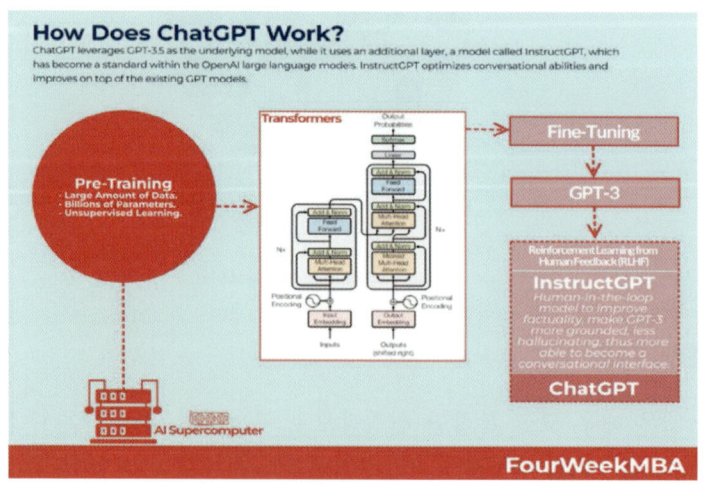

GPT의 동작

미세 조정(Fine-Tuning)

모델은 특정 작업에 맞게 미세 조정단계에서 마감처리를 하게 된다. 이 단계에서 모델은 특정 작업을 수행하는 방법을 학습하며, 예를 들어 기계 번역, 질의응답, 텍스트 생성, 감정 분석, 언어 모델링 등 다양한 작업에 활용된다.

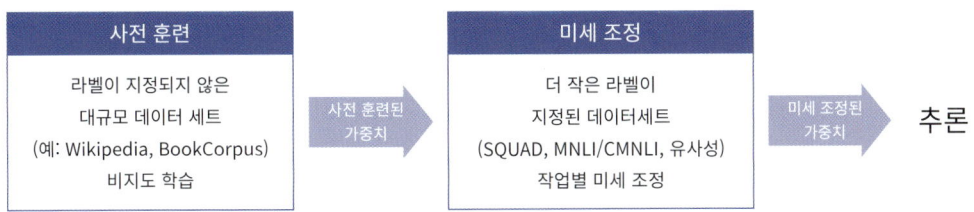

사전 훈련과 미세조종

사전 훈련(Generative Pretranining): 데이터 세트 입력 후 확률 모델 형성

미세 조정(Supervised fine-tuning): 인간 트레이너가 언어 모델의 답변 미세 조정

강화 학습(Reingorcement Learning from human feedback): 언어 모델의 답변에 순위를 입력하면서 스스로 보상 시스템을 체득

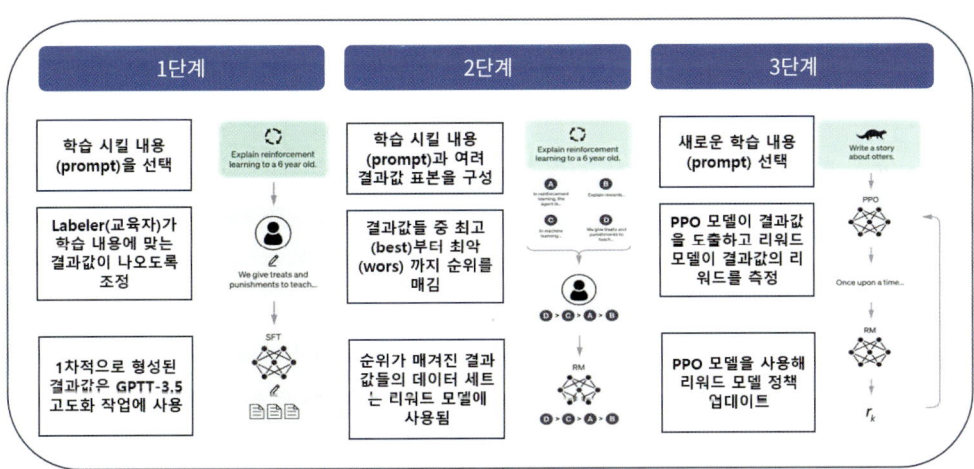

GPT의 3단계 훈련 과정

다양한 언어 작업

거대 언어모델은 텍스트 생성, 문장 분류, 감정 분석, 번역, 요약, 질문 응답, 텍스트 생성 및 다양한 언어 작업에 사용된다.

말뭉치

거대 언어모델은 학습 및 이해를 위해 말뭉치(Corpus)라고 불리는 대규모 텍스트 데이터 집합을 사용한다. 말뭉치는 다양한 웹 페이지, 책, 기사, 논문, 블로그, 소셜 미디어 게시물 및 다른 텍스트 소스에서 추출한 텍스트 데이터로 구성되며, 이러한 데이터는 모델이 언어를 이해하고 생성할 수 있도록 학습하는 데 사용되며, 다음과 같은 특징을 가진다.

다양한 주제 및 언어, 대규모 데이터, 다양한 형식의 데이터 집합체라는 특징을 갖는다. 말뭉치는 거대 언어모델의 학습과 미세 조정에 중요한 역할을 하며, 이 말뭉치를 기반으로 언어 패턴, 어휘, 문법 및 글로벌 지식을 습득하여 다양한 자연어 처리 작업을 거쳐 자연어 이해 역할을 수행한다.

자연어 이해: 거대 언어모델은 자연어 이해 업무에 사용되어 문장 구문 분석, 어휘 및 의미 이해, 문맥 이해 및 단어 의미 추론과 같은 작업을 수행한다.

거대 언어 모델의 춘추전국시대

2023년 12월, 구글이 멀티모달 추론 기능을 갖춘 LLM 모델인 '제미나이 (Gemini)'를 출시한다고 발표했다. 당초 2024년 초에 출시가 예상됐지만 챗GPT의 독주에 당황하여 당겨서 발표된 것이다.

생성 AI 애플리케이션에 유연성을 두고 설계된 'Gemini 1.0'은 매우 복잡한 작업을 위한 가장 크고 가장 뛰어난 '울트라(Ultra)' 버전, 광범위한 작업에 걸쳐 확장할 수 있는 '프로(Pro)' 버전 및 온디바이스 작업을 위한 가장 효율적으로 실행하는 '나노(Nano)' 버전의 세 가지 모델로 크기에 최적화되어 데이터 센터에서 모바일 장치에 이르기까지 모든 장치에서 실행할 수 있다. 울트라 모델은 GPT-4를 뛰어넘는 강력한 모델이라고 홍보하고 있다.

2016년, 알파고로 인간 바둑계를 제압하여 세계를 놀라게 한 딥마인드가 본격적으로 인공지능 시장으로 귀환한 셈이다.

제미나이 출시

생성형 인공지능 시장을 주도하고 있는 오픈AI에 맞선 동맹이 결성됐다. IBM, 메타, 인텔 등의 글로벌 기업과 예일대, UC버클리, 도쿄대 등의 대학, 그리고 기관 50곳 이상이 참여하는 'AI 동맹'이다. 동맹의 핵심은 독점 타파와 개방성과 투명성 강조이다. 오픈AI의 독주를 저지하기 위해 서로의 AI 성과를 공유하고 누구나 참여할 수 있는 일종의 집단 지성으로 맞서겠다는 것이다.

그러나 물밑을 자세히 들여다보면 생성형 인공지능 춘추전국시대라 불릴 정도로 모든 빅테크 기업들은 독자적 제품을 개발하고 있다.

챗GPT를 구성하는 핵심 용어 10

자연어 처리

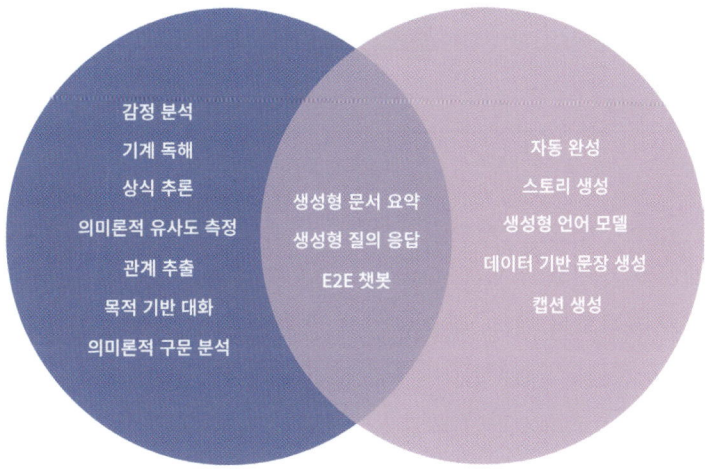

자연어 처리

자연어 처리(Natural Language Processing, NLP)는 컴퓨터 과학, 인공지능, 언어학의 융합 분야로서, 인간의 언어를 컴퓨터가 이해하고 처리하는 기술을 연구하는 학문이다. NLP는 NLU(Natural Language Understanding)과 NLG(Natural Language Generation) 2단계로 이루어지며, 문장의 구조를 파악하는 구문 분석, 단어나 문장의 의미를 이해하는 의미론, 텍스트에서 감정이나 의도를 파악하는 감정 분석, 한 언어에서 다른 언어로 번역하는 기계 번역 등이 포함된다. 챗GPT는 이러한 NLP 기술을 바탕으로 OpenAI에서 개발한 대화형 애플리케이션에 사용되는 모델로, Transformer 구조를 기반으로 대량의 텍스트 데이터를 학습하여 문장 생성형 질의응답, 문서 요약, 외국어 번역 등의 높은 수준의 언어 처리 능력을 보여 준다.

생성 AI

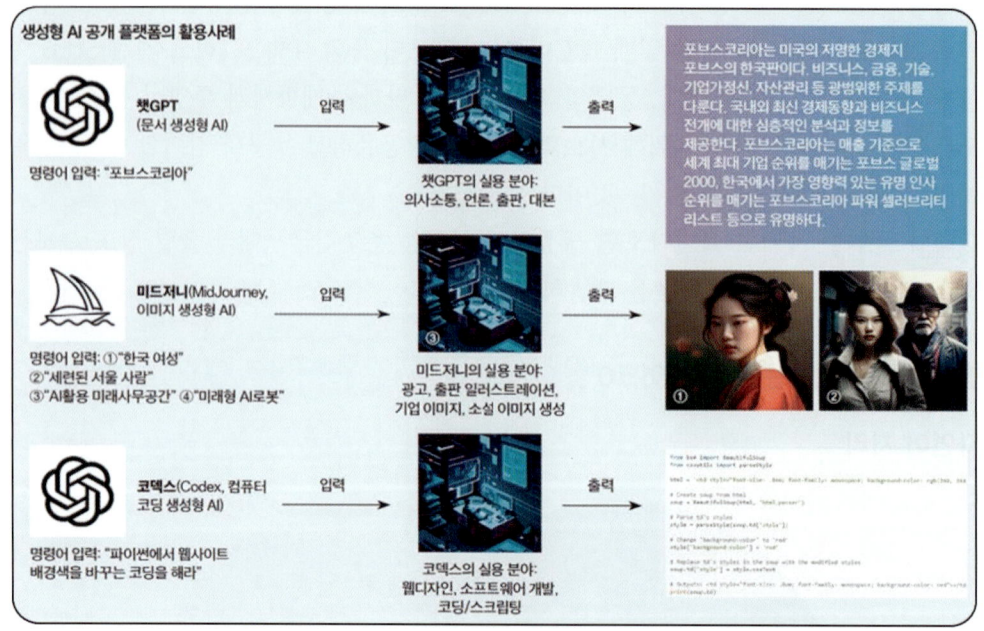

생성 AI 활용사례

생성 AI(Generative AI)는 기계학습의 한 분야로, 데이터를 바탕으로 새로운 정보나 콘텐츠를 생성하는 능력에 중점을 둔다. 이 기술은 딥러닝과 특히 신경망 아키텍처의 발전과 밀접하게 관련되어 있다. 주요 세부 기술로는 생성적 대립 신경망(Generative Adversarial Network : GAN), 변분 오토인코더(Variational Auto Encoder : VAE), 그리고 Transformer 기반 모델 등이 있다. 특히 GAN은 생성자와 판별자라는 두 개의 신경망을 사용하여 서로 대립하면서 학습되며, VAEs는 입력 데이터를 압축된 표현으로 인코딩한 후 다시 디코딩하는 방식으로 작동한다. Transformer 기반 모델은 자연어 처리 분야에서 텍스트 생성에 주로 사용되는데, OpenAI의 GPT나 Google의 Gemini가 대표적인 예이다. 생성 AI는 이미지, 음악, 비디오 클립 생성에서부터, 게임 개발, 자연어 처리, 의학 분야의 연구 데이터 생성까지 다양한 응용 분야에 활용된다.

AI 알고리즘: Transformer

GPT의 성능을 받쳐주는 3가지 요소(컴퓨팅 파워, 데이터, 알고리즘)에서 으뜸은 알고리즘이다. 막강한 컴퓨팅 파워와 방대한 데이터를 결합해 인공지능의 '두뇌'와 같은 기능을 수행하는 것이 바로 AI 알고리즘이다.

GPT의 T는 Transfomer라는 알고리즘으로 다음 설명과 같은 매우 복잡한 구조를 가지고 있다.

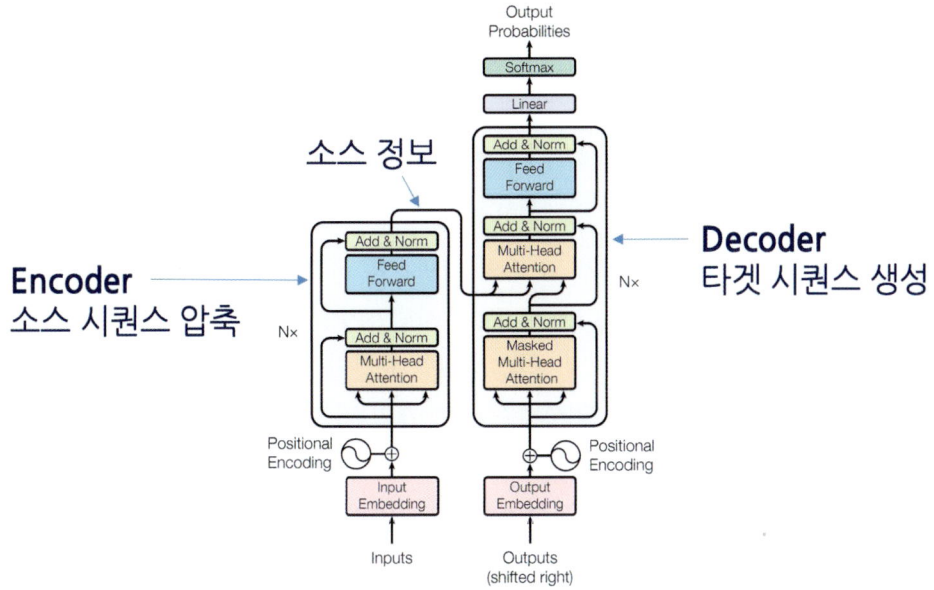

Transformer 동작 구조

Transformer는 자연어 처리 및 기계학습 작업을 위한 혁신적인 딥러닝 아키텍처이다. 이 아키텍처는 "Attention" 메커니즘을 기반으로 하며, 특히 순차적인 데이터, 특히 자연어와 관련된 작업에 뛰어난 성과를 보이며 널리 사용된다. 다음은 Transformer 아키텍처의 핵심 개념을 간단히 요약한 것이다.

Self-Attention 메커니즘: Transformer의 핵심 아이디어 중 하나로, 입력 시퀀스의 각 위치에 대한 중요성을 계산하는 메커니즘이다. 이것은 입력 토큰 간의 상대적인 중요성을 학습함으로써 시퀀스 내에서 장거리 의존성을 쉽게 파악할 수 있도록 한다.

입력 임베딩: 입력 토큰을 고정 차원의 벡터로 변환하는 과정이다. 이는 자연어 처리 작업에서는 단어 임베딩과 관련이 있으며, 이러한 임베딩을 통해 모델은 단어의 의미를 이해할 수 있다.

위치 인코딩: Transformer 모델은 입력 시퀀스의 토큰 위치 정보를 포함하기 위해 위치 인코딩을 사용하며, 이를 통해 모델은 단어의 순서를 파악할 수 있다.

중첩된 어텐션 레이어 및 피드포워드 신경망: Transformer는 여러 개의 어텐션 레이어와 피드포워드 신경망으로 구성되며, 이것을 통해 모델은 다양한 추상화 수준에서 정보를 처리하고 표현할 수 있다.

파라미터(Parameter)

파라미터는 통계학에서 중요한 개념으로, 모델이 데이터를 가장 잘 설명하거나 예측하기 위해 최적화해야 하는 변수를 의미한다. 모델의 성능은 대부분 이러한 파라미터의 값에 따라 크게 달라질 수 있다.

파라미터는 모델이 학습 데이터로부터 직접 학습하는 값들이며, 이들은 데이터의 특성과 목표 값 사이의 관계를 나타내는 데 중요한 역할을 한다.

아래 그림에서 보여 주듯이, 인간 뇌 속의 **시냅스**를 응용하여 창안한 것이 바로 파라미터이다. 인간의 뇌에는 대략 1,000조 개의 시냅스가 있다고 추정되고 있다. 이는 각 뉴런 간의 연결을 나타내는 것으로, 신경세포인 뉴런이 서로 통신하고 정보를 전달하는 기능을 수행한다. 뇌의 정확한 시냅스 수는 개인 및 다양한 인구 집단 간에 차이가 있을 수 있어, 이 값은 대략적인 추정에 불과하다.

인간의 시냅스와 인공지능의 파라미터 사이에는 아래와 같은 유사점과 차이점이 있다.

유사점으로는 시냅스와 파라미터 모두 정보 저장 및 처리 기능을 수행한다.

시냅스는 인간 뇌에서 뉴런 간에 정보를 전달하고 저장하는 데 사용된다. 이는 경험 및 학습을 통해 개체가 주변 환경에서 학습하고 적응할 수 있는 기능을 제공한다. 마찬가지로, 인공지능 모델의 파라미터는 학습 데이터에서 패턴을 추출하고 저장하여 모델이 판단하고 예측을 수행할 수 있도록 돕는다.

차이점으로는 시냅스는 뉴런 간의 생물학적 연결로 작용하며, 전기 및 화학적 신호를 통해 동작하며, 반면에 파라미터는 수학적으로 정의된 가중치 및 편향으로 이루어진 모델의 파라미터 매트릭스이다. 학습 방식에서도 차이가 있는데, 인간 뇌는 경험을 통해 학습하는 반면에 인공지능 모델은 주로 역전파와 경사 하강법과 같은 수학적 최적화 알고리즘을 사용하여 학습한다.

딥러닝, 특히 신경망에서, 파라미터는 수많은 가중치와 편향 값으로 구성된다. 이러한 값들은 학습 과정에서 역전파와 경사 하강법을 통해 지속적으로 업데이트되며, 최적의 예측을 위한 값을 찾아간다.

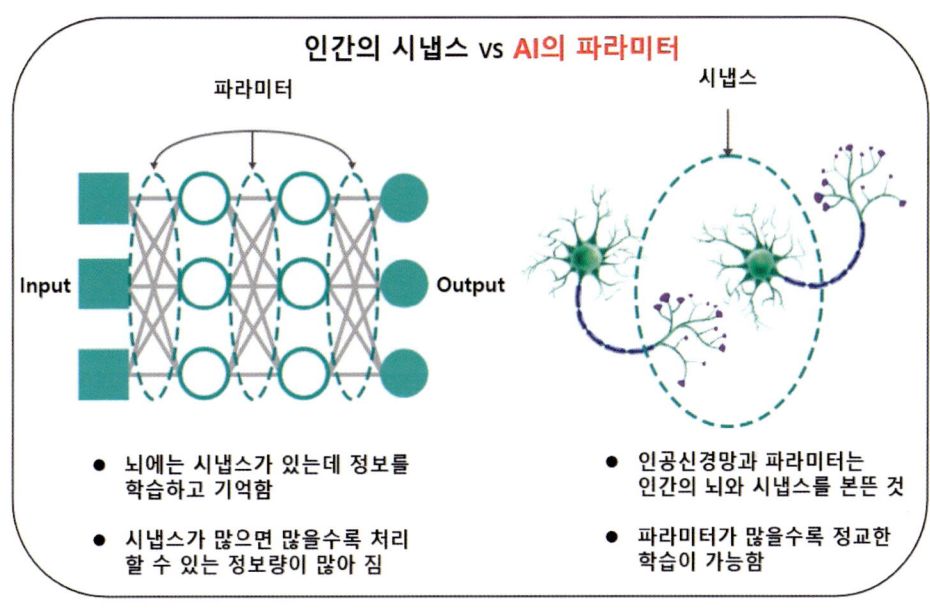

인간의 뇌 신경망과 인공신경망

대규모 신경망, 예를 들면 GPT나 Gemini 모델 내에는 수천억 개의 파라미터가 포함될 수 있으나 정확하게 공개하지 않는다. 결론적으로, 파라미터는 모델의 성능과 직접적으로 관련된 중요한 변수들로, 이들의 최적값을 찾는 것은 기계학습의 주요 과제 중의 하나이다.

토큰(Token)

토큰(Token)은 언어 처리에서 단어, 혹은 문자와 같이 텍스트를 나누는 최소 단위를 의미한다. 토큰은 언어모델이 텍스트를 이해하고 처리할 수 있는 단위로 사용되며, 각 토큰은 고유한 의미나 기능을 가질 수 있다.

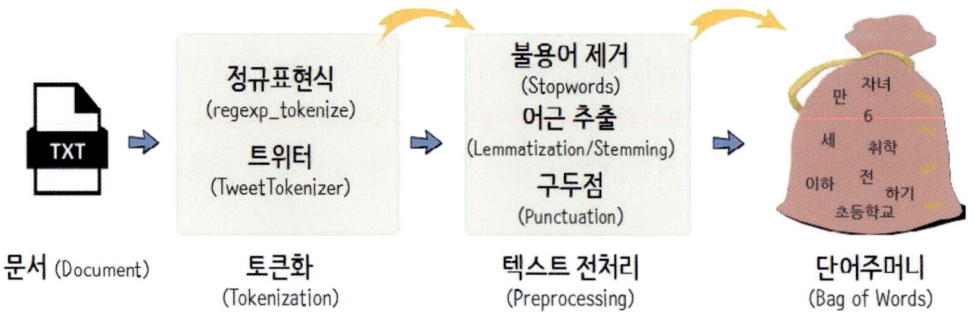

자연어 분석의 4단계

토큰화(Tokenization)는 주어진 텍스트를 이러한 토큰으로 분할하는 과정을 나타낸다. 토큰화는 모델이 텍스트를 이해하고 처리할 수 있는 단위로 분해하는 중요한 전처리 단계로, 아래와 같은 5단계로 진행된다.

입력 텍스트 분리: 입력으로 주어진 텍스트를 문장 또는 문단 등의 단위로 분리한다.

토큰 생성: 분리된 텍스트를 작은 단위로 나누어 토큰을 생성한다. 토큰은 주로 단어, 또는 문자의 조합일 수 있다.

특수 토큰 추가: 모델이 문장의 시작과 끝을 알 수 있도록 특수 토큰이 추가될 수 있다. 예를 들어, "[CLS]"와 "[SEP]"라는 특수 토큰은 각각 문장의 시작과 끝을 나타내는 데 사용될 수 있다.

토큰에 대한 인덱스 부여: 각 토큰에 고유한 정수 인덱스를 할당한다. 이 인덱스는 모델의 입력으로 사용되며, 각 토큰은 이에 대응하는 임베딩 벡터로 대체된다.

패딩(Padding): 시퀀스의 길이를 맞추기 위해 필요한 경우, 패딩(충진) 토큰이 추가될 수 있다. 이는 일정한 길이의 입력 시퀀스를 보장하고 모델의 효율성을 높이는 데 도움이 된다. 여기서, 시퀀스(Sequence)는 일련의 연속된 요소 또는 사건의 순서를 의미하는데, 언어학적인 맥락에서, 하나의 문장은 단어들이 특정한 순서로 배열된 시퀀스의 한 예이다. 예를 들어, "나는 학교에 간다"라는 문장에서 "나는", "학교에", "간다"는 단어들이 특정한 순서로 배열되어 의미를 이루고 있는 시퀀스이다.

프롬프트와 프롬프트 엔지니어링

프롬프트(Prompt)는 사용자가 인공지능 시스템으로부터 어떤 응답을 얻기 위해 질문을 하거나 작업을 지시하는 내용을 의미하며, 제조공장에서 필수적으로 사용하는 작업지시서(줄여서, 작지)와 같은 역할을 한다. 프롬프트라는 질문이나 작업 지시에 따라 응답의 결과가 생성되므로, 프롬프트를 조리 있게 작성해야 기대하는 결과를 얻을 수 있다는 당연한 사실로 인하여, 프롬프트는 하나의 공학 기술로 자리매김하고 있다.

프롬프트 엔지니어링(Prompt Engineering)은 인공지능 언어 모델로 부터 원하는 결과를 얻기 위해 입력하는 질문이나 명령을 조작하는 기술이다. 이는 대화형 언어 모델을 더 효과적으로 활용하여 최적의 출력을 생성하는 방법 중 하나이다.

프롬프트 작성을 전문업으로 하는 기술자를 프롬프트 엔지니어라고 부른다. 인공지능이 또 하나의 일자리를 만든 셈이다. 사용자는 인공지능 모델에게 특정한 명령이나 지침을 전달하여 원하는 결과를 얻을 수 있으며, 이때, 사용자가 직접 정의한 명령이나 지침을 "custom instruction"이라고 한다.

프롬프트 엔지니어링

"custom instruction"의 몇 가지 중요한 지침은 다음과 같다.

간결하게 작성한다: 프롬프트는 인공지능 모델에게 원하는 정보나 작업을 명확하고 간결하게 전달해야 한다. 너무 길고 복잡한 지시는 불확실한 결과를 초래할 수 있다.

구체적인 지침을 입력한다: 구체적이고 명확한 지침을 입력하여 원하는 응답을 유도해야 한다. 모호한 단어나 문장은 엉뚱한 답변을 생성할 수 있다. 키워드를 사용하면 더 명확한 답변을 제공받을 수 있다.

반복 및 수정 입력한다: 프롬프트는 한 번에 완벽하게 작성되기가 어렵다. 대화의 흐름을 유지하며, 생성되는 응답을 평가하여 최적의 결과를 얻을 때까지 반복하여 프롬프트를 수정 입력한다.

마지막으로, 문법과 철자를 철저하게 확인해야 하며, 질문이나 지시 문장은 정중하게 표현되어야 한다. 인공지능을 동료나 파트너로 인정하고 대화하는 자세가 필요하다. 용도에 따라서는 인공지능이 스승일 수도 있다. 위의 원칙을 준수하여 입력한 몇 개의 프롬프트 문장은 엄청난 가치의 선물보따리를 안고 되돌아오기도 한다.

이상에서 열거한, 프롬프트 잘 쓰는 법과 연관된 속담 3가지를 인용해 본다.

1. 콩 심은데 콩 나고, 팥 심은데 팥 난다.
2. 가는 말이 고와야, 오는 말이 곱다.
3. 되로 주고 말로 받는다.

머신러닝과 딥러닝

머신러닝과 딥러닝은 현대 인공 지능의 핵심 구성 요소로, 데이터를 기반으로 패턴을 학습하고 예측을 수행하는 능력에 초점을 맞춘 기술이다.

머신러닝은 컴퓨터가 명시적인 프로그래밍 없이 데이터에서 학습하는 알고리즘 및 통계적 모델의 집합이다. 이는 데이터의 패턴과 구조를 분석하여 작업을 수행하거나 예측을 생성하는 데 사용된다. 머신러닝의 주요 유형에는 지도 학습, 비지도 학습, 강화 학습 등이 있다.

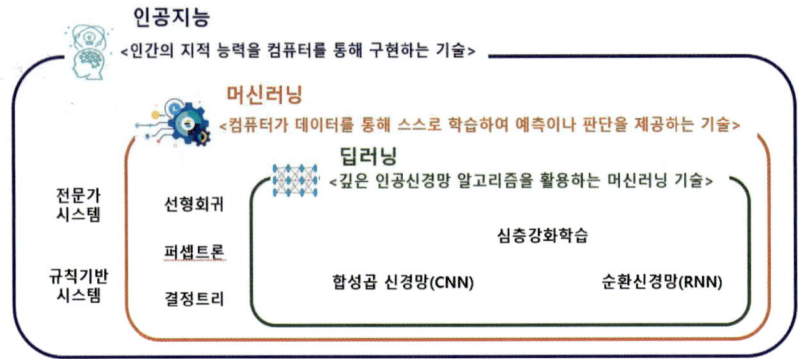

인공지능, 머신러닝 및 딥러닝의 관계

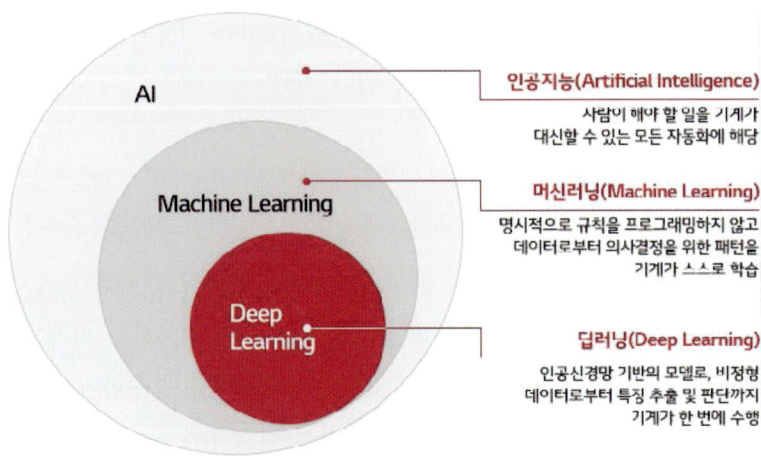

인공지능의 분류

여기서 지도 학습은 레이블이 부착된 데이터를 사용하여 모델을 학습시키고, 비지도 학습은 레이블이 없는 데이터를 사용하여 데이터의 숨겨진 구조나 패턴을 발견하며, 강화 학습은 환경과의 상호작용을 통해 보상을 극대화하는 행동을 학습한다.

딥러닝은 머신러닝의 하위 집합으로, 신경망, 특히 깊은 신경망을 사용하여 복잡한 패턴을 학습하는 방법론이다. 딥러닝은 여러 층의 뉴런으로 구성된 신경망을 사용하여 데이터의 고차원적인 표현을 학습한다. 이러한 신경망의 깊이는 모델의 복잡성과 능력을 증가시키며, 이미지 인식, 자연어 처리, 음성 인식 등 다양한 분야에서 뛰어난 성능을 보여준다.

딥러닝의 주요 아키텍처에는 컨볼루션 신경망(CNN), 순환 신경망(RNN), 트랜스포머(Transformer) 등이 있다. CNN은 이미지 및 비디오 처리에 주로 사용되며, RNN은 순차적 데이터나 시계열 데이터를 처리하는 데 적합하고, 트랜스포머는 최근의 NLP 모델, 예를 들면 BERT나 GPT,에서 핵심 구성 요소로 사용된다.

머신러닝과 딥러닝은 모두 데이터에 의존하는 학습 방식이기 때문에, 고품질의 데이터가 모델의 성능에 중요한 영향을 미친다. 또한, 오버피팅, 바이어스, 일반화 능력 등의 문제를 해결하기 위한 다양한 기법과 전략이 연구되고 적용되고 있다.

결론적으로, 머신러닝과 딥러닝은 현대 인공 지능 분야에서 중요한 기술로, 다양한 응용 분야에서 혁신적인 결과를 제공하며, 지속적인 발전은 현재도 진행 중이다.

Fine Tuning

Fine-tuning은 미리 학습된(pre-trained) 모델을 특정 작업에 맞게 조정하는 프로세스를 말하며, 기존의 다른 대규모 데이터셋에서 학습된 모델을 가져와서 새로운 작업에 대응하도록 조정하는 데 사용된다. Fine Tuning을 미세 조정이라고 번역하기도 한다.

다음은 Fine-tuning의 프로세스 단계를 간단하게 설명하고 있다.

Pre-training: 먼저 대규모 데이터셋에서 모델을 사전에 학습한다. 이 단계에서 모델은 일반적인 특징을 학습하게 되는데, 예를 들면 이미지에서 특정 물체의 특징이나 자연어 처리에서 언어의 구조 등을 학습한다.

데이터 수집: 대상 작업에 대한 적절한 데이터를 수집하거나 준비한다. Fine-tuning은 전체 모델을 새로운 작업에 적응시키는 것이므로, 가능한 한 대상 작업에 가까운 데이터를 사용하는 것이 중요하다.

Fine-tuning 수행: 미리 학습된 모델을 대상 작업 데이터로부터 추가로 학습시킨다. 이 단계에서 Fine-tuning을 통해 모델을 개선하고 성능을 향상시킨다.

성능 평가: Fine-tuning된 모델을 대상 작업에서 평가하여 성능을 확인하고, 필요에 따라 추가로 Fine-tuning을 수행할 수 있다.

할루시네이션 (Hallucination:환각현상)

인공지능이 주어진 데이터나 맥락에 근거하지 않은 잘못된 정보나 허위 정보를 생성하는 것을 의미한다. 환각이나 환청을 뜻하는 정신의학 용어에서 이 단어를 빌려왔다고 한다. 이러한 현상은 주로 모델의 학습 데이터에 편향이나 다양성 부족, 노이즈 등이 존재할 때 발생할 수 있다.

예를 들어, 이미지 인식 모델이 특정 유형의 입력 이미지에 대해 잘못된 레이블(label)을 예측하거나, 자연어 처리 모델이 특정 문장을 잘못 이해하여 부정확한 답변을 생성하는 경우가 환각상태에 해당할 수 있다.

할루시네이션은 실제 응용 분야에서 중요한 문제를 야기할 수 있다. 예를 들어, 의료 이미지 분석에서 환각 현상으로 인한 오진은 환자의 건강에 심각한 영향을 미칠 수 있기 때문이다.

환각상태는 인공지능의 한계점이라는 비판을 받고 있고, 인공지능을 저항하는 집단에게 불신의 빌미를 제공하기도 한다. 이를 극복하기 위해서는 더욱 다양하고 균형 잡힌 학습 데이터, 효과적인 정규화 및 일반화 기술, 편향 감소 방법 등이 필요하며, 모델의 정확성과 신뢰성을 향상시키기 위해 지속적인 연구와 개선이 필요하다.

그러나, 이 현상은 인공지능 초기 모델에서는 나타날 수 있으나, 지속적인 개선에 의하여 최소화되어 결국은 사라지게 될 것이다. 오히려 바로 다음에 기술하는 범용 인공지능(AGI)을 걱정해야 할 때가 도래하고 있다.

범용 인공지능(Artificial General Intelligence : AGI)

인공지능의 역사에서 2번의 겨울을 겪었기에 혹시 또 다시 겨울이 오지 않을까 걱정하는 목소리도 있으나, 이미 바둑에서 회자되는 대마불사(大馬不死) 영역에 진입하여 다른 걱정을 해야 할 시간이 오고 있다. 인공지능은 모든 분야에서 인간의 능력을 뛰어넘는 미래권력으로 진화하고 있기 때문이다.

AGI는 인공 지능의 최종 형태로, 인간의 지능과 비슷한 모든 인지 능력을 갖춘 강한 인공 지능(Strong AI)을 지칭한다. 이것은 모든 분야의 다양한 작업을 이해하여 수행하며, 스스로 학습하고 창작할 수 있는 지능을 보유한다. AGI는 현재의 인공 지능과는 대조적으로, 특정 작업에 국한되지 않고 다양한 환경에서도 인간이상의 능력을 발휘할 것이므로, 범용 인공지능보다는 초지능 인공지능이 더 어울리는 명칭이 될 수도 있다. 40년 전, 1984년 제임스 카메론이 감독, 제작한 "터미네이터"의 T800을 상상하면 좀 쉽게 이해 될 것이다.

노스트라다무스도 예언하지 못한 인공지능 세상을 제임스 카메론 감독이 영화를 통해 놀라운 미래 메시지를 전파하였다. 이외에도 인공지능을 소재로 한 영화는 매트릭스(1999년), 스페이스 오디세이(1968년, 2001년), 아이 로봇(2004년), AI(2001년), HER(2014년) 등 20여 편이 제작되어 상영되었다.

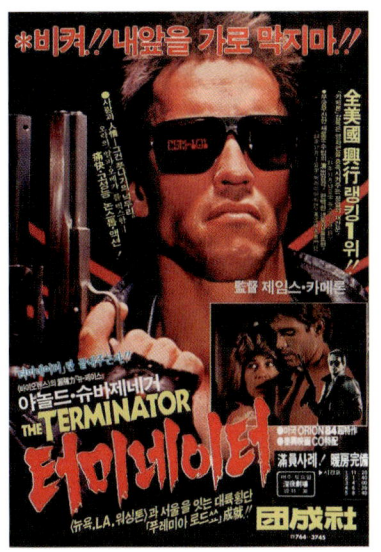

터미네이터의 주인공 T800

AGI의 발전은 인간이 우려하는 **특이점**(The Singularity)의 도래와 관련이 있다. 특이점은 AGI가 지속적으로 발달하여, 모든 분야에서 인간의 지능과 능력을 뛰어넘게 되는 상황 또는 시점을 의미한다. 이러한 상황에서 인간과 AGI 사이의 관계는 복잡해지게 되며, 인간의 통제가 불가능해질 우려가 있다.

2023년도 11월에 벌어졌던 오픈AI의 CEO, 샘 올트먼이 해고되었다가 5일 만에 복귀한 사건은 AGI 개발과 깊은 관련이 있다고 보도된 바 있다.

지금 이 순간, 세계 곳곳에서 두머(Doomer: 파멸론자)와 부머(Boomer: 개발론자) 간의 논쟁과 기 싸움이 치열하게 전개되고 있다. 대표격인 일론 머스크는 "인공지능이 핵폭탄보다 위험해 질 수 있다"라고 경고하며 인공지능의 개발속도를 늦추자고 제안하기도 했으며, 스트븐 호킹 박사는 "인공지능이 인류 멸망을 초래할 수 있다"라는 극한 표현으로 다가오는 특이점 세상을 걱정하고 있다. 인간과 인공지능이 죽기, 살기 게임 같은 벼랑 끝 승부를 펼칠 날은 올 것인가?

유럽 연합(EU)에서는 "AI규제법"을 제정하여 기술 개발과 사용을 제한하고 있다. 프랜치스코 교황도 AI 피해를 심각하게 우려하여 규제를 법제화해야 한다고 주장하였다.

그러나, 1920년대 항공기가 처음 개발되었을 때의 여론의 대세는 추락으로 인한 참사를 우려하는 것이었다. 만약, 추락이라는 최악의 사태 때문에 항공기 개발을 중단했다면, 지금도 우리 인간은 태평양과 인도양을 배를 타고 건너고 있겠지!!

2 인공지능 트랜스포메이션

인공지능 트랜스포메이션의 의미

일자리 소멸, 대량해고, 사회질서 붕괴, 문화적 혼란 등, 이전에 경험하지 못 했던 일자리 생태계의 대 혼란이 몰려오고 있다. 인간은 누구나 해고 통보를 받은 채로 일하고 있다고 해도 완전 틀린 말은 아니다. 경제적 생존, 심지어 동물적 생존을 위해 우리는 인공지능과 협력해야 하고 도움을 받아야 한다.

인공지능은 단순히 휴대용 백과사전이 되고, 학습을 도와주는 조교가 되기도 하지만, 가르침을 주는 대학교수로 변신도 가능하다. 인공지능은 개인 비서도 되지만, 맞춤형 지도를 해주는 가정교사가 되기도 한다. 인공지능은 내 업무를 도와주는 인턴도 되지만, 업무방향과 지침을 가르쳐주는 상사가 되기도 한다. 때로는, 조직의 비전을 만들어 주고, 새로운 사업의 방향을 제시해주는 CEO가 되기도 한다. 의사가 PC없이는 환자 진료를 할 수 없는 것처럼, 대다수 국민들이 휴대폰 없이는 하루도 못 사는 것처럼, 인공지능 도움 없이는 일상생활이 불가능해지는 날이 오고 있다. 인공지능이 탄생한 1950년 이후 70년간의 변화보다 향후 7년간에 더 큰 변화를 겪을 것이다.

어쩌면, 향후 10년이 인간 스스로 인간의 가치, 정체성을 느끼며 살아가는 마지막 시대일 수도 있다.

이런 것도 가능하다!

인간 두뇌에 인공지능 칩을 이식하면 두뇌증강이 되고, 인간의 몸에 인공지능 슈트를 장착하면 신체증강이 되어 결과적으로는 인간증강이 되어 인간지능 로봇으로 변신하게 된다. 또한, 인공지능과 메타버스가 융합하여 현실과 가상의 벽을 허물게 되면, 살아있는 사람과 죽은 사람간의 경계도 허물 수 있다. 어쩌면, 영생이 가능한 세상이 도래할 수도 있다.

이래서, 인간은 인공지능과 친하게 살아야 한다. 기업과 기관들은 인공지능 파도에 올라타서 대 변혁을 도모해야 한다!

조직이나 기업, 공공기관, 국가 등이 인공지능 기술을 적극적으로 활용하여 기존의 업무 방식, 고객 서비스, 의사결정 과정 등을 확실하게 변화시키는 과정을 인공지능 트랜스포메이션이라 부른다.

트랜스포메이션(Transformation)이라는 용어는 이미 디지털 트랜스포메이션에서 널리 회자되어 오면서 원어 그대로 통용되고 있으나, 꼭 우리말로 표현한다면, 전환이나 대전환, 또는 경영학용어로 변혁(變革)으로 번역될 수 있다.

디지털 트랜스포메이션과 뭐가 다른가?

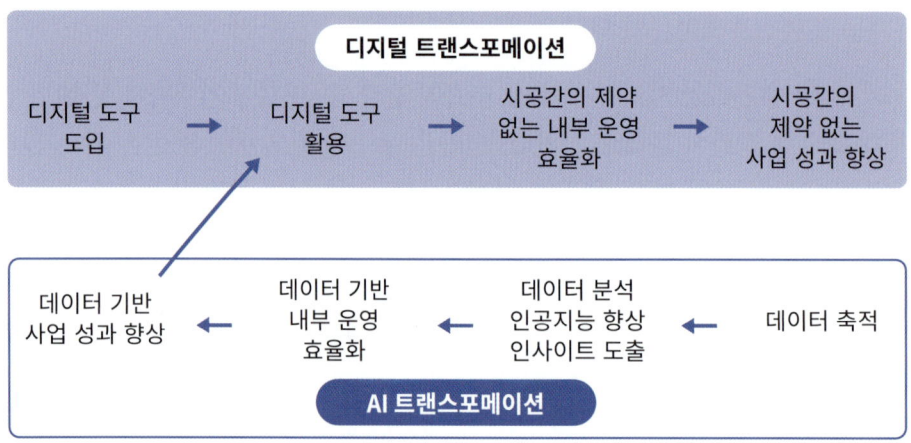

지금까지의 4차 산업혁명 시대에서는 디지털 트랜스포메이션이 혁신의 중추적 역할을 해 왔고, 디지털 트랜스포메이션을 통하여 많은 기업들이 성공적인 디지털 혁신을 이루었다고 평가하고 있다. 제5차 산업혁명이라고도 부를 수 있는 인공지능 혁명시대로 진입하면서, 대세는 인공지능 트랜스포메이션으로 업그레이드가 시작되었는데, 이 둘 사이에는 어떤 차이가 있을까?

디지털 트랜스포메이션과 인공지능 트랜스포메이션은 아래와 같은 차이가 있으나, 사안에 따라, 상호보완적으로 적용할 수 있으며, 기업이나 조직이 전략적으로 이 둘을 통합하여 추진함으로써 혁신과 경쟁력 강화에 시너지를 낼 수도 있다.

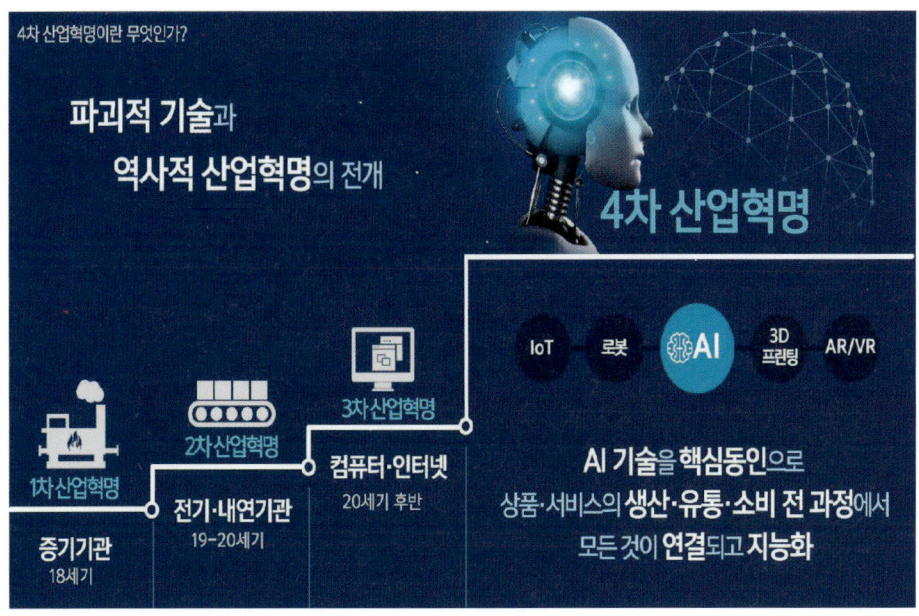

산업 혁명의 발전

목적 및 범위 측면

디지털 트랜스포메이션: 주로 비즈니스 프로세스의 디지털화, 기술 도입, 고객 경험 개선과 같은 전반적인 비즈니스 변화를 의미한다. 디지털 트랜스포메이션은 IT 시스템을 혁신하여 조직 전반에 걸친 효율성을 증진하고 경쟁우위를 확보하는 것을 목표로 한다.

인공지능 트랜스포메이션: 주로 인공지능 기술을 도입하여 데이터 기반의 의사 결정을 강화하고, 자동화 및 예측기능을 향상시키는 것을 중점 목표로 한다.
머신러닝 및 자연어 처리와 같은 인공지능 기술을 통해 습득한 데이터로부터 통찰력을 얻어 비즈니스 프로세스를 최적화한다.

적용 기술 측면

디지털 트랜스포메이션: 클라우드 컴퓨팅, 빅데이터 분석, 사물인터넷(IoT), 자동화 및 혁신적인 기술들을 포함한다. 주로 데이터 수집과 분석, 프로세스 자동화 등을 강조한다.

인공지능 트랜스포메이션: 머신러닝, 딥러닝, 자연어 처리 등의 인공지능 기술을 중심으로 데이터를 분석하여 예측, 자동화, 의사 결정 지원을 가능하게 한다.

응용 영역 측면

디지털 트랜스포메이션: 주로 비즈니스 프로세스, 고객 경험, 운영 효율성 등과 관련이 있다. 기존의 비즈니스 모델을 혁신하고 디지털 기술을 통한 새로운 가치를 창출하는 것이 목표이다.

인공지능 트랜스포메이션: 데이터 중심의 의사 결정, 예측 분석, 자동화된 프로세스 등과 관련이 있으며, 인공지능을 도입하여 조직이 더 스마트하게 데이터를 활용하도록 하는 것이 목표이다.

결과 및 가치 창출 측면

디지털 트랜스포메이션: 디지털 기술을 기반으로 한 비즈니스 프로세스의 효율성 향상, 신속한 의사 결정, 고객경험 개선 등을 통해 비즈니스 가치를 창출한다.

인공지능 트랜스포메이션: 데이터 기반의 예측과 자동화를 통해 비즈니스 프로세스의 최적화, 개선된 의사 결정, 새로운 비즈니스 기회 발견 등을 통해 새로운 가치를 창출한다.

인공지능 트랜스포메이션 추진 로드맵

수백 년을 이어온 산업의 역사에서 얻은 교훈 중에 이런 구절이 있다.
"사양기업은 있어도 사양산업은 없다"
혁신을 선도하지 못한 기업은 결국 도태되어 사라지게 되나, 그 기업이 속한 산업이 통째로 사라지는 경우는 없다는 뜻으로 이해된다.
혁신도 타이밍이 중요하여, 반드시 선두 그룹에서 First Mover가 되거나, 차선으로 Fast Follower가 되지 않으면 결국 혁신 경쟁에서 낙후되어 도태될 것이다. 어느 시대를 막론하고, 소비자와 시장이 격변하는 메가트랜드에 올라타기 위해 혁신을 추구하는 기업이 있는 반면에 변화에 저항하며 갈등관계를 유지하는 기업인도 있게 마련이다.
인공지능이 시장의 패러다임을 흔들고 있다. 기업의 제품, 공정, 고객서비스, 조직문화, 복지 등 모든 면에서 프레임이 바뀌고 있다. 인공지능 기술 내재화를 통한 혁신은 이제 선택이 아니라 필수 과업으로 인식되고 있다.

인공지능 트랜스포메이션은 기업이나 조직이 현재의 비즈니스 모델, 프로세스, 그리고 문화를 혁신하기 위하여 인공지능 기술을 적극적으로 도입하는 과정을 말한다. 이러한 트랜스포메이션은 기존의 업무 방식을 변화시키고, 비즈니스 성과를 향상시키는 데에 중점을 두고, 인공지능 트랜스포메이션을 하나의 대형 프로젝트로 간주하고 이를 추진하기 위한 전체적인 로드맵을 수립해야 한다.

로드맵

로드맵이란 특정 목표를 달성하기 위한 계획이나 방향을 나타내는 계획서를 의미하며, 이는 프로젝트, 제품 개발, 비즈니스 전략 등을 수립할 때 사용된다. 로드맵은 주로 시간에 따른 일련의 단계와 목표를 시각적으로 표현하여 전체적인 비전을 제시하고 이를 이해하기 쉽게 전달하는 데 도움을 준다.

이 로드맵은 단계별로 구성되어 있으며, 특정 기업이나 조직의 상황과 필요에 따라 세부적으로 조정될 수 있다.

준비 단계
1. 디지털 트랜스포메이션
2. CEO 및 경영자 인공지능 마인드셋 정립
3. 인공지능 기술을 통한 비즈니스 혁신 가능성 평가
4. 경쟁사 및 시장 조사
5. 구성원의 워크샵 및 브레인스토밍 개최

추진전략 수립 단계

1. 거버넌스 리더십과 추진팀 구성, CAIO 임명
2. 추진 업무 우선순위를 정하고, 프로젝트별 ROI 분석
3. 인공지능 도입에 필요한 예산 및 자원 확보
4. 인공지능 시스템을 효과적으로 활용할 수 있는 인공지능 리터러시(AI Literacy) 교육을 포함한 교육 계획수립

계획 단계

1. 프로젝트 일정 수립, 마일스톤 설정
2. 마일스톤은 프로젝트나 계획의 중요한 이정표로, 특정한 시점에 달성되어야 하는 중요한 단계나 성과 지점을 나타낸다.
3. 구체적 추진 목표와 평가지표(KPI) 설정
4. 평가지표(KPI, Key Performance Indicator)는 조직이나 프로젝트의 성과를 측정하고 평가하기 위해 사용되는 정량적인 측정 항목이나 지표이다.
5. 팀별, 개인별 역할과 책임 할당, 협업 계획 수립
6. API 등 기술 스택 및 데이터 관리 계획 수립
7. 리스크 관리 및 대응 전략 수립

인프라 구축 및 데이터 준비 단계

1. 필요한 하드웨어 및 소프트웨어 인프라 구축
2. 클라우드 기반의 서비스를 사용할지, 온프레미스 솔루션을 도입할지 결정
3. 데이터 수집 및 전처리를 위한 데이터 준비
4. 데이터의 형식을 표준화하여 모델 학습에 적합한 형태로 가공
5. 데이터 보안 및 개인 정보 보호 정책 수립

모델 개발 및 검증 단계

1. 인공지능 모델의 개발, 챗GPT를 사용하여 노코드(No Code), 로코드(Low Code)기법을 활용하여 코딩 자동화는 필수
2. API, 라이브러리 등을 사용하여 소프트웨어 개발, 특히 UI 개발에 유의
3. 모델의 하이퍼 파라미터를 조정하고, 성능을 향상시키기 위한 실험을 수행
4. 하이퍼파라미터는 기계 학습 모델을 조절하고 제어하는 매개변수로서, 이는 모델이 학습 중에 학습률, 에폭 수, 배치 크기 등과 같은 학습 과정을 조절하는 데 사용된다.

5. 모델 실행 결과를 평가하고 평가 지표를 통해 성능 향상

6. 관련 시스템(다른 응용 소프트웨어, 프레임워크, 데이터 베이스 등) 통합 및 성능 검증

테스트 및 배포 단계

1. 성능 테스트 및 현장 사용자 테스트

2. 버그 수정 및 개선 사항 수용

3. 보안 및 규정 준수 확인

4. 현장 배포 후 피드백 수집, 문제점에 대한 신속한 대응

5. 사용자 교육 실시

평가 및 유지관리 단계

1. 현장에 배포된 시스템의 성능 평가를 위한 실시간 모니터링 실시

2. 사용자 피드백 및 데이터 기반으로 한 지속적인 성능 최적화

3. 기술적 및 비즈니스 측면에서의 개선을 지속적으로 추진

4. 사전 문제를 식별하여 예방하기 위한 사전 유지 관리(PM: Preventive Maintenance)를 수행

5. 정기적인 업데이트와 유지 관리는 필수적

인공지능 교육

인공지능 트랜스포메이션을 대비하기 위해서 교육은 필수적이다.

인공지능 기술을 이해하고 활용할 수 있는 능력은 개인, 기업, 정부 등 모든 사용자에게 혜택을 주며, 혁신, 경쟁력 강화, 생산성 향상, 새로운 일자리 창출, 데이터 주도의 의사 결정, 사회문제 해결, 그리고 윤리적 고려 측면에서도 중요하다.

인공시능 기반 문제 해결능력

- AI 교육: 인공지능 +인공지능 협업
- AI 기술: 인공지능지식과 개발역량
- AI 사회: 선한 인공지능 사회
- 인간 중심 AI

인공지능 교육

결국, 직장 내에서나 사회에서도 인공지능을 잘 쓰는 사람은 살아남고, 못 쓰는 사람은 도태 될 것이다. 초기에 신속하게 인공지능 기술을 이해하고, 스킬을 습득하여 멋지게 활용하는 사람을 인공지능 원주민이라고 부른다. 디지털 원주민위에서 인공지능 원주민이 주인 행세를 하는 시대가 오고 있다. 때늦게나마 인공지능 대열에 합류한 사람을 이주민이라고 하는데, 이주민으로 합류하는 것보다 원주민의 선점 효과를 누리는 사람들의 경쟁력과 생존 확률이 더 높지 않을까!

한 사람의 역량은 아래와 같이 5단계로 성장한다고 한다.

제1단계: 기초단계(집중력, 지구력)

제2단계: 학습단계(탐구력, 암기력, 창의력)

제3단계: 실무자단계(현업 적응력, 실행력)

제4단계: 간부급단계(소통능력, 프로젝트처리 능력)

제5단계: 경영자단계(리더십, 사업추진력)

이 5단계에서 제1단계와 제2단계는 유아부터 학생 시절에 해당하고, 제3단계부터가 직장인 시절에 해당한다고 한다.

여기에서는 직장인의 인공지능 교육을 전제로 하기 때문에 직장의 직급을 3등급으로 나누어, 인공지능 기술에 대한 이해와 인공지능 기술을 효과적으로 활용 할 수 있는 실행력을 함양하는 교육 방안을 제시하고자 한다.

경영자 교육

종래의 경영자는 아날로그와 디지털의 경계인이었다라고 한다면, 오늘날의 경영자는 인공지능과 디지털의 경계인이라 할 수 있다. 경험이나 직관에 의존하여 문제해결이나 정책을 결정하는 시대는 지나가고 있다. 좀 심하게 말하자면 나이가 벼슬이던 시대는 지나가고 있다. 경영자도 소정의 단계별로 인공지능 교육을 받아야 한다.

인공지능 개념 및 용어 이해: 머신러닝, 딥러닝, 자연어 처리 등의 기본적인 용어와 개념에 대한 이해.

비즈니스 측면에서의 인공지능 이해: AI가 비즈니스 전략에 어떻게 기여할 수 있는지 이해. 경쟁 우위를 얻기 위한 AI 활용 방안에 대한 토론.

디지털 리더십 강화: 인공지능 환경에 맞는 조직 및 인력관리를 위한 리더십의 변혁이 필요하다. 디지털 리더십, 더 업그레이드하여 알고리즘 리더십을 함양하는 변화가 필요하다.

윤리 및 규제 사항: 인공지능 도입 시 윤리적 고려사항에 대한 이해.
관련 국내외 규제 및 법적 책임에 대한 교육.

데이터 관리 및 보안: 데이터 수집, 저장, 처리, 보안에 대한 기본 지식 전달.
개인정보 보호와 관련된 규정 및 정책 숙지.

이러한 순서로 교육을 받으면 경영자는 기본적인 이해에서부터 실제 프로젝트 실행에 필요한 능력까지 체계적으로 강화할 수 있을 것이다.

사용자 교육

인공지능 도입 시에 일반 사용자에 대한 교육은 매우 중요하며, 다음은 그에 대한 주요 내용이다. 이러한 교육을 통해 사용자는 인공지능 기술을 확실히 이해하고 긍정적 신뢰감을 가지고 활용할 수 있을 것이다. 인공지능 기술은 빠른 속도로 발전하게 됨으로, 사용자에게 최신 기술 및 정보에 대한 업데이트 교육을 지속적으로 실시해야 한다.

인공지능 기본 개념 이해와 활용사례 소개: 인공지능, 머신러닝, 딥러닝 등과 같은 기본적인 용어와 개념을 이해한다. 또한, 일상 업무에서의 다양한 인공지능 활용 사례에 대한 예시를 제공하여 사용자가 그 활용성을 이해할 수 있도록 한다.

문제 해결 및 활용 방법 학습: 사용자가 문제를 해결하기 위하여 인공지능 기술을 더 효과적으로 활용할 수 있도록 필요한 기능 및 사용법을 학습한다. 구체적인 커리큘럼은 업종 및 직무분장에 따라 편성해야 한다.

데이터의 중요성 및 개인정보 보호: 인공지능은 데이터에 기반하고 있기 때문에 어떤 종류의 데이터가 수집되고 활용되는지에 대한 데이터 처리 프로세스를 학습한다.
개인정보 보호에 대한 중요성을 강조하고, 사용자의 개인 데이터가 어떻게 다루어지는지에 대한 투명성을 제공한다.

보안과 윤리적 사용에 대한 교육: 인공지능이 활용되는 환경에서의 보안 및 안전에 대한 주의사항을 설명한다. 인공지능의 사용에 대한 윤리적 측면과 책임성을 강조하여 사용자가 적절하게 활용할 수 있도록 한다.

개발자 교육

챗GPT 사용 스킬 및 코딩 스킬 학습: 먼저, 챗GPT가 가지고 있는 모든 기능을 학습하여 챗GPT를 능수능란하게 다룰 수 있어야 한다. 개발자라면 누구나 프로그래밍 및 코딩 스킬은 필수과목으로 익혀야 한다. 익히는 수준이 아니라 반드시 고수가 되어야 한다.

개발용 프로그래밍언어로는 Python과 Java를 가장 많이 사용하는 추세이나, 용도에 따라, 적어도 2개 이상의 언어를 자유자재로 구사할 줄 아는 고급 프로그래머가 되어야 한다.

소프트웨어 설계에서부터 코딩까지 챗GPT를 활용해야하고, 챗GPT와 연동하는 코파이롯, 플러그인같은 주요 인공지능 개발 도구 및 라이브러리를 활용하여 프로젝트를 개발하고 테스트하는 기술도 반드시 익혀야 한다. 노코드(No Code), 로코드(Low Code)기법을 최대 활용하는 학습도 익혀야한다.

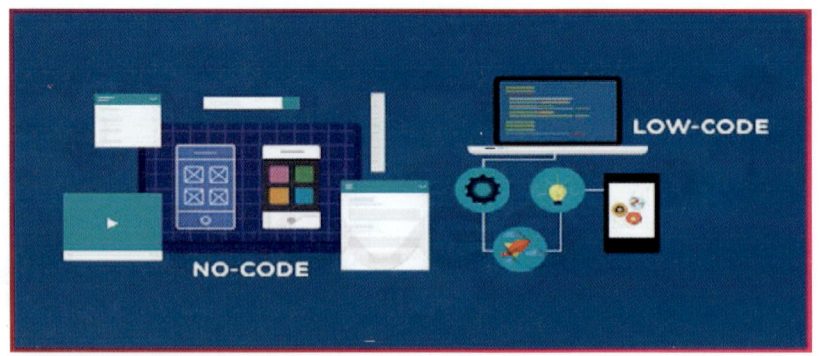

노 코드, 로우 코드

데이터베이스 및 SQL

오라클, MySQL, MongoDB,티베로 등의 데이터베이스 시스템중, 하나정도는 다룰 수 있어야 한다. 필수적으로 SQL(Structured Query Language)을 익혀 데이터 추출, 조작, 필터링에 대한 이해와 처리가 가능해야 한다. 아울러, 데이터 전처리 작업, 데이터 시각화에 관한 지식과 실행 스킬도 학습해야 한다.

현업 지식 통합

인공지능을 특정 업무 영역에 적용하는 방법을 학습하며, 도메인 지식을 인공지능 모델에 통합한다. 통합 시에는 인공지능 내재화라는 인식을 머릿속에 각인하여 작업을 수행해야 한다.

프로젝트 협업 및 커뮤니케이션

프로젝트를 성공적으로 수행하기 위한 마지막 열쇠는 효과적인 팀 협업과 의사소통 스킬이다. 팀원들 간의 끈끈한 협업, 이 협업을 이끌어 내기위한 매개체인 커뮤니케이션 역량은 아무리 강조해도 지나침이 없다.

3
인공지능 시대
생존전략(生存戰略)

인공지능시대가 주도하는 디스토피아

2024년부터, 이 지구상에는 인공지능을 사이에 두고 3대 전쟁이 발발하리라 예상된다. 내부적으로는 글로벌 빅테크 기업 간의 거대 언어 모델(LLM) 개발 경쟁이 치열하다 못해 전쟁으로 비화할 것이며, 소스코드의 개방과 폐쇄를 놓고 합종연횡 하는 인공지능 춘추전국시대가 펼쳐질 것이다. 이미, AI동맹이 현실화 되고 있는 실정이다. 2번째 전쟁은 미국 중국 간의 인공지능 패권 전쟁이다. 무역 전쟁, 반도체 전쟁에 이어 드디어 인공지능 주도권 싸움이 본격화 할 것이다. 선두에서 질주하는 미국을 바짝 뒤 쫓는 중국의 추격전은 제3차 세계대전에 버금가는 혈투가 예상된다. AI기술대국, 선두 탈환을 노리는 중국의 AI굴기 야욕은 미국을 넘어 세계를 지배하고자 할 것이다.

마지막 3번째는 인간과 인공지능 간의 일자리 전쟁이다. 이미 터지고 있는 미국 노동시장의 파업 현장의 구허를 보면, 파업 원인제공자가 인공지능임을 알 수 있다.

바둑9단 고수들 누구도 알파고를 이기지 못하는 것처럼, 인간은 절대 인공지능을 이길 수 없다. 인공지능 별거 아니라고 큰소리치며 인공지능을 무시하던 사람은 인공지능을 잘 쓰는 사람에 떠밀려 실직하는 날이 머지않았다. 이것은 사람과 사람의 전쟁이 아니라 사람과 인공지능의 전쟁의 전쟁이며, 이 전쟁에서 보는 것처럼, 보통 사람은 인공지능기술이 내재된 사람을 절대 이길 수 없다.

인간이 인공지능을 절대 이길 수 없는 이유로는, 다음에 제시하는 6가지 역량 면에서 인공지능이 인간을 압도하기 때문이다.

1. 업무 수행속도

2. 집중력과 지구력

3. 보유하고 있는 지식 및 데이터의 량, 특히 융합 지식의 양

4. 생성 역량

5. 논리적 사고력

6. 진화 속도

더욱 무서운 것은 시간이 지날수록 격차는 점점 더 벌어지게 될 것이다.

보통 사람 누구도 무서운 전쟁터에서 살아남아야 할 권리가 있다. 반드시 살아남아야 한다. 인간은 인공지능과 경쟁관계나 적대관계가 아닌 파트너십을 유지하며, 도태되지 않고 살아남기 위한 생존전략을 숙지하여 꾸준히 실천해야 한다.

인공지능 리터러시 배양

어쩌면 인간은 일터를 떠나서는 살아갈 수가 없다. 인공지능에게 일터를 뺏기지 않으려면 최우선으로 인공지능을 잘 알아야 한다. 지피지기 백전불태(知彼知己 百戰不殆), 적을 알고 나를 알면, 백번 싸워도 위태롭지 않다.

인공지능을 확실히 이해하기 위한 5거지 요건은 아래와 같다.

1. 인공지능 핵심기술 이해와 응용스킬 습득

2. 빅데이터 이해와 데이터 리터러시 함양

3. 챗GPT활용법 학습

4. 커뮤니케이션 역량 강화

5. 윤리 준수와 개인정보 보호

인공지능 실전 활용

하나의 프로젝트를 기획에서 완성까지를 3단계로 나누면 대체로 다음과 같다.

기획단계(인간 10%) ― **실행단계**(AI 80%) ― **마무리단계**(인간 10%)

전체 공정 중에 인간이 수행하는 비율은 약 20% 정도이고 중간 과정의 80%는 인공지능이 맡게 된다. 기획과 마무리를 감당하기 위해서는 인공지능이 할 수 없는 인간 고유의 역량을 보유해야 한다. 실천 지식, 현장 지식, 경험적 지혜를 갖춘 경험전문가가 모범적인 사례이고, 직관보다는 통찰력 중심이 되어야 하고, 경험적 판단보다는 객관적 데이터 기반 판단 능력을 보유해야 한다.

여기서, 직관이란 판단이나 추리 없이 대상을 경험과 육감으로 파악하는 능력을 의미하고, 통찰력이란 사물이나 현상을 예리한 관찰력으로 꿰뚫어 보는 능력으로 누구나 볼 수 있는 보편적 시간이 아닌 다른 시각으로 볼 수 있는 능력을 의미한다.

통찰력은 다음과 같은 과정으로 배양된다고 한다.
호기심 ➡ 상상력 ➡ 창의력 ➡ 통찰력 순으로 배양되는데, 통찰력은 기본지식과 현장 경험, 그리고 통섭적 사고력이 융합되어 배양된다고 한다. 이 내용만 보더라도 과정 하나하나가 그리 녹록해 보이지는 않는다.

자기주도 학습과 평생 교육 실천

새뮤얼 아브스만의 "지식의 반감기"라는 저서에서 모든 지식은 물질처럼 감가상각을 하게 되며, 가치가 절반으로 감소하는 반감기가 있다고 주장하고 있다. 반감기란 특정 지식이 시간이 지남에 따라 더 이상 유효하지 않아지거나 감소하는 현상을 나타내며, 과학기술, 사회, 경제 등 다양한 분야에서 적용되는 개념이다.

이 주장에서 평균 반감기는 7년이라고 하나, 현대 사회에서는 빠른 기술의 발전과 하루가 멀다않고 발표되는 새로운 연구 결과에 따라 지식의 반감기가 상대적으로 더 빨라지는 경향이 있다.

지식의 반감기

이러한 지식의 반감기를 극복하고, 계속해서 변화하는 환경에 적응하기 위해서는 지속적인 업데이트와 학습이 필요하며, 자기 주도적 학습이나 지속적인 전문적 역량 개발이 중요한 역할을 할 것이다.

개인이 자발적으로 학습 목표를 설정하고 학습 방법을 선택하여 지속적으로 스스로 학습하는 과정을 자기주도 학습이라고 한다. 인공지능 기술의 발전과 함께 직업 환경도 매우 빠르게 변화하게 된다. 자기주도 학습은 새로운 기술과 지식을 습득하고 변화하는 환경에 능동적으로 대응하는 최선의 방법이다.

또한, 개인이 일생동안 학습과 자기계발을 지속하는 것을 평생교육이라고 한다. 평생교육은 기존 기술과 지식을 지속적으로 업그레이드하여 새로운 직업 기회를 모색하여 자기주도 성장을 도모하기 위한 필수 과정이기도 하다. 자기주도 학습과 평생교육은 새로운 아이디어를 발굴하고 문제를 해결하는 능력도 향상시켜 준다.

기술 진보에는 중단이나 휴식이 없기에, 자기주도의 평생 학습만이 인공지능과의 싸움에서 살아남는 생존전략임을 명심하고 실천해야 한다.

인공지능과 함께하는 유토피아

인공지능시대의 인재상과 리더십 확립

인공지능시대에 맞는 인재(人材)

인공지능 기술 이해와 활용 역량 강화: 인공지능 기술이 조직의 핵심 부분이 되면서, 인재는 해당 기술을 이해하고 그 활용방법을 파악해야 한다. 인재는 최신 기술 동향을 파악하고 조직 내에서의 적용 가능성을 평가할 수 있는 능력도 갖춰야 한다.

인공지능을 활용한 문제 해결 능력: 인공지능 기술은 많은 문제를 해결하고 비즈니스 프로세스를 최적화하는 데 사용된다. 따라서 인재들은 복잡한 문제에 대한 분석 및 해결 능력을 가지고 있어야 하며, 이러한 능력을 활용하여 AI를 적절히 적용할 수 있어야 한다.

창의성과 디지털 혁신성: 인공지능은 예측 가능한 작업을 자동화함으로써 인간에게 창의성과 혁신에 집중할 수 있는 기회를 제공한다. 따라서 인재는 창의성을 키우고 새로운 아이디어를 제시하며, 비즈니스 모델이나 제품에 혁신을 가져올 수 있는 능력을 가지고 있어야 한다.

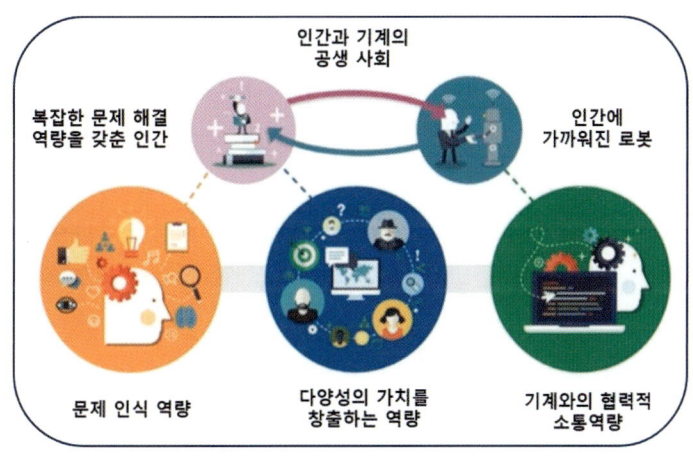

인공지능 시대의 인재상

공감 및 윤리적 판단력: AI의 적용은 사회적, 윤리적 이슈를 도출하고 있다. 인재들은 기술의 적절한 사용에 대한 윤리적 판단력을 보유하고, 업무에 대한 사회적 책임을 이해하며, 사용자나 직원의 요구와 기대를 고려할 수 있는 역량이 필요하다.

커뮤니케이션 및 협업 능력: 인간과 인공지능 간의 협업이 증가함에 따라, 효과적인 소통 능력이 더욱 중요해지고 있다. 팀원 간의 원활한 소통을 통한 협력이 높은 업무 성과를 창출하게 된다. IQ보다는 EQ를 더 높게 평가하는 시대가 도래 할 것이다. 소통능력은 인성과 밀접한 관계가 있으므로 좋은 인성도 실력으로 평가될 것이다.

지속적인 학습과 자기계발: 인공지능기술은 지속적으로 발전하고 있으므로, 인재들은 새로운 기술과 트렌드에 대한 학습을 꾸준히 추구해야 한다. 자기 주도적 학습과 계발에 대한 높은 의지가 필요하다. 졸면 죽는다는 신념으로 항상 인공지능에 대한 긴장감을 유지해야 한다.

인공지능시대의 리더십

디지털 리더십과 알고리즘 리더십: 디지털 기술, 특히 인공지능기술이 발전함에 따라, 이와 관련된 기술적 역량이 중요해짐에 따라, 비즈니스 리더는 기본적인 디지털 및 인공지능 기술 지식과 역량을 가지고 있어야 하며, 이를 토대로 리더십을 확립해야 한다. 디지털 기술 기반의 리더십을 디지털 리더십이라고 부르고, 인공지능 기반의 리더십을 일명 알고리즘 리더십이라고도 한다.

윤리적 리더십: 인공지능의 활용은 윤리적인 문제를 야기할 수 있다. 리더는 기술의 사용에 대한 윤리적 가이드라인을 수립하고 이를 정기적으로 평가하여 조직의 윤리적 책임을 강조하고 솔선해서 실천해야한다.

데이터 기반의 의사결정: AI는 빅 데이터를 활용하여 의사결정을 지원하고 개선한다. 이에 따라 리더는 직관이나 경험 기반이 아닌 데이터 기반의 의사결정에 익숙해져야 하며, 데이터를 분석하고 해석할 수 있는 능력을 키워야 한다. 나이가 벼슬이 되는 시대는 저물어 가고 있다.

열린 소통문화: 인공지능은 기술적인 측면이 강조되는 경향이 있다. 리더는 조직 내에서 투명하고 열린 소통문화를 유지하며, 기술적인 측면을 이해하기 어려운 이해관계자들과의 소통을 더욱 강화해야 한다.

혁신과 실패 수용 문화: 인공지능 프로젝트는 실패할 수도 있다. 리더는 실패를 허용하고, 실패로부터 학습하며 조직의 혁신 능력을 강화하는 문화를 조성해야 한다.

인간-기계 협력 강화: 인공지능은 인간과의 협력을 강조한다. 리더는 효과적인 협업을 위해 인간-기계 팀을 조화롭게 이끌어 나가는 능력이 필요하다. 아울러, 팀 간의 소통과 협력도 꾸준히 증진시켜야 한다.

다양성과 포용성 강화: 인공지능 시대에서는 다양한 개성과 관점을 가진 인재들 중심으로 조직이 구성될 것이고, 다양성과 포용성을 강화하는 것은 리더의 덕목중의 덕목이다.

인공지능 도입은 리더에게 적응력, 학습능력, 혁신력, 소통능력, 윤리적 판단 등의 새로운 능력과 가치를 요구하며, 이를 학습하여 체득한 리더는 조직을 성공적으로 이끌어 최고의 성과를 조직에게 바칠 수 있으리라 확신한다.

부록 2. 소프트웨어, 프로그래밍, 코딩, 그리고 파이썬

1 소프트웨어 및 프로그래밍

소프트웨어의 사용 분야는 방대하고 다양하며 현대 생활의 거의 모든 측면을 포괄한다. 오늘날의 디지털 세계에서 소프트웨어와 프로그래밍은 일상 생활의 필수적인 부분이다. 스마트폰 앱에서 글로벌 금융을 주도하는 복잡한 시스템에 이르기까지 소프트웨어는 모든 것의 핵심이며, 모든 소프트웨어 뒤에는 모든 것을 가능하게 하는 프로그래밍 세계가 있다.

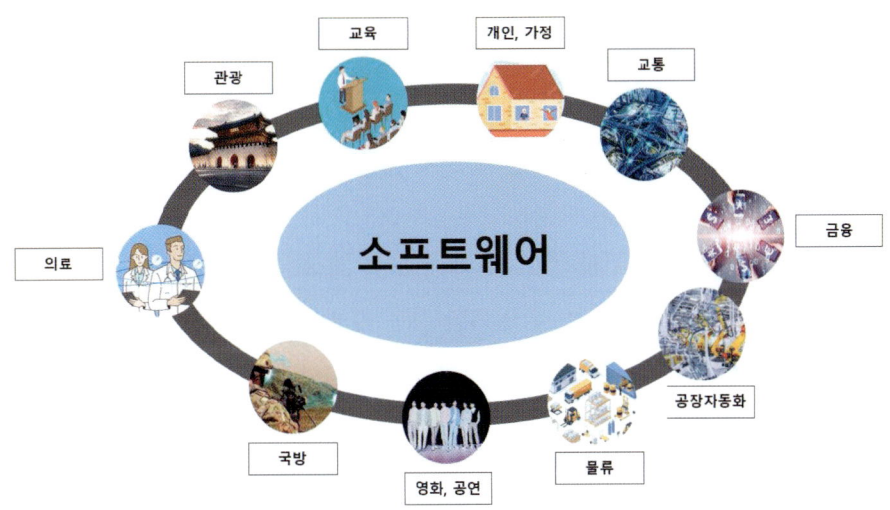

인공지능과 함께하는 유토피아

이 장에서는 소프트웨어와 프로그래밍의 필수 개념을 탐구하고 우리가 매일 의존히는 소프트웨어를 만들기 위해 함께 작동하는 방법을 학습한다.

먼저 소프트웨어 구성의 개념을 살펴보고 운영 체제에서 디바이스 드라이버, 유틸리티, 데이터베이스, 웹 브라우저 등의 컴퓨터 시스템에서 함께 작동하는 다양한 소프트웨어 계층을 살펴본다.

다음으로 소프트웨어가 개발에서 , 배포 및 그 이후까지 거치는 일반적인 단계인 소프트웨어 생명주기를 자세히 살펴보고 해당 단계의 중요성과 발생하는 주요 활동에 대해 살펴본다.

마지막으로 "프로그래밍"과 "코딩"이라는 용어를 명확하게 하며, 이러한 차이점이 무엇이고 왜 중요한지 살펴보겠다.

이 장을 마치면 소프트웨어와 프로그래밍의 기본 개념을 확실하게 이해하고 이 책의 뒷부분에서 다룰 고급 주제에 대한 견고한 토대를 마련하게 된다.

소프트웨어 구성

프로그래밍의 세계를 탐구하기 전에 컴퓨터 시스템에서 작동하는 다양한 소프트웨어 계층을 이해하는 것이 중요하다. "소프트웨어"라는 용어는 크게 시스템 소프트웨어와 애플리케이션 소프트웨어의 두 범주로 나눌 수 있다.

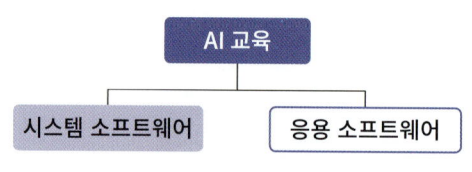

소프트웨어의 분류

시스템 소프트웨어

시스템 소프트웨어는 컴퓨터 하드웨어를 관리하고 제어하는 프로그램 모음으로, 애플리케이션 소프트웨어가 작동하는 데 필요한 기본 기능을 제공한다.

최종 사용자가 워드 프로세싱이나 웹 브라우징과 같은 특정 작업을 수행하도록 설계된 애플리케이션 프로그램 소프트웨어와 다른 측면으로 시스템 소프트웨어는 하드웨어와 사용자 애플리케이션 프로그램 사이의 다리 역할을 한다. 또한 컴퓨터 작업을 효율적으로 만들고 안전한 방식으로 더 빠른 성능을 구현하는 데 도움이 되며, 애플리케이션 소프트웨어를 실행하기 위한 플랫폼을 구축한다.

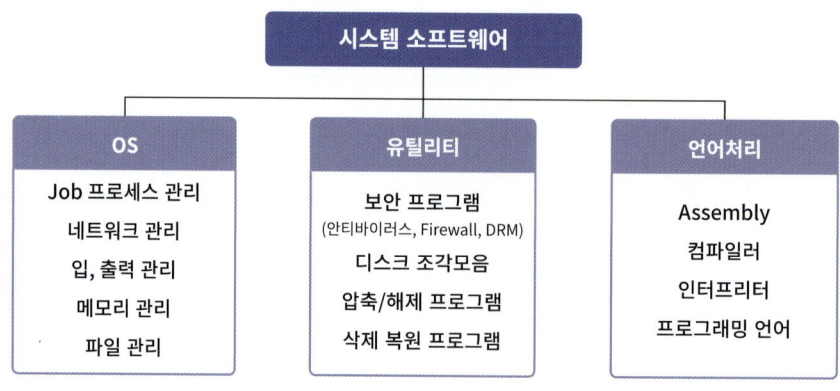

시스템 소프트웨어의 분류

시스템 소프트웨어를 통해 사용자는 기본 설정과 상호 작용하고 그래픽 사용자 인터페이스를 사용하여 컴퓨터에 명령을 내릴 수 있는 다양한 옵션을 사용할 수 있다. 사용자는 일반 시스템 설정 및 서비스와만 상호 작용할 수 있으며 시스템 소프트웨어의 핵심 서비스 및 프로그램은 백그라운드에서 자동으로 작동하여 시스템 프로세스 및 성능을 관리한다.

OS (Operation System): 운영체제는 컴퓨터 시스템의 중심 역할을 하며 다양한 관리 작업을 수행한다. 프로세스 관리에서는 스케줄링과 동기화를 통해 여러 프로세스를 효율적으로 조정하고, 네트워크 관리를 통해 다른 시스템과의 데이터 교환을 원활하게 한다. 또한, 입출력 관리에서는 다양한 I/O 디바이스를 통한 데이터 교환을 담당하며, 메모리 관리에서는 RAM과 같은 메모리 리소스를 효율적으로 할당하고 회수한다. 파일 관리를 통해 데이터를 구조적으로 저장하고, 필요한 파일 작업을 수행한다.

이러한 다양한 관리 작업을 통합적으로 수행함으로써, 운영체제는 하드웨어 리소스를 최적화하고 사용자 및 다른 소프트웨어가 시스템을 효과적으로 사용할 수 있게 지원한다.

OS 구성

유틸리디: 서비스 프로그램 또는 유틸리티라고도 하는 유틸리티 소프트웨어는 컴퓨터를 분서, 구성, 최적화 또는 유지 관리하도록 설계된 소프트웨어이다.

컴퓨터 시스템의 기존 프로그램을 지원, 향상 또는 확장하는 데 사용된다. 단일 유틸리티는 디스크 조각 모음, 데이터 압축, 데이터 백업 또는 컴퓨터 바이러스 검사와 같은 특정 작업을 수행할 수 있으며, 유틸리티 프로그램의 예로는 디스크 정리 도구, 바이러스 백신 프로그램 및 디스크 조각 모음이 있다.

유틸리티

언어 처리 소프트웨어: 언어 처리 소프트웨어는 고급 언어 소스 코드를 기계어 코드로 변환하는 데 사용되는 프로그램을 말한다. 언어 처리 소프트웨어에는 컴파일러, 인터프리터 및 어셈블러의 세 가지 유형이 있다. 컴파일러는 고급 언어로 작성된 전체 프로그램을 실행하기 전에 기계어로 번역한다. 인터프리터는 고급 언어의 한 줄을 기계어로 번역하고 실행한 후 다음 줄로 넘어가며, 어셈블러는 어셈블리 언어 프로그램을 기계어로 번역한다.

언어처리 소프트웨어

컴파일

소스 코드: 프로그래머가 고급 언어로 작성한 코드이다. 사람이 읽을 수 있으며 프로그래머가 컴퓨터에서 실행하기를 원하는 명령어 집합이다.

컴파일: 소스 코드는 컴파일러에 입력되어 일반적으로 기계 코드 또는 어셈블리 언어와 같은 저수준 언어로 변환된다. 컴파일러는 구문 및 의미 오류에 대한 소스 코드를 확인한다.

목적 코드: 컴파일러의 출력은 목적 코드라고도 하는 Object Code 이다. 컴퓨터의 CPU에서 직접 실행할 수 있는 머신 코드가 포함된 이진 파일이다.

링커: 프로그램이 여러 소스 코드 파일로 구성되어 있거나 라이브러리를 사용하는 경우 링커를 사용한다. 링커는 여러 소스 파일의 개체 코드를 단일 실행 파일로 결합하고 코드를 사용하는 라이브러리와 연결한다.

메모리 로드: 로더는 프로그램이 실행될 때 실행 파일을 메모리에 로드하는 운영 체제의 일부이며, 실행 코드가 컴퓨터의 메모리에 로드되고 변수 및 계산을 위한 메모리를 할당한다.

실행: 코드가 메모리에 있으면 CPU는 기본 기능부터 시작하여 코드에 나타나는 순서대로 코드를 실행한다.

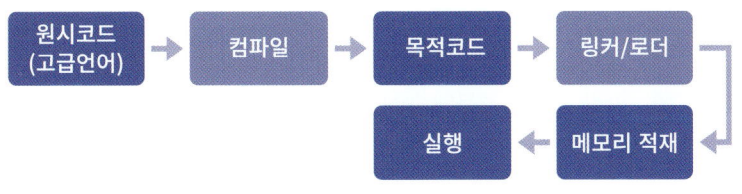

컴파일 과정

인터프리터

소스 코드: 컴파일과 마찬가지로 프로세스는 프로그래머가 작성한 소스 코드이다.

인터프리터: 인터프리터는 소스 코드를 가져와 바이트코드라고 하는 중간 형식으로 변환한다. 컴파일러와 달리 인터프리터는 이 작업을 한 줄씩 수행하여 번역된 각 줄을 실행한다.

바이트코드: 바이트코드는 소스 코드의 하위 수준 표현이지만 기계 코드는 아니다. 상위 수준의 소스 코드보다 컴퓨터가 실행하기 쉽지만 여전히 해석이 필요한 일종의 중간 지점의 언어이다.

실행: 인터프리터가 바이트코드를 한 줄씩 실행한다. 오류가 발생하면 해당 지점에서 실행을 중지하고 오류를 보고한다.

인터프리터 실행 과정

컴파일 인터프리터 비교

컴파일러와 인터프리터는 프로그래밍 언어를 컴퓨터가 실행할 수 있는 형태로 변환하는 두 가지 기본적인 방법이다. 이들은 프로그래밍 코드를 어떻게 처리하고 실행하는지에 있어 중요한 차이점을 가지고 있다. 이러한 차이를 이해하는 것은 프로그래밍 언어의 선택과 프로그램의 성능 최적화에 중요한 영향을 미친다. 여기에서는 이 두 방식의 주요 차이점과 각각의 특징을 간단하고 명확하게 비교하여 설명하겠다. 아래는 두 방식의 특징이다.

성능 분류	컴파일 방식	인터프리터 방식
속도	코드가 머신 코드로 미리 컴파일되기 때문에 일반적으로 실행 속도가 더 빠르다.	각 명령이 실행 중에 변환되기 때문에 일반적으로 더 느리다.
휴대성	컴파일된 코드가 플랫폼에 따라 다르기 때문에 이식성이 떨어진다.	적절한 인터프리터가 있는 모든 시스템에서 소스 코드를 실행할 수 있으므로 이식성이 높다.
디버깅	코드를 테스트하기 전에 컴파일해야 하므로 디버깅이 더 어려울 수 있다.	코드를 한 줄씩 테스트할 수 있기 때문에 디버깅이 더 쉬워질 수 있다.
보안	소스 코드가 배포되지 않기 때문에 더 안전하다.	소스 코드가 자주 배포되기 때문에 덜 안전하다.
개발 주기	변경 사항을 다시 컴파일해야 하므로 개발 주기가 길다.	변경 사항을 즉시 테스트할 수 있으므로 개발 주기가 단축된다.
메모리	컴파일 중 선행 최적화로 인해 메모리 사용량이 적다.	선행 최적화가 부족하여 메모리 사용량이 덜 효율적이다.
오류 확인	컴파일 시간 동안 오류가 포착된다.	일부 오류는 런타임까지 포착되지 않는다.

성능 분류	컴파일 방식	인터프리터 방식
C	O	N
C++	O	N
자바	O	O
파이썬	N	O
자바 스크립트	N	O
루비	N	O
PHP	N	O

프로그래밍별 명령 처리 방식

애플리케이션 소프트웨어

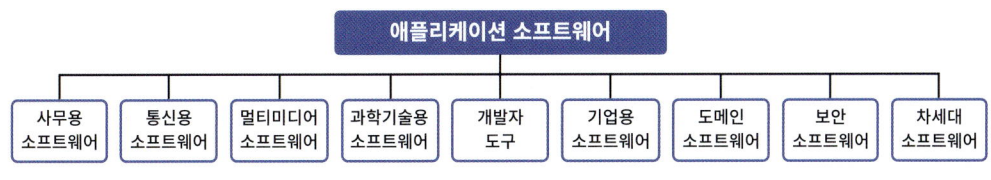

애플리케이션 소프트웨어의 분류

사용자가 특정 작업을 수행할 수 있게 도와주는 프로그램이다. 문서 작성, 이미지 편집, 웹 브라우징 등을 위한 소프트웨어가 이에 해당한다. 애플리케이션 소프트웨어는 사용자가 특정 작업을 수행하거나 문제를 해결하기 위해 직접적으로 사용하는 프로그램이다. 이러한 소프트웨어는 일상적인 작업을 쉽고 효율적으로 수행할 수 있도록 설계되었으며, 다양한 형태와 목적으로 존재한다. 애플리케이션 소프트웨어는 시스템 소프트웨어와 달리 최종 사용자에게 직접적인 유틸리티를 제공하는 데 중점을 둔다.

다음은 애플리케이션 소프트웨어의 주요 특징과 기능이다.

- 애플리케이션 소프트웨어는 주로 이미지 편집, 워드 프로세싱, 게임 등과 같은 컴퓨터에서 특정 작업을 완료하기 위해 개발되거나 프로그래밍 된다.
- 애플리케이션 소프트웨어는 대부분 크기가 크기 때문에 기계/시스템에서 더 많은 스토리지 또는 공간을 차지한다.
- 애플리케이션 소프트웨어는 일반적으로 고급 언어로 작성되거나 개발된다.
- 애플리케이션 소프트웨어는 일반적으로 사용자와 더 많이 상호 작용하여 소프트웨어의 사용성이 편리하다.
- 애플리케이션 소프트웨어는 시스템 소프트웨어보다 설계 및 개발이 다소 수월하다.

1. 사무용 소프트웨어

사무용 소프트웨어는 일상적인 사무 및 비즈니스 관련 작업을 효율적으로 처리하기 위해 설계된 프로그램들을 의미한다. 이러한 소프트웨어는 데이터 관리, 문서 작성, 프레젠테이션 제작, 커뮤니케이션 등 다양한 사무 작업을 지원하며, 기업과 개인 모두에게 필수적인 도구이다.

문서 작성 도구

워드 프로세서 (예: Microsoft Word, Google Docs)

스프레드시트 (예: Microsoft Excel, Google Sheets)

프레젠테이션 소프트웨어 (예: Microsoft PowerPoint, Google Slides)

커뮤니케이션 도구

이메일 클라이언트 (예: Microsoft Outlook, Mozilla Thunderbird)

화상회의 소프트웨어 (예: Zoom, Microsoft Teams)

업무 자동화 및 분석 도구

RPA(Robotic Process Automation) (예: UiPath, Automation Anywhere)

BI(Business Intelligence) 도구 (예: Tableau, Power BI)

시간 관리 및 협업 도구

시간 관리 도구 (예: Toggl, RescueTime)

문서 공유 및 협업 플랫폼 (예: Google Drive, Dropbox)

사무용 소프트웨어는 업무 생산성을 증가시키고, 조직적인 작업 수행을 가능하게 한다. 이러한 도구들은 문서 작성부터 프로젝트 관리까지, 사무 환경에서 필요한 다양한 기능을 제공하며, 개인과 팀의 업무 효율성을 높이는 데 큰 도움이 된다.

2. 통신용 소프트웨어

통신용 소프트웨어는 사람들이 서로, 또는 컴퓨터 시스템과 쉽게 정보를 주고받을 수 있도록 도와주는 프로그램이다.

이 소프트웨어는 다양한 형태로 존재하며, 각각은 특별한 통신 요구사항을 충족시키기 위해 설계되었다. 또한 커뮤니케이션을 더 쉽고 편리하게 만들어 주고, 개인이나 조직이 서로 연결되고 정보를 교환하는 데 중요한 역할을 하며, 현대 사회에서 정보의 흐름을 원활하게 한다.

웹브라우저: 인터넷 정보 접근 및 탐색 지원 소프트웨어 (예: Google Chrome)

메신저: 실시간 메시지 교환 소프트웨어 (예: Facebook Messenger)

파일전송: 컴퓨터 간 파일 이동 소프트웨어 (예: FileZilla)

E-mail(이메일): 전자 메일 송수신 소프트웨어 (예: Microsoft Outlook)

IOT(사물인터넷): 물건들의 인터넷 기반 정보 교환 소프트웨어
(예: Samsung SmartThings)

이와 같은 통신용 소프트웨어는 현대 생활에서 정보 교환과 소통을 용이하게 하며, 우리의 일상과 업무에서 매우 중요한 역할을 담당한다.

3. 멀티미디어 소프트웨어

멀티미디어 소프트웨어는 텍스트, 이미지, 오디오, 비디오 및 애니메이션과 같은 다양한 유형의 미디어 콘텐츠를 생성, 편집, 조합 및 재생하는 데 사용되는 프로그램이다. 이 소프트웨어는 멀티미디어 콘텐츠를 효과적으로 처리하고 사용자에게 통합된 멀티미디어 경험을 제공하는 데 중점을 둔다.

이미지 및 그래픽 편집: 이미지 생성 및 편집 (예: Adobe Photoshop)
오디오 편집: 오디오 녹음, 편집, 혼합 (예: Audacity, Adobe Audition)
비디오 편집: 비디오 클립 편집 및 제작 (예: Adobe Premiere Pro, Final Cut Pro)
애니메이션 및 3D 모델링: 애니메이션과 3D 모델 생성 (예: Autodesk Maya, Blender)
웹 디자인: 웹사이트 디자인과 개발 지원 (예: Adobe Dreamweaver, WordPress)

이러한 멀티미디어 소프트웨어는 창의적인 작업, 교육, 엔터테인먼트, 광고, 그리고 웹 디자인과 같은 다양한 분야에서 중요한 역할을 한다.

사용자는 이 도구들을 통해 자신의 아이디어를 시각적으로 표현하고, 복합적인 멀티미디어 프로젝트를 효과적으로 구현할 수 있다.

4. 과학 기술용 소프트웨어

과학 기술용 소프트웨어는 과학적 연구, 시뮬레이션, 데이터 분석, 기술 설계와 같은 전문적인 목적을 위해 특별히 설계된 소프트웨어이다. 이러한 소프트웨어는 복잡한 계산, 데이터 처리, 모델링, 그래픽 표현 등을 가능하게 하며, 과학자, 엔지니어, 연구원들이 보다 정밀하고 효율적으로 작업을 수행할 수 있도록 돕는다.

수치해석 및 계산: 과학 및 엔지니어링 문제에 대한 수학적 해결책 제공 (예: MATLAB)
CAD/CAM/CAE: 제품 설계와 제작의 디지털화 지원 (예: AutoCAD, SolidWorks)
시뮬레이션: 실제 상황과 공정의 컴퓨터 모델링 (예: ANSYS)
통계 분석: 데이터 수집 및 분석 도구 (예: SPSS, R)
서지 관리: 연구 문헌 관리 및 인용 지원 (예: EndNote, Zotero)

과학 기술용 소프트웨어는 연구와 개발 분야에서 핵심적인 역할을 하며, 더 정확하고 신속한 연구 결과 도출, 복잡한 문제 해결, 새로운 기술과 혁신의 발전에 기여한다. 이러한 소프트웨어는 과학자와 엔지니어가 높은 수준의 정밀도와 효율성으로 작업을 수행할 수 있게 해준다.

5. 개발자 도구

개발자 도구는 소프트웨어 개발 과정을 지원하는 일련의 소프트웨어 및 유틸리티이다. 이들은 개발자가 코드를 작성, 테스트, 디버그 및 유지보수하는 데 필수적인 역할을 한다. 이 도구들은 개발 과정의 효율성을 높이고, 더 빠르고 오류가 적은 소프트웨어 개발을 가능하게 한다. 주요 개발자 도구의 유형과 그 기능은 다음과 같다.

통합 개발 환경(IDE): 코드 작성, 편집, 컴파일, 디버깅을 통합하는 복합 소프트웨어
(예: Visual Studio, Eclipse, IntelliJ IDEA)

코드 에디터: 경량화된 텍스트 편집기로, 소스 코드 편집에 최적화
(예: Visual Studio Code, Sublime Text, Atom)

버전 관리 시스템: 소스 코드의 버전 관리 및 변경 추적 시스템
(예: Git, Subversion, Mercurial)

데이터베이스 관리 시스템(DBMS): 데이터베이스의 효과적 관리 및 조작 도구
(예: MySQL, Oracle, SQL Server)

디버거: 프로그램의 버그 식별 및 수정 지원 도구, 대부분의 IDE에 포함

빌드 도구: 소스 코드 컴파일 및 실행 가능한 소프트웨어 변환 도구
(예: Maven, Gradle, Ant)

이러한 도구들은 각각의 고유한 기능을 통해 소프트웨어 개발 프로세스의 다양한 측면을 지원하며, 개발자가 효율적으로 고품질의 소프트웨어를 개발할 수 있도록 돕는다.

6. 기업용 소프트웨어

기업용 소프트웨어는 조직의 비즈니스 프로세스를 관리하고 최적화하는 데 사용되는 소프트웨어이다. 이는 기업의 운영 효율성을 향상시키고, 생산성을 증대시키며, 의사 결정 과정을 지원하는 목적을 가진다. 주요 특징과 유형은 다음과 같다.

자원 관리 소프트웨어(Enterprise Resource Planning): ERP 시스템은 기업의 재무, 인사, 생산, 공급망 등 여러 부문의 관리를 통합한다. (예: SAP ERP, Oracle ERP)

고객 관계 관리(CRM) 소프트웨어: 고객 데이터 관리, 판매 추적, 서비스 및 마케팅을 지원한다. (예: Salesforce, Microsoft Dynamics CRM)

데이터 분석 및 비즈니스 인텔리전스(BI) 소프트웨어: 데이터 수집 및 분석, 비즈니스 인사이트를 제공한다. (예: Tableau, Power BI)

협업 도구: 팀 커뮤니케이션 및 협업 촉진 (예: Microsoft Teams, Zoom)

프로젝트 관리 및 업무 자동화 도구: 프로젝트 계획, 실행, 모니터링 지원 및 업무 자동화를 지원한다. (예: Asana, JIRA, Microsoft Project)

보안 및 규정 준수 소프트웨어: 데이터 보안 유지 및 규정 준수를 지원한다. (예: Symantec, McAfee)

기업용 소프트웨어는 기업의 효율성과 경쟁력을 높이는 데 중요한 역할을 하며, 비즈니스의 다양한 측면을 자동화하고 최적화하는 데 기여한다. 이러한 소프트웨어는 조직의 크기와 필요에 따라 다양한 형태로 존재하며, 특정 비즈니스 요구에 맞추어 맞춤화될 수 있다.

7. 도메인 소프트웨어

도메인 소프트웨어는 특정 분야나 산업에 맞춰 개발된 소프트웨어를 의미한다. 이는 전문적인 요구와 기능을 충족하기 위해 설계되었으며, 크게 두 가지 하위 범주로 나뉜다.

일반적인 도메인 소프트웨어

이 범주에는 특정 분야에 특화된 소프트웨어가 포함된다. 예를 들어, 의료 분야의 영상 진단 소프트웨어, 항공 분야의 비행 시뮬레이션 소프트웨어, 회계 분야의 세무 처리 소프트웨어 등이 여기에 해당한다. 이외에도 공공 부문의 거버넌스 강화 소프트웨어, 교육 분야의 학습 도구, 금융 및 의료 분야의 디지털 혁신 플랫폼, 방위 산업의 전략적 소프트웨이, AI 및 블록체인 기술 등이 포함된다.

이 범주에는 병원에서 사용되는 의료 영상 소프트웨어, 조종사 훈련을 위한 비행 시뮬레이션 소프트웨어, 회계사를 위한 세무 준비 소프트웨어 등이 포함된다. 공공 부문에서는 거버넌스와 시민 참여를 강화하는 소프트웨어가 있으며, 교육 도구는 학습을 쌍방향으로 만든다. 금융 및 의료 분야에서는 디지털 플랫폼을 통해 환자 치료 혁신을 이루고 있다. 방위 부문에서는 전략적 작전을 위한 소프트웨어를 사용하며, 항공 소프트웨어는 하늘을 더 쉽게 항해할 수 있게 도와준다. AI와 블록체인 기술이 이 범주에도 포함되어, 이미지 인식, 음성 이해와 같은 기능을 제공하거나 데이터 트랜잭션을 재구성한다.

임베디드 소프트웨어 및 펌웨어

임베디드 소프트웨어: 특정한 기능을 수행하기 위해 특정한 하드웨어에 탑재되어 동작하는 소프트웨어이다. 제한된 리소스(메모리, 연산 능력 등)를 가지고 있어 효율적인 코드 작성이 중요하다.

펌웨어(Firmware): 특정 하드웨어나 장치를 제어하고 운영하기 위해 그 장치에 내장된 소프트웨어이다. 일반적으로 ROM, EEPROM, 또는 플래시 메모리와 같은 비휘발성 메모리에 저장되어 있다. 펌웨어는 장치의 기본적인 기능을 제공하며, 하드웨어를 제어하고 초기화하는 역할을 한다.

이렇게 도메인 소프트웨어는 일반적인 도메인과 특별한 하드웨어에 특화된 소프트웨어, 즉 임베디드 소프트웨어 및 펌웨어로 구분하여 다양한 분야와 산업에 적용되고 있다.

일반적인 도메인 소프트웨어	공공
	교육
	금융
	의료
	국방
	우주·항공
	AI (영상인식, 음성인식, 자연어 처리, 자율주행 등)
	Blockchain
임베디드 및 펌웨어	임베디드 OS
	실시간 운영 체제 (RTOS)
	마이크로컨트롤러용 소프트웨어
	PLC 프로그래밍 및 제어 소프트웨어
	DSP (Digital Signal Processing) 소프트웨어
	센서 및 액추에이터 제어 소프트웨어
	IoT (Internet of Things) 장치용 소프트웨어
	자동차 및 항공 운영체제 및 소프트웨어
	웨어러블 장치용 소프트웨어

도메인 소프트웨어

8. 보안 소프트웨어

보안 소프트웨어는 악의적인 위협으로부터 데이터와 시스템을 보호한다. 여기에는 Norton, 방화벽 응용 프로그램 및 암호화 도구와 같은 바이러스 백신 프로그램이 포함되며, 사이버 공격, 맬웨어 및 무단 액세스로부터 보호한다. 바이러스 검사는 위협을 탐지하고 암호화 도구는 민감한 데이터를 숨긴다. 방화벽과 IPS는 게이트 키퍼 역할을 하며 액세스를 모니터링하고 제어한다.

스파이웨어방지 도구는 은밀한 위협에 맞서고 DRM은 제작자의 권리를 보호한다. DDoS 공격과 같은 잠재적인 공격으로부터 보호 도구는 안정성을 보호하고 보장한다.

바이러스 검사, 암호화, Firewall, 침입 탑지 시스템, 스파이웨어, DRM, DDOS

9. 차세대 소프트웨어

차세대 소프트웨어는 미래의 기술 트렌드와 혁신을 반영하여 개발된 소프트웨어를 의미한다. 이러한 소프트웨어는 기존의 컴퓨팅 패러다임을 넘어서, 새로운 방식의 문제 해결과 서비스 제공을 가능하게 한다.

인공지능은 컴퓨터가 사람처럼 생각하고 판단할 수 있게 해주며, 블록체인은 데이터의 보안과 무결성을 강화한다. 가상현실과 증강현실은 실제와 디지털 세계를 융합해 새로운 경험을 제공하고, 사물인터넷은 물리적 장치를 스마트하게 연결해 효율성을 높인다. 클라우드와 엣지 컴퓨팅은 데이터를 더 효율적으로 저장하고 처리한다. 이러한 기술들은 기존의 한계를 넘어 새로운 가능성을 열고 있다.

인공지능(AI)

블록체인

가상현실(VR) 및 증강현실(AR)

사물인터넷(IoT)

클라우드 컴퓨팅 및 엣지 컴퓨팅

공유 가능 애플리케이션 분류

오늘날의 상호 연결된 디지털 세계에서 소프트웨어가 공유되고 액세스되는 방식은 소프트웨어 자체만큼 다양해졌다. 스펙트럼의 한쪽 끝에는 무료로 사용할 수 있는 소프트웨어인 프리웨어가 있다.

인기 있는 예로는 Adobe Acrobat Reader 및 Skype가 있다. 셰어웨어를 사용하면 WinRAR에서 볼 수 있듯이 구매하기 전에 제한된 기능을 사용해 볼 수 있다.

오픈 소스는 소스 코드가 공개된 소프트웨어를 의미 하며 Linux 운영 체제, Apache HTTP Server 및 Firefox 웹 브라우저 등이 있다. 대조적으로, 폐쇄 소스 또는 독점 소프트웨어인 Windows는 코드를 비밀로 유지하고 최종 제품만 제공한다. 마지막으로 Microsoft Office와 같은 제품을 포함한 상용 소프트웨어는 소스 공개 여부와 관계없이 주로 판매용으로 개발된다.

프리웨어(Freeware)

셰어웨어(Shareware)

오픈 소스(공개 소프트웨어)

폐쇄소스(독점 소프트웨어)

상용 소프트웨어

제공 모델별 분류

소프트웨어 세계에서 애플리케이션에 액세스하고 활용하는 방식은 많은 변화가 있었다. 한때 기업은 소프트웨어가 조직의 자체 서버에 직접 설치되고 실행되는 온프레미스 솔루션에 크게 의존했다. 이 접근 방식은 가까이에 있는 데이터와 특정 요구에 맞는 시스템을 통해 통제력을 제공했다. 그러나 유지 관리, 업데이트 등 상당한 선행 비용에 대한 책임도 수반되었다. 디지털 시대가 진행됨에 따라 클라우드 기반의 소프트웨어로 세 가지 제품을 제공했다.

온프레미스
온프레미스 소프트웨어는 회사 자체 서버 및 인프라에 설치되고 실행된다. 일회성 구매가 필요하며 유지 관리 및 업그레이드를 위한 추가 비용이 포함될 수 있다. 예를 들면 기존 버전의 Microsoft Office 및 Oracle Database가 있다.

클라우드 기반 소프트웨어
IaaS(Infrastructure as a Service): 인터넷을 통해 가상화된 컴퓨팅 리소스를 제공한다. 예: 아마존 웹 서비스(AWS).

PaaS(Platform as a Service): 고객이 복잡한 인프라 구축 및 유지 관리 없이 애플리케이션을 개발, 실행 및 관리할 수 있는 플랫폼을 제공한다. 예: 헤로쿠

SaaS(Software as a Service): 구독 방식으로 인터넷을 통해 소프트웨어 애플리케이션을 제공한다. Google Workspace 및 Salesforce가 그 예이다.

하이브리드 솔루션

하이브리드 솔루션은 온프레미스 및 클라우드 기반 모델을 통합한다. 이를 통해 기업은 보안 또는 규정 준수를 위해 일부 데이터 또는 애플리케이션을 사내에 유지하면서 클라우드 컴퓨팅의 유연성과 확장성을 활용할 수 있다. 클라우드의 장점은 여러 가지가 있다. 확장성, 비용 절감, 또한 어디에서나 도구에 액세스할 수 있다. 그러나 데이터 보안과 가끔 제어할 수 없는 느낌에 대한 우려가 없는 것은 아니다.

두 가지의 장단점을 인식하여 하이브리드 솔루션이 탄생했다. 마치 도시에 집이 있고 시골에 별장이 있는 것과 같다. 필수적이고 민감한 작업은 온프레미스로 유지하면서 확장 가능하고 유연한 작업은 클라우드를 사용한다.

- 온프레미스, 클라우드 기반 소프트웨어 (IaaS, PaaS, SaaS), 하이브리드 솔루션

프로그래밍의 동작 구조(웹)

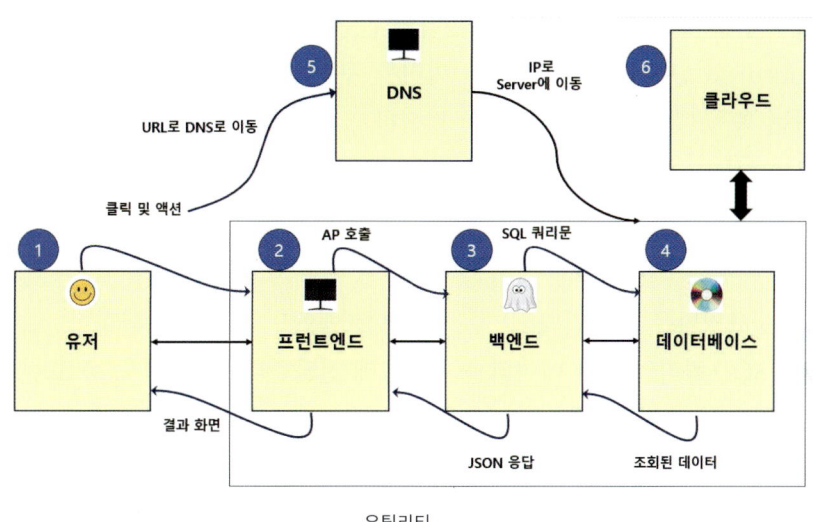

유틸리티

사용자 인터페이스 상호 작용

웹 애플리케이션의 첫 번째 접점은 사용자 인터페이스(UI)이다. 사용자는 버튼 클릭, 폼 제출 등의 방식으로 UI와 상호작용을 시작한다. 이러한 사용자의 행동은 웹 페이지의 프런트엔드 부분에서 처리되며, 필요한 경우 백엔드 서버로 정보를 전달한다. (②프런트엔드 -> ③백엔드)

API를 통한 통신

이 작업은 프런트 엔드에서 백엔드로 API(Application Programming Interface) 요청을 트리거한다. API는 프런트 엔드와 백 엔드가 서로 통신하는 방법을 정의하며 요청에는 사용자 입력 또는 사용자가 요청하는 특정 정보와 같은 필요한 데이터가 포함된다. (③백엔드 -> ⑤DNS/DB)

도메인 이름과 IP 주소

요청에 도메인 이름이 포함된 경우(예: 사용자가 다른 웹 사이트에 대한 링크를 클릭한 경우 백엔드 서버는) 도메인 이름을 IP 주소로 변환하기 위해 DNS(도메인 이름 시스템) 서버에 요청을 보낸다. 사람은 기억하기 쉬운 도메인 이름을 사용하는 반면 컴퓨터는 숫자 IP 주소를 사용하여 인터넷에서 서로를 식별하기 때문에 필요하다.
요청이 데이터베이스(DB)에 저장된 데이터와 관련된 경우 백엔드 서버는 SQL(Structured Query Language) 쿼리를 구성하여 필요한 데이터를 검색한다. SQL 쿼리는 특정 데이터를 조작하거나 검색하기 위해 데이터베이스로 전송되는 명령이다. (⑤DNS/DB -> ③백엔드)

응답의 변환

DNS 서버는 요청받은 도메인의 IP 주소 정보를 백엔드 서버에 반환한다. 또한, 데이터베이스는 SQL 쿼리의 결과 데이터를 백엔드에 전달한다. (③백엔드 -> 프런트엔드)

데이터의 형식화

백엔드 서버는 데이터베이스에서 검색된 데이터를 가져와 JSON(JavaScript Object Notation) 개체로 형식화한다. JSON은 사람이 읽고 쓰기 쉽고 기계가 구문 분석하고 생성하기 쉬운 경량 데이터 교환 형식이다. JSON 개체는 프런트 엔드로 다시 전송된다. (프런트엔드 -> ②사용자)

사용자에 피드백

프런트 엔드는 JSON 개체를 가져오고 이를 사용하여 UI를 업데이트 한다. 여기에는 새 정보 표시, 기존 디스플레이 업데이트 또는 새 화면으로 완전히 변경하는 작업이 포함될 수 있다. 예를 들어 사용자가 YouTube에 있고 "추천" 버튼을 클릭하면 프런트엔드는 추천 동영상에 대한 정보가 포함된 JSON 객체를 수신하고 이를 사용하여 추천 동영상을 사용자에게 표시한다.

클라우드는 인터넷을 통해 액세스하는 서버와 해당 서버의 소프트웨어 및 데이터베이스를 의미한다. 웹 애플리케이션은 클라우드에서 호스팅될 수 있다. 즉, 백엔드와 데이터베이스가 물리적 위치의 서버가 아닌 클라우드 서버에서 실행된다. 여기에는 확장성(애플리케이션에 많은 트래픽이 발생하는 경우 더 많은 리소스를 쉽게 추가할 수 있음) 및 안정성(클라우드 공급자는 일반적으로 가동 중지 시간을 방지하기 위해 중복 조치가 있음)을 비롯한 많은 이점이 있다.

소프트웨어 라이프사이클

소프트웨어 개발 수명 주기 (SDLC)라고도 하는 소프트웨어 수명 주기는 소프트웨어 개발자와 프로젝트 관리자가 고품질 소프트웨어를 설계, 개발 및 테스트하는 데 사용하는 구조화된 프로세스이다.

초기 타당성 조사에서 배포 및 유지 관리에 이르기까지 소프트웨어 개발과 관련된 단계를 설명하는 프레임워크이다. 소프트웨어 수명 주기에 대한 여러 모델이 있지만 일반적인 접근 방식 중 하나는 폭포수 모델이다.

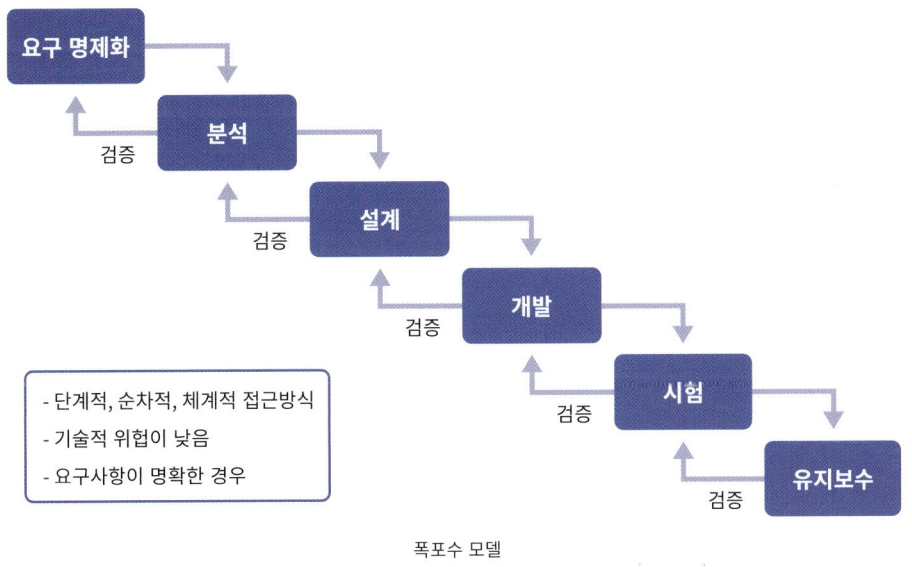

폭포수 모델

요구 사항 수집(명세화)

개발자가 클라이언트 또는 이해 관계자와 만나 소프트웨어가 수행해야 하는 작업을 이해하는 단계이다. 소프트웨어의 목표, 기능 및 동작을 정의한다.

분석

분석 단계는 폭포수 모델에서 요구 사항 수집 후 시행되며, 프로젝트 요구 사항을 충족시키는 구체적인 해결책을 찾는 과정이다. 이 단계에서는 사용자 요구와 기능 명세를 바탕으로 시스템 구조, 모듈, 인터페이스, 데이터 설계를 심도 있게 검토한다. 목표는 소프트웨어의 필요 기능과 구현 방법에 대한 명확한 이해를 구축하는 것이며, 문제 영역 분석, 요구 사항의 심층 분석, 기능적 및 비기능적 요구 사항 정의, 시스템 모델링 등의 활동을 포함한다. 이를 통해 개발은 프로젝트 범위, 위험 식별, 개발 일정 및 자원 배분을 보다 효율적으로 계획할 수 있다.

설계

요구 사항을 수집한 후 팀에서 소프트웨어를 설계한다. 여기에는 시스템 설계 (소프트웨어의 전체 아키텍처 및 구성 요소 정의)와 세부 설계(각 구성 요소의 논리정의)가 모두 포함된다.

개발(구현)

이 단계에는 소프트웨어의 실제 코드 작성한다. 개발자는 코딩을 하며 설계 디자인은 소프트웨어 개발자에 의해 소스 코드로 변환된다.

시험(테스팅)

코드가 작성되면 테스트를 거쳐 버그를 찾아 수정한다. 여기에는 단위 테스트 (코드의 개별 부분 테스트), 통합 테스트(부분이 함께 작동하는 방식 테스트) 및 시스템 테스트(소프트웨어 전체 테스트)가 포함된다.

배포

테스트 후 소프트웨어를 배포한다. 이는 고객에게 배포하거나 클라이언트 시스템에 설치하거나 서버에 배포하는 것을 의미한다.

유지 보수

소프트웨어가 사용되면 개발자가 계속 모니터링하고 업데이트한다. 여기에는 버그 수정, 새 기능 추가 또는 새 운영 체제 또는 하드웨어에서 작동하도록 소프트웨어 업데이트가 포함된다.

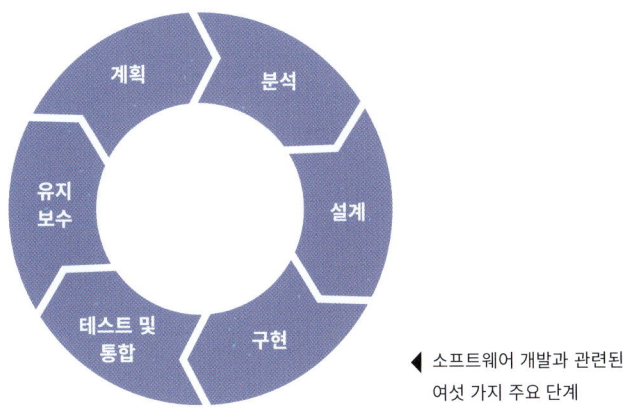

◀ 소프트웨어 개발과 관련된 여섯 가지 주요 단계

프로그래밍과 코딩

"프로그래밍"과 "코딩"이라는 용어는 종종 같은 의미로 사용되지만 실제로는 약간 다른 개념을 나타낸다.

코딩은 코드를 작성하는 행위이다. 코드는 컴퓨터가 이해하고 실행할 수 있는 특정 프로그래밍 언어로 작성된 일련의 명령이다. 코더 또는 프로그래머는 이 코드를 작성하는 방법을 아는 사람이다.

반면에 프로그래밍은 코드 작성뿐만 아니라 소프트웨어 작성과 관련된 다른 작업을 포함하는 더 넓은 용어이다. 여기에는 문제 분석, 솔루션 설계, 코드 테스트 및 디버깅, 소프트웨어 생성 후 유지 관리와 같은 활동이 포함된다.

프로그래밍과 코딩

본질적으로 모든 프로그래밍에는 코딩이 포함되지만 모든 코딩이 프로그래밍인 것은 아니다. 예를 들어 웹사이트용 HTML 작성에는 코딩이 포함되지만 HTML은 프로그래밍 언어가 아닌 마크업 언어이고 문제 해결이나 알고리즘적 사고를 포함하지 않기 때문에 일반적으로 프로그래밍이라고 부르지 않는다.

2 프로그래밍 언어

발전 역사

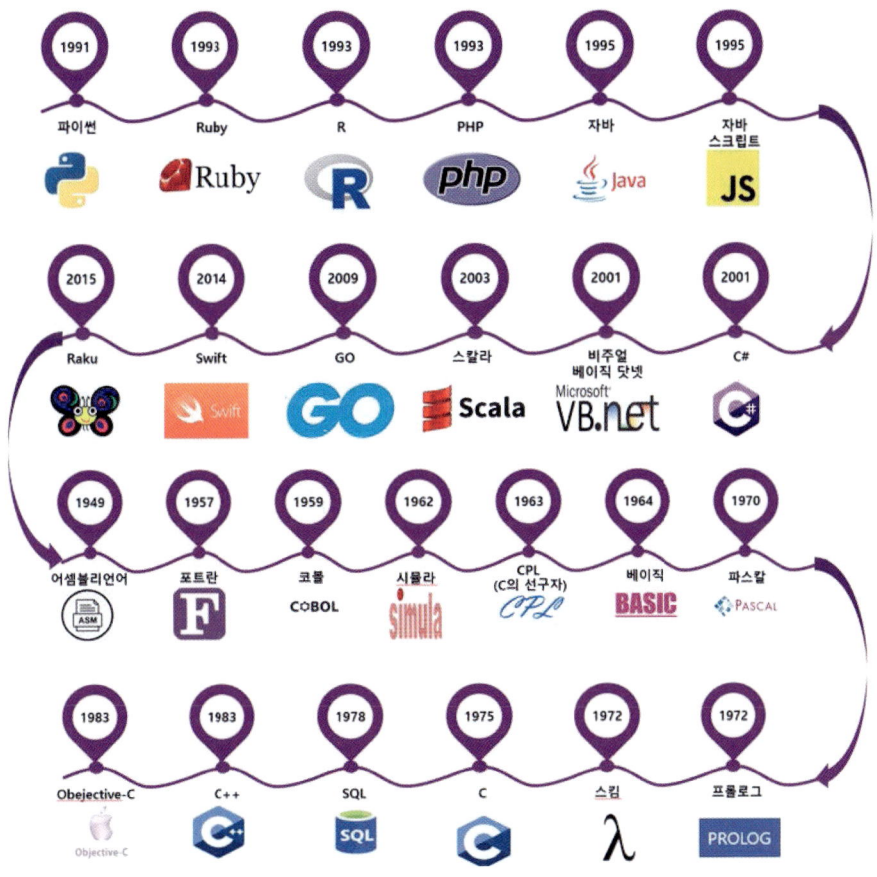

프로그래밍의 발전역사

프로그래밍 언어의 역사는 컴퓨터의 초기에서부터 웹 및 모바일 애플리케이션의 현대 시대까지로 이어진다. 변화하는 컴퓨팅 산업의 요구에 따라 끊임없는 진화와 혁신으로 특징지어지는 역사이다.

처음에는 프로그래밍 언어의 가장 기본적인 수준인 기계어가 있었다. 이들은 컴퓨터 하드웨어에 직접 입력되는 이진 명령이었으며 기계어는 일련의 숫자로만 구성되어 있어 인간이 읽고 쓰기가 매우 어려웠다.

기계어의 한계는 1950년대 어셈블리어의 탄생으로 이어졌으며, 어셈블리 언어는 기계 작동 및 메모리 위치에 대한 기호 표현을 사용하여 기계어보다 약간 추상화되었다. 어셈블리 언어는 기계어보다 작업하기 쉬웠지만 여전히 하드웨어와 밀접하게 연결되어 있었고 다른 유형의 컴퓨터 간에 이식할 수 없었다.

최초의 고급 프로그래밍 언어는 1957년대에 IBM이 과학 및 공학 계산을 위해 개발한 Fortran이었다. 고급 언어는 어셈블리 언어나 기계 언어보다 추상적이고 인간에게 친숙한 구문과 기능을 제공하며, 이를 통해 프로그래머는 더 복잡한 프로그램을 더 빠르고 더 적은 오류로 작성할 수 있다.

1960년대와 70년대에는 비즈니스 데이터 처리를 위한 COBOL, 인공 지능 연구를 위한 LISP, 시스템 프로그래밍을 위한 C와 같은 다른 많은 고급 언어가 개발되었다.

1980년대와 90년대에는 C++, Java, Python과 같은 객체 지향 프로그래밍 언어가 등장했으며 이러한 언어는 코드를 구조화하고 재사용하는 새로운 방법을 도입하여 크고 복잡한 소프트웨어 시스템을 보다 쉽게 구축할 수 있도록 했다.

1990년대부터 사용된 Python은 NumPy, pandas, scikit-learn과 같은 데이터 분석 및 기계 학습을 위한 강력한 라이브러리와 결합된 단순성과 가독성으로 인해 이 10년 동안 인기가 크게 증가했다. 이로인해 Python은 데이터 과학, 기계 학습 및 인공 지능과 같은 신흥 분야에서 선호되었다.

2000년대와 2010년대에 웹의 중요성이 커지면서 JavaScript, Ruby, PHP와 같은 웹 중심 언어와 웹 애플리케이션을 보다 쉽게 구축할 수 있는 프레임워크 및 도구가 등장했다.

JavaScript 도 이 기간 동안 극적으로 발전했다. 원래 웹에서 간단한 클라이언트 측 스크립팅에 사용되었던 JavaScript는 2009년에 Node.js가 도입되면서 서버 측에서도 JavaScript를 사용할 수 있게 되었다. 이것은 Angular, React 및 Vue.js와 같은 강력한 프런트 엔드 프레임워크 및 라이브러리의 개발과 함께 웹 개발에서 지배적인 언어로서 JavaScript의 역할을 공고히 했다.

2010년대에는 특정 요구 사항을 해결하기 위해 고안된 몇 가지 새로운 언어가 도입되었다. 예를 들어 Swift는 2014년 Apple에서 iOS 및 macOS 애플리케이션 개발을 위한 Objective-C에 대한 보다 현대적이고 안전한 대안으로 도입되었다. 2010년에 처음 등장하고 2015년에 안정적인 릴리스에 도달한 Rust는 성능을 희생하지 않고 메모리 안전성을 제공하는 것을 목표로 하여 시스템 수준 프로그래밍에 이상적이다.

Google에서 개발한 Go는 동시 프로그래밍 및 시스템 작업에 중점을 두고 단순성과 효율성을 위해 설계되었으며, 2011년에 공식적으로 출시된 Kotlin은 나중에 Java와의 상호 운용성으로 인해 Android 앱 개발을 위한 기본 언어로 Google의 승인을 받았다.

데이터 과학 영역에서 R 언어는 풍부한 패키지 생태계에 힘입어 통계 컴퓨팅 및 그래픽 분야에서도 인기를 얻었다.

오늘날에는 각각 고유한 강점과 약점이 있고 다양한 유형의 작업에 적합한 수백 개의 프로그래밍 언어가 있다.

프로그래밍 언어 2023 트렌드

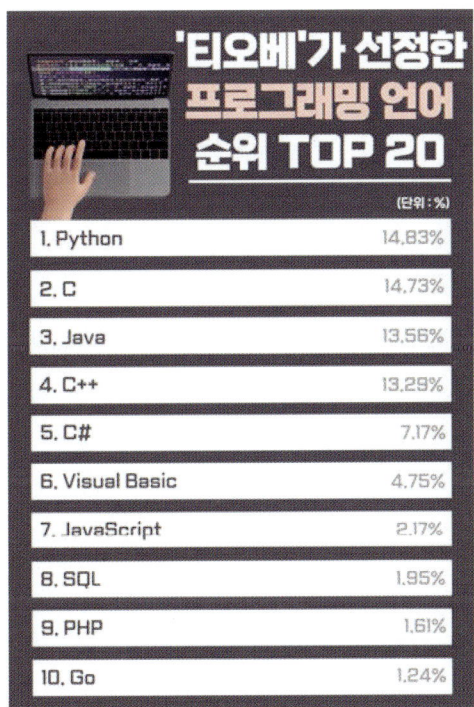

프로그래밍 언어 트랜드

Python

Python은 간단한 구문과 광범위한 애플리케이션 프로그램 덕분에 계속해서 가장 인기 있는 언어이다. 성능과 대규모 프로젝트에서의 사용에 대한 일부 비판에도 불구하고 프로그래머들 사이에서 Python의 인기는 여전하다.

PHP

현대적인 대화형 웹을 구축하는 데 결정적인 역할을 한 언어인 PHP의 인기는 계속해서 감소하고 있다.

Java

Java의 인기는 감소하고 있으며 이러한 경향은 2023년에도 계속될 것으로 예상된다. Java는 몇 년 전에 TIOBE 지수에서 1위 자리에서 떨어졌으며 이러한 감소는 일시적인 것으로 보일수도 있다. Java는 소프트웨어 산업의 발전에 중요한 역할을 하기 때문에 계속 널리 보급될 것으로 보인다.

Rust

TIOBE 지수에서 상대적으로 낮은 순위에도 불구하고 Rust는 2023년에도 인기를 유지할 것으로 예상된다. Rust는 보안과 효율성을 강조하는 것으로 유명하며 전담 개발자 커뮤니티를 보유하고 있다. 사이버 보안 문제가 만연한 세상에서 소프트웨어 보안에 기여할 수 있는 Rust의 능력은 많은 개발자에게 매력적인 선택이 된다.

어셈블리 언어

어셈블리 언어는 사용이 많지는 않지만 꾸준히 사용되고 있다. 이는 개발자가 상위 수준 언어에서 지원하지 않는 특정 기능에 액세스하기 위해 어셈블리 코드를 작성해야 할 수 있는 IoT 장치와 같은 특수 하드웨어의 사용 증가 또는 고성능에 대한 요구 때문일 수 있다.

C

반세기가 넘었음에도 불구하고 C 언어는 계속 인기를 얻고 있다.
지속성과 소프트웨어 개발에 대한 중심적 중요성은 2023년에도 계속해서 핵심 언어가 될 것임을 시사한다.

전반적으로 2023년 프로그래밍 언어 트렌드에 극적인 변화는 없을 것으로 예상되지만 파이썬 및 C와 같은 언어의 지속적인 인기, PHP 및 Java 사용 감소, Rust 및 Assembly 언어가 인기가 높다.

용도별 언어의 특징

"프로그래밍"과 "코딩"이라는 용어는 종종 같은 의미로 사용되지만 실제로는 약간 다른 개념을 나타낸다.

코딩은 코드를 작성하는 행위이다. 코드는 컴퓨터가 이해하고 실행할 수 있는 특정 프로그래밍 언어로 작성된 일련의 명령이다. 코더 또는 프로그래머는 이 코드를 작성하는 방법을 아는 사람이다.

웹 개발	PHP, C언어, 자바스크립트, C++, 자바, 파이썬, 루비
게임 개발	C#, C언어, C++, 지바, 파이썬, 루비
모바일 앱 개발	C#, C++, 자바
데이터 분석	R, 파이썬, MATLAB
임베디드 시스템 프로그래밍	C언어, C++, 파이썬
딥러닝, 인공지능, 데이터 관리	파이썬

용도별 언어 특징

프로젝트를 위한 프로그래밍 언어를 선택할 때 프로젝트의 특성과 해당 목적에 적합한 언어의 특성을 고려하는 것이 필수적이다. 다음은 일반적으로 사용되는 몇 가지 공통 인이와 프로젝드 유헝이다.

파이썬

읽기 쉬운 구문과 광범위한 표준 라이브러리로 잘 알려진 파이썬은 초보자와 전문가 모두에게 탁월한 선택이다. 특히 데이터 분석, 기계 학습 및 웹 개발에 널리 사용된다. NumPy, pandas 및 Django와 같은 라이브러리는 이러한 영역에서 파이썬의 기능을 향상시킨다.

JavaScript

원래 클라이언트 측 웹 스크립팅을 위해 개발된 JavaScript는 이제 서버 측(Node.js 포함) 및 모바일 애플리케이션 개발(React Native와 같은 프레임워크 포함)에서도 사용된다. 다재다능함으로 인해 웹 개발을 위해 반드시 알아야 할 언어이다.

Java

Java의 플랫폼 독립성("Write Once, Run Anywhere")은 엔터프라이즈급 애플리케이션에 이상적이며 Android 앱 개발에도 널리 사용된다. Java의 강력함과 확장성은 대규모 시스템 개발의 필수 요소가 되었다.

C++

고성능으로 알려진 C++는 일반적으로 게임 개발, 실시간 시스템 및 직접적인 하드웨어 상호 작용이 필요한 소프트웨어에 사용된다.

C#

Microsoft에서 개발한 C#은 주로 Unity 게임 엔진을 사용한 Windows 데스크톱 애플리케이션 개발 및 게임 개발에 사용된다. 여전히 고성능을 제공하면서 C++에 대한 더 간단하고 안전한 대안을 제공한다.

PHP

PHP는 웹 개발에 널리 사용되는 서버 측 스크립팅 언어이다. 인기 하락에도 불구하고 WordPress와 같은 많은 웹 콘텐츠 관리 시스템의 중추로 남아 있다.

Swift

Apple이 iOS 및 macOS 앱 개발에 선호하는 언어인 Swift는 Apple 생태계의 개발자에게 필수이며 Objective-C에 대한 보다 현대적이고 안전한 대안을 제공한다.

Rust

메모리 안전과 성능에 초점을 맞춘 Rust는 하드웨어 리소스 제어가 중요한 시스템 프로그래밍에 탁월한 선택일 수 있다. C++이 전통적으로 우세했던 영역에서 점점 더 많이 사용되고 있다.

R

R은 통계 계산 및 그래픽을 위한 언어이다. 데이터 분석 및 머신 러닝 분야에서 널리 사용되며 통계 분석을 위한 광범위한 패키지 모음을 자랑한다.

Go(Golang)

Google Go는 단순성과 효율성으로 잘 알려져 있으며 동시 프로그래밍 및 네트워크 서비스에 특히 적합하여 백엔드 웹 개발에 널리 사용된다.

이러한 각 언어에는 강점이 있으며 다양한 종류의 작업에 적합하다. 핵심은 프로젝트의 요구 사항과 제약 조건에 가장 잘 맞는 언어를 선택하는 것이다.

instaBooks

```python
s1 = "ChatGPT 소스를 얹는"
s2 = "파이썬 레시피"

# Concatenation
print(s1 + s2)
#
```

ChatGPT 소스를 얹는

파이썬 레시피

print("오동열, 최유림, 이용준, 오해석 지음")

전공자부터 엔지니어까지
파이썬 코딩! 이제 개발도 생성형AI, ChatGPT로 한다.

값 32,000원
ISBN 979-11-977086-9-5 (03500)

모든 책 25% 할인,
인스타카드 멤버십
book.instapay.kr